本書為河南省高校科技創新人才支持計劃資助成果

溫州大學中文學科建設叢書

張春雷
逯靜 ◎ 著

『法苑珠林』校勘研究

中國社會科學出版社

圖書在版編目（CIP）數據

《法苑珠林》校勘研究 / 張春雷，逯靜著 . —北京：中國社會科學出版社，2021.8
ISBN 978-7-5203-8744-6

Ⅰ.①法…　Ⅱ.①張…②逯…　Ⅲ.①《法苑珠林》—校勘—研究　Ⅳ.①B948

中國版本圖書館 CIP 數據核字（2021）第 138195 號

出 版 人	趙劍英
責任編輯	安　芳
責任校對	張愛華
責任印製	李寡寡

出　　版	中国社会科学出版社
社　　址	北京鼓樓西大街甲 158 號
郵　　編	100720
網　　址	http://www.csspw.cn
發 行 部	010-84083685
門 市 部	010-84029450
經　　銷	新華書店及其他書店
印　　刷	北京明恒達印務有限公司
裝　　訂	廊坊市廣陽區廣增裝訂廠
版　　次	2021 年 8 月第 1 版
印　　次	2021 年 8 月第 1 次印刷
開　　本	710×1000　1/16
印　　張	26.5
插　　頁	2
字　　數	408 千字
定　　價	156.00 元

凡購買中國社會科學出版社圖書，如有質量問題請與本社營銷中心聯繫調換
電話：010-84083683
版權所有　侵權必究

溫州大學中文學科建設叢書
總　序

孫良好

　　溫州大學中國語言文學學科的歷史文脈可以追溯到晚清學術大師、教育家孫詒讓先生於1906年創建的溫州師範學堂。在百年的歷史積澱中，一代詞宗夏承燾、戲曲宗匠王季思、經史學家周予同、古文字學家戴家祥、著名作家王西彥、敦煌學專家蔣禮鴻、戲曲學家徐朔方、九葉詩人唐湜等先賢曾在此求學或執教，為本學科鑄就了深厚的人文底蘊。

　　斯文不墜，薪火相傳。

　　進入21世紀以來，本學科廣納天下英才，發展態勢喜人。2003年，文藝學、漢語言文字學兩個二級學科及相關的民俗學獲批碩士學位授權點。2010年，獲批一級學科碩士學位授權點。2016年，成為浙江省"十三五"一流學科A類。2017年，學科下屬"浙江傳統戲曲研究與傳承中心"成為浙江省哲學社會科學重點研究A類基地。2019年，與本學科緊密關聯的漢語言文學專業成為首批國家級一流本科專業建設點。

　　目前，本學科已形成中國古代文學、中國古典文獻學、文藝學、中國現當代文學、漢語言文字學五個優勢學科方向，戲曲研究、域外漢文獻研究、文藝美學研究、漢藏語言比較研究、魯迅研究、溫州文學與文化研究等在海內外學界頗具影響力。其中，以南戲研究為龍頭的傳統戲曲研究，有力地支援了浙南區域文化建設；域外漢文獻和東亞俗文學的對接研究以及漢藏語言比較研究，可以為"一帶一路"的文化交流提供重要支撐；以文藝學為基礎的審美文化研究，注重理論與實踐的結合，拓展出語言詩學、神話美學、地域文學、媒介傳播等特色方向。

　　回首來時路，瞻望未來夢。我們編纂本叢書，旨在集中推出一批高水準的學術成果，或繼往開來，或引領潮流，或特色鮮明，打造溫州大學中文學科品牌，續寫新的歷史篇章。

前　　言

《法苑珠林》是唐釋道世于唐高宗總章元年（668）編寫的一部大型佛教類書，傳世本為100卷。全書廣引佛經中的相關故事，也引世俗典籍140多種，凡所徵引，均注明出處，具有較高的文獻價值和史料價值，素有"佛教百科全書""佛教百科知識的寶庫"之稱。《法苑珠林》成書之後，流傳甚廣，從宋代開始收入《大藏經》，歷經元、明、清，不斷有新的刊刻本問世。由于《法苑珠林》中所收佛教文獻來源複雜，時代也有先後，古人在編寫類書時，還有編訂更改的毛病，故錯訛之處不少，要一一厘清，並非易事，加上佛教文獻中不僅多佛教術語、外來翻譯語，而且還有較多當時口語、俗語，輾轉傳抄中也出現了不少錯訛，所以文本失真程度較高。

最早對《法苑珠林》文本加以斷句校勘的，是日本高楠順次郎等於1934年輯錄完成的《大正新修大藏經》（簡稱《大正藏》）。大正藏本《法苑珠林》以《再刻高麗藏》為底本，參考《開寶藏》《契丹藏》本等整合而成，對文本進行斷句，同時參照《思溪藏》《普寧寺藏》《方冊藏》《宮內省圖書寮本》等進行比勘，將異文以校勘記的形式列於頁腳。由於日本學者斷句標點的《法苑珠林》錯訛較多，不少地方甚至妨礙了對文意的理解，因此標點斷句參考的價值不大。

1994年，由中華書局編輯部編輯完成的《中華大藏經》（簡稱《中華藏》）由中華書局陸續出版。中華藏本《法苑珠林》以《趙城金藏》為底本影印，殘缺部分以高麗藏補，又參校《資福藏》《磧砂藏》《普寧藏》《永樂南藏》《徑山藏》《清藏》等版本，將異文以校勘記的形式置於每卷卷尾，《中華藏》只列出異文而不作出決斷，具有一定的參考價值。

以上的《法苑珠林》都收錄于《大藏經》，並未有單行本問世，一直到 2003 年底，著名佛學專家周叔迦、蘇晉仁兩位先生整理而成的《法苑珠林校注》①（下文簡稱《校注》），煌煌六冊由中華書局出版問世，實為嘉惠學林之盛事。該書出版以後，影響甚大，這是目前《法苑珠林》最好的整理校注本。校注者以常熟蔣氏刻本為底本，參看高麗藏本，對全書加上現代標點，並一一指明所引文獻出處，一些無法確定出處的，則以"出處待考"言之，對文字進行了必要的校勘。由於校勘者佛學修養深厚，對文本的文字錯誤校正多可信從，但是由於該整理本所選的底本為蔣氏刻本，屬於私人刻經，從校勘的角度來講，訛誤較多，不太適合作為底本，另外校注者未對全書文字進行全面深入的校勘整理，也未能核對與所引佛經文獻之間的版本異文，故《校注》書中仍留下不少缺憾。自《校注》出版以來，先後有董志翹、范崇高、王東、羅明月、王紹峰、邵天松、曾良、禹建華、吳建偉、龔澤軍、逯靜、薛玉彬等學者撰文對書中的一些校點提出商榷，所論大多證據充分，令人信服。尤其需要提及的是范崇高《〈法苑珠林〉文本整理商議》一書，該書是第一部全面系統對《法苑珠林》文本進行整理考索的專著，全書對《校注》出示的校語進行了辨證、對《校注》失校的文字進行補充、對《校注》文字的標點進行了修正、對《校注》的引文來源進行了訂補，共指出《校注》校勘不當之處共 502 條，所言基本可以信從，具有較高的參考價值。遺憾的是並未對學界《法苑珠林》校勘的研究成果作匯集整理。

由於《法苑珠林》卷帙浩繁，筆者在研讀過程中，發現中間仍有不少校勘值得商榷，故不揣固陋，略加考辨，集為一書，為後來研究者對《法苑珠林》文本的校勘進行深入討論研究提供便利，為《法苑珠林》精校本的問世提供參考。

本書的創新之處主要體現在以下方面：

1. 訂補書中的引文來源

《校注》對書中的引文基本都加以標明，為《法苑珠林》的研究提供

---

① （唐）釋道世撰，周叔迦、蘇晉仁校注：《法苑珠林校注》，中華書局 2003 年版。

了寶貴的線索。但是也有一些佛經未能標出所出佛經，我們對這類情況，進行考辨，指出所引佛經，如第 205 條、367 條、368 條等；另外《法苑珠林》作為類書標注所出經，偶有標注卷數或經目有誤的，或者《校注》溯源有誤的，我們也進行辨證，指出其正確的經目或卷數，如第 69 條、106 條、189 條等。

2. 考辨梳理書中涉及校勘的一些詞語

《法苑珠林》中一些涉及校勘的疑難詞語，我們也進行了考辨，梳理其源流。如第 196 條、333 條、459 條、460 條、923 條等；另外梳理了《法苑珠林》中一些字面普通，但是意義卻比較生僻的詞語或者需要通過校勘準確釋義的詞語，如第 216 條、258 條、268 條、1027 條、1096 條等。

3. 糾謬補缺書中的失校文本和標點疏誤

考辨了書中學者未能言及的文字訛、脫、倒、衍以及標點疏誤 700 餘處；梳理了《法苑珠林》原本無誤，《校注》誤改，導致文本不通之處的校勘，如第 248 條等；指出了《法苑珠林》諸本均無誤，然《校注》所用底本蔣氏刻本有誤，《校注》編著失察，導致《校注》失誤的校勘之處，如第 7 條、14 條、28 條、424 條、491 條等。

4. 匯聚辯證學者們對《校注》糾謬補缺的研究成果

《法苑珠林》影響甚大，對其進行的校勘研究成果較多，由於成果散見於各種刊物和著作，搜集整理難免有所疏漏，造成其中一些條目不同學者重複論及。我們按照《法苑珠林校注》冊數、卷數、頁碼、行數，依次排列，便於學者翻閱查找。另外對學者們的一些條目的校勘，我們也做了一些辨證或補充，如第 674 條、688 條、992 條、1079 條等，對一些條目的校勘分歧，提出己見，供學者們參考，如第 96 條、100 條、1059 條等。

佛教文化對中國傳統文化的影響是十分重大和深遠的，因此要深入探討和研究中國傳統文化，佛教文化是不容回避的。佛教在中國的流傳和發展，一方面是靠僧眾們虔誠的宗教意識和不懈的傳教活動；另一方面則是靠佛教經典的翻譯和流布。《法苑珠林》作為最重要的佛教經典類書之一，其文獻價值自然不言而喻。本書的編寫，是對《法苑珠林》文本校勘研究階段總結性的研究成果，可以為學者們對《法苑珠林》文本進行多角度、系統深入研究以及《法苑珠林》更精準的整理文本的早日問世提供直接的借鑒和參考。

凡　　例

1. 本書以中華書局2003年出版的周叔迦、蘇晉仁整理的《法苑珠林校注》為參照，同時參考今人相關研究成果，主要包括字詞校勘、標點、出處等。文中所引例句，均引自《法苑珠林校注》，所引《法苑珠林校注》例句後面括號用"冊，卷/頁碼/行"的格式標注，如"冊一，5/142/6"表示該句在《校注》第一冊，第5卷，第142頁，第6行。

2. 本書行文中，《法苑珠林校注》簡稱《校注》，大正藏本、《高麗藏》本、《資福藏》本、《磧砂藏》本、《普寧藏》本、《永樂南藏》本、《徑山藏》本、《清藏》本，用"《大正藏》""《高麗藏》""資""磧""普""南""徑""清"代稱。《大正藏》校勘記中的宋、元、明、宮本代指《思溪藏》《普寧寺藏》《方冊藏》《宮內省圖書寮本》。行文中涉及以上各個《法苑珠林》版本時，用"《法苑珠林》諸本"代稱。

3. 為方便使用者核對查找原文，本書所引佛典文獻標注格式為"T"指《大正新修大藏經》，"X"指《卍續藏經》（臺灣"中華佛典協會"及法鼓山佛院著，2016年），"B"指《大藏經補編》（藍吉富主編，臺北華宇出版社1985年版）。"/"前後的數字分別表示冊數和頁數，abc分別表示上中下欄，如T04/529c，表示第4冊，529頁，下欄。

4. 文本所引佛經，若未特別說明，皆據大正藏本，不再一一列出。引用論文及著作行文中隨文注出，文後不再單列引用文獻。

5. 本書對時賢的成果多有引用，限於學術著作慣例，未能於姓名後敬稱"先生"，特作說明，在此一並致敬。

目 録

《法苑珠林》卷一校勘研究 …………………………………… (1)
《法苑珠林》卷二校勘研究 …………………………………… (4)
《法苑珠林》卷三校勘研究 …………………………………… (6)
《法苑珠林》卷四校勘研究 …………………………………… (8)
《法苑珠林》卷五校勘研究 …………………………………… (10)
《法苑珠林》卷六校勘研究 …………………………………… (25)
《法苑珠林》卷七校勘研究 …………………………………… (37)
《法苑珠林》卷八校勘研究 …………………………………… (51)
《法苑珠林》卷九校勘研究 …………………………………… (53)
《法苑珠林》卷十校勘研究 …………………………………… (58)
《法苑珠林》卷十一校勘研究 ………………………………… (63)
《法苑珠林》卷十二校勘研究 ………………………………… (68)
《法苑珠林》卷十三校勘研究 ………………………………… (69)
《法苑珠林》卷十四校勘研究 ………………………………… (80)
《法苑珠林》卷十五校勘研究 ………………………………… (108)
《法苑珠林》卷十六校勘研究 ………………………………… (111)
《法苑珠林》卷十七校勘研究 ………………………………… (120)
《法苑珠林》卷十八校勘研究 ………………………………… (126)
《法苑珠林》卷十九校勘研究 ………………………………… (131)
《法苑珠林》卷二十校勘研究 ………………………………… (133)
《法苑珠林》卷二十一校勘研究 ……………………………… (137)
《法苑珠林》卷二十二校勘研究 ……………………………… (143)

《法苑珠林》卷二十三校勘研究…………………………………（148）
《法苑珠林》卷二十四校勘研究…………………………………（151）
《法苑珠林》卷二十五校勘研究…………………………………（152）
《法苑珠林》卷二十六校勘研究…………………………………（156）
《法苑珠林》卷二十七校勘研究…………………………………（159）
《法苑珠林》卷二十八校勘研究…………………………………（162）
《法苑珠林》卷二十九校勘研究…………………………………（167）
《法苑珠林》卷三十校勘研究……………………………………（168）
《法苑珠林》卷三十一校勘研究…………………………………（170）
《法苑珠林》卷三十二校勘研究…………………………………（176）
《法苑珠林》卷三十三校勘研究…………………………………（185）
《法苑珠林》卷三十四校勘研究…………………………………（188）
《法苑珠林》卷三十五校勘研究…………………………………（190）
《法苑珠林》卷三十六校勘研究…………………………………（194）
《法苑珠林》卷三十七校勘研究…………………………………（196）
《法苑珠林》卷三十八校勘研究…………………………………（198）
《法苑珠林》卷三十九校勘研究…………………………………（202）
《法苑珠林》卷四十校勘研究……………………………………（204）
《法苑珠林》卷四十一校勘研究…………………………………（209）
《法苑珠林》卷四十二校勘研究…………………………………（210）
《法苑珠林》卷四十三校勘研究…………………………………（212）
《法苑珠林》卷四十四校勘研究…………………………………（214）
《法苑珠林》卷四十五校勘研究…………………………………（217）
《法苑珠林》卷四十六校勘研究…………………………………（218）
《法苑珠林》卷四十七校勘研究…………………………………（223）
《法苑珠林》卷四十八校勘研究…………………………………（226）
《法苑珠林》卷四十九校勘研究…………………………………（229）
《法苑珠林》卷五十校勘研究……………………………………（231）
《法苑珠林》卷五十一校勘研究…………………………………（235）
《法苑珠林》卷五十二校勘研究…………………………………（237）

《法苑珠林》卷五十三校勘研究……………………………………（241）
《法苑珠林》卷五十四校勘研究……………………………………（246）
《法苑珠林》卷五十五校勘研究……………………………………（250）
《法苑珠林》卷五十六校勘研究……………………………………（257）
《法苑珠林》卷五十七校勘研究……………………………………（259）
《法苑珠林》卷五十八校勘研究……………………………………（262）
《法苑珠林》卷五十九校勘研究……………………………………（265）
《法苑珠林》卷六十校勘研究………………………………………（268）
《法苑珠林》卷六十一校勘研究……………………………………（271）
《法苑珠林》卷六十二校勘研究……………………………………（275）
《法苑珠林》卷六十三校勘研究……………………………………（282）
《法苑珠林》卷六十四校勘研究……………………………………（288）
《法苑珠林》卷六十五校勘研究……………………………………（293）
《法苑珠林》卷六十六校勘研究……………………………………（298）
《法苑珠林》卷六十七校勘研究……………………………………（300）
《法苑珠林》卷六十八校勘研究……………………………………（304）
《法苑珠林》卷六十九校勘研究……………………………………（306）
《法苑珠林》卷七十校勘研究………………………………………（307）
《法苑珠林》卷七十一校勘研究……………………………………（312）
《法苑珠林》卷七十二校勘研究……………………………………（313）
《法苑珠林》卷七十三校勘研究……………………………………（315）
《法苑珠林》卷七十四校勘研究……………………………………（319）
《法苑珠林》卷七十五校勘研究……………………………………（321）
《法苑珠林》卷七十六校勘研究……………………………………（329）
《法苑珠林》卷七十七校勘研究……………………………………（331）
《法苑珠林》卷七十八校勘研究……………………………………（334）
《法苑珠林》卷七十九校勘研究……………………………………（339）
《法苑珠林》卷八十校勘研究………………………………………（344）
《法苑珠林》卷八十一校勘研究……………………………………（349）
《法苑珠林》卷八十二校勘研究……………………………………（352）

《法苑珠林》卷八十三校勘研究…………………………………（357）
《法苑珠林》卷八十四校勘研究…………………………………（360）
《法苑珠林》卷八十五校勘研究…………………………………（362）
《法苑珠林》卷八十六校勘研究…………………………………（364）
《法苑珠林》卷八十七校勘研究…………………………………（370）
《法苑珠林》卷八十八校勘研究…………………………………（372）
《法苑珠林》卷八十九校勘研究…………………………………（374）
《法苑珠林》卷九十校勘研究……………………………………（377）
《法苑珠林》卷九十一校勘研究…………………………………（380）
《法苑珠林》卷九十二校勘研究…………………………………（383）
《法苑珠林》卷九十三校勘研究…………………………………（385）
《法苑珠林》卷九十四校勘研究…………………………………（387）
《法苑珠林》卷九十五校勘研究…………………………………（390）
《法苑珠林》卷九十六校勘研究…………………………………（392）
《法苑珠林》卷九十七校勘研究…………………………………（396）
《法苑珠林》卷九十八校勘研究…………………………………（399）
《法苑珠林》卷九十九校勘研究…………………………………（401）
《法苑珠林》卷一百校勘研究……………………………………（402）

參考文獻 ……………………………………………………………（403）

《法苑珠林》卷一校勘研究

1. 今且依《立世阿毗曇論》云：此即第九中，即當第三災。"此劫由饑餓故盡。佛言：是二十小劫世界起成，得住中，第一劫。"（冊一，1/3/5）

按：吳建偉言："得住中"後逗號應刪。住劫為佛教中四劫（其餘三劫為成劫、壞劫、空劫）之一。住劫中包括二十中劫。初一住中劫從人壽八萬歲漸減至十歲，稱為減劫；此後中間十八中劫皆各有一增一減，即從十歲每百年增一歲，至八萬（稱增劫），再從八萬減至十年；最後一中劫唯有增劫。①

2. 過去有輪王出世，名曰頂生。奉持齋法，修行布施。國中貧者，出財用給。（冊一，1/8/4）

《校注》："'齋法'原作'法齋'，據《高麗藏》本改。"

按：范崇高言："法齋"無誤，不煩改。大正藏本、中華藏本作"齋法"。宋、元、明、宮、磧、南、徑、清作"法齋"②。

3. 人壽五千歲時，三法轉增，非法、欲惡貪、邪法，故父壽五千歲，子壽二千五百歲。（冊一，1/9/6）

按：范崇高言："非法、欲惡貪、邪法"標點有誤，正作"非法欲、惡貪、邪法"③。

4. 時有王名螺，為轉輪王，聰明智慧。有四種軍，整御四天下。七

---

① 吳建偉：《〈法苑珠林校注〉標點疑誤補舉》，《古籍整理研究學刊》2015年第6期。
② 范崇高：《〈法苑珠林〉文本整理商議》，四川人民出版社2018年版，第1頁；又見范崇高《〈法苑珠林校注〉標點商兌》，《古籍整理研究學刊》2016年第5期。
③ 范崇高：《〈法苑珠林〉文本整理商議》，四川人民出版社2018年版，第1頁。

寶千子具足，端正，勇猛無畏，能伏他眾，統領大地乃至大海。不以刀仗，以法教令，令得安樂。（冊一，1/11/2）

《校注》："'仗'字原作'杖'，據《高麗藏》本、《磧砂藏》本、《南藏》本、《嘉興藏》本改。"

按：范崇高言：此則引自《中阿含經》卷十五，原經此處正作"刀杖"，《校注》不煩改。①

5. 依《施設論》說：如中年女緝績毳時，抖擻細毛，不長不短。（冊一，1/13/10）

《校注》："'擻'字原作'揀'，據《高麗藏》本改。"

按：范崇高言："擻""揀"是異體字的關係，《校注》不煩改。②

6. 由此大風吹擲水沫復成宮殿，魔身天墻壁住如梵身天無異……（冊一，1/25/2）

按：王東言：此句有奪文，從而導致句讀亦有偏差。檢《起世經》"世住品第十一"："由此大風吹擲水沫，復成宮殿，名魔身天。墻壁住處，如梵身天無有異也。"兩相比勘，可知《法苑珠林》此句奪"名""處"兩字。正因為奪此兩字，才導致句讀出現偏差。故此句應斷作："由此大風吹擲水沫，復成宮殿，［名］魔身天，墻壁住［處］如梵身天無異……"③

7. 一者，從火災後經無量時起大重雲，彌復凝住。後降雨滴，注滿世界。（冊一，1/25/12）

按：范崇高言："彌復"語義費解，正作"彌覆"。《法苑珠林》諸本此處皆作"彌覆"。此則引自《起世經》卷九，原經此處亦作"彌覆"④。對於《校注》作"彌復"的原因，范崇高未言之，我們認為當是《校注》所用底本蔣氏刻本此處有訛誤，《校注》編者未加考辨，遂而致誤。

8. 乃至由有劫盜過起，詮量眾內一有德人，各以所收六分之一雇令

---

① 范崇高：《〈法苑珠林〉文本整理商議》，四川人民出版社2018年版，第2頁。
② 范崇高：《〈法苑珠林〉文本整理商議》，四川人民出版社2018年版，第3頁。
③ 王東：《〈法苑珠林校注〉補正》，《宗教學研究》2010年第2期。
④ 范崇高：《〈法苑珠林〉文本整理商議》，四川人民出版社2018年版，第4頁。

防護，封為田主。（冊一，1/29/2）

《校注》："'雇'字原作'顧'，據《高麗藏》本、《磧砂藏》本、《南藏》本、《嘉興藏》本改。"

按：范崇高言："顧"為"雇"之通假字，古書習見，《校注》不煩改。①

9. 因斯故立刹帝利名。大眾欽承，恩流率土。故復名大王。未有多王。自後諸王，此王為首。（冊一，1/29/3）

按：范崇高言："故復名大王。未有多王"不確，正當作"故復名大三未多王"②。

10. 云何為四？一，時世間災漸起，壞此世時，中間長久，不可以日月歲數而稱計也。二者，此世間壞已，中間空曠，無有世間。長久迥遠，不可以日月歲數而稱計也。（冊一，1/29/5）

按：范崇高言："一"當作"一者"，與下文"二者""三者""四者"相對應。③

---

① 范崇高：《〈法苑珠林〉文本整理商議》，四川人民出版社2018年版，第4頁；也見於范崇高《〈法苑珠林校注〉校勘商酌》，《成都大學學報》2016年第6期。
② 范崇高：《〈法苑珠林〉文本整理商議》，四川人民出版社2018年版，第5頁。
③ 范崇高：《〈法苑珠林〉文本整理商議》，四川人民出版社2018年版，第6頁。

《法苑珠林》卷二校勘研究

11. 水輪亦爾，外由有風持不散。如世間攢酪為酥。此風力順轉此水成金。水深一百一十三萬由旬。既順成金水，但厚八十萬由旬。（冊一，2/35/7）

《校注》："'攢'字原作'鑽'，據《高麗藏》本、《磧砂藏》本、《南藏》本、《嘉興藏》本改。"

按：范崇高言："攢"是"鑽"之俗體，《校注》不煩改。另"水深"之"水"當連上句，點斷為"此風力順轉，此水成金水"①。

12. 其山常有歌舞唱妓音樂之聲。山有二窟：一名為畫，二名善畫，七寶所成，柔軟香潔，猶如天衣。（冊一，2/40/1）

《校注》："'窟'字原作'崛'，據《高麗藏》本改。"

按：范崇高言"窟""崛"兩個字都有"洞穴"義，《校注》不煩改。

13. 其土中夜阿耨達龍王數數時起清淨雲，周遍世界，而降甘雨。如𪉹牛乳，以八味水潤澤普洽。（冊一，2/43/10）

《校注》："'𪉹'字原作'構'，據《高麗藏》本改。"

按：范崇高言："𪉹""構"，均有取乳汁之義，《校注》不煩改。②拙文《〈經律異相〉異文研究》曾梳理其系列俗字，可參。③

14. 其土不受十惡，舉動自然與十善合。身壞命終，生天善處。是故

---

① 范崇高：《〈法苑珠林〉文本整理商議》，四川人民出版社2018年版，第7頁。
② 范崇高：《〈法苑珠林〉文本整理商議》，四川人民出版社2018年版，第8頁。
③ 張春雷：《〈經律異相〉異文研究》，博士學位論文，南京師範大學，2011年，第109頁。

彼人得稱為勝於三天下。其土最上，故秦言最上。（冊一，2/45/4）

按：范崇高言：此段文字當校點作："其土不受十惡，舉動自然與十善合。身壞命終，生天善處，是故彼人得稱為勝。於三天下，其土最上，故秦言最上。""不受十惡"語義不確，正當作"不受十善"。此則故事引自後秦佛陀耶舍共竺佛念譯《長阿含經》卷十八，原經此處也作"其土不受十善"①。

我們認為《校注》之所以作"不受十惡"，當是所依底本蔣氏刻本刊刻有訛誤，大正藏本、中華藏本、高麗藏本此處皆作"其土不受十善"。《校注》編者未加考辨，故而致誤。

15. 若依《善戒經》說僧持二百五十戒，尼持三百四十八戒，亦是生天之業。（冊一，2/57/1）

《校注》："'四'字，《高麗藏》本作'七'。"

按：范崇高言：大正藏本作"七"，宋、元、明作"四"，中華藏本作"七"，磧、南、徑、清作"四"。《高麗藏》本作"七"不可"取"②。

16. 第五天女復說偈言：憶念餘生時，為人作子婦，童嫗性狂暴，常加麁惱言。（冊一，2/59/11）

《校注》："'童'，高麗藏本作'嫜'。"

按：禹建華言："童嫗"當據《大正藏》本作"嫜嫗"。"嫜嫗"即公公和婆婆。③

---

① 范崇高：《〈法苑珠林〉文本整理商議》，四川人民出版社2018年版，第8頁；又見於范崇高《〈法苑珠林校注〉標點商兌》，《古籍整理研究學刊》2016年第5期。
② 范崇高：《〈法苑珠林〉文本整理商議》，四川人民出版社2018年版，第9頁；又見於范崇高《〈法苑珠林校注〉校勘瑣記》，《寶雞文理學院學報》2016年第1期。
③ 禹建華：《〈法苑珠林〉異文研究》，博士學位論文，湖南師範大學，2011年。

《法苑珠林》卷三校勘研究

17. 故說偈言：七塵成阿耨，七耨成銅塵，水兔牛毛塵，皆從於七起。（冊一，3/67/6）

按：范崇高言："牛毛塵"，當據《中論疏記》卷五引《雜阿毗曇心論》作"羊毛塵"。①

18. 若言水災既至二禪、光音諸天，何以得壽八大劫者？（冊一，3/73/2）

按：吳建偉言："二禪"後頓號應改為逗號，即"若言水災既至二禪，光音諸天，何以得壽八大劫者？"二禪天，又稱二靜慮，指修成二禪者所生之天處，為色界天中的第二重。更分有三天，即少光天、無量光天、光音天。處在二禪天之人，雖能免劫末之大火災，然不得免劫末之大水災。此段文字後隔數句有："若言風災既至三禪，何以遍淨諸天得壽六十四大劫者？"文字結構相似，標點不誤，可為佐證。②

19. 是城形相翼衛四兵：柵塹、樹池、雜林、宮殿。（冊一，3/79/10）

按：吳建偉言：此句標點當作："是城形相，翼衛四兵，柵塹樹池，雜林宮殿。"四四對文。段中"城"是承接上文，是指忉利天善見大城。"四兵"，指象、馬、車、步四兵。柵、塹、樹、池、雜林、宮殿，均為善見大城內外建築設施。③

20. 是天城路數有五百，四陌相通，行列分明，皆如基道。四門通

---

① 范崇高：《〈法苑珠林〉文本整理商議》，四川人民出版社2018年版，第10頁；又見范崇高《〈法苑珠林校注〉辨補》，《阿壩師範學院學報》2017年第3期。
② 吳建偉：《〈法苑珠林校注〉標點疑誤補舉》，《古籍整理研究學刊》2015年第6期。
③ 吳建偉：《〈法苑珠林校注〉標點疑誤補舉》，《古籍整理研究學刊》2015年第6期。

達，東西相見。（冊一，3/81/1）

按：此則引自陳真諦譯《佛說立世阿毘曇論》卷二，原經宋本、明本作"棊道"，大正藏本作"基道"，據文意看，當依前者。"棊道"指像棋盤上那樣四通八達的道路，與上文"四陌相通，行列分明"及下文"四門通達，東西相見"意義連貫。"基""棊"二字，當是形近而誤。

21. 何等眾生應食麤段及微細食？如閻浮提人等飯麨豆肉等名為麤。及食按摩澡浴拭膏等名為微細食。（冊一，3/89/1）

按：王東①、羅明月均言："及食"當為"段食"之訛，此句應斷作："如閻浮提人等飯麨豆肉等名為麤段食，按摩澡浴拭膏等名為微細食。"大正藏《起世經》《法苑珠林》本均作"粗段食"②。

---

① 王東：《〈法苑珠林校注〉補正》，《宗教學研究》2010 年第 2 期。
② 羅明月：《〈法苑珠林校注〉拾補》，《江海學刊》2011 年第 3 期。

《法苑珠林》卷四校勘研究

22. 曾於一時見驢命群，根相出見，慾心發動，脫衣就之，驢見即交。（冊一，4/96/10）

按：禹建華言："驢命群"不確，正當作"驢群合"①。

23. 如《起世經》云："佛告諸比丘……或出電光，或有風吹冷氣。至如是種種皆是雨相。諸占察人及天文師等，悉尅此時必當降雨。……亦出電光，復有風吹冷氣來時。占者見相，尅天降雨。……亦出電光，復有風吹冷氣來時。占者見已，記天必雨。（冊一，3/118/6）

按：王東言："至如是"之"至"當連上讀。"冷氣來時"之"時"當連下讀。故這段文字應作如下斷句："或出電光，或有風吹冷氣至，如是種種皆是雨相。……亦出電光，復有風吹冷氣來，時占者見相，克天降雨。……亦出電光，復有風吹冷氣來，時占者見已，記天必雨。"②

24. 《列子》曰：夫有形者生於無形，則天地安從生。張虔注曰：天地無所從生，而自然生。（冊一，4/122/5）

《校注》："'虔'字疑应作'湛'。"

按：范崇高言：《列子》的注者張湛，字處度，頗疑後人本為添入"張處度注曰"一句，因"處"或"度"脫落，"處度"剩下的一字誤為形近字"虔"所致。③

25. 黃泉之埃，上為青雲，赤泉之埃，上為赤雲。白泉之埃，上為白

---

① 禹建華：《〈法苑珠林〉異文研究》，博士學位論文，湖南師範大學，2011年。
② 王東：《〈法苑珠林校注〉補正》，《宗教學研究》2010年第2期。
③ 范崇高：《〈法苑珠林〉文本整理商議》，四川人民出版社2018年版，第11頁；又見於范崇高《〈法苑珠林校注〉校勘商酌》，《成都大學學報》2016年第6期。

雲。玄泉之埃，上為玄雲。(冊一，4/127/5)

《校注》："'赤'字原作'青'，據《高麗藏》本改。"

按：有脫文，正當作"黃泉之埃，上為黃雲。青泉之埃，上為青雲。赤泉之埃，上為赤雲。白泉之埃，上為白雲。玄泉之埃，上為玄雲。"文字脫落後，語義不清。范崇高已言之，詳可參。①

26.《爾雅》曰：焚輪謂之頹。郭璞注："暴風從上下。"扶搖謂之猋。從上下也。(冊一，4/128/3)

按：王東言："猋"字訛，當為："焱"。檢《爾雅·釋天》："扶搖謂之焱。"郭璞注："暴風從上下。"②

27. 乞佛虜凶虐暴惡，嘗中霹靂，其挺引身出外，題背四字，表其凶匿。(冊一，4/131/1)

按：范崇高言："挺"，當據《異苑》卷四、《太平御覽》卷十三引《異苑》改作"柩"。此文為節引，前三句可據原書補校為"乞伏虜凶虐暴惡，嘗塚中霹靂其柩，引身出外"③。

---

① 范崇高：《〈法苑珠林〉文本整理商議》，四川人民出版社2018年版，第11頁。
② 王東：《〈法苑珠林校注〉校議》，《江海學刊》2010年第5期。
③ 范崇高：《〈法苑珠林〉文本整理商議》，四川人民出版社2018年版，第12頁；也見於范崇高《〈法苑珠林校注〉補議》，《成都大學學報》2013年第3期。

《法苑珠林》卷五校勘研究

28. 云何名六趣？依《毗曇論》云：趣者名到，亦名為道。謂彼善惡業因道，能運到其生趣處，故名為趣。亦可依所造之業，趣彼生處，故名為趣。又趣者歸向之義。謂可造業能歸向於天乃至地獄也。（冊一，5/134/8）

按："謂可造業能歸向於天乃至地獄也"中"可造業"費解，"可"當為"所"字之訛。正作"謂所造業能歸向於天乃至地獄也"。這句話是言：根據所造的業，歸向天或者地獄。《法苑珠林》諸本皆作"所造業"。《法苑珠林校注》所據底本為清道光年間常熟燕園蔣氏刻本作"可造業"，此處作"所造業"為是。蔣氏刻本為私人刻本，訛誤頗多。《法苑珠林校注》以此為底本，欠妥。

29. 問曰：何故彼趣名天？答曰：於諸趣中彼最勝最樂最善最妙最高，故名天趣。有說先造作增上身語意妙行，往彼生彼，令彼相續，故名天趣。（冊一，5/135/5）

按："有說先造作增上身語意妙行"中"增上身"費解，有脫文，脫"長"，正作"增長上身"。此則引自《阿毗達磨大毗婆沙論》第一百七十二卷，原經此處作"增長上身"。

"令彼相續"費解，有脫文，脫"生"，正作"令彼生相續"。下文有："有說：先造作增長下身，語意妙行，往彼生，令彼生相續，故名人趣。"（T53/305c）可參。

由於不明脫文，標點也值得商榷，正當作：有說先造作增［長］上身，語意妙行，往彼生彼，令彼［生］相續，故名天趣。

30. 又色界有眼、耳、身識，即此識中所有諸受，名為苦樂。從一威

— 10 —

儀，求一威儀。求一威儀故，知有苦。（冊一，5/137/4）

按："求一威儀故，知有苦"中的"故"當屬下，正作"求一威儀，故知有苦"。佛經文獻常四字為句，便於誦讀，此處"故"屬下為是。

31. 論中云：無苦者，以苦相微故，說言無。如食少鹽，故言無鹽。非是一向唯樂無苦。（冊一，5/137/6）

按："以苦相微故，說言無"中"故"當屬下，正作"以苦相微，故說言無"。原因有二：其一，佛經一般以四字為句，便於誦讀，此處"說言無"三字為句，不合節拍；其二，下句言"如食少鹽，故言無鹽"中"故"即為下讀，第一句的"故"也應連下讀，以求音節對稱。

32. 故《智度論》云：上二界死時退時，生大懊惱，甚於下界。譬如極處，墮摧碎爛。（冊一，5/138/10）

按："生大懊惱"不確，有倒文，"生大"誤倒，正作"大生懊惱"。"大"作為程度副詞，修飾的對象是"生"，而不是限定的"懊惱"。"大生懊惱"即產生很多煩惱。如果作"生大懊惱"則是產生一個很大的煩惱之義，兩句的意義完全不同，從這句話的上下文來看，當作"大生懊惱"，也就是產生的煩惱比下界還要多。此則引自《大智度論》卷二十三，原經此处正作"大生懊惱"。試比較：梁曼陀羅仙共僧伽婆羅譯《大乘寶雲經》卷四："彼諸眾生忽見菩薩於彼墮墜，大生懊惱，遠離五欲，不復放逸。"（T16/262c）

33. 帝釋復觀業果，於殿中叫喚大地獄十八隔處，殺生、偷盜、邪婬、妄語業，墮此地獄，具受眾苦。（冊一，5/141/1）

按："於殿中叫喚大地獄十八隔處"費解，有脫文，句中缺少謂語動詞"見"，正作"於殿中見叫喚大地獄十八隔處"。"叫喚大地獄"是佛經術語，為八熱地獄之第四。叫喚，梵語 raurava，巴利語 roruva。又譯作啼哭地獄、號叫地獄，墮於此地獄受苦之人，痛苦不堪，號泣叫喚，故稱叫喚地獄。"於殿中叫喚大地獄十八隔處"中"於殿中"是介賓結構作狀語，主語是上句的"帝釋"，"叫喚大地獄十八隔處"是賓語，顯然中間缺少動詞。此則引自《正法念處經》卷第三十一，原經此處作"天帝釋復觀業果，於殿壁中見叫喚大地獄十六隔處"，依原經，此處脫了動詞"見"，導致句法成分殘缺，當補。

— 11 —

34. 有說：復出不如意聲。二者、諸天身光赫奕，晝夜相照，身無有影。（冊一，5/141/8）

按："晝夜相照"，范崇高言："相"為"恒"之形誤，正作"晝夜恒照"①。

35. 將命終時，身光微昧。有說全滅身影便現。（冊一，5/141/9）

按："有說全滅身影便現"斷句有誤，"有說"後應使用冒號，正作"有說：全滅，身影便現"。上句言"將命終時，身光微昧"是說"諸天將命終時，身上的光就不再赫奕，慢慢暗淡"，"全滅"是承前省略，省略了"身光"，"有說：全滅，身影便現"是言：也有的說：（神光）全滅，出現了身影。另外上文有"有說：復出不如意聲"，《校注》在此處"有說"后面使用了冒號，此處顯然也應當使用冒號，方能前後統一。

36. 三者、諸天膚體細滑，入香池浴，纔出来時，水不著身，如蓮華葉。將命終位，水便著身。四者、諸天種種境界，悉皆殊妙，漂脫諸根，如旋火輪，不得暫住。將命終位，專著一境，經於多時，不能捨離。五者、諸天身力強盛，眼嘗不瞬。將命終時，身力虛劣，眼便數瞬。云何為大五衰相？（冊一，5/141/9）

按："云何為大五衰相？"中"何"字後面有脫文，脫了"名"字，正作"云何名為大五衰相"。本段引自《阿毘達磨大毘婆沙論》卷第七十，原經此處正作"云何名為大五衰相"。另外，此段主要闡釋的是"小五衰相"和"大五衰相"，上文闡釋"小五衰相"時言到"云何名為小五衰相？"此處論"大五衰相"，句式也非常工整，顯然此處也當作"云何名為大五衰相"。

37. 一者、衣服鮮淨，今穢。（冊一，5/141/12）

按："衣服鮮淨，今穢"，《法苑珠林》大正藏本作"先淨"，宋、元、明、宮本作"鮮淨"。作"先"字是，正作"衣服先淨，今穢"。此處說的是衣服先前乾淨，而現在污穢，表示的是前後對比，而不是單單描述衣服鮮豔乾淨的狀態。此則引自《阿毘達磨大毘婆沙論》卷第七十，

---

① 范崇高：《〈法苑珠林〉文本整理商議》，四川人民出版社2018年版，第13頁；又見於范崇高《〈法苑珠林校注〉辨補》，《阿壩師範學院學報》2017年第3期。

原經此處正作"衣服先淨，今穢"。

38. 二者、華冠光盛，今萎。三者、兩腋忽然流汗。四者、身體欻生臭氣。五者、不樂安住本座。（冊一，5/141/12）

按："華冠光盛，今萎"，《法苑珠林》大正藏本作"先盛"，宋、元、明、宮本作"光盛"，作"先盛"是。此處是表示的前後對比，若作"光盛"則沒有今昔對比的含義。《阿毗達磨大毘婆沙論》卷第七十正作"先盛"，可參。

39. 前五衰相現，已不可轉。（冊一，5/142/1）

《校注》："'不'字，高麗藏本作'或'。"

按：范崇高言：作"不"字欠通暢，而《高麗藏》本作"或"，語義也不完整，此處當依唐玄奘譯《阿毗達磨婆沙論》卷七十作"前五衰相現已猶可轉"①。

40. 時天帝釋以有五種小衰相現，不久當有大衰相現，心生怖畏，作是念言：誰能救我如是衰厄，我當歸依。便自了知，除佛世尊，無能救護。尋詣佛所，求哀請救。佛為說法，便得見諦。令彼衰相，一時皆滅。（冊一，5/142/2）

按："時天帝釋以有五種小衰相現"中"以"是"已"字之通假字，"已經"之義，《校注》當出注。這句話是言：天帝釋已經有五種小衰相出現。此則引自《阿毗達磨大毘婆沙論》卷第七十，原經此處作"時天帝釋已有五種小衰相現"。"以""已"相通，文獻中習見，如《國語·晉語四》："其聞之者，吾以除之矣。"《北史·宇文護傳》："吾念十九入汝家，今以八十矣，凡生汝輩三男二女。"宋蘇舜欽《答范資政書》："乃知君子理身格物之道，自有本也，險難以萌而不之見，宜其悔焉。"

41. 昔忉利天宮有一天，壽命垂盡，有七種瑞現：一頂中光滅，二頭上華萎，三面色變，四衣上有塵，五腋下汗出，六身形瘦，七離本座。（冊一，5/142/6）

按："頂中光滅"中"頂中"費解，"頂"當為"項"之訛，兩字形近而誤，正作"項中光滅"。此則引自《舊雜譬喻經》卷下，原經此處正

---

① 范崇高：《〈法苑珠林〉文本整理商議》，四川人民出版社2018年版，第13頁。

作"項中光滅"。作為"瑞像"之一"項中光滅"，佛經文獻習見，如東晉竺曇無蘭譯《五苦章句經》卷一："命盡有七證：一曰項中光滅，二曰頭上華萎，三曰顏色為變，四曰衣上塵土，五曰腋下汗出，六曰身形損瘦，七曰蠅著自然，離於本座。"（T17/543c）梁釋寶唱撰《經律異相》卷二："昔忉利宮有一天，壽命垂盡，有七種瑞：一者項中光滅，二者頭上華萎。"（T53/9a）此則故事在多部經文中皆有記載，如《五苦章句經》卷一、《經律異相》卷第二、《金光明經文句新記》卷第四、《六道集》卷二中均作"項中光滅"，例多不繁引。另，試比較：《法苑珠林》卷八七："時有一天壽命垂盡，有其七事為之應現：一者項中光滅，二者頭上傳飾華萎，三者面色變，四者衣上有塵，五者腋下汗出，六者身形瘦，七者離本座。"（T53/924b）

42. 即自思惟：壽終之後，下生鳩夷那竭國，疥癩母豬腹中作豚。甚預愁苦，不知何計。餘天語言：今佛在此，為眾說法。唯佛能脫卿之罪耳。（冊一，5/142/7）

按："餘天語言"費解，"餘"當為"有"字之訛，正作"有天語言"。此則引自《舊雜譬喻經》卷下，原經此處正作"有天語言"。試比較，如《經律異相》卷二："有天語言：今佛在此為母說經，唯佛能脫卿之罪耳，即到佛所，稽首作禮，未及發問。"（T53/9a）《法苑珠林》卷八十七：有天語言：今佛在此為母說經，佛為三世一切之救，唯佛能脫卿之重罪，何不往歸，即到佛所，稽首作禮，未及發問。（T53/924b）

43. 餘天語言：今佛在此，為眾說法。唯佛能脫卿之罪耳。（冊一，5/142/8）

按："餘天語言：今佛在此，為眾說法。唯佛能脫卿之罪耳"標點欠妥，"為眾說法"後的"句號"當改為"逗號"，"唯佛能脫卿之罪耳"亦是"餘天語言"，故此句當標點為："餘天語言：今佛在此，為眾說法，唯佛能脫卿之罪耳。"

44. 晉史世光者……舅即輕車將軍，報終也。（冊一，5/144/10）

《校注》："《太平廣記》卷一三引。"

按：范崇高言：此條見今本《太平廣記》卷一一二"史世光"引

《冥詳記》，"一二"上下誤連為三。①

45. 續有釋賢護，姓孫，涼州人，來止廣漢閻興寺，常習禪為業。（冊一，5/146/5）

按："習禪為業"中"禪"后脱"定"，当作"習禪定為業"。"禪"和"禪定"含義不同。禪，是梵語"禪那"之略，原指靜坐默念，引申為禪理、禪法、禪學。如唐杜甫《宿贊公房》詩："放逐寧違性，虛空不離禪。"《水滸傳》第四回："長老道：'員外放心！老僧自慢慢地教他念經誦咒，辦道參禪。"清梁章鉅《歸田瑣記·慶城寺碑》："暇日，至慶城寺，與僧滋亭談禪。""禪定"，是指佛教禪宗修行方法之一。一心審考為禪，息慮凝心為定。佛教修行者以為靜坐斂心，專注一境，久之達到身心安穩、觀照明淨的境地，即為禪定。又禪為色界天之法，定為無色界天之法。依其入定程度的淺深，並有四禪（色界定）、四定（無色界定）的區分。如《壇經·坐禪品》："何名禪定？外離相為禪，內不亂為定……外禪內定為禪定。"《長阿含經·第二分十上經》："思維觀察，分別法義，心得歡喜。得歡喜已，便得法愛。得法愛已，身心安穩。身心安穩已，則得禪定。得禪定已，得如實智。是謂初解脫入。"此則故事引自《高僧傳》卷十一，原經此處正作"習禪定為業"。

46. 又善律行，纖毫無缺。以晉隆安五年卒。（冊一，5/146/5）

按："纖毫無缺"與上文語意不合，上文是說釋賢護善於約束自己的行為，此處卻言他什麽都不缺，語義上沒有任何聯繫。此則引自《高僧傳》卷十一，原經此處作"纖毫無犯"，作"纖毫無犯"是。《欽定古今圖書集成·博物彙編·神異典》第一百二十七卷引此則故事亦作"纖毫無犯"。"纖毫無犯"是言釋賢護善於約束自己的行為，不觸犯任何戒律。"纖毫無犯"文獻習見，如明智旭輯繹《重治毗尼事義集要》卷一："又時丁末運，外緣不豐，內因微薄，欲纖毫無犯，演教宏宗，則佛法不能廣布，完小節而失大益，豈菩薩之本心，學一乘之真子耶。"（X40/343b）後周義楚集《釋氏六帖》卷十一："姓孫，涼州人，來止廣漢閻興

---

① 范崇高：《〈法苑珠林〉文本整理商議》，四川人民出版社2018年版，第14頁；又見於范崇高《〈法苑珠林校注〉補議》，《成都大學學報》2013年第3期。

寺，常習禪定，又善律宗，纖毫無犯。晉隆安五年卒，口出五色光明，手屈一指。弟子焚之，起塔。"（B13/237a）清通醉輯《錦江禪燈》卷二十："涼州孫氏子，來止廣漢閻興寺，常習禪定為業，兼嚴律行，纖毫無犯。"（X85/221a）《漢語大詞典》收錄"纖毫無犯"，釋為"形容軍紀嚴明，絲毫不加侵犯。引《北齊書·元景安傳》："顯祖聞之，遣使推檢，同行諸人贓汙狼藉，唯景安纖毫無犯"為書證。《漢語大詞典》釋義顯然不準確，上述佛經文獻中的用例顯然和軍紀沒有任何關係。"纖毫無犯"即"沒有絲毫的違犯、侵犯（紀律）"之義，《漢語大詞典》當改，且舉唐代《北齊書》為例，書證過晚，梁慧皎撰《高僧傳》中即有用例，當補。

47. 宋俞氏二女，東官曾城人也。是時祖姊妹。元嘉九年，姊年十歲，妹年九歲。里越愚蒙，未知經法。忽以二月八日，並失所在。三日而歸，麤說見佛。（冊一，5/146/8）

按："元嘉九年"中"九"字為"元"字之訛，兩字形近而訛，正作"元嘉元年"。此則故事《校注》注為"見《集神州三寶感通錄》卷下，又見《法苑珠林》卷二十二"入道篇感應緣引"。《集神州三寶感通錄》卷下、《法苑珠林》卷二十二，此處均作"元嘉元年"。

48. 九月十五日又失一旬，還作外國語，誦經及梵書。見西域沙門，便相開解。（冊一，5/146/9）

按：王東言："九月十五日又失一旬，還作外國語，誦經及梵書。"應作以下斷句："九月十五日又失，一旬還。作外國語誦經及梵書。"大正藏《集神州三寶感通錄》正同，可參證。① 我們認為這句話是承上"忽以二月八日，並失所在"的省略，是言："兩姐妹九月十五日又失［所在］，一旬後才回來"。"作外國語誦經"中"外國語"即漢語之外的語言，此處當指梵語，佛經文獻中習見，如蕭齊僧伽跋陀羅譯《善見律毘婆沙》卷十七："和上者，外國語，漢言知罪知無罪，是名和上。"（T24/792c）隋吉藏撰《金剛般若疏》卷一："第三釋般若，般若是外國語，釋論有二文：一者般若，秦言智慧，開善用之。"（T33/89c）例多不

---

① 王東：《〈法苑珠林校注〉補正》，《宗教學研究》2010年第2期。

繁引。《漢語大詞典》收錄"外國語"詞條，有兩個義項，分別釋為"指漢語中的外來語"和"外國的語言、文字"，第一個義項舉清周亮工《書影》卷二："檇李陳無功撰《庶物異名疏》，凡二千四百五十有二則，可稱該博。余意外國語，佛經語，皆無定字，況屢經翻譯，尤多差訛，不如刪去，始稱大雅"為唯一書證。第二個義項則無書證。我們認為《漢語大詞典》釋義欠妥，書證也過遲。"外國語"其實就是指"漢語之外的其他語言"，僅此一個義項而已，漢語中的外來語也是包含其中的。《漢語大詞典》所舉的書證"余意外國語，佛經語，皆無定字，況屢經翻譯，尤多差訛，不如刪去，始稱大雅"中"外國語"，我們認為也應當指的梵語。

49. 後往江南陶隱居處，求覓仙方，冀益長壽。及屆山所，接對欣然。便以《仙方》十卷，用酬來意。（冊一，5/147/6）

按：范崇高言：《仙方》雖有卷數，不宜用書名號。因為它與前一處"仙方"相同，並非具體書名，而是泛稱，"仙方十卷"意即十卷載有長生不死之術的道經。①

50. 謂義起曰：我天上玉女。見遣下嫁，故來從君。……不能有益，亦不為損。……然我神人，不為君子，亦無妬忌之性，不害君婚姻之義。遂為夫婦，贈其詩一篇。（冊一，5/148/6）

按：羅明月②、王東均言"不為君子"費解。檢《搜神記》卷一"弦超"條作"不為君生子"。《太平廣記》卷第六十一"成公智瓊"條作："不能為君生子。"可見《法苑珠林》奪"生"字，當補。③

51. 馳前到，果是玉女也。遂披帷相見，前悲後喜。控左授接，同乘至洛，遂為室家，尅復舊好。（冊一，5/149/2）

按：羅明月④、王東均認為："授接"，《搜神記》卷一"弦超"條84、《太平廣記》卷六十一"成公智瓊"條85亦記此事，分別作"援

---

① 范崇高：《〈法苑珠林〉文本整理商議》，四川人民出版社 2018 年版，第 14 頁。
② 羅明月：《〈法苑珠林校注〉補疑》，《江海學刊》2010 年第 6 期。
③ 王東：《〈法苑珠林校注〉補正》，《宗教學研究》2010 年第 2 期。
④ 羅明月：《〈法苑珠林校注〉零拾》，《江海學刊》2011 年第 2 期。

綏""授綏"。正當從《搜神記》作"援綏"①。

52. 梁蜀郡龍淵寺沙門慧韶，姓陳，本潁川太丘人。少欲多智，聰敏不羣。春秋五十四，卒於本寺摩訶衍堂中。時成都民應始豐賢者，因病氣絕，而心上煖。五日方醒，云被攝至閻羅王，聞處分云：迎法師。須臾便至。（冊一，5/149/6）

按："五日方醒，云被攝至閻羅王"費解，標點有誤，"云"後為說的話，應加冒號，正作"五日方醒，云：被攝至閻羅王"。"被攝至閻羅王"亦費解，有脫文，脫"所"，正作"被攝至閻羅王所"。這句話是言："應始豐"因病斷氣後，心口還依然溫暖，五天後才醒過來，說：[自己]被抓到閻羅王的處所去了。此則故事引自《續高僧傳》卷六，此處正作"被攝至閻羅王所"。

53. 王下殿合掌頂禮，更無言說。唯書文書，作一大政之字。韶出外坐於曠路樹下，見一少童。（冊一，5/149/8）

按："唯書文書"中"書"當作"畫"之訛誤，兩字形近而誤，正當作"唯畫文書"。此則故事引自《續高僧傳》卷六，此處正作"唯畫文書"。

54. 韶就座談說，少時便起，送別者令歸。其生滅冥祥，感見類此。以天監二年七月三日卒于龍淵寺，春秋五十有四。（冊一，5/149/11）

按："天監二年"中"二"字應為"七"字之訛，正作"天監七年"。此則故事引自《續高僧傳》卷六，此處正作"天監七年"。另外此則故事元曇噩述《新脩科分六學僧傳》卷第十九亦有記載，作"天監七年，忽染微恙，醫者以豬脂藥進，拒不服，而禮佛誦經，顏色怡悅如常時。候問者以為喜，乃告曰：吾茲無處不痛，政若敗車行路，常患摧折，但自強耳。頃之，卒於寺之摩訶堂。是年七月三日也，春秋五十四"，可參證。

55. 問曰：語言云何？答曰：世界初成，一切皆作聖語。後以飲食時有情不平等故，及諂誑增上故，便有種種語，乃至有不能言者。（冊一，5/152/10）

---

① 王東：《〈法苑珠林校注〉補正》，《宗教學研究》2010年第2期。

— 18 —

按："以飲食時有情不平等故"費解，"時"後脫"分"，正作"以飲食時分有情不平等故"。此則引自《阿毘達磨大毘婆沙論》卷第一百七十二，原經此處正作"以飲食時分有情不平等故"。《法苑珠林》卷六亦引有這則故事，亦作"以飲食時分有情不平等故"，皆可參證。

56. 何謂為十？一者、生苦逼迫，二者、老苦逼迫，三者、病苦逼迫，四者、死苦逼迫，五者、愁苦逼迫，六者、怨苦逼迫，七者、苦受逼迫，八者、憂逼迫，九者、痛惱逼迫，十者、生死流轉大苦之所逼迫。（冊一，5/153/5）

按："憂逼迫"中"憂"後脫"受"字，正作"憂受逼迫"。原因有三：其一，此則故事引自《大寶積經》卷三十五，原經此處正作"憂受逼迫"；其二，十苦中前七苦，均四字为句，唯獨第八苦"憂逼迫"三字为句，不和節奏，此外第七苦為"苦受逼迫"，為求結構上的一致，第八苦也應當是"憂受逼迫"；其三，"憂受"為"五受"之一，是佛教術語。憂受，為意識之領納，對於遣情之境，分別為憂惱者，指受心識領納所對之境。如唐法寶撰《俱舍論疏》卷三："及第三禪心受攝益名樂受，身受損惱名苦受，心受第二禪已下，攝益名喜受，損惱名憂受，通在身心，非損非益名捨受。"（T41/515c）明釋廣伸撰《成唯識論訂正》卷六："輕安一法，除憂苦二受也。有逼迫受者，逼迫于心名憂受，逼迫于身名苦受。"（D23/554b）明明昱俗詮《成唯識論俗詮》卷五："謂逼身名苦受，悅身為樂受，以無分別，及尤重故，逼心名憂受，悅心名喜受者，以有分別。"（X50/582b）例多不繁舉。

57. 故知人身，唯苦無常。理應生厭，速求解脫。一切有為，眾苦積聚。如癰、如廁，如箭入心。生老病死，輪轉無際。（冊一，5/155/11）

按："如廁"費解，"廁"當作"瘡"之訛誤，正作"如瘡"。"如廁"是指內急，上廁所。而其前後文是說眾苦像癰、瘡一樣、像箭穿心一樣痛苦，三者皆是對眾苦的比喻，"如廁"顯然不合文意。將眾苦比喻為"癰""瘡""箭入心"者，佛典習見，如：隋天竺三藏闍那崛多等譯《起世經》卷八："所有戲論，皆悉是病，如癰如瘡，猶如毒箭。"（T01/350a）元魏天竺三藏菩提留支譯《大薩遮尼乾子所說經》卷七："見受樂者，即知是苦；見受苦者，如癰如瘡。"（T09/349a）東晉天竺三藏佛馱跋陀羅譯《大方廣佛華嚴經》卷二十七："如是之大士，入第三明地。觀三界皆空，無常亦如病，如癰如瘡箭，無量苦常然。"（T09/576a）西晉安息三藏安法欽譯《阿育王傳》卷五："又復苦者，如毒如癰如瘡，生苦、老苦、病苦、死苦、愛別離苦、怨憎會苦、求不得苦。"（T50/118b）例多不繁引。

58. 王位雖尊嚴，代謝不暫停。輕疾如電光，須臾歸衰滅。王位極富逸，愚者情愛樂。衰滅無時至，苦劇過下賤。王者居高位，名聞滿十方，端正甚可愛，種種自嚴身。（冊一，5/156/6）

按："衰滅無時至"費解，"無"是"死"之訛，正作"衰滅死時至"。此則故事引自宋求那跋陀羅譯《賓頭盧突羅闍為優陀延王說法經》卷一："衰滅死時至，苦劇過下賤。"（T32/785c）"衰滅"，猶言身體衰落；衰絕。元魏吉迦夜共曇曜譯《雜寶藏經》卷三："世間富貴樂甚少，衰滅苦惱甚衆多。"又："能觀富貴及衰滅，忍不可忍是真忍。"試比較：後漢安世高譯《尸迦羅越六方禮經》卷一：墮俗生世苦，命速如電光，老病死時至，對來無豪強，無親可恃怙，無處可隱藏。（T01/252a）宋天竺三藏求那跋陀羅譯《鸚鵡經》卷一："如是所因，如是所行，身壞死時至，善處天上。"（T01/889c）

59. 從崑崙以東得大秦國，人長十丈。從此以東十萬里，得佻國，人長三丈五尺。（冊一，5/160/6）

《校注》："'佻國'，《太平御覽》引作'佻吐凋國'。"

按：范崇高言：《太平御覽》文字不可取。"土凋"是"佻"的切語竄入正文。①

60. 秦始皇二十六年，有大人身長五丈，足跡六尺，夷狄皆服。有十二人見於臨洮。（冊一，5/161/3）

按：范崇高言："夷狄皆服"，正當作"皆夷狄服"②。

61. 孔子曰："僬僥長三尺，短之至也。長者不過十，數之極也。"今有五丈之人，此則無類而生也。是歲秦初兼六國，喜以為瑞，鑄金人十

---

① 范崇高：《〈法苑珠林〉文本整理商議》，四川人民出版社2018年版，第14頁。
② 范崇高：《〈法苑珠林〉文本整理商議》，四川人民出版社2018年版，第15頁。

二以像之。南成五嶺，北築長城，西徑臨洮，東至遼東。徑數千里。故大人先見於臨洮，明禍亂所起也。後十二年而秦亡。"（冊一，5/161/5）

《校注》："見《國語》卷五《魯語》下。"

按：范崇高言：以上文字僅有孔子語見於《國語·魯語下》。"是歲秦初兼六國……後十二年而秦亡"一段摘錄自《漢書·五行志》，與上一條引自《洪範五行傳》的內容為《漢書》中同一段文字。頗疑《漢書·五行志》的這段文字本為一條，因來自《國語》等的文字錯誤植入而出現錯亂。①

62. 咸熙二年襄武縣言：有大人現，長三丈餘，跡長三尺二寸。白髮，著黃單衣，黃巾拄杖。呼民王始語云：今當太平。（冊一，5/161/9）

按：范崇高言："著黃單衣，黃巾拄杖"標點有誤，"黃巾"當屬上，正作"著黃單衣黃巾，拄杖"。"拄杖"後句號，當改為"逗號"②。

63. 此人以鬼為飯，以霧露為漿。名天郭，一名食邪，吞食邪鬼，一名黃火。（冊一，5/162/3）

《校注》："'黃火'，《高麗藏》本作'黃父'。下同。"

按：范崇高言："黃火"，當依《高麗藏》《大正藏》《中華藏》本作"黃父"③。

64. 王莽建國四年，池陽有小人，景長一尺餘。或乘車，或步行。操持萬物，大小各自稱，三日止。（冊一，5/164/2）

按："池陽有小人，景長一尺餘"斷句有誤，"景"當上屬，正作"池陽有小人景，長一尺餘"。《法苑珠林》注引《搜神記》，其實這個故事最早見于《漢書·王莽傳》。《漢書·王莽傳》此句原作"是歲，池陽縣有小人景，長尺餘，或乘車馬，或步行，操持萬物，小大各相稱，三日止。""池陽縣有小人景"中的"景"當讀作"yǐng"，"影"的古字，《詩·鄘風·二子乘舟》："二子乘舟，泛泛其景。"孔穎達疏："泛泛然見其影之去往而不礙。""池陽縣有小人景"說的應該類似"海市蜃樓"

---

① 范崇高：《〈法苑珠林〉校注辨補》，《阿壩師範學院學報》2017年第3期。
② 范崇高：《〈法苑珠林〉文本整理商議》，四川人民出版社2018年版，第16頁；又見范崇高《〈法苑珠林〉標點舉誤》，《成都大學學報》2017年第5期。
③ 范崇高：《〈法苑珠林〉文本整理商議》，四川人民出版社2018年版，第17頁。

現象。

65.《管子》曰:"涸澤數百歲,谷之下水不絕者生慶忌。"(冊一,5/164/3)

按:范崇高言:"谷之下水不絕者"語義費解,當依《管子·水地篇》、今本《搜神記》卷十二、《太平御覽》卷八八六引《管子》作"谷之不徒,水之不絕者"。①

66. 又曰:涸小水精生蚔。蚔者,一頭而兩身,其狀若蛇,長八尺。以其名呼之,可使取魚鼈。(冊一,5/164/5)

按:范崇高言:"涸小水精",當依《管子·水地篇》作"涸川之精","蚔"當為"蟡"②。

67. 經是阿須輪王睒婆利等毗摩質多之眷屬,佉羅騫駄之朋流。乃至婆稚羅睺之等侶,舍脂跂駝之氣類。並願除憍慢習,離諂曲心。(冊一,5/165/5)

《校注》:"'經'字原作'絓',據《高麗藏》本改。"

按:范崇高言:作"絓"是,不煩改。③ 王紹峰認為:中古時期"絓是"在句中的位置和作用相當於總括副詞"凡是",後面常有"皆(悉、並)"與之搭配使用。④ 此處"絓是……並願……"呼應,"朋類""氣類"後的句號皆當改用逗號。

68. 劫初成時,昔有光音天入海洗身。水精入身,生一肉卵。經八千歲,乃生一女。身若須彌。千頭少一,頭有千眼。口別有千少一。口別四牙,牙上出火,猶若霹靂。有二十四腳,有九百九十九手。此女有時在海浮戲,水精入身,生一肉卵。復經八千歲,生毗摩質多。(冊一,5/167/5)

按:"有二十四腳,有九百九十九手"中"腳"與"手"誤倒,正作"有二十四手,有九百九十九腳"。此則引自《佛說觀佛三昧海經》卷

---

① 范崇高:《〈法苑珠林〉文本整理商議》,四川人民出版社2018年版,第18頁;又見范崇高《〈法苑珠林校注〉辨補》,《阿壩師範學院學報》2017年第3期。
② 范崇高:《〈法苑珠林〉文本整理商議》,四川人民出版社2018年版,第18頁。
③ 范崇高:《〈法苑珠林〉文本整理商議》,四川人民出版社2018年版,第18頁。
④ 王紹峰:《中古新興總括副詞"絓是"》,《古漢語研究》2006年第1期。

一，原經此處作"二十四手，手中皆捉一切武器。"道世對原經"其兒身體高大，四倍倍勝於母。兒有九頭，頭有千眼。口中出火，有九百九十九手八腳，海中出聲，號毘摩質多羅"等內容進行了刪改，誤作"有九百九十九腳"。此則故事在其他佛典中亦有記載，如《華嚴經探玄記卷》卷第二、《新華嚴經論卷》卷第十一、《解深密經疏》卷一皆作："二十四手，九百九十九腳"；《佛頂尊勝陀羅尼經疏並釋真言義》卷二作："有二十四手，有九百九十腳"；《經律異相》卷一作"二十四手，手中皆捉一切武器"。

69. 阿素洛王所居樹亦有。問：阿素洛其形云何？答：其形上立。問：語言云何？答：皆作聖語。問：何趣所攝？有說是天趣，有說鬼趣攝。（冊一，5/168/4）

《校注》：出《阿毘達磨大毘婆沙論》卷一百六十二。

按：《校注》不確，此則故事出自《阿毘達磨大毘婆沙論》卷一百七十二。關於此則故事出處唐普光述《俱舍論記》卷八亦有記載，作"《婆沙》一百七十二說：阿素羅，有說是天趣攝，如是說者是鬼趣攝。"可參證。

70. 問：何趣所攝？有說是天趣，有說鬼趣攝。（冊一，5/168/5）

按："有說是天趣"中"趣"字後脫"攝"，正作"有說是天趣攝"。上句問"何趣所攝"，此處是回答，自然言"天趣攝""鬼趣攝"。若不加上"攝"字，則前後兩句不對稱。此則出自《阿毘達磨大毘婆沙論》卷一百七十二，原經此處正作"是天趣攝"。另，此則故事多處經文中亦有類似記載，如唐窺基撰《說無垢稱經贊》卷第二作"五阿素洛，此云非天，佛地論說，天趣所攝。"唐普光述《俱舍論記》卷八作"有說是天趣攝，如是說者是鬼趣攝"。皆可參證。

71. 時有辟支佛詣舍乞食，歡喜即施。食訖空中飛去。貧人見之，因以發願，願我後身長大，一切深水無過膝者。以是因緣，得此極大身，四大海水不能過膝。（冊一，5/169/7）

按："願我後身長大"中"後身"費解，有脫文，脫"生""形"，正作"願我後生身形長大"。此則引自《雜譬喻經》卷一，原經此處正作"願我後生身形長大"。"後生"即來生，如北齊顏之推《顏氏家訓·歸心篇》:"若引之先業,冀以後生,更為通耳。"清黃遵憲《山歌》:"人人要結後生緣,儂只今生結目前。"這句話是說貧人希望自己來生身體長大。此則故事《經律異相》卷第四十六亦有記載,也作"願我後生身形長大",可參證。

72. 中印度在瞻波國西南山石澗中,有修羅窟。有人因遊山修道,遇逢此窟。人遂入中,見有修羅宮殿處,妙精華卉,乍類天宮。園池林果,不可述盡。阿修羅眾既見斯人,希來到此,語云:汝能久住以不?答云:欲還本處。修羅既見不住,遂施一桃與食訖。修羅語言:汝宜急出,恐汝身大,窟不得容。(冊一,5/173/10)

按:"遂施一桃與食訖"斷句有誤,正作"遂施一桃,與食訖"。加標點後,語義亦不順暢,有脫文,脫"彼",正作"遂施一桃,與[彼]食訖"。這句話是言:修羅施捨給他一個桃子,給他吃完。《六道集》卷二作"遂施一桃,與彼食訖"。

73. 於是觀自在乃為現色身。令在城南大山巖執金剛神所誦金剛呪三年,神授方:此巖石內有阿素洛宮。舊云阿脩羅宮。如法行請,石壁當開。可即入中,待彌勒出,我當相報。(冊一,5/174/9)

按:"神授方"費解,有脫文,脫"云",正作"神授方云"。後為說的話,故應在"神授方"後加上"云"等字。此則故事《釋迦方志》卷二、《法苑珠林》卷二十九亦有記載,皆作"神授方云"。此則故事引自《大唐西域記》卷十,原經此處作:神乃授祕方,而謂之曰:"此巖石內有阿素洛宮,如法行請,石壁當開,開即入中,可以待見。"(T51/931a)

74. 其人先是弟子親友。臨去召弟子相伴同去,弟子于時亦隨同行。(冊一,5/175/4)

按:羅明月言:"其人先是弟子親友"中"是"費解,《六道集》卷二引此作"其人先有弟子親友",作"有"正確。大正藏《法苑珠林》亦作"是",誤。①

---

① 羅明月:《〈法苑珠林校注〉拾補》,《江海學刊》2011年第3期。

《法苑珠林》卷六校勘研究

75. 有說：由造作增長……有說：被驅役故名鬼。恒爲諸天處處驅役，常馳走故，有希望故名鬼。謂五趣中從他有情希望多者無過此故。由此因緣，故名鬼趣。（冊一，6/179/2）

按：薛玉彬言："有希望故名鬼"有脫文，脫"有說"，且有訛字，"有希望"當爲"多希望"之誤，此句正當作"有說：多希望故名鬼"。此則引自唐玄奘譯《阿毘达摩大毘婆沙论》卷第一百七十二，原經此處正作"有說：多希望故名鬼"[1]。

76. 四大天眾及三十三天中，唯有大威德鬼與諸天眾守門防邏，導從給使。（冊一，6/180/8）

按："四大天眾"當爲"四大王眾天"之訛。試比較：唐玄奘譯《阿毘達磨大毘婆沙論》卷一七二："故四大王眾天及三十三天中，有二足者，如妙色鳥等，有四足者，如象馬等。"（T27/867a）此則引自《阿毘達磨大毘婆沙論》卷一七二，原經此處作"四大王眾天"。唐玄奘譯《大般若波羅蜜多經》卷三："如是布施得生居士大族，如是布施得生四大王眾天、或生三十三天、或生夜摩天。"（T05/14a）

77. 有說：於此贍部洲西有五百渚，兩行而住。（依《舊婆沙論》云：閻浮提西有五面鬼城。於此五百，自有兩別矣。）於兩行渚中有五百城。二百五十城有威德鬼住，二百五十城無威德鬼住。（冊一，6/180/9）

按："閻浮提西有五面鬼城"中"五面鬼城"不確，正當作"五百鬼城"，"面"當是"百"之訛。下句有"於此五百，自有兩別矣"，顯

---

[1] 薛玉彬：《〈法苑珠林校注〉勘誤補正》，《阜陽職業技術學院學報》2015年第3期。

然是指五百鬼城。另外《法苑珠林》大正藏本作"五百鬼城",此處並無異文,其他各本也作"五百鬼城"。此處當是《校注》所據的底本蔣府刻本不確所致。

78. 食吐鬼。夫勸婦施,婦惜言無積財,慳悋故,常食吐也。(册一,6/181/11)

按:"婦惜言無積財,慳悋故,常食吐也"語義費解,《校注》標點有誤,王東①、薛玉彬②均認為正當斷作"婦惜言無,積財慳悋,故常食吐也"。此句言:夫勸妻子施捨,妻子吝惜說沒有(財物施捨),聚集財物吝嗇小氣,所以常食吐。王東所述簡明扼要,薛玉彬對此句標點提出質疑,結論是可信的,但是論述略顯冗雜。

79. 食毒鬼。由以毒食,令人喪命,因墮地獄,後出為鬼,常飢餓,恒食毒火燒其身也。(册一,6/183/16)

按:"恒食毒火燒其身也"費解,《校注》標點欠妥。薛玉彬將此句斷作"恒食毒,火燒其身也",義為"食毒之後,身上像火燒一樣痛苦"。恐是臆測,不可信從。③我們認為此句當斷為:"恒食毒火,燒其身也"。意思是食毒火之後,毒火燒灼它的身體。"毒火"是地獄中的一種火,用以折磨罪人,佛經文獻中習見,如元魏般若流支譯《正法念處經》卷十:"彼諸罪人三種火燒:一是毒火;二、地獄火;三、飢渴火。"(T17/56c)

80. 鬼有三種:謂無、少、多。無財復有三:炬、鍼、臭口。(册一,6/184/6)

按:薛玉彬言:"鬼有三種:謂無、少、多"令人費解,有脫文,脫"財",正作"謂無、少、多財"。此則引自唐玄奘譯《阿毘達磨順正理論》,此處正作"謂無、少、多財"。《法苑珠林》大正藏本也作"謂無、少、多財"。對三種鬼的描述,佛經文獻中習見,如唐玄奘譯《阿毘達磨藏顯宗論》卷十六、唐宗密述《佛說盂蘭盆經疏》卷二、宋法雲編《翻譯名義集》卷二等,均記載為:鬼有三種,即無財鬼、少財鬼、多

---

① 王東:《〈法苑珠林校注〉補正》,《宗教學研究》2010年第2期。
② 薛玉彬:《〈法苑珠林校注〉勘誤補正》,《阜陽職業技術學院學報》2015年第3期。
③ 薛玉彬:《〈法苑珠林校注〉勘誤補正》,《阜陽職業技術學院學報》2015年第3期。

財鬼。①

81. 臭口鬼者，此鬼口中恒出極惡腐爛，臭氣過於糞穢。沸溢厠門，惡氣自熏，恒空嘔逆。（冊一，6/184/8）

按：薛玉彬言："此鬼口中恒出極惡腐爛，臭氣過於糞穢"斷句有誤，當作"此鬼口中恒出極惡腐爛臭氣，過於糞穢"。口中出的不是"極惡腐爛"，而是"臭氣"。"極惡腐爛"是偏正結構的修飾語，"臭氣"是中心語。②

82. 此鬼身毛臭甚常穢，薰爛肌骨，蒸坌腸腹，衝喉變歐，茶毒難忍。攖體拔毛，傷裂皮膚。（冊一，6/184/11）

按："攖"，薛玉彬認為當做"攫"，此處應該為形近而訛。③ 薛玉彬認為"攖""攫"形近是正確的，然此處不煩改。《法苑珠林》大正藏本作"攫"，宋、元、明、宮本作"攖"。此則故事引自唐玄奘譯《阿毘達磨順正理論》卷三十一，原經此處作"攫"。我們認為"攖""攫"均可，不煩改。"攖"有"攫取"之義，如唐獨孤授《斬蛟奪寶劍賦》："彼挐空攖霧之狀，當一明一晦之際。"一本作"攫"。明馬愈《馬氏日抄‧擒虎》："為虎攖坐身下，眾以剛叉逗其口，使不傷人。"

83. 言瘦鬼者，謂此鬼咽惡業力故，生於大瘦。如大癩腫，熱怖酸疼。更相刺齧，臭膿涌出，爭共取食，少得充飢。（冊一，6/184/12）

按：禹建華④、薛玉彬⑤均言："熱怖"，當作"熱胅"，"熱胅"即"熱腫"。

84. 如其所應，各得豐饒飲食資具生處。法爾，所受不同，不可推徵詞到所以。如地獄趣，異熟生色，斷已還續。（冊一，6/185/8）

按：吳建偉認為：此句標點當作"如其所應，各得豐饒，飲食資具，生處法爾。所受不同，不可推徵，詞到所以，如地獄趣，異熟生色，斷已還續。"法爾，又作法然、自然、天然、自爾、法爾自然、自然法爾。

---

① 薛玉彬：《〈法苑珠林校注〉勘誤補正》，《阜陽職業技術學院學報》2015年第3期。
② 薛玉彬：《〈法苑珠林校注〉勘誤補正》，《阜陽職業技術學院學報》2015年第3期。
③ 薛玉彬：《〈法苑珠林校注〉勘誤補正》，《阜陽職業技術學院學報》2015年第3期。
④ 禹建華：《〈法苑珠林〉異文研究》，博士學位論文，湖南師範大學，2011年。
⑤ 薛玉彬：《〈法苑珠林校注〉勘誤補正》，《阜陽職業技術學院學報》2015年第3期。

系指萬象（諸法）於其天然自然而非經由任何造作之狀態。即指某事物本來之相狀。"生處法爾"，意思是說轉生之處自然，不待造作。①

我們認為吳建偉標點可從，然標點之後，句義依然不明。"詞到所以"費解，"詞"當是"祠"之形訛字，兩字形近而訛。"祠到所以"是與上文所言"感此祠祭""往祠祀中"等相應，是言各鬼祠祭不同，所受也不同。

85. 鬼趣有三：一者、外障鬼。謂彼有情由習上慳，生鬼趣中，常與飢渴相應。皮肉枯槁，猶如火炭。頭髮蓬亂，脣口乾焦，常以其舌舐略口面。飢渴悼惶，處處馳走。（冊一，6/186/1）

按："習上慳"費解，有脫文，脫"品"，正當作"習上品慳"。此則故事引自唐玄奘譯《瑜伽師地論》卷第四，原經此處正作"習上品慳"。此則故事也見于其他佛經文獻，如唐窺基撰《妙法蓮華經玄贊》卷六、唐宗密撰《圓覺經大疏釋義鈔》卷十、唐圓測撰《解深密經疏》卷九等，此處均作"習上品慳"。

86. 頭髮蓬亂，脣口乾焦，常以其舌舐略口面。飢渴悼惶，處處馳走。（冊一，6/186/2）

按："舐略"，禹建華言：當從《大正藏》本作"舐掠"，以舌舐脣口。②

87. 所到泉池，為諸有情手執刀杖，護不令趣，或變成膿血，自不欲飲。是名外障鬼。（冊一，6/186/2）

按："為諸有情"不辭，有訛字，薛玉彬言："諸"為"餘"之訛誤，正作"為餘有情"。此則故事引自唐玄奘譯《瑜伽師地論》卷第四，此處正作"為餘有情"。此則故事也見于其他佛經文獻，如唐窺基撰《妙法蓮華經玄贊》卷六、唐宗密撰《圓覺經大疏釋義鈔》卷十、唐圓測撰《解深密經疏》卷九等，此處均作"為餘有情"③。

88. 鬼中好者，如有威德鬼，形容端正，諸天無異。又一切五嶽四瀆

---

① 吳建偉：《〈法苑珠林校注〉標點疑誤補舉》，《古籍整理研究學刊》2015年第6期。
② 禹建華：《〈法苑珠林〉異文研究》，博士學位論文，湖南師範大學，2011年。
③ 薛玉彬：《〈法苑珠林校注〉勘誤補正》，《阜陽職業技術學院學報》2015年第3期。

山海諸神，悉多端正，名為好也。第二醜者，謂無威德鬼，形容鄙惡，不可具說。（冊一，6/189/4）

按：薛玉彬言："第二醜者"與上下文語義不連貫，正當作"鬼中醜者"。上句言"鬼中好者"，此句言"鬼中醜者"相應。清弘贊輯《六道集》卷三引此則故事，此處作"鬼中醜者"①。

89. 項之，母靈床頭有一鬼，膚體赤色，身甚長壯。文宣長息孝祖與言，往反答對周悉。（冊一，6/193/5）

按：羅明月②、王東均言："往反"應連上讀，故此句應斷作："文宣長息孝祖與言往反，答對周悉。""往反"，義為"反復辯難"，亦寫作"往返"，這種用法在中古文獻中常見，如《世說新語·文學》："既共清言，遂達三更。丞相與殷共相往反，其餘諸賢，略無所關。"③

90. 宋尚書僕射滎陽鄭鮮之……于時勝貴多皆聞云。右三人出《冥報記》也。（冊一，6/196/4）

《校注》："《冥報記》佚文，'三'字，宜作'四'。"

按：范崇高言：《冥報記》當是《冥祥記》之誤。《冥報記》所記皆唐人事，而此四人所記為宋時人，故不應看作《冥報記》。④

91. 後徙家向縣，於路見一人如天官，衣冠甚暐曄，乘好馬，從五十餘騎，視仁蒨而不言。（冊一，6/196/8）

按：范崇高言："如天官"，當依《冥報記》卷中、《太平廣記》卷二九七引《冥報錄》作"如大官"⑤。

92. 數年後仁蒨遇病，不甚困篤，而又不起。（冊一，6/198/1）

按：薛玉彬言："不甚困篤，而又不起"語義不明，正作"而又不能起"，是言仁蒨客觀上不能起床⑥。

---

① 薛玉彬：《〈法苑珠林校注〉勘誤補正》，《阜陽職業技術學院學報》2015 年第 3 期。
② 羅明月：《〈法苑珠林校注〉拾補》，《江海學刊》2011 年第 3 期。
③ 王東：《〈法苑珠林校注〉補正》，《宗教學研究》2010 年第 2 期。
④ 范崇高：《〈法苑珠林〉文本整理商議》，四川人民出版社 2018 年版，第 19 頁。
⑤ 范崇高：《〈法苑珠林〉文本整理商議》，四川人民出版社 2018 年版，第 19 頁；又見范崇高《〈法苑珠林〉引〈冥報記〉校點補正》，《內江師範學院學報》2017 年第 9 期。
⑥ 薛玉彬：《〈法苑珠林校注〉勘誤補正》，《阜陽職業技術學院學報》2015 年第 3 期。

93. 月餘日，蕭憑常掌事，掌事不知，便問長史。（冊一，6/198/2）

按：薛玉彬言："蕭憑常掌事"費解，"憑"當作"問"之訛誤，正作"蕭問常掌事"，下句言"掌事不知，便問長史"，可見，此處先問的是"常掌事"。此則引自唐唐臨撰《冥報記》卷二，原經此處作"蕭問常掌事"①。

94. 至後月長史來報云：是君鄉人趙某為太山主簿。主簿一員闕，薦君為此官，故為文案經紀召君耳。案成者當死。蕭問：請將案出。（冊一，6/198/3）

按：范崇高言："請將案出"語義費解。當依《冥報記》卷中、《太平廣記》卷二九七"眭仁蕭"引《冥報錄》作"計將安出"，可從。②

95. 眭兄昔與同學，恩情深至。今幸得為太山主簿，適遇一員官闕，明府今擇人。吾已啓公，公許相用。兄既不得長生，命當有死。死遇濟會，未必當官。何惜一二十年苟生延時耶！（冊一，6/198/5）

按：薛玉彬言："濟會"不辭，當爲"際會"之訛。③"際會"，機會、機遇之義，文獻習見，如《漢書·王莽傳上》："安漢公莽輔政三世，比遭際會，安光漢室，遂同殊風，至於製作，與周公異世同符。"此則故事引自《冥報記》卷二，原經此處正作"際會"。薛玉彬闡釋"際會"意義，引《現代漢語詞典》所收義項為證，欠妥。

96. 景曰：鬼者可得見耳。往太山廟東度一小嶺平地，是其都所。君往自當見之。（冊一，6/198/8）

按："往太山廟東度一小嶺平地，是其都所"標點有誤，度的是嶺，而非平地，此句當斷作"往太山廟東，度一小嶺，平地是其都所"，這句話是說：往太山廟東行，翻過一個小嶺後，平地上的就是它的都所。薛玉彬認為當脫"嶺"，且標點正作"往太山廟，東度一小嶺，嶺平地，是其都所"④。我們認為不補"嶺"亦通，且薛玉彬斷句也不確，"平地"

---

① 薛玉彬：《〈法苑珠林校注〉勘誤補正》，《阜陽職業技術學院學報》2015年第3期。
② 范崇高：《〈法苑珠林〉文本整理商議》，四川人民出版社2018年版，第19頁；又見范崇高《〈法苑珠林〉》引〈冥報記〉校點補正》，《內江師範學院學報》2017年第9期。
③ 薛玉彬：《〈法苑珠林校注〉勘誤補正》，《阜陽職業技術學院學報》2015年第3期。
④ 薛玉彬：《〈法苑珠林校注〉補疑》，《哈爾濱職業技術學院學報》2015年第5期。

當屬下。《冥報記》甲本此處無"嶺"字，《六道集》引此則故事，此處亦無"嶺"。范崇高亦認為"平地"当属下句。①

97. 舊曰：即如是人死當分入六道，那得盡為鬼。而趙武靈王及君今尚為鬼耶？（冊一，6/198/12）

按：范崇高言："即"有"若"義，故此句標點有誤，正當作"即如是，人死當分入六道。那得盡為鬼，而趙武靈王及君今尚為鬼耶？"②

98. 六道之義分一如此耳。其得天道，萬無一人，如君縣內無一五品官。得人道者萬有數人，如君縣內九品數十人。入地獄者萬亦數十，如君獄內囚。唯鬼及畜生最為多也，如君縣內課役戶。（冊一，6/199/1）

按：薛玉彬言："六道之義分一如此耳"費解，"義"當為"中"之訛，"分"當爲"亦"形似而訛，此句正作"六道之中，亦一如此耳"。此句引自《冥報記》卷第二，原經此處正作"六道之中，亦一如此耳"③。

99. 閻羅敬受而奉行之，如人奉詔也。無理不可求免，有枉必當得申。何為益也。（冊一，6/199/7）

按：范崇高言："何為益也"有脫文，脫"無"，正當作"何為無益也"，同時句末用問號。④

100. 貞觀十六年九月八日文官賜射於玄武門，文本時為中書侍郎，與家兄太府卿及治書侍御史馬周、給事中韋琨及臨對坐，文本自語人云爾。（冊一，6/199/12）

按："九月八日"，范崇高言：當據《冥報記》卷中作"九月九日"⑤。范崇高言："唐代皇帝有九月九日賜百官射之禮制，宋王溥《唐

---

① 范崇高：《〈法苑珠林〉文本整理商議》，四川人民出版社2018年版，第20頁；又見范崇高《〈法苑珠林校注〉標點商兌》，《古籍整理研究學刊》2016年第5期。
② 范崇高：《〈法苑珠林〉文本整理商議》，四川人民出版社2018年版，第20頁；又見范崇高《〈法苑珠林〉》引〈冥報記〉校點補正》，《內江師範學院學報》2017年第9期。
③ 薛玉彬：《〈法苑珠林校注〉補疑》，《哈爾濱職業技術學院學報》2015年第5期。
④ 范崇高：《〈法苑珠林〉文本整理商議》，四川人民出版社2018年版，第21頁；又見范崇高《〈法苑珠林〉》引〈冥報記〉校點補正》，《內江師範學院學報》2017年第9期。
⑤ 范崇高：《〈法苑珠林〉文本整理商議》，四川人民出版社2018年版，第21頁；又見范崇高《〈法苑珠林〉》引〈冥報記〉校點補正》，《內江師範學院學報》2017年第9期。

會要》卷二十六："（貞觀）十六年三月三日，賜百僚大射於觀德殿。其年九月九日，又賜文武五品已上射於玄武門。'"

我們認為范崇高所言值得商榷，唐制確有九月九賜百官射之禮制，然此句是為文官賜射，禮制未見。另外此句中的"玄武門"，《冥報記》卷第二作"玄武北門"，與賜射地並不一致。

此處"賜射"中的"射"，疑當為"識"之訛字，正當作"賜識"。此則故事引自《冥報記》卷第二，原經此處正作"賜識"①。"賜識"，"識"有"賞識"之義，如晉干寶《搜神記》卷四："班進拜流涕，問：'大人何因及此？'父云：'吾死不幸，見遣三年，今已二年矣，困苦不可處。知汝今為明府所識，可為吾陳之，乞免此役。'"《北齊書·恩幸傳·韓鳳》："後主親就眾中牽鳳手曰：'都督看兒來。'因此被識，數喚共戲。""賜識"是指被國君接見賞識之義。"文官賜識於玄武門"是言"皇帝在玄武門接見文官"。"賜識"文獻中習見，如《北史》卷二十三："烈曰：老臣歷奉累朝，頗以幹勇賜識。今日之事，所不敢辭。"《漢語大詞典》失收，當補。

101. 張傾，安定馬氏人。初傾之殺麴儉，儉有恨言。恨言是月光見白狗。拔劍斫之，傾萎地不起。左右見儉在傍。遂乃暴卒。（冊一，6/201/3）

按：范崇高言："拔劍斫之"，前後有闕文，致使文意不暢，當補，正作：初傾之殺麴儉，儉有恨言，恨言：是月光見白狗。後傾夜見白狗，拔劍斫之，不中。傾萎地不起，左右見儉在傍，遂乃暴卒。②

102. 是日亦有同死者男女五六千人，皆在門外。有吏著帛單衣，持筆抄人姓名，男女左右別記。（冊一，6/202/8）

按：范崇高言：文中"帛單衣"未聞。"帛"當是"皂"之形近誤字，唐法琳《辨正論》卷七、《太平廣記》卷一〇九"趙泰"引《幽明錄》正作"皂單衣"③。

---

① 大正藏本、涵芬樓祕笈本《冥報記》，此處皆作"賜識"。
② 范崇高：《〈法苑珠林〉文本整理商議》，四川人民出版社 2018 年版，第 22 頁；范崇高《〈法苑珠林校注〉拾補》，《內江師範學院學報》2011 年第 1 期。
③ 范崇高：《〈法苑珠林校注〉點校商補》，《文教資料》2012 年第 15 期。

103. 魏孫恩作逆時，吳興紛亂。一男子避急，突入蔣侯廟。始入，門木像彎弓射之，即死。行人及守廟者無不皆見。（冊一，6/203/1）

《校注》："'皆'字原作'必'，據《太平廣記》引改。"

按：范崇高言"必"和"皆"均有"全、皆"之義，《校注》不煩改。①

104. 此亦未達內曲。眾生受報極小者形如微塵，凡眼不覩。（冊一，6/208/1）

按：薛玉彬言："內曲"不辭，"曲"當作"典"之訛誤。佛教信徒稱佛經為內典。②

另"凡眼不覩"，薛玉彬誤錄為"凡眼不賭"，並加以校正。我們核查《法苑珠林校注》，正作"凡眼不覩"，《校注》不誤。

105. 婆羅門言：我有一子，字曰均提。年既孤幼，不任使令，比前長大，當用相與。後至七歲，以其兒付令使出家。（冊一，6/210/1）

按：范崇高言："孤幼"不確，正當作"孩幼"。《賢愚經》卷十三、《經律異相》卷二二均作"孩幼"，當據改。③

106. 難陀龍王取為明珠，轉輪聖王得為如意珠。若人念佛，心亦如是。（冊一，6/212/7）

《校注》：出《觀佛三昧經》卷二。

按：《校注》注釋有誤，此則故事引自東晉佛陀跋陀羅《佛說觀佛三昧海經》卷一，而非卷二。

107. 龍王白佛言：我從劫初正住大海，從拘樓秦佛時，大海之中，妻子甚少。今者海龍眷屬繁多。佛告龍王：其於佛法出家違犯戒行，不捨直見，不墮地獄。如斯之類，壽終已後，皆生龍中。（冊一，6/213/8）

按："正住大海"費解，"正"當作"止"之誤，兩字形近而訛。

---

① 范崇高：《〈法苑珠林〉文本整理商議》，四川人民出版社2018年版，第23頁；范崇高：《〈法苑珠林校注〉校勘商酌》，《成都大學學報》2016年第6期。
② 薛玉彬：《〈法苑珠林校注〉補疑》，《哈爾濱職業技術學院學報》2015年第5期。
③ 范崇高：《〈法苑珠林〉文本整理商議》，四川人民出版社2018年版，第23頁；也見於范崇高《〈法苑珠林校注〉補議》，《成都大學學報》2013年第3期。

"止住"同義連文，住止；停留之義，文獻習見，如：晉張華《博物志》卷二："此奴常遊走於民間，無止住處，今不知所在。"《六度集經·象王本生》："師如命行，之象遊處，先射象，著法服持鉢，於坑中止住。"薛玉彬將"止"理解為副詞，"只得"的意思。① 我們認為不確，不可信從。薛玉彬還認為"大海之中，妻子甚少"因缺定語，造成歧義②，我們認為上句主語是龍王，此處為句子的蒙上省略主語，不會造成歧義。

108. 鳥欲食龍時，先從尾而吞。到須彌山北有大鐵樹，高下六萬里。（冊一，6/214/11）

按：薛玉彬認為："高下六萬里"費解，"下"為"十"之訛誤，正作"高十六萬里"③。

109. 銜龍至彼，欲得食噉。求龍尾，不知處。以經日夜，明日龍始出尾，語金翅鳥：化生龍者，我身是也。我不持八齋法者，汝即灰滅。時金翅鳥聞，悔過自責。（冊一，6/215/1）

按："汝即灰滅"讓人不明所以，有脫文，脫"我"，正作"汝即灰滅我"。"灰滅"，指如灰燼之消散泯滅。《後漢書·陳龜傳》："或舉國掩戶，盡種灰滅，孤兒寡婦，號哭空城。""汝即灰滅"若不加"我"，則灰滅的是"金翅鳥"，意義剛好相反。加"我"後，則指的是灰滅的賓語為龍。此則故事引自姚秦竺佛念譯《菩薩從兜術天降神母胎說廣譜經》卷第七，原經此處正作"汝即灰滅我"。

110. 伺父去已，遂擔負母，下趣人里。母曰：宜各慎密，勿說事源。人或知聞，輕鄙我等。於是父國，國非家族，宗祀已滅，投寄邑人。（冊一，6/223/1）

按：薛玉彬言：此段有兩處校點值得商榷：其一，"擔負母"當爲"擔負母妹"之誤，上文言"既積歲月，遂孕男女"顯然生了一男一女。此則故事引自《大唐西域記》卷第十一，原經亦作："遂擔負母妹"。其

---

① 薛玉彬：《〈法苑珠林校注〉補疑》，《哈爾濱職業技術學院學報》2015年第5期。
② 薛玉彬：《〈法苑珠林校注〉補疑》，《哈爾濱職業技術學院學報》2015年第5期。
③ 薛玉彬：《〈法苑珠林校注〉補疑》，《哈爾濱職業技術學院學報》2015年第5期。

二，"於是父國"不辭，有脫文，當作"於是至父本國"。意思是"於是就回到父親的國家"。《大唐西域記》卷第十一原經亦作："於是至父本國"①。

111. 母言：不可！若是彼獸，雖是畜也，猶是汝父。豈以艱辛而興逆害父。子曰：人畜異類，禮義安在！既以違阻，此心何冀。乃抽小刃，出應招募。（冊一，6/223/7）

按：薛玉彬言：此段有兩處校點值得商榷：其一，"不可！若是彼獸，雖是畜也，猶是汝父"令人費解，斷句有誤。此處當斷句作"不可若是！彼獸雖是畜也，猶是汝父。""彼獸雖是畜也"中"獸"為衍文，正作"彼雖是畜也"，此句正當作"不可若是！彼雖是畜也，猶是汝父。"此則故事引自《大唐西域記》卷第十一，原經正作："母曰：不可若是！彼雖畜也，猶謂父焉。"其二，"乃抽小刃"費解，"抽"當爲"袖"，兩字形似而訛，即母不允，故袖中藏匿小刃。《大唐西域記》卷十一，原經正作"乃袖小刃"②。

112. 諸龍易形，交合牝馬，遂生龍駒之子。方乃馴駕，所以此國多出善馬。（冊一，6/224/6）

按：薛玉彬言："遂生龍駒之子"費解，有脫文，脫"龍駒"，正作"遂生龍駒，龍駒之子"③。薛玉彬雖言明脫文，但未言標點，此處編者因不明脫文，故標點亦誤。此句正作"諸龍易形，交合牝馬，遂生龍駒。龍駒之子，方乃馴駕，所以此國多出善馬"。

113. 王欲終沒，鞭觸其耳，因即潛隱，以至千金城中無井取彼池水。龍變為人，與諸婦人會，生子驍勇，走及奔馬。如是漸染，人皆龍種。恃力作威，不恭王命。王力乃引搆突厥殺此人，少長俱戮，略無遺類。（冊一，6/224/7）

按：薛玉彬言：此則校點值得商榷處有三：其一，"千金"費解，"千金"當爲"於今"之訛，此句正作"以至於今，城中無井，取彼池

---

① 薛玉彬：《〈法苑珠林校注〉補疑》，《哈爾濱職業技術學院學報》2015 年第 5 期。
② 薛玉彬：《〈法苑珠林校注〉補疑》，《哈爾濱職業技術學院學報》2015 年第 5 期。
③ 薛玉彬：《〈法苑珠林校注〉補疑》，《哈爾濱職業技術學院學報》2015 年第 5 期。

水"；其二，"王力乃引構突厥"令人費解，何為"王力"，"力"為衍文，此句當作"王乃引構突厥"；其三，"殺此人"也讓人費解，此人指何人？有脫文，脫"城"字，正作"殺此城人"，與下句"少長俱戮"相對應。①

---

① 薛玉彬：《〈法苑珠林校注〉補疑》，《哈爾濱職業技術學院學報》2015 年第 5 期。

《法苑珠林》卷七校勘研究

114. 如於《施設論》說：等活地獄中有時涼風所吹，血肉還生。有時出聲唱言：等活。彼諸有情，欻然還活。準於如是，血肉生時及還活時，暫生喜樂，間苦受故，不名無間也。（冊一，7/230/1）

按："準於如是"費解，"準"當為"唯"字之誤，兩字形近而訛。"唯"，"只有"之義，結合上下文，"唯於如是"即"只有這樣"的意思。此則故事出自唐玄奘譯《阿毘達磨大毘婆沙論》卷一七二，原經此處正作"唯於如是"。唐道世集《諸經要集》亦收錄此則故事，亦作"唯於如是"。"唯於如是"作為固定結構，佛經典籍習見，如唐玄奘譯《瑜伽師地論》卷八八："由此為緣能招一切愛非愛果，依眾緣故，皆是無常。唯於如是，因果所攝，諸行流轉。假立我等，若依勝義。一切諸法皆無我等，如是名為立無我論。"（T30/800b）例多不繁舉。

115. 八大地獄者：一想，二黑繩，三堆壓，四叫喚，五大叫喚，六燒炙，七大燒炙，八無間。（冊一，7/231/7）

《校注》："'堆'字原作'堆'，據《高麗藏》本改。"

按：范崇高言：大正藏本作"堆"，宋、元、明、宮本作"堆"。"堆"是"堆"之異體字，《校注》不煩改。①

116. 第一想地獄十六者，其中眾生手生鐵爪，遞相瞋忿，以爪相毆，應手肉墮，想以為死，故名其想。（冊一，7/231/9）

按：范崇高言："應手肉墮"中"肉墮"令人費解，"肉"當為

---

① 范崇高：《〈法苑珠林〉文本整理商議》，四川人民出版社2018年版，第25頁；又見於范崇高《〈法苑珠林校注〉校勘瑣記》，《寶雞文理學院學報》2016年第1期。

"肉"字之誤，兩字形近而訛。此段是描寫"想地獄"中眾生以鐵爪相攫，肉應抓而落的場面。①

117. 復次其中眾生懷害想，手執刀劍，遞相斫刺，剚剥臠割，身碎在地，想謂為死。（冊一，7/231/10）

按："懷害想"語意不明，何為"害想"？"懷"字後脫"毒"字，當作"懷毒害想"。原因有二：其一，佛經一般以四字為句，便於誦讀，此處"懷害想"三字為句，不合節拍。其二，此則引自《長阿含經》卷十九，原經此處正作"懷毒害想"。另外此則故事《經律異相》卷四十九、《諸經要集》卷十八中亦有記載，亦均作"懷毒害想"，可參證。

118. 久受苦已，出鐵釘地獄，到飢鐵地獄。即撲熱鐵上，銷銅灌口，從咽至腹，通徹下過，無不焦爛。（冊一，7/232/4）

按：范崇高言："飢鐵地獄"不確，當為"飢餓地獄"之誤。此則故事《起世經》《諸經要集》《經律異相》《起世因本經》中均有記載，皆作"飢餓地獄"②。

119. 久受苦已，出鐵釘地獄，到飢鐵地獄。即撲熱鐵上，銷銅灌口，從咽至腹，通徹下過，無不焦爛。餘罪未盡，猶復不死。久受苦已，出飢地獄，到渴地獄。即撲熱鐵上，以熱鐵丸，著其口中，燒其脣舌，通徹下過，無不焦爛，苦毒啼哭。（冊一，7/232/4）

按：本段中寫到了饑餓地獄"銷銅灌口，從咽至腹"，到渴地獄後"以熱鐵丸，著其口中，燒其脣舌"。"銷銅灌口"，即用"融化的銅水灌口"，水是喝的，應解渴而用。"熱鐵丸"，丸是吃的，應充飢時用。《法苑珠林》在摘引本段時，做了刪改，導致所寫在邏輯上不通，正確的順序應將二者互換。此則引自《長阿含經》，原經此處正作"到飢餓地獄……以熱鐵丸著其口中"；"到渴地獄……消銅灌口"。《起世經》《起世因本經》《地藏本願經科注》均與《長阿含經》相一致，可參證。

120. 久受苦已，出渴地獄，到一銅鑊地獄。獄卒怒目，捉罪人足，倒投鑊中。（冊一，7/232/7）

---

① 范崇高：《〈法苑珠林〉文本整理商議》，四川人民出版社2018年版，第26頁。
② 范崇高：《〈法苑珠林〉文本整理商議》，四川人民出版社2018年版，第26頁。

《校注》:"'鍑'字,《高麗藏》本作'鑊'。下同。"

按:"鍑""鑊"是異體字的關係,張春雷梳理過其異文關係,可參。① 范崇高言:因兩字只是異體字關係,二字皆可通,《校注》無需出注。②

121. 何故名黑繩?其諸獄卒,捉彼罪人。撲熱鐵上,舒展其身,以熱鐵繩拼之使直。以熱鐵斧,逐繩道斫罪人作百千段。(冊一,7/234/1)

按:"拼之使直"中的"拼"令人費解,《校注》未出注。周志鋒《〈法苑珠林〉詞語選釋》"拼"詞條認為義同"絣","捆綁"之義。③ 有學者認為"拼",木匠彈墨線來度量之義。此類黑繩地獄的描述,佛典習見,如後秦佛陀耶舍共竺佛念譯《佛說長阿含經》卷十九:"復次黑繩地獄。獄卒捉彼罪人,撲熱鐵上,舒展其身,以鐵繩絣,以鋸鋸之。猶如工匠以繩絣木,以鋸鋸之。治彼罪人,亦復如是。"(T1/123b)隋闍那崛多等譯《起世經》卷三:"諸守獄卒,以黑鐵繩拼度其身。既拼度已,又以鐵鋸熾燃猛熱,依所拼處,鋸解其身,譬如世間善巧鋸師。若鋸,師弟子取諸材木,安置平地,即以黑繩縱橫拼度。拼度訖已,便以利鋸隨而鋸之。"(T1/325a)細細品讀,"木匠彈墨線來度量"義近是,亦未確詁。從例句的使用可以看出,"拼"的目的並不是"度量",而是彈墨線,依線鋸之,使之直。結合木匠墨斗的功能來看,墨斗用途有三個:1. 做長直線;方法是將濡墨後的墨線一端固定,拉出墨線牽直拉緊在需要的位置,再提起中段彈下即可;2. 墨倉蓄墨,配合墨簽和拐尺用以畫短直線或者做記號;3. 畫豎直線。要之,墨斗的功能就是劃長、短直線和豎直線。《一切經音義》卷七十九《經律異相》卷四十九:"繩拼,上音乘,下百萌反,郭注《爾雅》云:'如木匠振墨繩曰拼。'《說文》:'拼,亦彈也。'"故《校注》"拼"字當出注:"木匠彈墨繩,畫直線之用,字形亦作'絣'"。

122. 復次以鐵繩拼鋸鋸之。復次懸熱鐵繩,交橫無數,驅迫罪人,

---

① 張春雷:《〈經律異相〉異文研究》,博士學位論文,南京師範大學,2011年,第126頁。
② 范崇高:《〈法苑珠林〉文本整理商議》,四川人民出版社2018年版,第26頁。
③ 周志鋒:《〈法苑珠林〉詞語選釋》,《寧波師範學院學報》1994年第4期。

使行繩間。惡風暴起，吹諸鐵繩，歷絡其身，燒皮徹肉，焦骨沸髓，苦毒萬端。餘罪未畢，故令不死。故名黑繩。（冊一，7/234/2）

按："以鐵繩拼鋸鋸之"令人費解，此句校注、標點均值得商榷。何為"拼鋸鋸之"？此處有脫文，"拼"字後脫介詞"以"，當為"[以]鋸鋸之"。標點亦相應的斷為"以鐵繩拼，[以]鋸鋸之"。"拼"和"鋸"是兩個動作，"拼"的目的是振繩作直線，然後沿直線以鋸鋸之。文通意順。此句摘自《長阿含經》卷中，原經此處正作"以鐵繩拼，以鋸鋸之"。

123. 由惡意向父母佛及聲聞，即墮黑繩地獄，苦痛不可稱述。（冊一，7/234/5）

按："由惡意向父母佛及聲聞"斷句有誤，"父母佛"之間當斷，"父母"與"佛"是並列的兩個名詞，中間應點斷，當作"由惡意向父母、佛及聲聞"。惡意向"父母""佛""聲聞"者皆墮黑繩地獄。此則故事引自《長阿含經》，原經此處作："爾時，世尊即說頌曰：'身為不善業，口意亦不善，斯墮想地獄，怖懼衣毛豎。惡意向父母，佛及諸聲聞，則墮黑繩獄，苦痛不可稱。'"（T01/125a）

124. 若有殺父害母，罵辱六親，命終之時，銅狗化十八車，狀如寶蓋，一切火焰化為玉女。罪人遙見，心喜欲往。風刀解時，寒急作聲。寧得好火安在車上，然火自暴。即便命終。（冊一，7/237/1）

按：范崇高言："寒急作聲"當作"寒急失聲"，"作"當為"失"之訛誤。①此則故事引自《佛說觀佛三昧海經》卷五，原經此處正作"失聲"。另，此則故事《慈悲道場懺法》卷第四、《釋淨土群疑論》卷第七、《轉經行道願往生淨土法事讚》卷上、《經律異相》卷第五十亦載，此處均作"失聲"，可參。②

125. 寧得好火安在車上，然火自暴，即便命終。（冊一，7/237/3）

按："寧得好火安在車上"費解，查《佛說觀佛三昧海經》，原經此處正作"寧得好火，在車上坐"。"安"為衍字，"車上"後脫了"坐"

---

① 范崇高：《〈法苑珠林〉文本整理商議》，四川人民出版社2018年版，第27頁。
② 范崇高：《〈法苑珠林〉文本整理商議》，四川人民出版社2018年版，第27頁。

字。此則故事《慈悲道場懺法》卷第四、《釋淨土群疑論》卷第七、《轉經行道願往生淨土法事讚》卷上皆有記載，均作"寧得好火，在車上坐"，可參證。

126. 阿鼻地獄有十八小地獄。小地獄中各有十八寒冰地獄，十八黑暗地獄，十八小地熱獄，十八刀輪地獄，十八劍輪地獄，十八火車地獄，十八沸屎地獄，十八鑊湯地獄，十八灰河地獄。（冊一，7/237/10）

按："小地熱獄"中的"地熱"當為"熱地"之倒，正作"小熱地獄"。此段是分述地獄的種類，前後皆是言某某地獄，此處獨言"小地熱獄"，顯然不確，當作"小熱地獄"。此則故事引自《佛說觀佛三昧海經》卷五，原經此處正作"小熱地獄"，大正藏本《法苑珠林》此處亦作"小熱地獄"，可參。另《經律異相》《諸經要集》亦選錄此則故事，此處亦作"小熱地獄"。佛典中對"小熱地獄"的記載頗多，不繁舉。作"小地熱獄"者，未見用例。

127. 阿毗至大地獄中，亦有十六諸小地獄而為眷屬，以自圍繞，各廣五百由旬。所有眾生，有生者、出者、住者，惡業果故，自然出生。（冊一，7/238/2）

按："有生者"中"有"後有脫文，脫"者"字，當作"有者、生者"。"有者""生者""出者""住者"為並列的四類人，包含一切眾生。此則故事引自《起世經》，原經此處正作"生者、有者、出者、住者"。《起世因本經》亦作"生者、有者、出者、住者"，可參證。

128. 諸守獄卒，各以兩手，執彼地獄諸眾生身，撲置熾然熱鐵地上。火焰直上，一向猛盛。面覆於地。便持利刀，從腳踝上，破出其筋，手捉挽之。乃至頂筋，皆相連引，貫徹心髓，痛苦難論。（冊一，7/238/3）

按："頂筋"不辭，"頂"當是"項"字之訛，二者形近而誤。"項筋"為脖子上的筋。此則故事引自《起世經》卷中，原經此處正作"項筋"。這則故事《諸經要集》中亦有記載，亦作"項筋"，可參證。"項筋"佛典習見，如《諸經要集》卷十五："以熱鐵釘釘其身首，經百千歲。復出其舌使舐鐵地，以釘釘之，如張牛皮，經百千歲。復挽項筋，縛著車上，經百千歲。"（T54/147b）例多不繁舉。

129. 從於東壁出大火焰，直射西壁，到已而住；從於西壁出大光焰，直射北壁；從於北壁出大光焰，直射南壁。從下於上，自上於下，縱橫相接，上下交射，熱光赫奕，騰焰相衝。（冊一，7/238/9）

按："大火焰"當為"大光焰"，"火""光"形近而訛。本段皆寫光焰直射的情況，下句"西壁出大光焰""北壁出大光焰"，此處顯然亦當是"東壁出大光焰"。此則引自《起世經》卷中，原經此處正作"從於東壁出大光焰"。《地藏菩薩本願經》卷上、《諸經要集》均載錄此則故事，亦作"從於東壁出大光焰"，可參。

130. 復何因緣名阿呼地獄？此諸眾生受嚴切苦逼迫之時叫喚而言：阿呼！阿呼！甚大苦也！是名為阿呼地獄。（冊一，7/239/11）

按："是名為阿呼地獄"中"是"後有脫文，脫"故"字，正作"是故名為阿呼地獄"。此句是對阿呼地獄得名的解釋，"是"後有"故"字。從下文的行文來看，"是故名為呼呼婆地獄""是故名為阿吒吒地獄""是故名為搔揵提迦地獄""是故名為優鉢羅地獄""是故名為拘牟陀地獄""是故名為奔荼梨迦地獄""是故名為波頭摩地獄"，顯然此處也當言"是故名為阿呼地獄"。此則引自隋闍那崛多等譯《起世經》卷四，原經此處正作"是故名為阿呼地獄"。另《諸經要集》亦摘引此則故事，此處亦作"是故名為阿呼地獄"，可參。

131. 世尊說有大地獄，名曰黑闇。各各世界外邊悉有，皆無覆蓋。此中眾生自舉手，眼不能見。雖復日月具大威神，所有光明，不照彼邑。（冊一，7/241/10）

按："自舉手"有脫文，"舉"後脫"其"字，當作"自舉其手"。"自舉手"令人費解，"自舉其手"與"眼不能見"結構對稱，均以四字為句，且句義明瞭。此則引自《佛說立世阿毘曇論》卷中，原經此處正作"此中眾生自舉其手"，可參。

132. 住在兩山世界鐵輪外邊，名曰界外。是寒地獄，於兩山間有十名。一名頞浮陀乃至第十名波頭摩。（冊一，7/241/12）

按："兩山世界"費解，"山"乃為"兩"字之訛。此則引自陳真諦譯《佛說立世阿毘曇論》卷一，原經此處正作"兩兩世界"。"兩兩世界"與上句"各各世界"正相應。

133. 世間諸人在世時，舌上自然生斤斧。所謂口說諸毒惡，還自衰

捐害其身。（冊一，7/243/12）

按："衰捐"費解，"捐"為"損"字之訛，兩字形近而訛。此則引自《起世經》卷四，原經此處正作"衰損"，大正藏本《法苑珠林》亦作"衰損"。"衰損"，同義連文，"損減、衰減"之義，佛經典籍習見，如：《長阿含經》卷一：於是，太子悵然不悅，即告御者，回車還宮。靜默思惟，念此病苦，吾亦當爾。佛於是頌曰：見彼久病人，顏色為衰損；靜默自思惟，吾未免此患。（T01/6b）《起世經》卷四："喉舌燥澀，身體屈弱，氣力綿微。喘息出聲，猶如挽鋸，向前欲倒，恃杖而行。盛年衰損，血肉消竭。"（T01/331a）例多不繁舉。

134. 如《問地獄經》及《淨度三昧經》云：總括地獄有一百三十四界。先述獄主名字處所。閻羅王者，昔為毗沙國王，經與維陀如生王共戰，兵力不敵，因立誓願：為地獄主。（冊一，7/244/4）

按："維陀如生王"中"如"字當為"始"字之訛，兩字形近而訛。"維陀始生王"亦作"維陀始王"。傳說中曾經戰勝"閻羅王"的一個國王，此則故事，佛經中多見，如《慈悲道場懺法》《經律異相》《法界安立圖》《楞嚴經合論》《楞嚴經宗論》《金光明經照解》《大乘本生心觀經淺注》等作"維陀始王"；《佛祖統紀》《法苑珠林》《諸經要集》等作"維陀始生王"。

135. 贍部洲下有大地獄，贍部洲上亦有邊地地獄及獨地獄，或在谷中，或在山上，或在曠野，或在空中。於餘三洲，唯有邊地獄、獨地獄，無大地獄。（冊一，7/246/11）

按："邊地地獄"中衍了一個"地"字，應為"邊地獄"。"邊地獄"為諸地獄之一，下句言"於餘三洲，唯有邊地獄、獨地獄，無大地獄"，此處作"邊地獄"，可得證。此則引自《阿毘達磨大毘婆沙論》卷一七二，原經正作"邊地獄"。

136. 問：若餘無大地獄者，彼諸有情造無間業斷善根等，當於何處受異熟耶？答：即於此贍部洲下大地獄受。（冊一，7/247/1）

按："若餘無大地獄者"令人費解。"餘"後有脫文，脫"洲"字，正當作"若餘洲無大地獄者"。"若餘洲無大地獄者"與下句"贍部洲下大地獄"正相應，若脫"洲"字，則"贍部洲下大地獄"無著。另外，此則引自《阿毘達磨大毘婆沙論》卷一七二，原經此處正作"若餘洲無大地獄者"。此則故事《諸經要集》中亦有記載，亦作"若餘洲無大地獄者"，可參證。

137. 不信正法，毀謗三乘，壞正法眼，欲滅法燈，斷三寶種，減捐人天而無利益，墮於惡道。（冊一，7/248/6）

按："減捐"不辭，"捐"為"損"字之誤，兩字形近而訛。"減損"同義連文，"減少"之義。《史記·禮書》："叔孫通頗有所增益減損，大抵皆襲秦故。"《經律異相》卷十二："王以所得食授與幼童，令其上佛，使發道意。佛尋受之，已滿佛缽，食不減損。"（T53/61c）大正藏本《法苑珠林》此處正作"減損"。《諸經要集》亦收錄此則故事，亦作"減損"。此則引自《大方廣十輪經》卷中，原經正作"減損"。

138. 何者是不威儀根本法罪？若比丘故淫故殺凡人，不與而取，犯故妄語。於此四根本中若犯一一罪，一切比丘所作法事悉不聽入，四方僧物飲食臥具皆悉不得共同受用。（冊一，7/248/8）

按："若比丘故淫故殺凡人，不與而取，犯故妄語。於此四根本中若犯一一罪"語義不暢，原因有二：其一，"犯故妄語"中的"犯"為衍文，正當作"故妄語"。"故妄語"，十惡之一，又作虛妄語、虛誑語、妄舌、虛偽、欺，特指以欺人為目的而作之虛妄語。此句中"故妄語"與"故淫""故殺凡人""不與而取"並列為四根本罪，故下句言"於此四根本中若犯一一罪"；其二，因不明校勘，故標點亦不確，正當作"若比丘故淫、故殺凡人、不與而取、故妄語，於此四根本中，若犯一一罪，一切比丘所作法事悉不聽入，四方僧物飲食臥具皆悉不得共同受用"。這句話是言：如果比丘故意觸犯了淫罪、殺凡人罪、（別人）沒有給與卻拿取、以謊言欺人這四種根本罪中的一種，一切比丘作的法師，都不允許進入，四方僧物、飲食、臥具都不允許共同享用。此則引自失譯《大方廣十輪經》卷三："若比丘故婬犯根本罪，故殺凡夫人犯根本罪，除三寶物不與而取犯根本罪，故妄語犯根本罪。於此四根本中，若犯一一罪，一切比丘所作法事悉不聽入，四方僧物、飲食、臥具，皆悉不得共同受用。"（T13/695a）

139. 阿鼻地獄苦千倍過前十大地獄，壽經一劫。其身長大五百由旬，

造四逆人四百由旬，造三逆人三百由旬，造二逆人二百由旬，造一逆人一百由旬。（冊一，7/249/1）

按："十大地獄"中"十"應為"七"字之訛，兩字形近而訛。據《校注》231頁載："大地獄其數總八……八大地獄者：一想，二黑繩，三堆壓，四叫喚，五大叫喚，六燒炙，七大燒炙，八無間。""無間"即"阿鼻地獄"，阿鼻地獄是比其前的七大地獄苦千倍。此則引自《正法念處經》卷十三，原經正作"七大地獄"。本段所載在多部經書中皆有記載，如《諸經要集》《佛祖統紀》、大正藏本《法苑珠林》等亦均作"七大地獄"。

140. 閻羅王然焰鐵鎝，繫縛其咽，及束兩手。頭面向下，足在於上，經二千年皆向下行。（冊一，7/249/3）

按："及束兩手"費解，"及"應為"反"字之誤，兩字形近而訛。"及""反"俗書常相訛。《經律異相》卷第十二："時長老目連問：'此四十事，大士所行。汝小女人何能辦之？'答言：'審實能行。若不信者，當使三千大千國土皆當為我六反震動，雨於天花。'""六反"，資福藏作"六及"。又卷第十九："夫人謂獵師言：汝可將蜜塗峰葉，次來向下及張網鞴處。鹿尋蜜香食葉，漸下到其鞴處。為鞴所得。""及"，中華大藏經本、資福藏、高麗藏作"反"。例多不繁舉。"反束兩手"是說將"惡業人"的手反綁起來。此則引自《正法念處經》卷十三，原經正作"反束兩手"。

141. 謗方等經，具五逆罪，破壞僧祇，污比丘尼，斷諸善根，如此罪人，具眾罪者，身滿阿鼻獄，四支復滿十八隔中。此阿鼻獄，但燒此獄種種眾生。（冊一，7/250/1）

按：范崇高言："此獄種種眾生"語義費解，有衍文，正作"但燒此獄種眾生"。《觀佛三昧海經》卷五、《經律異相》卷五十、《諸經要集》卷十八皆作"此獄種眾生"[1]。

142. 世間怖畏相多種，以此逼迫惱眾生，當墮磑山地獄中，受於壓

---

[1] 范崇高：《〈法苑珠林〉文本整理商議》，四川大學出版社2018年版，第28頁；又見范崇高《〈法苑珠林〉辨補》，《阿壩師範學院學報》2017年第3期。

磨舂擣苦。貪欲恚癡結使故，迴轉正理令別異，判是作非乖法律，彼為刀劍轉所傷。（冊一，7/251/5）

按："刀劍轉"應為"刀劍輪"之訛。"刀劍輪"是"刀輪"跟"劍輪"的合稱。"刀輪""劍輪"是指一種可以投擲並收回的鋒利的輪狀殺人武器，指的是古印度武器，直譯作爍迦羅或斫迦羅，意譯作旋輪、投輪或鬥輪。唐慧琳《一切經音義》卷四八："投輪：投，擲也。西國多用此戰輪，形如此間檛攊，繞輪施鐵輻，如蒺藜，鋒極銳利，以繩纏之，用擲戰。"（T54/628b）佛典中的劍輪，正指此物。南朝宋求那跋陀羅譯《雜阿含經》卷七："世尊告諸比丘，何所有故？何所起？何所系著？何所見我？令諸眾生作如是見，如是說……以極利劍輪鈐割，斫截作大肉聚，作如是學，彼非惡因緣。"（T02/44c）例多不贅舉。"刀輪""劍輪"的具體形制及其用法，《亞洲古兵器說》①有詳細的描述和圖片，可參看。《法苑珠林》注此則故事引自《觀佛三昧海經》，然大正藏本《觀佛三昧海經》並未收錄此則故事。此則故事另見於《起世經》《起世因本經》《諸經要集》，三經此處均作"刀劍輪"②。

143. 舉動沈滯，無復壯形，乃至身心恒常戰掉，一切支節瘦懈難攝。（冊一，7/252/9）

按：王東言："瘦懈"不辭。檢大正藏《起世經》作"疲懈"，是。"疲懈"為佛典常用詞語，如：後漢西域三藏竺大力共康孟祥譯《修行本起經》："侍女白言：'太子疲懈，始得安眠。'"③

144. 乃遣泰為水官監作使，將二千餘人，運沙禆岸，晝夜勤苦。（冊一，7/256/5）

按：范崇高言："監作使"費解，唐法琳撰《辨證論》卷七、《太平廣記》卷一零九引此則故事皆作"監作吏"，當據改。④

---

① 周緯：《亞洲古兵器圖說》，上海古籍出版社1993年版，第126頁。
② 逯靜、張春雷：《〈法苑珠林校注〉校勘商補》，《溫州大學學報》2020年第2期。
③ 王東：《〈法苑珠林校注〉補正》，《宗教學研究》2010年第2期；又見於王東《〈法苑珠林校注〉獻疑》，《江海學刊》2010年第4期。
④ 范崇高：《〈法苑珠林〉文本整理商議》，四川大學出版社2018年版，第28頁；也見於范崇高《〈法苑珠林校注〉校勘商酌》，《成都大學學報》2016年第6期。

145. 主者語泰：卿是長者子，以保罪過而來在此？（冊一，7/257/10）

按：范崇高言："保罪過"費解，"保"字當為"何"字之訛，正當作"以何罪過而來在此"①。筆者補正之，下文趙泰回答說："修志念善，不染眾惡。"主者曰："卿無罪過，故相使為水官都督。"語義連貫，文通義順。若作"保罪過"，則文意不通。另，大正藏本《法苑珠林》此處正作"以何罪過"。唐法琳《辨證論》、清弘贊《六道集》亦引此則故事，均作"以何罪過"②。

146. 晉沙門支法衡，晉初人也。得病旬日，亡經三日而穌活。（冊一，7/258/7）

按："得病旬日，亡經三日而穌活"斷句有誤，"亡"當屬上，此句應斷為"得病旬日亡，經三日而穌活"。這句話是說支法衡得病十日後死了，過了三天後又復活了。③

147. 堂有十二階，衡始躡一階，見亡師法柱踞胡牀坐。見衡曰：我弟子也，何以而來？因起臨階，以手巾打衡面口：莫來！衡甚欲上，復舉步登階，柱復推令下，至三乃止。（冊一，7/259/3）

按："打衡面口"費解，"口"當為"曰"之誤，兩字形近而訛。"口"後有"莫來"兩字，且有冒號，據上下文，"莫來"應是法柱所說的話。因此"口"字應為"曰"字之誤。大正藏本《法苑珠林》此處正作"以手巾打衡面曰：莫來"，可參證。④

148. 見平地有井一口，深三四丈，塼無隙際。衡心念言！此井自然。井邊有人謂曰：不自然者，何得成井。（冊一，7/259/5）

按：方一新認為："念言"有"想、思索"義，用以表示施事者的心理。⑤范崇高言："衡心念言"後感歎號不妥，當改冒號，正作"衡心念

---

① 范崇高：《〈法苑珠林〉文本整理商議》，四川大學出版社2018年版，第29頁。
② 逯靜、張春雷：《〈法苑珠林校注〉校勘商補》，《溫州大學學報》2020年第2期。
③ 逯靜、張春雷：《〈法苑珠林校注〉校勘商補》，《溫州大學學報》2020年第2期。
④ 逯靜、張春雷：《〈法苑珠林校注〉校勘商補》，《溫州大學學報》2020年第2期。
⑤ 方一新：《漢魏六朝俗語詞雜釋》，《中國語文》1992年第1期。

言：此井自然。"①

149. 趙石長和者，趙國高人也。（冊一，7/259/9）

按：范崇高言："趙國高人也"有脫文，正作"趙國高邑人"②。

150. 唐河東柳智感，以貞觀初為長舉縣令。一夜暴死，明旦而穌。說云：始忽為冥官所追，至大官府。使者以智感見已，謂感曰：今有一官闕，故枉君任之。（冊一，7/262/3）

按："使者以智感見已"，范崇高言：此句中"已"，當是"王"字之訛。③

151. 曹有五判官連坐，感為第六。其廳事是長官人坐。三間各有牀，案務甚繁擁。西頭一坐處無判官。（冊一，7/262/5）

按："其廳事是長官人坐。三間各有牀，案務甚繁擁"斷句有誤，正當作"其廳事是長官人坐，三間各有牀案，務甚繁擁"。"廳事"是指官署視事問案的廳堂。《三國志·吳志·諸葛恪傳》："出行之後，所坐廳事屋棟中折。"④ "其廳事是長官人坐"是言"視事問案廳堂上的是級別最高的官"。句中"案"當屬上，當斷作"各有床案，務甚繁擁"。"床案"連用者，典籍習見，如宋贊寧等撰《宋高僧傳》卷十："時維秋杪水用都涸，徒眾斂手塊然無謀。會一夕雨至，萬株並進。晨發江潯，暮抵寺門。剞劂之際，動無乏者。其餘廊廡牀案，靡非幽贊。"（T50/770a）例多不繁舉。聯繫下句"吏引智感就空坐，群吏將文書簿帳來。取智感署，置於案上，而退立階下"，從其中的"置於案上"可見，上句的"床案"當是實指。此則故事《法苑珠林》注引自《冥報記》，亦見宋李昉《太平廣記》、清弘贊輯《六道集》，"案"均屬上，可參。⑤ 范崇高引《太平

---

① 范崇高：《〈法苑珠林〉文本整理商議》，四川大學出版社2018年版，第29頁；又見於范崇高《〈法苑珠林校注〉標點商兌》，《古籍整理研究學刊》2016年第5期。

② 范崇高：《〈法苑珠林〉文本整理商議》，四川大學出版社2018年版，第29頁；又見范崇高《〈法苑珠林〉辨補》，《阿壩師範學院學報》2017年第3期。

③ 范崇高：《〈法苑珠林〉文本整理商議》，四川大學出版社2018年版，第30頁；又見於范崇高《〈法苑珠林〉引〈冥報記〉校點補正》，《內江師範學院學報》2017年第9期。

④（晉）陳壽著，裴松之注：《三國志》，上海古籍出版社2011年版，第1331頁。

⑤ 逯靜、張春雷：《〈法苑珠林校注〉校勘商補》，《溫州大學學報》2020年第2期。

廣記》《廣異記》《玄怪錄》卷三等亦證"案"當屬上，可參。①

152. 智感省讀，其如人間者，於是為判句文。有頃食來，諸判官同食。智感亦欲就之，諸判官曰：君既權判，不宜食此。感從之竟不敢食。（冊一，7/262/7）

按："為判句文"語義費解，范崇高言：正當作"為判勾之"。"句""勾"俗書常相訛誤，"文"為"之"之形誤。②

153. 日別吏送智感歸家，穌而方曉。自歸家中，日暝，吏復來迎。至彼而旦，故知幽顯晝夜相反矣。（冊一，7/262/9）

按："日別"，董志翹言：中古習語，意為"每日"③。此義放於此句語義不通，范崇高言："別"當為"暮"之訛。④ 此句是說，在冥界傍晚的時候，小吏把柳智感送回陽間的家中，柳智感蘇醒後則剛好是陽間的白天，所以下句說"故知幽顯晝夜相反矣"。"日暮"，"傍晚；天色晚"之義，典籍習見。《六韜·少眾》："我無深草，又無隘路，敵人已至，不適日暮。"⑤

154. 於是夜判冥事，晝臨縣職，遂以常。（冊一，7/262/10）

按：范崇高言："遂以常"，有脫文，當作"遂以為常"，此則故事引自《冥報記》，亦見清弘贊輯《六道集》，兩書此處皆作"遂以為常"⑥。

155. 州司遣智感領囚送京，至鳳州界，囚四人皆逃。智感憂懼，捕捉不獲，夜宿於傳舍。忽見其故部吏來告曰：囚盡得矣。一人死，三人在南山西谷中，並已擒縛，願公忽憂。（冊一，7/263/10）

按："願公忽憂"中"忽憂"費解，"忽"應為"勿"字之訛。此則

---

① 范崇高：《〈法苑珠林〉文本整理商議》，四川大學出版社2018年版，第30頁；又見范崇高《〈法苑珠林〉引〈冥報記〉》校點補正》，《內江師範學院學報》2017年第9期。
② 范崇高：《〈法苑珠林〉文本整理商議》，四川大學出版社2018年版，第30頁；又見范崇高《〈法苑珠林〉引〈冥報記〉》校點補正》，《內江師範學院學報》2017年第9期。
③ 董志翹：《敦煌文書詞語考釋》，《中古文獻語言論集》，巴蜀書社2000年版，第93—95頁。
④ 范崇高：《〈法苑珠林〉文本整理商議》，四川大學出版社2018年版，第30頁；又見范崇高《〈法苑珠林〉引〈冥報記〉》校點補正》，《內江師範學院學報》2017年第9期。
⑤ 姜尚：《六韜·鬼谷子譯注》，李霞光譯，上海三聯書店2018年版，第170頁。
⑥ 范崇高：《〈法苑珠林〉文本整理商議》，四川大學出版社2018年版，第32頁。

故事引自《冥報記》，原經此處作"勿"。《太平廣記·神八·柳智感》[①]、《六道集》亦收錄此則故事，此處亦作"勿"，可參。

156. 智感今在南任慈州司法。（冊一，7/263/13）

按："司法"費解，"司法"應為"司馬"之訛。"司馬"為古代的官職名。該句引自《冥報記》，原經此處作"司馬"[②]。

[①] （宋）李昉：《太平廣記》，哈爾濱出版社1995年版，第2630頁。
[②] 逯静、張春雷：《〈法苑珠林校注〉校勘商補》，《溫州大學學報》2020年第2期。

《法苑珠林》卷八校勘研究

157. 一日遠採果漿，誤不時還。至日已中，四人失食懷恨，可為凶呪。（冊一，8/276/8）

《校注》："'誤'字原作'寱'，據《高麗藏》本改。"

按：范崇高言："誤不時還"一句，《經律異相》卷十一引作"懈廢眠寱，不以時還"，原作"寱"正是"懈廢眠寱"的節縮，改為"誤"反而意義欠明。① 范崇高認為"寱"是"懈廢眠寱"的節縮，我們認為表述不太確切，當以脫文解之較好。

158. 甘蔗之苗裔，釋無勝淨王才德純備，故曰淨飯王。（冊一，8/285/1）

《校注》："'才'字原作'財'，據《高麗藏》本改。"

按：《大正藏》本作"才"，《大正藏》校勘記："宋、元、明、宮作'財'。"《中華藏》本作"財"，校勘記："'財得'，磧、南、徑、清作'財德'，高麗藏本作'才德'。"范崇高言：此句文字有遺漏和顛倒，標點大誤，當據《佛所行讚經》卷一改為："甘蔗之苗裔，釋迦無勝王，淨財德純備，故名曰淨飯。"②

159. 時有五百大賊，劫取宮物，路由菩薩廬邊。明日捕賊蹤跡，在菩薩舍下，因收菩薩。前後劫盜法以木貫身，立為尖標，血流於地。（冊一，8/285/2）

---

① 范崇高：《〈法苑珠林〉文本整理商議》，四川大學出版社2018年版，第33頁。
② 范崇高：《〈法苑珠林〉文本整理商議》，四川大學出版社2018年版，第34頁；又見於范崇高《〈法苑珠林校注〉校勘瑣記》，《寶雞文理學院學報》2016年第1期。

按：范崇高言"宮物"語義費解，正作"官物"①。吳建偉言："前後劫盜"後應施逗號點斷。此段文字引自《佛說十二遊經》，原文作："時國中五百大賊，劫取官物逃走，路由菩薩廬邊，蹤跡放散，遺物在菩薩舍之左右。明日捕賊，追尋賊者蹤跡在菩薩舍下，因收菩薩，便將上問，謂為菩薩國中大賊，前後劫盜，罪有過死。王便勅臣下：'如此之人，法應以木貫身，立為大標。'其身血出，流下於地。"②

160. 大瞿曇言：是道人若其志誠，天神當使血化為人。（冊一，8/285/6）

按：范崇高言："志誠"，當依東晉迦留陀伽譯《十二遊經》、南朝梁僧祐《釋迦譜》卷一、南宋志磐《佛祖統紀》卷一引《十二遊經》作"至誠"，"至誠"意為極其真誠。③

161. 時甘蔗王有第二妃，絕妙端正，生於四子：一名炬面，二名金色，三名家家象眾，四名別成。（冊一，8/288/1）

按：范崇高言："家家象眾"中"家家"為衍文，正作"象眾"。大正藏本、中華藏、高麗藏本均作"象眾"④。

162. 爾時善慧菩薩功行滿足，位登十地，在一生補處，近一切種智，生兒率天，名聖善。（冊一，8/290/8）

按：羅明月言："兒"當為"兜"字之訛。"兜率天"梵語音譯。佛教認為天分許多層，第四層為兜率天。⑤

---

① 范崇高：《〈法苑珠林〉文本整理商議》，四川大學出版社2018年版，第33頁。
② 吳建偉：《〈法苑珠林校注〉標點疑誤補舉》，《古籍整理研究學刊》2015年第6期。
③ 范崇高：《〈法苑珠林〉文本整理商議》，四川大學出版社2018年版，第34頁。
④ 范崇高：《〈法苑珠林〉文本整理商議》，四川大學出版社2018年版，第34頁。
⑤ 羅明月：《〈法苑珠林校注〉零拾》，《江海學刊》2011年第2期。

《法苑珠林》卷九校勘研究

163. 我意欲迎我女摩耶，還我安止，住於嵐毗尼中，共相娛樂，盡父子情。惟願大王，莫生留難。（冊一，9/304/4）

按："還我安止"費解，有脫文，正作"還［來］我［家］安止"。"安止"，安居；停留；安歇之義，如漢·焦贛《易林·豫之觀》："膠車木馬，不利遠駕，出門有害，安止得全。"宋·周密《武林舊事·乾淳奉親》："上至太上內書院，進泛索，遂奏安止還內。"金·董解元《西廂記諸宮調》卷一："入得蒲州，見景物繁盛，君瑞甚喜，尋旅舍安止。""還［來］我［家］安止"意思為：還來我家安歇。

164. 十一、諸龍王女在虛空中，現半身住。十二、天萬玉女抱孔雀拂，現宮牆上。十三、諸天玉女持萬金瓶，盛甘露，住虛空中。（冊一，9/305/1）

按："諸龍王女"應為"諸龍玉女"之訛，"王""玉"形近而誤，正作"諸龍玉女"。"玉女"有仙女的意思，典籍習見，如《神異經·東荒經》："恒與一玉女投壺。"《楚辭·賈誼〈惜誓〉》："建日月以爲蓋兮，載玉女於後車。"《文選·張衡〈思玄賦〉》："載太華之玉女兮，召洛浦之虑妃。"劉良注："玉女，太華神女。""王女"則特指封王者之女。如《通典·禮十九》："古稱厘降，唯屬王姬。比聞縣主適人，皆云出降。娶王女者亦云尚主。濫假名器，深乖禮經。其縣主嫁宜稱適，取王女者稱娶，仍永以為式。"下文"天萬玉女""諸天玉女"等均言"玉女"，此處自然亦是"玉女"。另外此則故事引自《普曜經》卷二，原經此處也作"玉女"。

165. 時王廐中象生白子，馬生白駒，牛羊亦生五色羔犢，如是等類

數各五百。王子青衣亦生五百蒼頭(《普曜經》云：五千青衣各生力士。)爾時宮中五百伏藏，自然發出。(冊一，9/312/1)

按："王子青衣"費解，"王子"應為"王家"之訛，正作"王家青衣"。"青衣""倉頭"均指奴僕。從上下文語義來看，這裏是說：太子出生之日，國王馬廄中象生白色小象，馬生白色小馬，牛羊生五色羔犢，數目都是五百個。國王家裏的奴僕也生了五百個孩子。此則故事引自《太子瑞應本起經》，原經此處正作"王家"。《過去現在因果經》《佛祖統紀》中均記載此事，亦作"王家"。

166. 如偈所說：人世順尊教，不慳亦不惜，無不如法行，慈心不起煞。飢渴既得解，飲食皆充足，一切悉歡喜，並受如天樂。(冊一，9/316/9)

按："人世順尊教"費解，"世"疑為"民"之訛，正作"人民順尊教"。此則故事引自《佛本行集經》卷十一，原經此處正作"人民順尊教"。

167. 四十六、臍深厚狀如盤蛇，團圓右轉。(冊一，9/322/2)

《校注》："'臍'字原作'齊'，據《高麗藏》本、《磧砂藏》本、《南藏》本、《嘉興藏》本改。"

按：范崇高言："齊"不誤，"齊"與"臍"古時常可通，《校注》不煩改。①

168. 如來之膝平正無節，䏶䐀如鹿大人相者，乃往古世奉受經典，不違失故。(冊一，9/323/3)

《校注》："'䐀'字原作'腸'，據《高麗藏》本改。"

按：范崇高言：作"腸"無誤，《校注》不煩改。②

169. 謂如菩薩造作增長足善住相業時，先起五十思，修治身器，令淨調柔。次起一思，正牽引彼。後復起五十思，令其圓滿。譬如農夫先治畦壟，次下種子，後以糞水而覆溉之。彼亦如是。始足善住相業，有如是百思莊嚴。乃至頂上烏瑟膩沙相業，亦復如是。(冊一，9/329/3)

---

① 范崇高：《〈法苑珠林〉文本整理商議》，四川大學出版社2018年版，第36頁。
② 范崇高：《〈法苑珠林〉文本整理商議》，四川大學出版社2018年版，第37頁。

按："始足善住相業"，《法苑珠林》大正藏本作"如足善住相業"，宋、元、明、宮本作"始足善住相業"。我們認為"始"當為"如"之訛，兩字形近而誤，正作"如足善住相業"。"如足善住相業"與上句"如菩薩造作增長足善住相業時"相對，若作"始"則令人費解。此則故事引自《阿毘達磨大毘婆沙論》卷一七七，原經此處正作"如足善住相業"。唐普光述《俱舍論記》卷十八中亦引此則故事，亦作"如足善住相業"，可佐證。

170. 如實義者，菩薩所起一一福量無量無邊。以菩薩三無數劫積集圓滿諸波羅蜜多己。所引思願極廣大故。唯佛能知，非餘所測。（冊一，9/330/9）

按："以菩薩三無數劫積集圓滿諸波羅蜜多己"中"己"當作"已"，兩字形近而誤，正作"以菩薩三無數劫積集圓滿諸波羅蜜多已"。此則故事引自《阿毘達磨大毘婆沙論》卷一七七，原經此處正作"以菩薩三無數劫積集圓滿諸波羅蜜多已"。唐普光述《俱舍論記》卷十八、唐法寶撰《俱舍論疏》卷十八、唐遁麟述《俱舍論頌疏記》卷十八均引有此則故事，也均作"以菩薩三無數劫積集圓滿諸波羅蜜多已"可佐證。

171. 爾時太子生長王宮，孩童之時，游戲未學。年滿八歲，出問詣師，入於學堂。從蜜多及忍天所二大尊邊，受讀諸書，并一切論兵戎雜術。（冊一，9/335/9）

按："出問詣師，入於學堂"中"出問"費解，"問"當作"閣"之訛，兩字形近而訛，正作"出閣"。"閣"意爲側門，小門，後引申爲宮中便殿，在古籍中常見，如《後漢書·馮豹傳》："每奏事未報，常俯伏省閣，或從昏至明。"《北史·周宣皇后楊氏傳》："帝大怒，遂賜後死，逼令自引決。後母獨孤氏聞之，詣閣陳謝，叩頭流血，然後得免。""出閣"指出皇室去求學，佛經文獻習見，如《續佛祖統紀》："召師居之，固讓不敢當。旦日，天禧成，須御領之，潭王之出閣也。上欲以佛理道之，居天界寺，從師說經。"此則故事引自《佛本行集經》，原經此處正作"出閣詣師"。

172. 是時提婆達多遣使來語太子言：我射一鴈，墮汝園中。宜速付來，不得留彼。是時太子報使人言：鴈若命終，即當還汝。若不死者，

終不可得。時提婆達多復更重遣使人語言：若死若活，快須相還。我手於先善功射得，云何忽留？（冊一，9/336/1）

按："快須相還"費解，"快"當是"決"之訛，兩字形近而誤，正作"決須相還"。"決須"，意為務必、必須，典籍習見，如隋闍那崛多譯《佛本行集經》卷四十七："如是不盜者，乃至不邪見者，汝等勿與，如此師子悉皆不食。復須是教，家別一人決須出家。"（T03/870a）唐波羅頗蜜多羅譯《寶星陀羅尼經》卷五："自相謂言：無因無緣，我此宮室如是震動，莫復我等魔王境界自失位耶！莫復我等所住宮室滅沒之法於此起耶！我等今者決須觀察。"（T13/559a）梁真諦譯《決定藏論》卷二："若能得住式叉摩戒，戒品轉多，不得速為受具足戒，決須二歲，學行六法。若樂住此，便授具戒。"（T30/1027b）"決須相還"，意謂：必須要歸還。

173. 我手於先善功射得，云何忽留？（冊一，9/336/2）

《校注》："功"字，原作"攻"，據高麗藏本改。

按："我手於先善功射得"費解，《校注》所釋不確。"善功"當是"善巧"之訛，兩字形近而訛，正作"我手於先善巧射得"。"善巧"，精巧、巧妙之義，如《後漢書·黨錮傳·岑晊》："善巧雕鏤玩好之物，頗以賂遺中官，以此並得顯位。"《百喻經·治鞭瘡喻》："昔有一人，為王所鞭。既被鞭已，以馬屎傅之，欲令速差。有愚人見之，心生歡喜……語其兒言：'汝鞭我背，我得好法，今欲試之。'兒為鞭背，以馬屎傅之，以為善巧。"唐玄奘《大唐西域記·秣底補羅國》："〔世親菩薩〕作《阿毗達磨俱舍論》，辭義善巧，理致精高。""巧"用來指射技巧妙在佛經文獻中習見，如《十律誦》卷三十七："其後知一弟子最上巧射。即嫁女與及四馬車，附釵千箭及千金錢。（T23/266a）"我手於先善巧射得"標點亦欠妥，中間當斷開，正作"我手於先，善巧射得"，意謂：我手搶先巧妙射到（雁）。此則故事引自《佛本行集經》卷十二，此處正作"我手於先善巧射得"。

174. 四遠人民百千萬億，皆集來看。園中有七重金鼓、銀鼓、鍮、石、銅、鐵等鼓，各有七枚。（冊一，9/336/11）

按：范崇高言："鍮石"為一物，不當斷開。"鍮石"是一種接近於金屬的天然礦石和合金，不當分開。①

175. 十大那羅延力等一百劫修行菩薩力，十百劫修行菩薩力等一千劫修行菩薩力，如是已下展轉十重加之，乃至十方千千千萬劫修行菩薩力等一無生法忍菩薩力。（冊一，9/339/11）

按："乃至十方千千千萬劫"費解，"十方"當是"十萬"之訛，"萬"俗體作"万"，"方""万"兩字形近而誤，正作"乃至十萬千千千萬劫"。此則引自姚秦鳩摩羅什譯《集一切福德三昧經》卷一（T12/990b），原經此處正作"十萬千千千萬劫"。

---

① 范崇高：《〈法苑珠林〉文本整理商議》，四川大學出版社2018年版，第35頁；又見於范崇高《〈法苑珠林校注〉補議》，《成都大學學報》2013年第3期。

《法苑珠林》卷十校勘研究

176. 爾時五百釋種各各唱言：我女堪為作妃。王復籌量，忽取他女，脫不稱可，則成違負，若語太子，終不可道。（冊一，10/347/8）

按："終不可道"語義費解，有訛字，"可道"當作"肯道"之訛誤。"肯道"即"願意"之義，如元李文蔚《燕青博魚》第一折："天哪！你不肯道是相齋發，專與俺這窮漢做冤家。"元鄭廷玉《看錢奴》第一折："問甚麼先達，那肯道攀鞍下馬。直將窮民來傲慢殺。""若語太子，終不可道"是言：如果告訴太子（納妃之事），太子終不會願意。此則引自《佛本行集經》卷十二，原句作："時淨飯王復自思惟：若我今日，不共太子如是籌量，忽取他女，與其作妃，脫不稱可，則成違負；若我今共太子語論，太子意深，終不肯道。"（T03/707c）

177. 遙見太子，峨峨注睛，舉其雅步，瞻觀直眄，目不斜窺，漸進前趨，來迎太子，如舊相識，曾無愧顏。（冊一，10/348/1）

按："來迎太子"語義費解，太子是站立不動的，耶輸陀羅女是來覲見太子的，故言"來迎太子"不太確切，"迎"當是"近"之訛。"來近太子"，言女子走過來靠近太子。此則故事引自《佛本行集經》卷十二（T03/707c28），原經此處正作"來近太子"。

178. 時彼牸虎向師子而說偈言：大力勇猛及威神，身體形容悉端正，如是我今得夫已，必當頂戴而奉承。（冊一，10/351/5）

按："悉端正"，《法苑珠林》大正藏本作"甚端正"，宋、元、明、宮本作"悉端正"，此則故事引自《佛本行集經》卷十四，此處作"極端正"。從上下文的語義來看，作"極端正"是。"身體形容極端正"是言"身體面容非常端正"而不是一般意義上的"端正"，若作"悉端

— 58 —

正"，程度上就要低很多。試比較：失譯《大方便佛報恩經》卷一："即時身體平復如故，血即反白為乳，身體形容，端正倍常。"（T03/129c）《法苑珠林》大正藏本作"甚端正"，以"甚"替換"極"屬於同義替換。

179. 其人有女，名耶輪陀羅，顏容端正，聰明智慧，賢才過人，人禮備舉。（冊一，10/351/11）

按："人禮"費解，正作"禮儀"。"禮儀備舉"言"耶輪陀羅非常有禮節"。此則引自《過去現在因果經》卷二，原經此處正作"禮儀備舉"。另外，吳支謙譯《太子瑞應本起經》卷一、梁僧祐撰《釋迦譜》卷一均記載有此則故事，此處也都作"禮儀備舉"。

180. 王曰：何所有玉女，宜與太子為妃。以權方便，令當試之。使上工匠立端金像。（冊一，10/352/1）

按："立端金像"費解，有訛字，"端"當為"妙"之訛，正作"立妙金像"。此則引自《普曜經》卷三，原經此處正作"立妙金像"，梁僧祐撰《釋迦譜》卷一也記載此則故事，此處也作"立妙金像"。

181. 以書文字，女人德義，如吾所流，能應娉耳。（冊一，10/352/2）

按："如吾所流"費解，"流"當是"疏"之訛，兩字形近而誤，正作"如吾所疏"。"如吾所疏"即"（女人德義）如我所記載的"。此則引自《普曜經》卷三，原經此處作"如吾所說"，"說""疏"同義替換，《釋迦譜》卷一作"如吾所疏"。此則《法苑珠林》注引《普曜經》，西晉竺法護譯《普曜經》卷三此句作："爾時菩薩使上工師，立妙金像以書文字，假使女人德義形體面貌若斯，吾乃可之，不用凡庶，如吾所說，乃應娉耳。"（T03/500a）通過對比，我們發現《普曜經》此句與《法苑珠林》所引，差別較大，故我們認為《法苑珠林》可能注引有誤，此則故事當引自梁僧祐撰《釋迦譜》卷一。《釋迦譜》卷一作："王曰：何所王女宜太子妃。菩薩心念：吾不貪欲棄兜率來，以權方便，今當試之。使上工立妙金像，以書文字，女人德義，如吾所疏，能應娉耳。"（T50/6a）

182.《大善權經》云：疑菩薩非男，是黃門，故納瞿夷釋氏之女。

— 59 —

羅雲於天變沒化生，不由父母合會而有。(冊一，10/353/9)

　　按："不由父母合會而有"費解，"有"乃是"育"之訛誤，兩字形近而誤，正當作"不由父母合會而育"。此則引自竺法護譯《慧上菩薩問大善權經卷》卷二，原經此處正作"不由父母合會而育"。梁釋祐《釋迦譜》卷亦載此則故事，也作"不由父母合會而育"。這句話是言"羅雲不是由父母交合而生育的"。"合會"同義連文，男女交合之義。此義佛經文獻習見，如：東晉竺曇無蘭譯《梵志頞波羅延問種尊經》卷一："若曹能知世間人，夫婦合會，云何生子。子曹皆言我不知，若亦不知先祖，亦不知人所生，何為向我瞋怒。"（T01/878b）梁釋寶唱譯《經律異相》卷二十三："王所以貪我者，為我年少顏色，肌膚滑澤，氣息香潔，是皆非常，皆當歸死，夫婦合會，略無可奇，是皆不淨，恩愛於此，當有老病。"（T53/127b）《漢語大詞典》收錄"合會"詞條，然未收"男女交合、交配"之義項，當補。

　　183. 於後捉石擲著水中，遂立誓言：我今安誓，如實不虛，唯除太子，更無丈夫共行彼此。（冊一，10/354/4）

　　按："安誓"費解，"安"是"要"之訛，兩字形近而訛，正當作"要誓"。"要"，約言，以明誓的方式就某事作出莊嚴的承諾或表示某種決心。《左傳·哀公十四年》：使季路要我，吾無盟。杜預注：子路信誠，故欲得與相要誓而不須盟。唐崔湜《塞垣行》：豈要黃河誓，須勒燕然石。"要誓"同義連文，文獻習見，如《三國志·魏志·杜襲傳》：會荊州出步騎萬人來攻城，襲乃悉召縣吏民任拒守者五十餘人，與之要誓。唐地婆訶羅譯《方廣大莊嚴經》卷十二：佛言：善來，鬚髮自落，法服著身，便成沙門，得阿羅漢道。爾時，世尊作是思惟，本與父王要誓成佛，爾乃還國，當度父母。今得佛道，不違本誓。（T03/614a）此則引自《佛本行集經》，此處正作"我今要誓"。

　　184. 其女因此便生瞋恚，而白母言：母可且兼將此乳器，我今暫欲大小便耳。而彼母取此大器，負擔行已。其女於後徐徐後行。（冊一，10/355/8）

　　按："徐徐後行"費解，前句已言"其女於後"，此句再言"後行"語義不通，"後行"當作"緩行"之訛，正作"徐徐緩行"。此則故事引自《佛本行集經》卷五十五，原經此處正作"徐徐緩行"。試比較：唐栖復集《法華經玄讚要集》卷九："彼女作念，遣我擎取大器，復更催促，因此嗔怒，而白母：與我擎取最大器前行。其女於後，徐徐緩步。令母負重，行六俱盧舍。"（X34/378c）

185. 采女眾中有一女子名脩曼那，即白妃言：太子是神人也。奉事歷年，不見其根，況有世事。（冊一，10/356/4）

按："不見其根"費解，"其"是"身"之訛，正作"不見身根"。"身根"，指男性生殖器。佛典文獻習見，如東晉佛馱跋陀羅譯《觀佛三昧海經》卷八：皆謂太子是不能男，太子晝寢，皆聞諸女欲見太子陰馬藏相……是時華中忽有身根如童子形，諸女見已，更相謂言，太子今者，現奇特事，忽有身根如是，漸漸如丈夫形。

186. 爾時世尊告諸尼揵，汝等不知如來身分，若欲見者，隨意觀之。如來積劫修行梵行，在家之時，都無欲想，心不染黑，故得斯報。（冊一，10/357/8）

按："心不染黑"費解，有訛字，"黑"當作"累"之訛，正作"心不染累"。"染累"當是"因愛欲之心浸染，心裡受到牽累"，如劉宋功德直譯《菩薩念佛三昧經》卷四："心常平等，憐愍眾生。其心不退，不懷嫉妒。稱量諸法，心不染累，分別一切無數諸法。"（T13/816a）此則故事引自《佛說觀佛三昧海經》卷八，原經此處正作"心不染累"。

187. 東門老頌曰：蘆蕉城易犯，危藤復將齧。一隨柯已微，當半信長訣。已同白駒去，復同紅華熱。妍容一旦罷，孤燈徒自設。（冊一，10/364/5）

按："當半信長訣"費解，"半"應是"年"之誤，二者形近而訛，正作"當年信長訣"。唐道宣撰《廣弘明集》卷三十，亦收錄該詩，正作"當年信長訣"。"一隨柯已微"是用典，語出《詩·豳風·伐柯》："伐柯如何，匪斧不克。""當年信長訣"，是言壯年一去不復返。

188. 朋友之法其要有三：一者，見其過失，輒相諫曉。二者，見有好事，深生隨喜。三者，在於苦厄，不相棄捨。（冊一，10/366/9）

按："見其過失"有訛字，"其"當作"有"之誤，兩字形近而訛。《法苑珠林》大正藏本作"有過失"，宋、元、明、宮本作"見有過失"。

此則故事亦見梁僧祐撰《釋迦譜》卷一、劉宋求那跋陀羅譯《過去現在因果經》卷二，此處均作"見有過失"。

189. 適宣此語時，四天王與無數閱叉龍等皆被鎧甲，從四方來，稽首菩薩曰：城中男女皆疲極，孔雀眾鳥亦疲極寐。（冊一，10/369/3）

按："城中男女皆疲極"語義表達不完整，有脫文，脫"寐"，正當作"城中男女皆疲極寐"。《法苑珠林》注引《普曜經》，恐有誤，此則故事當出自梁僧祐撰《釋迦譜》卷一。《普曜經》卷四此句作："菩薩從座起，則住空中猶如鴈王；城中男女皆疲極寐；鳧雁鴛鴦孔雀赤觜，異類眾鳥亦疲極寐。"（T03/507a）梁僧祐撰《釋迦譜》卷一："適宣此言，四天王與無數閱叉龍等皆被鎧甲，從四方來，稽首菩薩：城中男女皆疲極寐，孔雀眾鳥亦疲極寐。"（T50/7a）

190. 爾時護世四天王及天帝釋知太子出家時至，各隨其方，辦具莊飾。（冊一，10/370/9）

按："各隨其方"語義費解，"方"當作"力"，正作"各隨其力"。此則故事摘自《佛本行集經》。《佛本行集經》大正藏本作"各隨其力"，宋、元、明、聖本作"各隨其方"，此處作"各隨其力"是。試比較：東晉佛馱跋陀羅譯《大方廣佛華嚴經》卷二：所謂：雨一切香華雲、眾妙寶雲、雜寶蓮華雲、無量色寶曼陀羅雲、解脫寶雲、碎末栴檀香雲、清淨柔軟聲雲、寶網日雲，各隨其力，雨眾供養，如是等一一世界諸王，設不可思議諸供養雲，普供一切如來大眾。（T09/405a）新羅太賢集《梵網經古跡記》卷二：述曰：此中以難況易，如文可解，各隨其力，以寶供養，此中意也。（T40/717b）

191. 佛言：聽安金塔中，若銀塔中，若寶塔中，若雜寶塔，繒綵衣裹。不知云何持。佛言：聽象馬車乘，頭上肩上擔。（冊一，10/382/1）

按："不知云何持"費解，有脫文，脫"行"，正作"不知云何持行"。此則故事引自姚秦佛陀耶舍共竺佛念譯《四分律》卷五十二。《四分律》大正藏本作"不知云何持往"，宋、元、明、宮本作"不知云何持行"，此處作"不知云何持行"是。

《法苑珠林》卷十一校勘研究

192. 往昔修羅兩兄弟，為一玉女自相殘。骨肉憐愛染著增，智人觀知不貪欲。（冊二，11/387/10）

按："染著增"費解，"增"當為"憎"之訛。此則故事引自《佛本行集經》卷二十三，原經此處正作"染著憎"。"骨肉憐愛染著憎"謂"骨肉相連的兩兄弟（因為玉女）反目成仇，互相憎恨"。

193. 菩薩又言：或為五欲故，生天、生人。既得生已，著五欲故，投身透水，或復赴火；為五欲故，自求怨讎。（冊二，11/387/11）

按："生人"意義不明，有脫文，應為"生人間"。天上、人間相對應。菩薩所言是因福報不同，出生不同，或生天上，或生人間，如宋贊寧撰《宋高僧傳》卷二十四：堅曰：有兩同學僧已死，願得見之。神問其名，曰：一人已生人間，一人在獄受對，不可喚來。（T50/862b）

194. 當於菩薩修苦行時，母親二人心不忍可，即便捨去。菩薩後知苦行非道，捨而受食羹飯酥乳，以油塗身，習處中行。（冊一，11/389/3）

按："菩薩後知"語義不通，"後知"當為"知後"之倒。此則故事引自《阿毘達磨大毘婆沙論》卷一八二，原經此處正作"菩薩知後"。

195. 故《涅槃經》云：菩薩當以苦行自誠其心，日食一胡麻，經一七日。秔米、紅豆、麻子、粟、穈及以白豆，亦復如是，各一七日。（冊一，11/390/5）

按："菩薩當以苦行自誠其心"語義不暢，"誠"當為"試"之誤，"誠""試"形近而訛。"自試其心"即自測其心之義，佛典習見，如北涼曇無讖譯《優婆塞戒經》卷四：施者先當自試其心，以外物施；知心調已，次施內物。（T24/1055c）隋灌頂撰《大般涅槃經疏》卷二十七：佛答有三：一自試其心；二為物受苦；三用六度化他。（T38/196b）此則故事引自《大般涅槃經》卷三十二，原經此處正作"菩薩當以苦行自試其心"。

196. 如是修苦行時，一切皮肉銷瘦皺減。如斷生瓠，置之日中。其目坎陷，如井底星。（冊一，11/390/6）

按："其目坎陷"，此經引自《大般涅槃經》卷三十二，原經此處作"其目欠陷"。也有作"卻陷"者，如隋闍那崛多譯《佛本行集經》卷二十五："眼深卻陷，如井底星，遍體屈折，節節離解。"（T03/768c）"坎陷""欠陷""卻陷"孰是？我們認為其本字當作"䁖陷"。"䁖"，《說文·目部》："目陷也。"段玉裁注：引申為凡陷之稱。桂馥義證引《六書故》："眸子枯陷也。""䁖陷"同義連用，眼睛深陷之義，典籍中多用其俗字，作"坎陷"者，屬於同義替換，"坎"，《說文·土部》："陷也。""坎陷"同義連文，深陷之義。"欠陷"中的"欠"，是"坎"之省形俗字。作"卻陷"中的"卻"是"坎"之訛字。也有作"嵌"者，屬於音借字，如元曲中則多作"嵌"，《全元曲·承明殿霍光鬼諫》："覷著他，狠似豺狼，蠢似豬羊，眼嵌縮腮模樣，面黃肌瘦形相。"① 句中的"嵌"即"䁖"之音借字，眼窩深陷義，學者多有誤解。《漢語大詞典》收錄"眼嵌縮腮"詞條，釋為"形容面孔瘦削"②。劉益國編著《元曲熟語辭典》收錄"眼嵌縮腮"詞條，釋為"面容消瘦的樣子"均未言"嵌"為何義。③

197. 昔我所更苦行無數，於尼連河邊六年苦行，日食一麻一米。斯由曩昔向一緣覺犯口四過，斷絕一施，重受輕報。（冊一，11/390/9）

按："重受輕報"語義令人費解，當作"今受斯報"之誤。此處的"報"指上句所言"斯由曩昔向一緣覺犯口四過，斷絕一施"。此則引自姚秦竺佛念譯《菩薩處胎經》卷七，原經此處正作"今受斯報"。

---

① 徐征等主編：《全元曲》（第6卷），河北教育出版社1998年版，第4007頁。
② 漢語大詞典編纂處編：《漢語大詞典》（普及本），上海辭書出版社2012年版，第1885頁。
③ 劉益國編著：《元曲熟語辭典》，四川大學出版社1998年版，第467頁。

198. 又《佛本行經》云：爾時六年既滿，至春二月十六日時，內心自作如是思惟：我今不應將如是食，食已而證阿耨多羅三藐三菩提。我今更從阿誰邊求美好之食？誰能與我彼美食，令我食已，即便證取阿耨菩提？（冊一，11/391/9）

按："誰能與我彼美食"有脫文，脫"如"字，當為"誰能與我如彼美食，令我食已"。"如"意為"像，同什麼一樣"。原句義為"誰能給我像那種美食一樣的食物讓我吃?"而文中的意思是"誰能給我那個美食讓我吃"。前種指代的是像那個美食一樣的東西，後指代的是那個美食，屬於特指，顯然語義不一致。此則引自《佛本行集經》卷二十三，原經正作"誰能與我如彼美食"。另從上下文語境看，此段四字為句，加"如"字後，音節工整，與前後句一致。

199. 或時有現梵王形相，或復現出乳糜向上涌沸，上至半多羅樹，須史還下，或現乳糜向上高至一多羅樹訖還下。（冊一，11/392/7）

按："或現乳糜向上高至一多羅樹訖還下"，語義不明，句中有脫文，並導致標點不確，當作"或現乳糜，向上高至一多羅樹，訖已還下"。"訖還下"中脫"已"字。"訖已"，"完畢"義，佛典習見，如後秦佛陀耶舍共竺佛念譯《長阿含經》卷六："時王即敕左右使收系之，聲鼓唱令，遍諸街巷，訖已，載之出城，刑於曠野，誠後人耶！"（T01/40c）東晉法顯譯《大般涅槃經》卷二："爾時，世尊與比丘眾，到迦屈蹉河，世尊即便入河洗浴。洗浴訖已，共比丘僧，坐於河側。"（T01/198c）此段引自《佛本行集經》，原經此處正作"或現乳糜向上高至一多羅樹訖已還下"。

200. 或現出高一丈狀，還入彼器，無有一滴離於器而落餘處。煮乳糜時，別有一善解海筭數筭占相師來至彼處，見其乳糜出現如是諸種相貌，善占觀已，作如是語：希有！希有！（冊一，11/392/8）

按："或現出高一丈狀，還入彼器，無有一滴離於器而落餘處"中"高一丈狀"語義不明，有脫文，當作"高一丈夫狀"。從上下文的語境來看，二女煮乳糜的時候出現多種形貌，有時顯現出乳糜像多羅樹，有時像一個丈夫的樣子。"一丈"和"一丈夫"語義顯然不同。下句有"見其乳糜出現如是諸種相貌"正與此相應。此段引自《佛本行集經》，原經此處正作"現出高一丈夫狀"。

201. 無有一滴離於器而落餘處。煮乳糜時，別有一善解海筭數筭占相師來至彼處，見其乳糜出現如是諸種相貌，善占觀已，作如是語：希有！希有！（冊一，11/392/8）

按："無有一滴離於器而落餘處"，句中有脫文，當作"無有一滴離於彼器而落餘處"，此段引自《佛本行集經》卷二十三，原經此處正作"無有一滴離於彼器而落餘處"。

又"別有一善解海筭數筭占相師"，此句有衍文，衍"筭"，當作"別有一善解海筭數占相師來至彼處"。此段引自《佛本行集經》卷二十三，原經此處正作"別有一善解海筭數占相師來至彼處"。

202. 彼女答云：汝何所往？答言：求趣菩提。又問：名字何等？答言：悉達。彼女又白我言：我讀韋陀之典云：不久有大智人當成正覺。（冊一，11/393/10）

按："彼女又白我言"中的"我"指代不明，當是衍文，正作"彼女又白言"。《醒世錄》亦引此則故事，此處正作"彼女又白言"。

203. 菩薩聞之，心大歡喜，破不吉以成吉祥。（冊一，11/396/11）

按："破不吉以成吉祥"有脫文，導致缺少主語，脫第一人稱代詞"我"，當作"我破不吉以成吉祥"。此則故事出自《過去現在因果經》卷三，原經此處作"我破不吉以成吉祥"。此則故事多個佛經文獻摘引，如宋志磐撰《佛祖統紀》、梁僧祐撰《釋迦譜》、唐懷素《四分律開宗記》、明朱時恩著《佛祖綱目》等，此處均作"我破不吉以成吉祥"。

204. 昔如來樹下，惡魔波旬將八十億眾欲來壞佛。便語佛云：汝獨一身，何能坐此。急可起去！若不起者，我捉汝腳，擲著海外。（冊一，11/398/6）

按："若不起者"語義與上下文不切合，"起"當為"去"字之誤。上句言"急可起去"，是要佛離去，而非讓其起，故下句當言"若不去者"，文通義順。此則故事引自《雜寶藏經》卷七，原經此處正作"若不去者"，梁僧祐撰《釋迦譜》卷一、明寶成編集《釋迦如來應化錄》卷一引此則故事，此處均作"若不去者"，可參。

205. 至於迦葉兄弟，目連朋友。西域之大勢，東方之遍告。二十八

天之主，一十六國之王，莫不服道而傾心，飡風而合掌。……予、賜之言語，商、偃之文學。（冊一，11/403/4）

按："東方之遍告"中的"告"當為"吉"字之誤，兩字形近而訛，當作"東方之遍吉"，《法苑珠林》未標注此則出何經，我們認為當出自唐道宣撰《廣弘明集》卷四，《廣弘明集》此處正作"東方之遍吉"，又《全隋文》卷三十三："西域之大勢，東方之遍吉，二十八天之主，一十六國之至，莫不服道而傾心，餐風而合掌。"① 可參。

206. 爰及左元放、葛仙子、河上公、莊周之等，並區區於方內，何足道哉！若我師大法，人天軌模，三千法式。（冊一，11/403/8）

《校注》："區區"二字原作"驅二"，據高麗藏本改。

按：范崇高言："並區區於方內"中的"區區"，《大正藏》校勘記：宋、元、明、宮本作"驅二"。作"二"當是"之"形近而誤。作"區區"則是誤將"之"看作古書疊字的符號。正當為"驅之"②。

又《廣弘明集》卷四："商偃之文學爰及左元放、葛孝先、河上公柱下史，並驅之於方內。"陳鼓應主編的《道家文化研究》引此句，將"並驅之於方內"，誤作"並局之於方內"③，顯然不確，當改。

---

① 陳延嘉：《全上古三代秦漢三國六朝文》（第9冊），河北教育出版社1997年版，第651頁。
② 范崇高：《〈法苑珠林〉文本整理商議》，四川大學出版社2018年版，第39頁。
③ 陳鼓應主編：《道家文化研究》第26輯，生活・讀書・新知三聯書店2012年版，第8頁。

《法苑珠林》卷十二校勘研究

207. 到仁壽末年已前，忽振錫被衣，猶如平昔。凡經七現，重降山寺。一還佛壟，語弟子曰：案行故業，各安隱耶？舉眾皆見，伸敬言問，良久而隱。（冊二，12/443/6）

按：王紹峰認為："伸敬言問"中的"伸"，金藏本作"非"，高麗藏本作"悲"，磧、普、南、徑、清本作"伸"。考《續高僧傳》卷十七"智顗傳"趙城金藏本敘述此事文字作"舉眾皆見，悲敬言問，良久而隱"。《法苑珠林》此處當作"悲"，《法苑珠林》金本"非"當為"悲"之字形訛脫去了"心"，他本異文當為後世不明所以而臆改。[①]

[①] 王紹峰：《〈法苑珠林校注〉商補》，《寧波大學學報》2012 年第 5 期。

《法苑珠林》卷十三校勘研究

208. 求佛出家，得阿羅漢，三明六通，是八解脫。（冊二，13/448/6）

按：王東言："是"當為"具"之形訛。"是八解脫"當為"具八解脫"①。

209. 得三昧故，諸佛現前，為其授記。從是已來，經於百萬阿僧祇劫，不墮惡道。乃至今日，獲得甚深自楞嚴定。（冊二，13/449/1）

按："自楞嚴定"不確，"自"當為"首"字之訛，兩字形近而訛。"首楞嚴定"即"首楞嚴三昧"。北涼曇無讖譯《大般涅槃經》卷二十七："首楞嚴者名一切事竟。嚴者名堅，一切畢竟而得堅固，名首楞嚴。以是故言首楞嚴定，名為佛性。首楞嚴，新云首楞伽摩。譯曰健相，健行，一切事竟。佛所得三昧之名。"（T12/525a）姚秦鳩摩羅什譯《佛說首楞嚴三昧經》卷上："菩薩得首楞嚴三昧，能以三千大千世界入芥子中，令諸山河日月星宿悉現如故，而不迫迮，示諸眾生。首楞嚴三昧不可思議勢力如是。"（T15/635c）該段引自《佛說觀佛三昧海經》卷九（T15/689b），原經此句作"獲得甚深首楞嚴三昧"。

210. 有四比丘，共為同學，習佛正法。煩惱覆心，不能堅持，佛法寶藏，多不善業，當墮惡道。空中有聲，語比丘言：空王如來雖復涅槃，汝之所犯謂無救者。汝等今可入塔觀像，與佛在世時等無有異。聞空中聲已，入塔觀像，眉間毫相，即作念言。（冊二，13/450/3）

按："煩惱覆心，不能堅持，佛法寶藏，多不善業，當墮惡道"中的

---

① 王東：《〈法苑珠林校注〉拾零》，《鄭州大學學報》2009年第4期。

"煩惱覆心，不能堅持，佛法寶藏"，應當點作"煩惱覆心，不能堅持佛法寶藏"。"佛法寶藏"是"不能堅持"的賓語，中間不當點斷，且"佛法寶藏"後當用句號。如果此處點斷，"佛法寶藏，多不善業，當墜惡道"正與本要表達的句義相反。

211. 一切諸法，亦復如是，無相離相，體性空寂。作是觀已，經於日夜，成就五通，具足無量，得無礙辯，得普光三昧，具大光明。以淨天眼，見於東方阿僧祇佛。以淨天耳，聞佛所說，悉能聽受。滿足七月，以智為食。一切諸天散華供養。（冊二，13/451/4）

按："具足無量"當為"具四無量"之誤。"四無量"與上句的"五通"相應。"五通"即"五神通"，指天眼通、天耳通、他心通、宿命通、神足通等五種神通力。"四無量"即"四無量心"，指佛、菩薩慈悲喜舍之四德，包括慈無量心、悲無量心、喜無量心和舍無量心。《法苑珠林》注此段引自《迦葉經》，此段亦見唐菩提流志譯《大寶積經》卷八十九（T11/511a），原經此處作"成就五通，具四無量"。

212. 以淨天耳，聞佛所說，悉能聽受。滿足七月，以智為食。一切諸天散華供養。（冊二，13/451/6）

按："滿足七月，以智為食。一切諸天散華供養"斷句有誤，此處存在誤字、脫文，以致斷句不確。"月"當為"日"之誤。此則引自《大寶積經》卷八十九，原句正作"滿足七日，以智為食，不食世供，一切諸天散華供養"。《法苑珠林》脫"不食世供"。

213. 孫皓得之，素未有信，不甚尊重，置於廁處，令執屏籌。至四月八日，皓如戲曰：今是八日浴佛時，遂尿頭上。（冊二，13/453/11）

按："皓如戲曰"費解，《校注》注："'如'字下疑脫'廁'字"。此處無需存疑，"如"下有脫文，脫"廁"字。此則故事引自《集神州三寶感通錄》卷中（T52/413c），原句此處正作"皓如廁，戲曰"，可證。

214. 遂以馬車迎沙門僧會入宮，以香湯洗像，懺悔殷重。廣修功德於建安寺，隱痛漸愈也。（冊二，13/454/3）

按：范崇高言："建安寺"，大正藏本、中華藏本作"建鄴寺"，"鄴"，宋、元、明作"安"，宮作"業"；資、磧、普、南、徑、清作

"安"。此則故事引自《集神州三寶感通錄》卷中，原經此處作"建初寺"[1]。

215. 又別傳云：天竺沙門一十二人送像至郡。像乃水上，不沒不行。（冊二，13/454/12）

按："像乃水上"語義不通，中間脫文，脫"立"字，原句當作"像乃立水上"。此則故事引自《集神州三寶感通錄》卷中（T52/414a）原經此處作"像乃立水上"，《法苑珠林》當據補。

216. 朗恭事盡禮，每陳祥瑞。今居一堂，門牖常開，鳥雀不近，雜穢不著，遠近嗟異。其寺至今向三百五十年。（冊二，13/455/2）

按："其寺至今向三百五十年"中的"向"意義鮮見，極易令人誤為衍文，當出注。此處的"向"為"大約、大約有"之義。唐杜甫《蠶谷行》："天下郡國向萬城，無有一城無甲兵。"[2] 例多不繁舉。該段摘自《集神州三寶感通錄》卷中，原經此句作"朗供事盡禮，每陳祥瑞。今居一堂，門牖常開，鳥雀不近，雜穢不著，遠近嗟異。其寺至今三百五十許歲"。（T52/414a）

217. 東晉成帝咸和年中，丹陽尹高悝往還市闕……至咸和元年，南海交州合浦採珠人董宗之每見海底有光，浮于水上。（冊二，13/455/4）

按：曾良[3]、王東均言："至咸和元年"一句中的年號"咸和"誤，應是"咸安"。"咸和"是東晉成帝司馬衍的年號，"咸安"是東晉簡文帝司馬昱的年號。從書中記載看"東晉成帝咸和年中……至咸和元年……簡文帝……"亦可知第二處"咸和"有誤。《高僧傳》卷第十三"晉並州竺慧達"亦記此事，正作"晉咸安元年（公元371年）"[4]。

218. 東晉成帝咸和年中，丹陽尹高悝往還市闕。（冊二，13/455/4）

按："丹陽尹高悝往還市闕"中的"市闕"費解。高悝為丹陽尹，下文提到的"張侯橋""長干巷""長干寺"均是揚都的地方，怎麼能說往還"市闕"呢？"市"當為"帝"字，兩字形近而訛。"帝闕"就是指

---

[1] 范崇高：《〈法苑珠林〉文本整理商議》，四川大學出版社2018年版，第41頁。
[2] （唐）杜甫：《杜甫詩集》，夏華譯，萬卷出版公司2016年版，第339頁。
[3] 曾良：《〈法苑珠林〉異文及校勘劄記》，《閩南佛學》2007年第5輯。
[4] 王東：《〈法苑珠林校注〉商補》，《古籍整理研究學刊》2008年第3期。

"京城"。唐駱賓王《宿溫城望軍營》詩："兵符關帝闕，天策動將軍。"①元王實甫《西廂記》："蟾宮客，赴帝闕，相送臨郊野。"②"市闕"句是說丹陽尹高悝作為地方官常往來於京城，所以下面提到的地名都在京城。該句引自《集神州三寶感通錄》卷中（T52/414a），原經此處作"帝闕"。

219. 每張侯橋浦有異光現，乃使尋之，獲金像一軀。西域古製，足趺並闕。悝下車載像，至長干巷口，牛不復行。悝止御者，任牛所往，遂徑赴長干寺，因安置之。楊都翕然，勸悟者甚眾。（冊二，13/455/4）

按："每張侯橋浦有異光現"中"每張侯橋浦"令人費解，"每"是副詞，做狀語，"張侯橋浦"是名詞，中間顯然有脫文。"每"後脫"見"字，該句當作"每見張侯橋浦有異光現"。該句引自《集神州三寶感通錄》卷中（T52/414a），原經此處作"每見張侯橋浦有異光現"。此事唐道宣《釋迦方志》卷二（T51/72a）也有記載，亦作"見張侯橋浦有異光"。《南史》亦記載此事："丹陽尹高悝行至張侯橋，見浦中五色光長數尺。"③亦可證。

220. 獲金像一軀，西域古製，足趺並闕。（冊二，13/455/4）

《校注》："'足'，高麗藏本作'光'。"

按：范崇高言："光趺""足趺"都指佛像的底座，然他書記丹陽尹高悝獲金像事，皆作"光趺"，宜據改正，以復原本。我們認為范崇高所言非是，此處"足趺並闕"中的"足"，正當作"光"是。"光"是指佛像的後光，"趺"是指佛像的臺座，它們是佛像的兩個部件；"足趺"則專指佛像的底座，是一個部件。晉法顯《佛國記》："像長八丈，足趺八尺。"④"光趺並闕"之"並闕"，顯然說的是兩個佛像部件均缺失。所以下文才有"臨海縣張系世於海上發現銅蓮花趺，南海交州采珠人董宗之得光，簡文帝敕施此像，孔穴懸同，光色無異"，才有"凡四十餘年，東西別處，祥感光趺，方乃符合"的評論。如果"光趺"作"足趺"，則

---

① 沈德潛：《唐詩別裁集》，吉林出版集團股份有限公司2017年版，第421頁。
② 朱敦源：《中華散曲365首精華今譯》，東北朝鮮民族教育出版社1993年版，第35頁。
③ （唐）李延壽著，周國林等校點：《南史》，嶽麓書社1998年版，第1129頁。
④ （東晉）釋法顯著，章巽校注：《法顯傳》，中國旅遊出版社2016年版，第54頁。

下文無應。此事佛經記載較多，隋費長房《歷代三寶記》（T49/38a），梁惠皎《高僧傳》（T50/409c），道宣《釋迦方志》（T51/972a）《廣弘明集》（T52/202b），《集神州三寶感通錄》（T52/414b）均有記載，此處均言"光跌"，可參證。

221. 歲餘，臨海縣漁人張係世於海上見銅蓮華跌，丹光游泛。乃馳舟接取，具送上臺。（冊二，13/455/7）

《校注》："'係'字，《高麗藏》本作'孫'。"

按：張係世，《大正藏》本、《中華藏》本作"張孫世"。范崇高言：當依"張係世"為是。①

222. 寺主僧尚恐損金色，語遂曰：若能令佛放光迴身西向者，非途所及。（冊二，13/456/3）

按："非途所及"費解。"途"當為"余"字之誤。"非途所及"，大正藏本《法苑珠林》《集神州三寶感通錄》卷二此處正作"非余所及"，可證。"非余所及"意為"不是我能辦到的"，即"令佛放光，迴身西向，不是我能辦到的，如果你能辦到，就允許你摹寫佛像"。

223. 開殿見像，大放光明，轉坐面西。於是乃許摸之。（冊二，13/456/4）

按："乃許摸之"當為"乃許模之"之誤。俗書"木""扌"兩旁常混同，"模之"就是依形造模（澆鑄佛像）。董志翹對此有詳細闡述，可參。②

224. 軍發之時，像身動搖，不能自安，因以奏聞。帝撿之有實。俄而鋒刃未交，琳眾解散，單騎奔北，遂上流大定。（冊二，13/456/6）

按："撿之有實"當為"檢之有實"之誤。俗書"木""扌"兩旁常想混不別。"檢"有"考查、察驗"之義，如：《漢書·食貨志下》："均官有以考檢厥實，用其本賈取之，毋令折錢。"《後漢書·光武皇帝紀》："對曰：'先帝秉德以惠下，故臣可得不來。驃騎執法以檢下，故臣不敢不至。'"李賢注："檢，猶察也。"此則引自《集神州三寶感通錄》卷

---

① 范崇高：《〈法苑珠林〉文本整理商議》，四川大學出版社 2018 年版，第 42 頁。
② 董志翹：《〈法苑珠林校注〉匡補》，《古籍整理研究學刊》2007 年第 2 期。

二，原經此處正作"檢之有實"。

225. 天嘉之中，東南兵起，帝於像前乞願，兇徒屏退。言訖，光照階宇。不久，東陽閩越皆平。（冊二，13/456/7）

按：董志翹言：當作"帝於像前乞願：兇徒屏退。"所謂"乞願"即"請求實現自己得心願"，所以"乞願"之後，往往是所請求實現願望的具體內容，當標冒號為善。即帝於像前乞願，願望是：兇徒屏退。若標為"帝於像前乞願，兇徒屏退。"似乎乞願以後，兇徒就屏退了。①

226. 其像夜出，西游萬山，遺示一跡，印文入石。（冊二，13/457/5）

按：范崇高言："萬山"是一山之專名，《校注》當用專名號。②

227. 憲有衣資什物，並富妻收拾。乃有心擬像，不知何模樣，一冶便成，無有缺少。（冊二，13/458/7）

按："不知何模樣，一冶便成，無有缺少"令人費解，既然不知佛像是何模樣，怎麼會一冶便成呢？中間顯然有脫文，《集神州三寶感通錄》卷二亦載此事，此處作："不知何模樣，遂夢見婆羅門僧指畫其相，並訪古老，亦有畫圖。即依模鑄，一冶便成，無有缺少。"因有"婆羅門僧指畫其相"且訪古老得有"畫圖"，自然可以"一冶便成，無有缺少"。《法苑珠林》在摘引時，脫"夢見婆羅門僧指畫其相，並訪古老，亦有畫圖"句，造成意義不完整。

228. 中夜覺有人來奔船，驚共尋視，了無所見，而船載自重，不可更加。雖駭其異，而不測也。列邁利涉，恒先諸舫，不久遂達渚宮。（冊二，13/458/13）

按："列邁"語義費解，當作"引邁"。"引邁"，"啟程，上路"之義，典籍習見。漢秦嘉《贈婦》詩之三："清晨當引邁，束帶待雞鳴。"③漢徐淑《答秦嘉詩》："君發兮引邁，去我兮日乖。"④"利涉"，順利渡河

---

① 董平翹：《〈法苑珠林校注〉匡補》，《古籍整理研究學刊》2007年第2期。
② 范崇高：《〈法苑珠林〉文本整理商議》，四川大學出版社2018年版，第43頁；也見於范崇高《〈法苑珠林校注〉標點商正》，《古籍研究》2018年第1期。
③ 沈德潛：《古詩源》，吉林出版集團股份有限公司2017年版，第62頁。
④ 齊豫生、夏於全主編：《兩漢魏晉南北朝詩》，延邊人民出版社1999年版，第200頁。

之義。《北史·魏紀一》："冰草相結若浮橋，眾軍利涉。"聯繫上下文，"列邁利涉，常先諸舫"是說"（由於佛像上了這條船），船啟程之後，順利渡河，常比其他的船快"。此則故事引自《集神州三寶感通錄》卷二（T52/415b），原經此處作"引邁利涉"。曾良、王李夕子在論及高僧史傳詞語的時候，也涉及此句，可參。①

229. 光往他方，復為佛事，旬日而終。後僧擬光更鑄金者。（冊二，13/459/12）

按："後僧擬光更鑄金者"，此句費解。前面幾句容易理解，是說曇翼病重之時，像光忽然消逝，曇翼認為這是佛示法相，自己的病不會減輕了，像光為佛事去了別處，不久他就病終。"後僧擬光更鑄金者"中"更鑄金者"令人不解，檢《集神州三寶感通錄》卷二此處作"更鑄今者"，《集神州三寶感通錄》是。"後僧擬光更鑄今者"，是說"曇翼病重的時候，像光突然消逝了，因為像光是佛像的一個重要部件，所以後來的僧人就模擬消逝的像光，重新鑄造了一個，也就是現在的像光。"《古今圖書集成》卷九十二引此處作"更鑄金者"，亦不確。

230. 暢曰：聖不云遠，無幽不徹。去來今佛，佛佛相念。得無今佛念諸佛乎？欲諫檀越不信之心，故有斯應。（冊二，13/460/3）

《校注》："諫"字原作"請"，據高麗藏本改。

按："欲諫檀越不信之心"，令人費解，作為高僧怎麼可能勸諫人有不信佛之心呢？當有脫文。檢《集神州三寶感通錄》卷二，此處正作"欲請檀越除不信之心"。《法苑珠林》在摘引時脫"除"，從而使意義相反，當補。另外作"請"是，不應改為"諫"。

231. 明旦承接，還復留礙，重謁請祈，方申從往。四眾應慕，送至江津。（冊二，13/460/10）

按：王東言："應慕"費解，當為"戀慕"。"戀慕"一詞中古屢見，如《長阿含經》："又沙門瞿曇所至之處，若欲去時，眾人戀慕，涕泣而送。"《六度集經》："太子左右顧望，戀慕山中樹木流泉，收淚昇車。"②

---

① 曾良、王李夕子：《高僧史傳字詞零劄》，《合肥師範學院學報》2019年第4期。
② 王東：《〈法苑珠林校注〉拾零》，《鄭州大學學報》2009年第4期。

232. 留守患之，夜以火箭燒之，城中道俗悲悼瑞像滅失。其夜不覺，像踰城而入，至寶光寺門外立。且見像存，合城欣悅。（冊二，13/462/2）

按："且見像存"語義所指不明，"且"當為"旦"字之誤，兩字形近而訛。檢《集神州三寶感通錄》卷二此處正作"旦見像存"。

233. 賊散看像故處，一不被燒，灰炭不及。（冊二，13/462/3）

按："賊散看像故處"亦令人費解，何謂賊散看？此處當有脫文，檢《集神州三寶感通錄》卷二此句作"賊散後看像故處"。《法苑珠林》在摘引時，誤脫"後"，導致語義不明，句讀也不確，此句當作"賊散後，看像故處"。

234. 東晉太元二年，沙門支慧護於吳郡紹靈寺建釋迦文丈六金像，於寺南傍高鑿穴以啟鎔鑄。既成將移，夜中雲內清明，有華六出。（冊二，13/463/10）

按："雲內清明"當是"穴內清明"之誤。從上下句看，均是闡述"鑿穴"之異象，此處自然也是指"鑄穴"。從下句"有華六出"看，既然是"出"自然也是出自"穴"中。檢《集神州三寶感通錄》卷二，此處大正藏本作"穴內清明"可證。

235. 及曉，白雲若煙，出於鑄穴。雲中白龍現，長數十丈，光彩煙煥，徐引繞穴。（冊二，13/463/11）

按：王東言："煙煥"不辭，當為"炳煥"。"炳煥"義為"鮮明華美的樣子"，典籍屢見，如《文選·張衡〈東京賦〉》："瑰異譎詭，燦爛炳煥。"[①]

236. 每至前瞻仰遲徊，似歸敬者。（冊二，13/463/12）

按："每至前瞻仰遲徊"中"每至前"，語義不明。主語是指上句的"雲中白龍"，謂語是"至"，此句顯然缺少賓語，故應當有脫文，聯繫上文，此處脫"像"，當作："每至像前，瞻仰遲徊。"檢《集神州三寶感通錄》卷二，此句正作"每至像前，瞻仰遲徊"。

[①] 王東：《〈法苑珠林校注〉補正》，《宗教學研究》2010年第2期；又見於王東《〈法苑珠林校注〉獻疑》，《江海學刊》2010年第4期。

237. 斯風霽景清，細雨而加香氣。像既入坐，龍乃昇天。（冊二，13/463/12）

按："斯風霽景清"費解，有脫文，當作"斯時風霽景清"。是說鑄穴出現種種異象的時候風霽景清，這樣方文同義順。檢《集神州三寶感通錄》原句此處正作"斯時風霽景清"，《法苑珠林》在摘引時，誤脫"時"字，當補。

238. 元嘉初，徵士譙國戴顒嫌制古朴，治像手面，咸相若真。自肩以上，短舊六寸。（冊二，13/464/1）

按："治像手面"中的"手面"費解，當為"首面"之誤。"首面"即"頭和面"，指容貌，佛典習見，如梁釋寶唱撰《經律異相》卷二十二："彼青衣鬼數百之眾皆前迎逆，或前收攝衣者，或持淨水洗手足者，或以淨巾拂拭首面者，或以香湯沐浴身體者。"（T53/119c）《集神州三寶感通錄》卷二此處正作"首面"。

239. 足躡之下，削除一寸云。（冊二，13/464/2）

按："削除一寸云"，令人費解，此處標點有誤，"云"上當斷，同時脫一個"云"字，"云云"是《集神州三寶感通錄》行文的體例，是表示省略，不再詳細論述之義。如《集神州三寶感通錄》卷二："有一老姥齎詣賣之，責價極少，識是前像，方欲雇直，失姥所在。此像遂亡，光在張家。云云。"（T52/416c）《集神州三寶感通錄》卷三："此寺石趙時，浮圖澄所造，年歲久遠。賢聖居之，或現或隱，遷徙無定。今山行者猶聞鍾聲。云云。"（T52/424c）《集神州三寶感通錄》卷三："船壞人死，文本亦沒水。聞有人言：但念佛必不死。如是三言，遂隨波出沒。須臾著岸。云云。"（T52/429b）此句當作"削除一寸。云云"。

240. 初侶未能深信因果，既嘉此瑞，遂大尊重，乃送武昌寒溪寺。（冊二，13/464/9）

按："既嘉此瑞"脫動詞"見"，且"嘉此"誤倒，當作"既見此嘉瑞"。此則故事引自《集神州三寶感通錄》卷二，原經大正藏本正作"既見此嘉瑞"。

241. 後遷荊州，故遣迎上。（冊二，13/464/9）

按："故遣迎上"當作"故遣迎之"，"上""之"形近而訛。"之"

作指示代詞，指代上文"師利菩薩像"，作"上"不辭。此句引自《集神州三寶感通錄》卷二，原經此處正作"後遷荊州，故遣迎之"。

242. 已見申頸受刀，即便下斫，刀反刺心，刃出於背。羣賊奔怕，東走至遠師墓。（冊二，13/465/2）

按："刀反刺心"語義不明，有脫文，當為"刀反刺賊心"與下文"群賊奔怕"相對應，此句引自《集神州三寶感通錄》卷二，原經此處正作"刀反刺賊心"。

243. 群賊奔怕，東走至遠師墓。（冊二，13/465/3）

按："東走至遠師墓"，語義有誤，有衍文，衍"師"字，當作"東走至遠墓"，此句引自《集神州三寶感通錄》卷二原經此處正作"東走至遠墓"。

244. 經八十載，至正光元年，因大風雨，雷震山巖，挺出石像。（冊二，13/465/9）

按：王東言："經八十載"，《集神州三寶感通錄》卷二作"經八十七載"，是。太延為北魏太武帝拓跋燾的年號，太延元年為435年。正光為北魏孝明帝拓跋詡的年號，正光元年為520年。如此推算，從太延元年至正光元年前後為八十七年。[①]

245. 至周元年治涼州，城東七里澗忽石出光，照燭幽顯。觀者異之，乃像首也。（冊二，13/465/11）

按："至周元年治涼州"語義不明，有衍文，衍"治"，當作"至周元年涼州"。此句引自《集神州三寶感通錄》卷二，原經正作"至周元年涼州"。

246. 城東七里澗忽石出光，照燭幽顯。觀者異之，乃像首也。（冊二，13/465/11）

按："忽石出光"此處"忽石"誤倒，當作"石忽出光"，與上文"選石"相應。此句引自《集神州三寶感通錄》卷二，原經正作"石忽出光"。

247. 大業五年，煬帝西征，躬往禮觀，改為感通道場。今像存焉。

[①] 王東：《〈法苑珠林校注〉校議》，《江海學刊》2010年第5期。

（冊二，13/466/2）

按："今像存焉"語義不明，上句言"感通道場"，此處言"今像存焉"前後不對應，有訛字，當作"今仍存焉"。此是言"感通道場"，今仍保存。此句引自《集神州三寶感通錄》卷二，原經正作"今仍存焉"。

248. 敬德放還，設齋報願。出訪存像，乃見項上有三刀痕，鄉親同觀，歎其通感。（冊二，13/466/10）

《校注》："'訪存'，原作'存訪'，疑是倒文而改。高麗藏本作'在防'。"

按：此句中"出訪存像"語義費解，當作"出存訪像"。"訪存"誤倒，高麗藏本作"在防"，"在"乃"存"字之誤，兩者形近而訛。"存訪"，探視、探望之義，典籍習見，如《北史·裴駿傳》："後孝文幸長安，至河東，存訪故老。"[1] 此句引自《集神州三寶感通錄》卷二，原經作"出在防像"不辭，"在"乃"存"字之誤，"防"通"訪"，"在防"，即"存訪"。原本不誤，《校注》誤改。

---

[1] （唐）李延壽撰：《北史》，中華書局1974年版，第1377頁。

《法苑珠林》卷十四校勘研究

249. 宋元嘉十二年，留元之，東陽長山人。家以種苧為業，每燒田堘，輒有一處叢草不然。經久怪之，不復墾伐。後試薄掘，得銅坐像。（冊二，14/472/5）

按："種苧"當作"種芋"之訛，"苧""芋"形近而誤。"苧"是一種多年生草本，可供紡織、製造漁網和造紙；而"芋"是"芋頭"，為多年生草本，地下有肉質的球莖，球莖可以吃，葉柄可以做飼料。此則故事引自《集神州三寶感通錄》卷二，原經此處正作"芋"。宋陳田夫撰《南嶽總勝集》卷三："隨分衣衫破不補，會栽蔬能種芋，千山萬山去無懼，呵呵呵有甚討處。"（T51/1091a）義楚集《釋氏六帖》卷一引此則故事，此處亦作"種芋"，可參。

250. 十二月放鷹野澤，同輩見鷹雉俱落。于時火燒野草，惟有三尺許叢草不然。（冊二，14/472/10）

按："三尺許"當作"三丈許"。此則故事引自《集神州三寶感通錄》卷二，原經此處作"三丈許"，《法苑珠林》大正藏本，校勘記："尺"，明本作"丈"，可參。

251. 遂披而覓鳥，乃得金菩薩坐像，通跌高一尺，工製殊巧。時定襄令謂盜者所藏，乃符界內，無失像者，遂收而供之。（冊二，14/473/1）

按："遂披而覓鳥"，與上句語義不一致，當作"遂披而覓鷹"，上句言"放鷹"，此處言"覓鷹"語義相照應，此則故事引自《集神州三寶感通錄》卷二，原經此處作"覓鷹"。

252. 時定襄令謂盜者所藏，乃符界內，無失像者，遂收而供之。（冊

— 80 —

二，14/473/1）

按："乃符界内"有脫文，脫"下"，正當作"乃下符界内"。"符"指下行公文，即向下屬發出命令或通知。"下符"就是對下屬發出通知，"界内"即是指其治理的轄區内。"時定襄令謂盜者所藏，乃下符界内，無失像者"，此句言定襄令認為佛像是盜者所藏，於是向轄區内發出通知，但是轄區内並没有丢失佛像。

253. 堂壁上多畫菩薩圖相。及衡陽文王代鎮，廢為寢室，悉加泥治。乾輒褫脱，畫狀鮮淨，再塗猶爾。（册二，14/473/3）

按："乾輒褫脱"中的"褫"，當作"陊"。"陊脱"即脱落、墜落義。此則引自《集神州三寶感通録》卷二，原經此處大正藏本作"墥"，宋本作"褫"、元本作"陊"、明本作"坏"；《法苑珠林》大正藏本此處作"陀"、宫本作"褫"、宋、元、明、南藏本作"墮"。"墥""褫""坏""墮""陊"均有裂開、脱落義，異文屬於同義替換，本字當為"陊"，《説文·阜部》："陊，落也。"段玉裁注："今字假墮為陊。"作"陀"是訛字。

254. 王不信向，亦謂偶爾。又使濃塗，而畫像徹現，炳然可列。（册二，14/473/4）

按："王不信向，亦謂偶爾"中"亦"字當為"心"字之誤，應為"王不信向，心謂偶爾"，"亦""心"形近而訛。"信向"，佛教用語，"信仰三寶、歸向三寶"之義。"王不信向，亦謂偶爾"是説"王看到上述奇事，並未皈依三寶，心里認為是偶然、碰巧"，作"亦"費解。

255. 如睡，見沙門衲衣杖錫，來曰："檀非可得，麁木不堪。惟縣後何家桐盾堪用。雖惜之，苦求可得。"寤問左右，果如言。（册二，14/474/2）

按："果如言"費解，句中有脱文，脱"所"，當作"果如所言"。意為正如他所説的，"所言"為所字結構，意為"所説的（事情、情況）"佛經文獻常四字為句，此處"果如所言"四字結構，與上句一致。此則引自《集神州三寶感通録》卷二，原經為"寤問左右，果如所言"可参。

256. 齊徐州刺史王仲德於彭城宋王寺造丈八金像，相好嚴華，江右

— 81 —

之妙製也。（冊二，14/474/10）

按：范崇高言："齊"，大正藏本、中華藏本、高麗藏本作"宋"。此則引自《集神州三寶感通錄》卷中也作"宋"，故此處正當作"宋"①。

257. 北境兵起，或貽僧。像輒流汗，滴其多少，則難之小大，逆可知矣，郡人常以候之。（冊二，14/474/10）

按：范崇高言："或貽僧"語義費解，有脫文，脫"禍"，正作"或貽僧禍"②。

258. 時兗州數郡起義南附，鳩略甚眾，亦驅迫沙門助其戰守。（冊二，14/475/1）

按："鳩略"何義，此則引自《集神州三寶感通錄》卷二，願經此處亦作"鳩略"。"鳩略"我們認為當是"聚合奪取"之義，"鳩"有"聚集、糾集"義，如：《書·堯典》："共工方鳩僝功。"孔安國傳："鳩，聚。"清紀昀《閱微草堂筆記·姑妄聽之三》："牧者始聞，報其家往視。鳩人移石，已幽閉一晝夜矣。""略"有取義，如《左傳·宣公十五年》："壬午，晉侯治兵於稷，以略狄土，立黎侯而還。"杜預注："略，取也。"《文選·沈約〈齊故安陸昭王碑文〉》："小則俘民略畜，大則攻城剽邑。"李善注引《方言》："略，強取也。""齊建元初，像復流汗，其冬魏寇淮上。時兗州數郡起義南附，鳩略甚眾，亦驅迫沙門助其戰守"是言"齊建元初，佛像又一次流汗，這年冬天魏攻打淮上，當時兗州等起兵依附南齊，糾集掠取了許多民眾，並驅迫僧人幫助守城"。"鳩略"當出注。《漢語大詞典》失收，當補。此義也作"鳩勒"，如《梁書·王僧辯傳》："卿宜協我良規，屬彼群帥，部分舟艦，迎接今王，鳩勒勁勇，並心一力。"

259. 騫等負第二像，行數萬里，備歷艱關，難以具聞。又渡大海，冒涉風波。隨浪至山，糧食又盡，所將人眾及傳送者，身多亡歿。逢諸猛獸，一心念佛。乃聞像後有甲冑聲。又聞鍾聲，巖側有僧端坐樹下，

———————————
① 范崇高：《〈法苑珠林〉文本整理商議》，四川大學出版社2018年版，第44頁；又見范崇高《〈法苑珠林校注〉辨補》，《阿壩師範學院學報》2017年第3期。
② 范崇高：《〈法苑珠林〉文本整理商議》，四川大學出版社2018年版，第44頁。

騫登負像下置其前。（冊二，14/476/6）

按："騫登負像"費解，當作"騫等負像"。大正藏本、磧砂藏本《法苑珠林》此處均作"登負"。此則故事引自《集神州三寶感通錄》卷二，原經此處有異文，大正藏本作"背負"，宋、元、明、磧砂藏本作"登背負"。我們認為此句當作"騫等負像"，作"登"當是"等"之借音字。首先上句言"騫等負第二像"，下句言"騫等禮僧""騫等達于楊都"等，此處作"騫等負像"與上下文一致。其次，這幾句話均四字為句，所以言"騫登背負像"者，顯然有衍文，作"騫等負像"與上下句的四字結構一致。最後從語義上來說作"騫背負像"也不洽切。因為上文已經言明，"乃令三十二匠更剋紫檀，人圖一相"，顯然是刻了一尊有三十二佛相的紫檀佛像，若作"騫背負像"，顯然郝騫一人所背，這與語境不和。作"騫等負像"語義更恰當，前後更連貫。宋從義撰《法華經三大部補注》卷十一引此則故事，此處正作"騫等負像"（X28/345c21）。宋非濁集《三寶感應要略錄》卷一，引此則故事，此處作"騫發負像，下置其前"（T51/829a11）亦不確。

260. 有梁佛像多現神奇。剡縣大石像，元在宋初，有王所造。（冊二，14/477/6）

按："有王"當為"育王"，"有""育"形近而訛。此則故事引自《集神州三寶感通錄》卷二，原經正作"育王所造"。《集神州三寶感通錄》中多處言佛像為"育王所造"，如《集神州三寶感通錄》卷一："今洛下齊城丹陽、會稽，並有古塔及浮江石像，悉阿育王所造"。（T52/404b17－19）《集神州三寶感通錄》卷二："二吳時，於建鄴後園平地獲金像一軀，討其本緣，即周初育王所造，鎮於江府也。"（T52/413c）關於育王造佛像的故事記載，其他佛經文獻中習見，如《高僧傳》卷十三："此塔亦是育王所造，歲久荒蕪，示存基蹠。"（T50/410a）唐道宣撰《釋迦方志》卷一："有佛塔高二十餘丈，育王所造。"（T51/956a）例多不繁引。

261. 初有曇光禪師從北來，巡行山川，為幽棲之所。見此山崇麗，乃於峰頂構小草室。（冊二，14/477/7）

按："初有曇光禪師從北來，巡行山川"，標點不確。當斷為"初，有曇光禪師從北來巡行山川"。"初",用作追敘往事之詞,用於句首,當斷開。如《左傳·隱公元年》:"初,鄭武公娶於申,曰武姜。"孔穎達疏:"杜以為凡倒本其事者皆言初也。"《史記·孟嘗君列傳》:"初,馮驩聞孟嘗君好客,躡蹻而見之。"唐李公佐《謝小娥傳》:"初,父之死也,小娥夢父謂曰:'殺我者,車中猴,門東草。'""有曇光禪師從北來巡行山川"不當斷開,"從北來"作狀語修飾"巡行山川"中間不當斷開,否則前句句子成分殘缺。

262. 聞天樂空中而有聲曰:此是佛地,如何輒有蔬圃耶?光聞,南移天台。後遂繕造為佛像。積經年稔,終不能成。(冊二,14/477/8)

按:"光聞,南移天台"有脫文,"光聞"後脫"之"字,應為"光聞之","之"為代詞,代指前文所說"此是佛地,如何輒有蔬圃耶?"此處不能省略,否則意義不明。此則故事引自《集神州三寶感通錄》卷二,正作"光聞之"。

263. 至梁建安王患,降夢:能開剡縣石像,病可得愈。(冊二,14/477/9)

按:"能開"當為"能建"之訛。《集神州三寶感通錄》卷二此處有異文,大正藏本作"引",宋、元、明本作"建"。我們認為當從宋、元、明本作"能建"為是。上句言曇光禪師"後遂繕造為佛像",但是"積經年稔,終不能成",也就是修建了幾年也未能修建成。下句言僧祐律師既至山所,發現"規摸形製,",這顯然也是打算建造佛像。故此處當為"能建"。

264. 乃刻鑿浮石,至今存焉。既都除訖,乃具相焉。斯則真儀素在石中。假工除剗,故得出現。(冊二,14/478/1)

按:"至今存焉"語義費解,當作"至本乃止"。《法苑珠林》此處有異文,大正藏本作"至本仍至";宋、元、明本作"至今存焉";宮本作"至今本乃止"。大正藏本"至本仍至"中的"仍"是"乃"之增旁訛字,宮本作"至今本乃止","今"為衍文。此則引自《集神州三寶感通錄》卷二,此處正作"至本乃止"。從上下文語義來看,作"至本乃止"為是。上句言"其內佛現,自頸已下,猶在石中",因佛像頸以下,尚且埋在石中,故"乃刻鑿浮石,至本乃止","至本乃止"意思一直鑿浮石到佛像底部才停止，也就是把整個佛像開鑿顯現出來，故下句言"既都除訖，乃具相焉"。語義連貫，文通義順。《校注》"至今存焉"出注，高麗藏本作"至本仍止"，兩異文均不確。

265. 龕性兇頑，不見後際，欲毀二像為鋌，先令數卒上三休閣，令壞佛項。椎鑿始舉，二像一時迴顧眄之，所遣諸人臂如墮落，不自勝舉，失瘖如醉。杜龕亦爾。（冊二，14/478/5）

按：此處"令壞佛項"令人費解，"壞"字當為"鐫"字之訛。"鐫"，鑿；雕刻之義，如《新唐書·崔湜傳》："湜建言山南可引丹水通漕至商州，自商鐫山出石門，抵北藍田，可通輓道。"宋宋敏求《春明退朝錄》卷上："胡秘監旦，退居襄陽，鐫大硯以著《漢春秋》。"清戴名世《遊浮山記》："寫浮山之形容而先為之記，如此使僧鐫諸石壁上。"這則故事引自《集神州三寶感通錄》卷二，原經此處正作"鐫"。大正藏本《法苑珠林》此處作"鐫"，鐫，也有鑿、雕刻義。《淮南子·本經訓》："鐫山石。"高誘注："鐫，猶鑿也。""鐫""鐫"同義替換。下句"椎鑿始舉"，正與"鐫"義相應。《續高僧傳》卷二十九、《釋氏通鑑》卷五均引用此故事，此處亦作"令鐫佛項"，亦可參。

266. 昔梁武帝立重雲殿，其中經像並飾珍寶，映奪諸國。運雖在陳，殿像仍舊。（冊二，14/478/9）

按：此處"仍舊"令人費解，"舊"字當為"在"字之訛，意為"運雖然在陳國，可是宮殿之佛像依然存在"，"殿像"為名詞做主語，後面應出現謂語，而"仍舊"為副詞，不能作謂語，故"仍舊"在此語義不通，當為"仍在"。這則故事引自《集神州三寶感通錄》卷二原經作"殿像仍在"文通義順。

267. 人力既足，四面齊至。但見雲氣擁結，流繞佛殿。自餘方左，開朗無陰。百姓怪焉，競往看覩。（冊二，14/478/10）

按："百姓怪焉"中的"百姓"當出注。"百姓"大家最熟悉的意義為"人民、民眾"之義，此句顯然不是此義。此處"百姓"當為"百官"之義，如：《書·堯典》：九族既睦，平章百姓。孔傳：百姓，百官。《國語·周語中》：官不易方，而財不匱竭；求無不至，動無不濟；百姓兆民夫人奉利而歸諸上，是利之內也。《大戴禮記·保傅》：

此五義者既成於上，則百姓黎民化緝於下矣。清陳鱣《對策》："古所謂百姓即百官，故《堯典》或與黎民對言，或與四海對言，非若今之以民為百姓也。"對這種字面普通，詞義與今天迥異的詞語，當出注，以免讀者誤解。

268. 須臾大雨橫澍，雷電震擊。煙張鵄吻，火烈雲中。（冊二，14/478/11）

按："煙張鵄吻"中的"鵄吻"何義？作為生僻詞，當出注。查《漢語大詞典》並未收錄"鵄吻"詞條。"鵄吻"即是"鴟吻"，指古代宮殿屋脊正脊兩端的一種飾物。初作鴟尾之形，一說為蚩（一種海獸）尾之形，象徵辟除火災。後來式樣改變，折而向上似張口吞脊，因名鴟吻。唐劉餗《隋唐嘉話》卷下：開元初年，潤州江寧縣瓦官寺修講堂，匠人於鴟吻內竹筒中得之。"鵄"是"鴟"之異體字。《集韻》"鵄"同"鴟"。此處當直接用本字"鴟吻"為是。

269. 雨晴之後，覆看故處，唯礎存焉。至後月餘，有人從東州來，云於此日，見殿影像乘空飛海，今望海者有時見之。（冊二，14/479/2）

按："有人從東州來，云於此日，見殿影像乘空飛海，今望海者有時見之"標點不確，導致語義不明，句法不通。"云於此日，見殿影像乘空飛海"中"云"是動詞，後面"於此日見殿影像乘空飛海"是其賓語，故當用冒號斷開。"於此日"做狀語修飾"見"，故"日"後，不當斷開。"於此日見殿影像乘空飛海"是來人所說的話，"今望海者有時見之"是作者的闡述，故中間當為句號。當斷為"有人從東州來，云：於此日見殿影像乘空飛海。今望海者有時見之"。

270. 又魏氏洛京永寧寺塔，去地千尺，為天所震。其像略同，有人東海時見其迹矣。（冊二，14/479/3）

按："其像略同"與上下文語義不連貫，令人費解，當作"其緣略同"，意思是事情的經過大致相同。也就是洛京永寧寺塔裡也遭遇了火災，裡面的佛像也如上文所言，乘空飛去，故下句言"有人東海時見其跡"。這則故事引自《集神州三寶感通錄》卷二，此處正作"其緣略同"，可參。

271. 北齊末晉州靈石寺沙門僧護，守道直心，不求慧業，願造丈八

石像，衆僧咸怪其言大。（冊二，14/479/5）

按："言大"當為倒文，當作"大言"，指誇大的言辭，大話，如《史記·高祖本紀》："劉季固多大言，少成事。"金王若虛《論語辨惑四》："教人未必知，而學者未必信，矜為大言以相欺，天下之偽，自是而起。"此則引自《集神州三寶感通錄》卷二，此處正作"大言"，可參。

272. 有宜州姜明者，督事夜行，經州北百餘里山中行，往往常見上山光明，怪之。（冊二，14/479/11）

按："往往常見"語義重複，有衍文，衍"往"，由於不識衍文，《校注》標點有誤，此句當點作"經州北百餘里山中行往，常見上山光明"。此則引自《集神州三寶感通錄》卷二，原經此處正作"經州北百餘里山中行往常見山上光明"。"行往"佛經文獻習見，如《菩薩本行經》卷一："我時見之，心用欣然，踊躍難量，即便行往，到其塔所。"（T03/112b）

273. 有宜州姜明者，督事夜行，經州北百餘里山中行，往往常見上山光明，怪之。（冊二，14/479/11）

按："上山光明"有倒文，當作"山上光明"。"山上光明"作"見"之賓語，"山上"作定語修飾"光明"。此處是言姜明在山中行走的時候，經常看到山上有亮光，對此感到奇怪。此則引自《集神州三寶感通錄》卷二，原經此處正作"往往常見山上光明"，可參。

274. 因巡行光處，見有臥石，狀如像形。便掘尋之，乃是鐵礦，不可鏨鑿。故其形礧磈，高三丈許。（冊二，14/479/12）

按："礧磈"中的"磈"，《中華字海》："磈，su4 音訴，義未詳。見《龍龕》。"① 鄧福祿認為"磈"當是"磢"的更換聲旁字。礧磈即磥磢，石不平貌也。② 唐慧琳撰《一切經音義》卷八十一："磥磢：上籠谷反，

---

① 冷玉龍、韋一心主編：《中華字海》，中華書局、中國友誼出版社1994年版，第1031頁。

② 鄧福祿：《〈龍龕手鏡〉字義考辨》，陸宗達先生百年誕辰紀念文集，北京師範大學民俗典籍文字研究中心編，2005年。鄧文引《集神州三寶感通錄》句為書證，但是斷句似不確，當點為：山中行，往往常見上山光明，怪之。因巡行光處，見有臥石，狀如像形。便掘尋之，乃是鐵礦，不可鏨鑿，故其形礧磈，高三丈許。

下蔥鹿反，《蒼頡篇》云：碌礙謂砂石龘白也，《考聲》云：石地不平皃也。錄文作磟磓，誤也。"（T54/831a）鄧說甚是，"磟磓"為疑難詞，《校注》此處當出注。

275. 隋祖開運，重斯故迹，又改為顯除寺。討尋其本，處非人住，又無大石及以鐵礦，豈非育王神力之所降感乎！（冊二，14/480/3）

按："重斯故跡"令人費解，此處有脫文，脫"搆"，"故"為衍文，當作"重搆斯跡"。"開運"指新王朝的建立，如《南史·齊紀上論》："泰始開運，大拯時艱。"隋薛道衡《老氏碑》："自我開運，耀德戢兵。""隋祖開運，重搆斯跡"是言"隋朝建立之後，重新營造這裡的遺跡"。

276. 隋祖開運，重斯故迹，又改為顯除寺。討尋其本，處非人住，又無大石及以鐵礦，豈非育王神力之所降感乎！（冊二，14/480/3）

按："顯除寺"不確，當為"顯際寺"之訛。"除""際"形近而誤。此則引自《集神州三寶感通錄》卷二，原經此句正作"隋祖開運，重搆斯跡，又改為顯際寺"。"顯際寺"作為寺名，其他佛經文獻亦常見，如《續高僧傳》卷二十九："以其所住為大像寺，今所謂顯際寺是也，在坊州西南六十餘里。"（T50/692a）《律相感通傳》卷一："又問：坊州顯際寺山出古像者，何代所立？"（T45/877a）由上文可知，這裡所說的"顯除寺"即是"大像寺"，故"顯除寺"顯然是"顯際寺"之訛。

277. 討尋其本，處非人住，又無大石及以鐵礦，豈非育王神力之所降感乎。（冊二，14/480/3）

按："處非人住"令人費解，"討尋其本，處非人住，又無大石及以鐵礦"斷句不確，此因不明"本處"為一詞，誤將其斷開，欠妥。"本處"，即出處之義，典籍習見，如清黃宗羲《萬祖繩七十壽序》："場屋氣息，不用力古作，而更竄易於時文；不訂經史本處，而求故事於時文。"日本成尋著《參天台五台山記》卷一："文殊現身於巖洞，將欲尋其本處，巡禮聖跡，而為大雲寺主三十一年，護持左丞相二十年。"（B32/350a）"討尋其本，處非人住，又無大石及以鐵礦"，當斷為"討尋其本處，非人住，又無大石及以鐵礦"。此句是言：探尋佛像的出處，並沒有人居住，也沒有大石和鐵礦，故下句言"豈非育王之神力所降感乎"，即難道不是育王神力才使佛像降落此處嗎？文通義順。

— 88 —

278. 及周滅法，人藏其首。隋開皇乃出，如前莊嚴，以為坐像，號曰盧舍那佛。每年祈福，以為歸依之所也。（冊二，14/480/8）

按："以為坐像"中"坐像"令人費解。"坐像"即坐姿之佛像。坐像大多表示入定、說法、降魔成道等像。"以為坐像"，就是"把它當作坐姿之佛像"，語義不通。此處有訛字，"坐像"當為"聖像"之誤，"聖像"指宗教所崇奉的畫像或佛像。如前蜀杜光庭《道教靈驗記·果州開元觀驗》："又於白鶴山觀掘地得鐵數萬斤，鑄三尊鐵像，僅高二丈，今謂之聖像，遠近祈禱，立有徵驗。"唐不空譯《聖閻曼德迦威怒王立成大神驗念誦法》卷一："對大聖像前作三角壇，誦此真言一萬遍，功行即成。"（T21/74a）"以為聖像，號盧舍那佛"，是言"把它作為聖像，稱作盧舍那佛"。此則引自《集神州三寶感通錄》卷二，此處正作"以為聖像"。

279. 至六月內，溲又重出。合州同懼，不知何禍。至七月內，漢水汎漲，溢入城郭，深丈餘，滔溺不少。（冊二，14/480/10）

按："滔溺"費解，有訛字，當作"陷溺"，"滔""陷"兩字形近而訛。"陷溺"，被水淹沒之義，典籍習見，如《后汉书·明帝纪》："宜任水埶所之，使人随高而处，公家息壅塞之费，百姓无陷溺之患。"佛經文獻常用其引申義"深深陷入錯誤的泥淖而无法自拔"，如後秦佛陀耶舍共竺佛念譯《長阿含經》卷十四："若誹謗我、法及比丘僧，汝等懷忿結心，起害意者，則自陷溺，是故汝等不得懷忿結心，害意於彼。"（T01/88c）此則引自《集神州三寶感通錄》，此處正作"陷溺"。

280. 今在本寺，祈求殷矣_{襄陽土俗，有少子胤者皆往祈之，隨其本心，男女感應也}。（冊二，14/480/11）

按：句後的"襄陽土俗，有少子胤者皆往祈之，隨其本心，男女感應也"標注不確，此處不是注文，而是正文，應當放入正文。此則引自《集神州三寶感通錄》卷二，原經此處也是正文。

281. 于時焰火大盛，眾人拱手，咸共嗟悼，大像融滅。（冊二，14/481/1）

按：董志翹言：當作"于時焰火大盛，眾人拱手，咸共嗟悼大像融滅"。"嗟悼"乃"哀傷悲歎"之義。而眾人正為"大像融滅"而哀傷悲歎。① 我們認為語義依然費解,為何"焰火大盛""眾人拱手",此句有脫文,"于時焰火大盛"後脫"佛殿被焚",正當作"于時焰火大盛,佛殿被焚,眾人拱手,咸共嗟悼大像融滅"。正是於"佛殿被焚",所以才會出現"眾人拱手,咸共嗟悼大像融滅"。此則引自《集神州三寶感通錄》卷二,原經此處有"佛殿被焚"。

282. 自任晉藩以來,每有行往,常以烏漆函盛之,令人馬捧而前行。(冊二,14/481/7)

按:"令人馬捧而前行"中"馬捧"令人費解,當有脫文,"馬"後脫"上",當為"令人馬上捧而前行",此處是言經常用烏漆函盛影像傳,派人騎著馬,在馬上捧著它前往,這裡表示一種對影像傳的尊重。此則引自《集神州三寶感通錄》,原經此處作"令人馬上捧而前行"。

283. 大業之末,天下沸騰,京邑僧眾,常來瞻覿。有住此寺,亦未之信重。以見石中金光晃晃,疑似佛像耳。仍見名行諸僧互說不同,咸言了了分明,面目相狀未曾有昧。每慨無所見,又潔齋別懺七日後,依前觀之,見有銀塔。(冊二,14/481/9)

按:"有住此寺""每慨無所見",主語不明,令人費解。"有""每"字均為"余"之訛,當為"余住此寺""余慨無所見",此處說明人們來看佛寺的盛壯,作者描述了自己的所見所聞所聽,原經中用"余"字前後呼應,意思連貫,否則意義缺失。此則引自《集神州三寶感通錄》卷二,原經此處作"余住此寺""余慨無所見"。

284. 至貞觀六年七月內,下敕入內供養。(冊二,14/482/1)

按:"下敕入內供養"之"入內"的對象是上文所言"佛像"。"佛像入內供養"顯然不合情理。"下敕"与"入內"之間有脫文,脫"迎"字,正作"下敕迎入內供養",是言皇帝下敕將佛像迎入內宮供養。此則引自《集神州三寶感通錄》,原經此處作"下敕迎入內供養"。

285. 唯沙河寺僧引之,隨手至寺。後入寺側獲金一塊,上二烏形,銘云:擬度四面佛。因度之像身上,都是烏形,後忽失之。(冊二,14/

---

① 董志翹:《〈法苑珠林校注〉匡補》,《古籍整理研究學刊》2007年第2期。

482/3）

按："後入寺側獲金一塊"，令人費解。"獲金"的主語是誰？"入寺側"語義不通，此處有訛字，"入"當為"人"之訛，"入""人"形近而誤，正作"後人寺側獲金一塊"，是言：後來有人在寺院附近找到一塊金子。

286. 銘云：擬度四面佛。因度之像身上，都是鳥形，後忽失之。（冊二，14/482/3）

按："銘云：擬度四面佛。因度之像身上，都是鳥形，後忽失之"語義不通，標點有誤。此句當斷作"銘云：擬度四面佛。因度之，像身上都是鳥形，後忽失之"。"度"通作"鍍"，用金屬附著在別的金屬或物體表面上，形成一層薄層，此處是在佛像上鍍金。"後人寺側獲金一塊，上有鳥形，銘云：擬度四面佛。因度之，像身上都是鳥形，後忽失之"是言"銘文：用於鍍四面佛。鍍佛像後，佛像身上都是鳥形，突然消失了。"此則引自《集神州三寶感通錄》，原經此處作"後人寺側獲金一塊，上有鳥形，銘云：擬鍍四面佛。因鍍之，像身上都是鳥形，後忽失之"。

287. 古老傳云：迦葉佛時所藏，有四十軀。今雖兩現，餘在山隱其形，如今玉華東鐵礦像相似，不可治護矣。（冊二，14/483/2）

按："不可治護矣"有訛字，"治護矣"，《法苑珠林》大正藏本作"治臒云"，宋、元、明本作"治護矣"。此則引自《集神州三寶感通錄》，原經此處有異文，大正藏本作"治斲"，宋、元、明本作"治斲云"。比勘幾處異文，結合上下文語境，此處正作"治斲云"，因為《法苑珠林》是摘引佛經文獻，故作"治斲"或"治斲矣"也可。但是作"治護"顯然不確。"治斲"中的"治"有修建、修繕義，如：宋曾鞏《刑部郎中致仕王公墓志銘》："会天圣十年，掖庭火，诏任公具材治宫室，五日而用足。""斲"有雕鑿義，如《禮記·檀弓上》："是故竹不成用，瓦不成味，木不成斲。"孔穎達疏："斲，雕飾也。"南朝·宋·鮑照《擬行路難》詩之二："洛陽名工鑄為金博山，千斲復萬鏤，上刻秦女攜手仙。""治斲"即修造雕鑿義。"不可治斲"是言玉華東鐵礦像與上述佛像形製相似都不可修造雕鑿。

288. 今雖兩現，餘在山隱其形，如今玉華東鐵礦像相似，不可治護

— 91 —

矣。(冊二，14/483/3)

按:"今雖兩現，餘在山隱其形，如今玉華東鐵礦像相似，不可治斲矣"令人費解，標點有誤，當作"今雖兩現，餘在山隱，其形如今玉華東鐵礦像相似，不可治斲矣"。吳建偉亦認為"其形"當屬下①，然所述較簡，故補說如下，"山隱"即"隱世、隱居"之義，此處指佛像未出世。"今雖兩現，餘在山隱"言現在雖然出現了兩軀佛像，但其他的佛像都隱世未出。"其形如今玉華東鐵礦像相似，不可治斲矣"，發現的佛像形制與玉華東的鐵礦像相似，不可修造雕鑿。

289. 至貞觀二十年十月，忽寺側泉內出蓮華，形如紅色，臀臺具足，大如三尺面合。擎出如涕，入水成華。舟旅往還，無不歎訝，經月不滅。相思寺因以得名。一云:涪州亦有此寺。寺本貧煎，由是感施，至今常富。(冊二，14/483/7)

《校注》注:"臀"同"鬢"，高麗藏本作"鬚"。

按:"臀臺"，《法苑珠林》大正藏本作"鬚臺"，宋、元、明、宮本作"鬢臺"。此處當從高麗藏本作"鬚臺"是。《校注》作"鬢台"不確，蓮花是沒有鬢的。"鬚臺"作為蓮花的部件，佛經文獻中習見，如北涼曇無讖譯《大般涅槃經》卷三十二:"善男子! 譬如莖、葉、鬚、臺，合為蓮花，離是之外，更無別花，眾生我者，亦復如是。"(T12/556c)唐實叉難陀譯《大方廣佛華嚴經》卷十一:"有一大海名香摩尼金剛，出大蓮華，名華蘂焰輪，其華廣大百億由旬，莖、葉、鬚、臺皆是妙寶。"(T10/54b)例多不繁引。此則引自《集神州三寶感通錄》卷二，原經此處作"鬚臺"。

"至今常富"，《集神州三寶感通錄》作"至今常當"。"至今常當"不辭，此處顯然是《集神州三寶感通錄》不確，道宣在摘引時作了修改。②

290. 昔齊荊州城東天井出錦，于時士女取用，如人中錦不異。經月乃歇。故知華出，不足可怪。見吳均《齊春秋》蕭誠《荊南志》說(冊二，14/483/9)

---

① 吳建偉:《〈法苑珠林校注〉標點疑誤補舉》，《古籍整理研究學刊》2015年第6期。
② 蒙譚偉老師見告，《法苑珠林》所引佛經文獻中，原文有時也有謬誤，此處得證之。

按："見吳均《齊春秋》蕭誠《荊南志》說"費解，句中的"說"為衍文。此則故事引自《集神州三寶感通錄》卷二，原經作：見吳均《齊春秋》蕭誠《荊南志》。"志"處有異文。《集神州三寶感通錄》大正藏校勘記云："志，宋、元、明本作'志云。'"我們認為此處當作"志"。作"志云"不確。道宣在摘引時將"志云"中的"云"用同義詞替換為"說"，亦不確。

291. 又訪其本，乃宋時王家捨粟園為寺，即今古堂尚存焉。（冊二，14/484/8）

按："粟園"令人費解。"粟"，穀物名。北方通稱穀子，明李時珍《本草綱目·穀二·粟》："古者以粟為黍、稷、粱、秫之總稱。而今之粟，在古但呼為粱。後人乃專以粱之細者名粟……大抵黏者為秫，不黏者為粟。故呼此為秈粟，以別秫而配秈。北人謂之小米也。"粟是糧食不是果類，言專門種植小米的園子，不通。此處有訛字，"粟"當為"栗"二者形近而訛。栗，木名。落葉喬木。果實為堅果，包在多刺的球狀殼鬥內。果實可以吃，亦可入藥。木材堅實，可供建築與制器具用。《詩·鄘風·定之方中》："樹之榛栗，椅桐梓漆，爰伐琴瑟。"此則故事引自《集神州三寶感通錄》卷二，原經此則正作"栗園"。"栗園"在佛經文獻，習見，如《徑山志》卷十四："栗園，在大安寺，大慧栽栗樹以供眾僧，今廢。"（GA032/1061a）《佛祖歷代通載》卷二十二："帝駕至香山栗園，其栗方熟，左右從駕萬人餘。帝誡諭云：此為三寶物，一箇不容拈。"（T49/724b）

292. 刃著于牀，奴因不拔而逃，大安驚覺呼奴。其不叛者奴婢欲拔刃。（冊二，14/485/1）

按："不叛者奴婢"費解，"者"，常用在形容詞、動詞、動詞片語或主謂詞組之後，組成"者"字結構，用以指代人、事、物。指代人。"不叛者"和"奴婢"語義重復，有衍文，"者"為衍字，正當作"不叛奴婢"。

293. 大安曰：拔刃便死，可先取紙筆作書畢。縣官亦至，因為拔刃，洗瘡加藥，大安遂絕。（冊二，14/485/1）

按："奴婢欲拔刃"與上句語義不銜接，上句言大安驚覺呼奴，顯然奴婢並未在身邊，怎麽有不叛奴婢欲拔刃呢？中間顯然有脫文，"奴婢"後脫"至"，正作"其不叛奴婢至，欲拔刃"語義放前後洽切。此則故事引自《冥報記》，原經此則正作"其不叛奴婢至，欲拔刃"。

294. 大安曰：拔刃便死，可先取紙筆作書畢。縣官亦至，因為拔刃，洗瘡加藥，大安遂絕。（冊二，14/485/1）

按："大安曰：拔刃便死，可先取紙筆作書畢。縣官亦至，因為拔刃，洗瘡加藥，大安遂絕"此句標點值得商榷。大安說的話不可能包括作書畢，他作為主人他沒有必要給奴僕們解釋要拿紙筆作什麽事，我們認為此句當斷作"大安曰：拔刃便死，可先取紙筆。作書畢，縣官亦至，因為拔刃，洗瘡加藥，大安遂絕"。"作書畢"並不是大安說的話，因此當點開。

295. 其中有語曰：急還我豬肉。大安曰：我不食豬肉，何緣負汝。（冊二，14/485/3）

按："急還我豬肉"令人費解，上句言"形似豬肉"，並沒有言是豬，並且此物怎麽會自言為豬肉？此處"豬"當為衍文，正當作"急還我肉"。此則故事引自《冥報記》，原經此處正作"急還我肉"。

296. 即聞戶外有言曰：錯非也。此物即還從戶出。大安仍見庭前有池水，清淺可愛。池西岸上有金像，可高五寸。（冊二，14/485/4）

按：董志翹言：當作：即聞戶外有言曰："錯，非也。"言"錯，不是的"①。

297. 大安仍見庭前有池水，清淺可愛。池西岸上有金像，可高五寸。（冊二，14/485/4）

按："池西岸上有金像"有脫文。"金像"是什麽"像"，中間脫"佛"，當作"池西岸上有金佛像"。此則故事引自《冥報記》，原經此處正作"池西岸上有金佛像"。

298. 大安得其形狀，見僧背有紅繒補袈裟，可方寸許，甚分明。（冊二，14/485/6）

按："得其形狀"令人費解，有訛字，"得"當為"誌"之訛。《說

---

① 董志翹：《〈法苑珠林校注〉匡補》，《古籍整理研究學刊》2007年第2期。

文·言部》："誌，記誌也。"《新唐書·褚亮傳》："亮少警敏，博見圖史，一經目則誌於心。""大安誌其形狀"，即"大安記下了僧人的形象"，故下句言"見僧背有紅繒補袈裟，可方寸許，甚分明"。

299. 既而大安覺，遂甦，而瘡亦復不痛，能起坐食。（冊二，14/485/7）

按："瘡亦復不痛"有倒文，"復"修飾的"痛"，正當作"瘡亦不復痛"。

300. 十數日京宅子弟迎至家，家人親故來視，大安為說被傷由狀，及見像事。（冊二，14/485/7）

按："及見像事"有脫文，脫"僧"，當作"及見僧像事"，才與下文造佛像、及僧人形象相照應，語義更完整。

301. 有一婢在傍聞說，因言：大安之家初行也，安妻使婢詣像工為造佛像，像成以綵畫衣。有一點朱汙像背上，當令工去之不肯，今仍在……乃同所見無異，其背點宛然補處。（冊二，14/485/8）

按："大安之家初行也"，"之"當為"自"之誤。"自家初行"的"自"是介詞，表示由、從之義。"之"雖然也可以作介詞，相當於"於"，於此處義不甚洽切。其五、"安妻使婢詣像工為造佛像，像成以綵畫衣。有一點朱污像背上，當令工去之不肯，今仍在，形狀如郎君所說"，此句斷句值得商榷，我們認為當斷作"安妻使婢詣像工，為造佛像，像成，以綵畫衣。有一點朱，污像背上，當令工去之，不肯，今仍在"。

302. 有一點朱汙像背上，當令工去之不肯，今仍在……乃同所見無異，其背點宛然補處。（冊二，14/485/9）

按："其背點宛然補處"令人費解，有脫文，脫"朱"，正作"其背朱點，宛然補處"。此則故事引自《冥報記》，原經此則正作"大安誌其形狀，見僧背有紅繒補袈裟，可方寸許，甚分明。既而大安覺，遂蘇，而瘡亦不復痛，能起坐食。十數日京宅子弟迎至家，家人親故來視，大安為說被傷由狀，及見僧像事。……乃同所見無異，其背朱點，宛然補處。"

303. 唯二精舍及浮圖并佛龕上紙簾蘧蒢等，但有佛像，獨不延燎。

火既不燒，巋然獨在。（冊二，14/485/13）

按："紙簾、蘧蒢"是兩種不同物品，中間當用頓號隔開，當作"紙簾、蘧蒢"。"紙簾"容易理解，"蘧蒢"指用葦或竹編成的粗席。漢桓寬《鹽鐵論·散不足》："庶人即草蓐索經，單藺蘧蒢而已。"《周書·韋夐傳》："昔士安以蘧蒢束體，王孫以布囊繞屍。"

"巋然獨在"費解，正當作"巋然獨存"。"在""存"形近，古書中常互訛。

304. 唐永徽年，雍州藍田東悟真寺，寺居藍谷之西崖，製窮山美，殿堂嚴整。有像持寺北隒，更修別院。大石橫嶫，甚為妨礙。（冊二，14/487/3）

按："藍谷"有脫文，當作"藍田谷"，與上句"雍州藍田"相對應。王東言："有像持寺北隒"費解，有訛字，当作"有僧於寺北澗"，"像持""僧於"形近而誤。① "北隒"當作"北澗"，即寺北的山谷。"隒"為山崖、崖岸，在山崖上修建別院，顯然不符合情理。由於訛字，標點也應當變動，故此句正當作"唐永徽年，雍州藍田東悟真寺，寺居藍田谷之西崖，製窮山美，殿堂嚴整。有僧於寺北澗更修別院，大石橫嶫，甚為妨礙。"此則故事引自《集神州三寶感通錄》，原經"藍谷"正作"藍田谷"，"有像持寺北隒"作"有僧於寺北澗"，可參。

305. 中獲金像一軀，四面無縫，天然裹甲，不知何來。像趺全具，非工合作。亦不識是何珍寶，高五寸許，今在山寺。其年益州光明柱上有一佛二菩薩現，雖削還影出。（冊二，14/487/4）

按："非工合作"費解，有訛字，當作"非解合作"，是言"佛像四面無縫，天然裹甲，不知何來，像趺全具"上述情況不能理解是如何製作而成的。"益州光明柱"中"光明柱"不確，當作"益州光明寺柱"，有脫文，脫"寺"。此處言"光明寺"與下句"移入光明"相對應。不然"移入光明，今現在"中的"光明"沒有對應，令人費解。此則故事引自《集神州三寶感通錄》，原經"非工合作"正作"非解合作"，"益州光明柱"作"益州光明寺柱"，可參。

---

① 王東：《〈法苑珠林〉拾遺》，《江海學刊》2014年第1期。

306. 余聞往尋見之，趺上銘云：秦建元二十年四月八日於長安中寺造，十王慧韶感佛泥日。（冊二，14/487/8）

按："泥日"費解，"日"當作"曰"之訛，兩字形近而訛，"泥曰"即"泥洹""涅槃"。僧肇《無名論》曰："泥曰，泥洹，涅槃，此三名前後異出，蓋是楚夏不同耳。云涅槃，音正也。秦言無為，亦名滅度。"晉無名氏《正誣論》："善入泥洹，不始不終，永存綿綿。"北魏酈道元《水經注·河水一》："天竺諸國，自是以南，皆為中國……泥洹以來，聖眾所行，威儀法則相承不絕。"

307. 達遇遺像，是以賴身之餘，造鑄神模。若誠感必應，願使十方同福。銘文如此。（冊二，14/487/8）

按："達遇"不辭，"達"為訛字，正當作"幸"，乃涉下而訛，受到下字"遇"的影響，而誤加了"辶"。

308. 余聞往尋見之，趺上銘云：秦建元二十年四月八日於長安中寺造，十王慧韶感佛泥日。達遇遺像，是以賴身之餘，造鑄神模。若誠感必應，願使十方同福。銘文如此。（冊二，14/487/8）

按：趺上銘文所指，究竟到哪裡？我們認為銘文當一直到"願使十方同福"，另外"十王"，是指中國佛教所傳十個主管地獄的閻王。即秦廣王、初江王、宋帝王、伍官王、閻羅王、變成王、泰山王、平等王、都市王、五道轉輪王。諸王各居一殿，故稱"十王"。"十王慧韶"令人費解，因此，"十王"當屬上，作為"造"的賓語，"慧韶"當屬下。故此則當點為"余聞往尋見之，趺上銘云：秦建元二十年四月八日於長安中寺造十王，慧韶感佛泥曰，幸遇遺像，是以賴身之餘，造鑄神模，若誠感必應，願使十方同福。銘文如此"。這句話意思是說：我聽說了這件事（上文所言李趙曲有金像）就去尋訪見到了這個佛像，像趺上有銘文說：秦建元二十年四月八日，在長安中寺鑄造了十王像，慧韶感觸佛祖涅槃後，幸虧遇到了（十王）遺像，所以依靠身之餘財，鑄造神的形狀，如果神能感應，希望能十方降福。銘文就是這樣。

309. 時尚在周村家藏隱，互相供養。閑在閑堂，放光自照。今在村中。（冊二，14/487/11）

按：范崇高言："時尚在周村家藏隱"標點有誤，《校注》在周村下用地名號，不確，正當作"時尚在周，村家藏隱"。①

310. 又令會賾往并州取吏力財帛，使修故寺，賾與五臺丞并將二十餘人直詣臺中。（冊二，14/490/4）

按："五臺承"，《校注》"丞"原作"承"，據高麗藏本、磧砂藏本、南藏本、嘉興藏本改。《校注》改"承"為"丞"為是，"承""丞"形近而誤。但是"五臺承"依然不辭，有脫文，脫"縣"，當作"五臺縣丞"。"縣丞"，秦漢於諸縣置丞，以佐令長，歷代因之。如：《漢書·景帝紀》："縣丞，長吏也。"宋高承《事物紀原·撫字長民·縣丞》：《史記·商君傳》曰："鞅令邑聚為縣，置令丞。"縣丞，秦官也。

311. 又往西臺，遙見一僧乘馬東上，奔來極急。賾與諸人立待其至，久而不到，就往參迎，乃變為栟。恨恨無已。然則像相通感，有時隱顯；鍾聲聲氣，相續恒聞。其山方三百里，東南腳即連恒岳山也，西北腳即是天池也。（冊二，14/490/7）

按："其山方三百里"令人費解，上句言"西臺"並未言山，此處卻言"其山"顯然有訛字，此處的"山"當是"上"字之訛誤，當作"其上方三百里"。聯繫上句所言，此處是說在臺上方三百里。另外"東南腳即連恒岳山也"有衍文，"連"為衍文，正作"東南腳即恒岳山也"，與下句"西北腳即是天池也"相對應。此則故事引自《集神州三寶感通錄》，原經"其山方三百里"正作"其上方三百里"，"東南腳即連恒岳山也"作"東南腳即恒岳山也"，可參。

312. 忽有一天來至律師所，致敬申禮，具敘暄涼。律師問曰："檀越何處，姓字誰耶？"（冊二，14/490/12）

按："天"當作"人"，"人""天"二字當是形近而誤。下文"不久復有天來，云姓羅氏，是蜀人也。"（冊二，14/491/6）"次又一天，云姓費氏，禮敬如前。"（冊二，14/491/7）中的"天"亦是"人"之誤。《太平廣記》引此則故事的上述三處，皆作"人"，可參。

313. 弟子是南方天王韋將軍下之使者，將軍事務極多，擁護三洲之

---

① 范崇高：《〈法苑珠林〉文本整理商議》，四川大學出版社 2018 年版，第 45 頁；范崇高：《〈法苑珠校注林〉標點舉誤》，《成都大學學報》2017 年第 5 期。

佛法，有鬭諍凌危之事，無不躬往，和喻令解。今附和南天，欲即至前，事擁閙，不久當至。（冊二，14/491/4）

按："今附和南"中的"今"為訛字，當作"令"，"今""令"形近而訛。

314. 今附和南天，欲即至，前事擁閙，不久當至。（冊二，14/491/4）

按："擁閙"費解，當作"擁隔"。阻隔之義，如《三國志·魏志·夏侯玄傳》：若省郡守，縣皆徑達，事不擁隔，官無留滯。唐任華《寄李白》詩：伊余每欲乘輿往相尋，江湖擁隔勞寸心。

315. 今附和南天，欲即至，前事擁閙，不久當至。（冊二，14/491/4）

按："今附和南天，欲即至，前事擁閙，不久當至。"標點不確，此當點為"令附和南，天欲即至，前事擁隔，不久當至"。王東亦認為"天"當屬下，然認為"和南"，為梵語，如慧琳《一切經音義》卷七十三"婆南"："或言和南，皆訛也。正言槃淡，此譯言我禮也。"①讓人依然不明句義，我們認為："附"為"寄，捎帶"義，如唐杜甫《寄楊五桂州譚》："江邊送孫楚，遠附白頭吟。""和南"則指佛門稱稽首、敬禮為和南，如南朝梁沈約《為文惠太子禮佛願疏》："皇太子某稽首和南，十方諸佛，一切賢聖。"唐白居易《六贊偈·贊僧偈》："故我稽首，和南僧寶。"這句話是說：（南天王）讓我捎來他的問候，他想要立刻過來，但是由於事情耽擱，不久就應該到來。此則出《道宣律師感通錄》，原經此處作"令附和南，天欲即至，前事擁隔，不久當至"。

316. 且沈冥之相，以理括之，未曾持觀，不可以語也。（冊二，14/492/5）

《校注》："'持'字，《道宣律師感通錄》作'博'。"

按："持觀"費解，此處"持"當作"博"。"博觀"，廣泛地觀察或觀覽，如《史記·平津侯主父列傳》："臣聞明主不惡切諫以博觀，忠臣不敢避重誅以直諫。"唐·韓愈《祭田橫墓文》："余既博觀乎天下，曷有

---

① 王東：《〈法苑珠林校注〉拾零》，《鄭州大學學報》2009年第4期。

庶幾乎夫子之所為。"

317. 昔迦葉佛時，有人於西耳河造之，擬多寶佛全身相也。在西耳河鷲山寺，有成都人往彼興易，請像將還。至今多寶寺處，為海神蹋船所沒。初取像人見海神于岸上游，謂是山兔，遂即煞之。因爾神瞋覆沒，人像俱溺，同在一船。其多寶舊在鷲頭山寺，古基尚在，仍有一塔，常有光明。（冊二，14/492/8）

按："西耳河鷲山寺"与下句"鷲頭山寺"不一致，易使人誤為兩個寺院，其實為一，"西耳河鷲山寺"有脫文，脫"頭"字，當作"西耳河鷲頭山寺"。

318. 今向彼土，道由郎州，過大小不算三千餘里，方達西耳河。（冊二，14/492/11）

按："過大小不算三千餘里"，王東認為正當作"過大小山無算，三千餘里"[1]，語義亦不通暢。我們認為此處有衍文，"大小不算"為衍文，正作"過三千餘里"。此則引自《道宣律師感通錄》，此處作"西耳河鷲頭山寺""過三千餘里"可參。

319. 其體骨肘脛，悉皆麄大，數倍過於今人，即迦葉佛時，閻浮人壽二萬歲時人也。（冊二，14/493/5）

按："閻浮人壽二萬歲時人也"費解，有衍文，第二個"人"字為衍文，當作"閻浮人壽二萬歲時也"。唐道宣撰《道宣律師感通錄》卷一、《律相感通傳》卷一均引此則故事，此處皆作"閻浮人壽二，萬歲時也"。

320. 今時劫減命促，人小固其常然，不可怪也。（冊二，14/493/5）

按："人小固其常然，不可怪也"中有訛字，"人"當作"形"，正作"形小固其常然，不可怪也"。"人小"容易讓人誤解為年齡，此處是言形體小，因為上句言"其體骨肘脛，悉皆麄大，數倍過於今人"，故此處當作"形小"。此則引自《道宣律師感通錄》，這兩處正作"其體骨肘脛，悉皆麄大，數倍過於今人，即迦葉佛時閻浮人壽二萬歲時也。今時劫減命促，形小固其常然，不可怪也。"

321. 見其華跌有多寶字，因遂名焉。又名多寶寺。又問：多寶字是

---

[1] 王東：《〈法苑珠林校注〉拾遺》，《江海學刊》2014年第1期。

其隸書，出於亡秦之代，如何迦葉佛時已有神州書耶？（冊二，14/493/7）

按："多寶字是其隸書"令人費解，有衍文，"字是其"為衍，正作"多寶隸書"。

322. 又有天人，姓陸，名玄暢，來謁律師云：弟子是周穆王時生在初天。本是迦葉佛時天為通化，故周時暫現。（冊二，14/494/6）

按：王東言："本是迦葉佛時天為通化，故周時暫現"句讀當為"本是迦葉佛時天，為通化故，周時暫現"。"天"，即"天人""諸天"，佛教語，指護法諸天神。佛經言欲界有六天，色界之四禪有十八天，天色界之四處有四天，其他尚有日天、月天、韋馱天等諸天神，總稱之曰諸天。"通化"，開導教化。佛典中屢見，如《法苑珠林·敬佛篇》："什師德行位在三賢，所在通化，刪繁補闕，隨機而作。"①

323. 此僧便從渭水直南而出，遠到高四臺。（冊二，14/496/2）

《校注》："'出'字原作'步'，據《道宣律師感通錄》改。"又："'遠'字，《道宣律師感通錄》作'遂'。"

按：曾良言："遠"是"遂"的形近而訛。"步"是"出"字之誤，因"步"的草書與"出"形近，往往致訛。②

324. 答曰：文殊是諸佛之元帥，隨緣利見，應變不同。大士大功，非人境界，不勞評薄。但知仰信多在清涼山五臺之中。今屬北代州西見有五臺縣清涼府。（冊二，14/497/4）

按："文殊是諸佛之元帥"費解，"元帥"，是指主帥，統率全軍的首領。《左傳·僖公二十七年》：作三軍，謀元帥。《國語·晉語四》："文公問元帥於趙衰，對曰：'郤穀可'。""元帥"有訛字，正當作"元師"，"帥""師"形近而訛，"元師"指"开一宗之元初的先師"。唐道宣撰《道宣感通錄》《道宣律師感通錄》此句均作"文殊是諸佛之元師"。

325. 大士大功，非人境界，不勞評薄。但知仰信多在清涼山五臺之中。今屬北代州西見有五臺縣清涼府。（冊二，14/497/4）

---

① 王東：《〈法苑珠林校注〉拾遺》，《江海學刊》2014年第1期。
② 曾良：《〈法苑珠林〉異文及校勘劄記》，《閩南佛學》2007年第5輯。

按:"大士大功"不確,當作"大士之功","之""大"形近而誤。唐道宣撰《道宣感通錄》《道宣律師感通錄》此句均作"大士之功"。"大士",菩薩之通稱也,或以名聲聞及佛,如宋延一編《廣清涼傳》卷一:"隨緣利現,應變不同,大士之功,非人境界,不勞評論。"(T51/1103b)

326. 非人境界,不勞評薄。但知仰信多在清涼山五臺之中。今屬北代州西見有五臺縣清涼府。(冊二,14/497/4)

《校注》"薄"字原作"泊",據《道宣律師感通錄》改。

按:"不勞評薄",此處不煩改,"評薄",《漢語大詞典》收錄該詞條,釋為"評泊;忖度",所舉的書證為"元《一枝花·嘆秀英》套曲:'唱道曉夜評薄,待嫁人時要財定囫圇課。'"《漢語大詞典》所舉書證太遲,至少隋唐即有用例,如:隋智顗說《摩訶止觀》卷十:"譬如有人久住城門。分別瓦木評薄精麁。謂南是北非東巧西拙。"(T46/137a)"評泊",《漢語大詞典》收錄該詞條,釋為"評說;評論",所舉的書證為宋朱耆壽《瑞鶴仙·壽秦伯和侍郎》詞:"教公議,細評泊。自和我以來,謀國多少。"《漢語大詞典》所舉書證略遲,至遲唐代已有用例。《法苑珠林》大正藏本,此處亦作"評泊"。《道宣律師感通錄》大正藏亦作"評泊",高麗藏本"評薄"。"評泊"即評論、評說義,不煩改為"評薄"。曾良從異文的角度論證,《校注》此處亦不煩改,認為"評泊"是"評駁、辨別是非義",可參。①

327. 孚者,信也。由帝信佛法,立寺勸人。元魏孝文,北臺不遠,常來禮謁。(冊二,14/498/2)

按:"立寺勸人"中的"勸"有勸導;勸說義,如《書·顧命》:"柔遠能邇,安勸大小庶邦。"孔傳:"勸使為善。"孫星衍疏:"勸者,《廣雅·釋詁》云:教也。但此處于此義,語義未安。""勸"當為"度"之訛。此則引自《道宣律師感通錄》,原經此處正作"立寺度人"。"立寺度人"典籍習見,如唐道宣撰《續高僧傳》卷四:"既至南海,諸王歸敬,為別立寺度人授法,弘化之廣,又倍於前。"(T50/458c)

---

① 曾良:《〈法苑珠林〉異文及校勘劄記》,《閩南佛學》2007年第5輯。

328. 時彼山神，寺未破前，收取此像，遠在空中。寺破以後，下內石室，安置供養。年月既久，石生室滅。至劉薩訶師禮山，逆示像出。其薩訶者，前身元是利賓菩薩。身首別處，更在別篇也。（冊二，14/499/4）

按："至劉薩訶師禮山，逆示像出"語義不通，有衍文，正當作"至劉薩訶師禮山示像"。此則引自《道宣律師感通錄》，原經此處正作"至劉薩訶師禮山示像"。

329. 北天竺大阿羅漢優婆質那以神力加工匠，三百年中鑿大石山，安置佛窟。從上至下，凡有五重，高三百餘尺。請彌勒菩薩指搗作壇室處之。（冊二，14/499/8）

按："請彌勒菩薩指搗作壇室處之"，"壇室"如何安放在石窟裡？語義不通，"壇室"當是"檀像"之誤。下文言"高八丈，足趺八尺"是說像的大小，"牛頭栴檀""第三金，第四玉，第五銅像"是言像的材質。此則引自《道宣律師感通錄》，此處正作"檀像"。

330.《玄奘師傳》云：百餘尺。《聖迹記》云：高八丈，足趺八尺。六齋日常放光明。（冊二，14/499/9）

按："百餘尺"費解，這個百餘尺是說的高、還是長、還是寬，語義不明確，有脫文，此處脫"高"，正作"高百餘尺"。

331. 其初作時，羅漢將工人上天，三往方成。第二牛頭栴檀，第三金，第四玉，第五銅像。（冊二，14/499/10）

按：曾良言："第二牛頭栴檀，第三金，第四玉，第五銅像"直接第二牛頭栴檀，沒有第一是什麼材料，顯然有脫文，脫"第一栴檀"[①]。

332. 何忽云羅什法師背負而來耶？宣師因問：什師一代所翻之經。人多偏樂，受持轉盛，何耶？（冊二，14/500/1）

按："何忽"不辭，當有訛字，正作"何得"。"何得"，怎能；怎會之義。三國魏嵇康《答難養生論》："在上何得不驕？持滿何得不溢？"唐杜甫《最能行》："若道士無英俊才，何得山有屈原宅？"此則引自《道宣律師感通錄》，此處正作"何得"。

---

① 曾良：《〈法苑珠林〉異文及校勘劄記》，《閩南佛學》2007年第5輯。

333. 答曰：其人聰明，善解大乘。以下諸人同時翻譯者，並儁乂一代之寶也。（冊二，14/500/2）

按："儁乂"，《法苑珠林》大正藏本作"俊乂"，宋、元、明本作"俊又"。此則引自《道宣律師感通錄》，此處作"俊艾"。"儁乂"即是"俊乂"，才德出眾的人。"儁"是"俊"異體字。《左傳·莊公十一年》："得儁曰克。"釋文："本或作俊。""俊艾"即是"俊乂"兩詞義同，均是"才德出眾的人"。"並儁乂"有脫文，脫"皆"字，正作"並皆儁乂"，此句當標點為"答曰：其人聰明，善解大乘。以下諸人同時翻譯者，並皆儁乂，一代之寶也"。

334. 又蒙文殊指授，令其刪定，特異恒論，豈以別室見譏，頓亡玄致者也。（冊二，14/500/7）

按："恒論"，《法苑珠林》大正藏本作"常倫"，宋、元本作"恒倫"，明本作"恒論"；此則引自《道宣律師感通錄》，原經此處作"恒倫"，唐道宣撰《律相感通錄》亦引此則故事，也作"恒倫"。我們認為此處作"恒倫"是，義為"常序；常類"，如唐道宣撰《續高僧傳》卷二："天保七年屆於京鄴，文宣皇帝極見殊禮，偏異恒倫。"（T50/432c）又《續高僧傳》卷二十："而斌夏第最小，聲稱彌隆，衣鉢之外，更無箱樸，容質清素，挺異恒倫，緇素目屬，莫不迴向。"（T50/591b）唐彥悰纂錄《集沙門不應拜俗等事》卷四："至如道之為宗，皇基由漸，尊嚴之切，有異恒倫，豈可改作別儀，俯隨常俗。"（T52/461a）《漢語大詞典》"玄致"條，所引書證為《法苑珠林》"蒙文殊指授，令其刪定特異恒論，豈以別室見譏，頓亡玄致者也？""恒論"不確，當作"恒倫"。曾良亦認為："恒論"即"恒倫"，即常倫義，可參。①

335. 豈以別室見譏，頓亡玄致者也。（冊二，14/500/7）

按："頓亡玄致"中的"亡"通作"忘"。如《詩經·邶風·綠衣》："心之憂矣，曷維其亡！"鄭玄箋："亡之言忘也。"《淮南子·人間訓》："是亡楚國之社稷，而不率吾眾也。""玄致"，奧妙的旨趣，如晉支遁撰《大小品對比要抄序》："覽始原終，研極奧旨，領大品之王標，備小品之

---

① 曾良：《〈法苑珠林〉異文及校勘劄記》，《閩南佛學》2007年第5輯。

玄致。"顿亡玄致"即"顿忘奥妙的旨趣"。《道宣律师感通录》、唐道宣撰《律相感通录》皆作"顿忘玄致"。

336. 答曰：像是秦穆公所造。像元出处，是周穆王造寺处也。佛去世后，育王第四女造。又造像塔，於此供养。于时此寺有一二三果人住中，秦相由余常所奉敬。（册二，14/500/9）

按："育王第四女造"句子成分残缺，造的宾语是什么？此处有衍文，"造"是衍文。由於不明衍文，所以标点也不确，正当作"佛去世後，育王第四女又造像塔，於此供养"。"上句言像是秦穆公所造"，此处言佛去世後，育王第四女造佛塔，故言"又造"。

337. 往者迦叶佛时亦於此立寺，是彼沙弥显际造也。仍将本名，以显寺额。（册二，14/501/1）

按："仍将本名，以显寺额"不通，有讹字，正当作"仍以本名，以为寺额"。此句言"寺仍旧用它本来的名字显际寺作为寺名"，文通义顺。此则引自《道宣律师感通录》，这两处正作"佛去世後，育王第四女又造像塔，於此供养""仍以本名，以为寺额"，可参。

338. 至隋开皇九年，文祖遣使人柳顾言往迎。寺僧又求像令镇荆楚，顾是乡人，从之。令别刻檀，将往恭旨。（册二，14/502/1）

按："令别刻檀"费解，有脱文，脱"像"字，正作"令别刻檀像"。此则亦见唐道宣撰《律相感通传》，此处正作"令别刻檀像"，意思是又令另外刻檀木佛像。

339. 当时访匠，得一婆罗门僧，名真达，为造，即今西京大兴善寺像是也。亦甚灵异。本像在荆州，僧以漆布漫之，相好不及真者。①本作佛生来七日之身，今加布漆，乃壮年状，故殊绝异本也。（册二，14/502/2）

按："真者"费解，有讹文，正作"旧者真"。另外《校注》中变字体的注文，也是正文，故当放於正文。"故殊绝异本也"费解，亦有脱文，正当作"故殊绝异於元本也"。此则亦见唐道宣撰《律相感通传》《道宣律师感通录》，此处均作"当时访匠，得一婆罗门僧，名真达，为造，即今西京大兴善寺像是也，亦甚灵异。本像在荆州。僧以漆布漫之，相好不及旧者。真本作佛生来七日之身，今加布漆，乃壮年状，故殊绝异於元本也"。

由於不明校勘，《校注》標點也不正確，此句正當點作"當時訪匠，得一婆羅門僧，名真達，為造，即今西京大興善寺像是也，亦甚靈異。本像在荊州。僧以漆布漫之，相好不及舊者。真本作佛生來七日之身，今加布漆，乃壯年狀，故殊絕異於元本也"，這句話是言：當時拜訪工匠，找到一個婆羅門僧人名叫真達，刻造佛像，也就是今天西京大興善寺中的佛像，這個佛像也非常靈驗。原來的佛像在荊州。（大興善寺中的佛像）僧人用漆布覆蓋著新刻佛像，佛像形象不及原來的佛像。原來的佛像是比照佛生來七日的身體，現在加了布漆覆蓋，是佛壯年的形象，所以與本像差別懸殊。

340. 答曰：此迦葉佛時有山神，姓羅，名子明，蜀人也。舊時持戒比丘，生憎破戒者，發諸惡願：令我死後作大惡鬼，噉破戒人，因願受身，作此山神。（冊二，14/502/7）

按："舊時持戒比丘"費解，有訛字，當作"舊是持戒比丘"。《法苑珠林》大正藏本、中華大藏經本均作"舊是持戒比丘"，且無異文，此則亦見唐道宣撰《律相感通傳》《道宣律師感通錄》，此處均作"舊是持戒比丘"可參證。宋李昉撰《太平廣記》亦引此則故事，此處也作"舊是持戒比丘"，亦可證。"舊是持戒比丘"是言：羅子明過去是持戒的僧人。

341. 其郭下寺塔，育王所立，見付屬儀中。（冊二，14/503/2）

按："見付屬儀中"不是正文，當標注為文內注釋，以小括號括之，並變小字體。標點也有誤，"付屬儀"，正作"付囑儀"，是佛經專名，當標注書名號，如宋贊寧撰《宋高僧傳》卷十四："宣苦告口占，一一抄記，上下二卷。又口傳偈頌號《付囑儀》十卷是也。"（T50/791a）此則引自《道宣律師感通錄》，此處正作"（見《付囑儀》）"。

342. 往昔周穆王弟子造迦葉佛像。（冊二，14/503/9）

按：曾良言："弟子"，當據《律相感通傳》《道宣律師感通錄》作"第二子"。①

343. 答曰：此事同於前南山庫谷天藏，是迦葉佛自手所造之藏也。

---

① 曾良：《〈法苑珠林〉異文及校勘劄記》，《閩南佛學》2007年第5輯。

今現有十三緣覺在谷內住。(冊二，14/503/10)

按："天藏"費解，當作"大藏"，"天""大"形近而誤。"天藏"佛經文獻中，經常作"佛教菩薩名"，如唐段成式《西陽雜俎·廣知》："近佛畫中有天藏菩薩、地藏菩薩。"然下句有言"是迦葉佛自手所造之藏"，顯然不是指菩薩。"大藏"指大藏經之略稱。唐杜荀鶴《題護國大師塔》詩："吾師覺路余知處，大藏經門一夜吟。"即言釋典之大藏。此則引自《道宣律師感通錄》，原經此處作"大藏"。《律相感通傳》也引此則故事，此處也作"大藏"。

344. 又問：此土常傳有佛，是殷時周昭莊王等造，互說不同，如何取定？(冊二，14/504/2)

按："此土常傳有佛，是殷時周昭莊王等造"費解，佛怎麼能是"周昭莊王所造？""周昭莊王"是指哪位君王？語義不通。此處有校勘值得商榷：其一，"此土常傳有佛"中有衍文，正當作"此土常傳佛"，其二，"是殷時周昭莊王等造"有訛字和衍文，當作"是殷時周昭魯莊等"，其三，由於不明校勘，故斷句標點也不確，當作"此土常傳，佛是殷時，周昭、魯莊等互說不同，如何取定"。這句話是言：此土常傳，佛是殷時(出現)，周昭王、魯莊公等說法不一，如何判定？故下句言："隨人所感前後不定，或在殷末，或在魯莊。"

345. 又問：漢地所見諸瑞像，多傳育王第四女所造。其事匪幽冥，難得其實。(冊二，14/504/6)

按："其事匪幽冥"費解，"匪"同"非"，不，不是義，如《書·呂刑》："其今爾何懲？惟時苗民，匪察於獄之麗。"《詩經·衛風·氓》："匪來貿絲，來即我謀。""幽冥"是"幽遠、玄遠"義，如《淮南子·說山訓》："視之無形，聽之無聲，謂之幽冥。幽冥者，所以喻道而非道也。"《後漢書·馮衍傳下》："衍聞明君不惡切愨之言，以測幽冥之論。""其事匪幽冥"按照字面去理解，也就是說"其事不幽遠"，既然不幽遠，下句確又言"難的其實"顯然是矛盾的，故"其事匪幽冥"有衍文，"匪"為衍文，當作"其事幽冥"。由於其事幽遠，所以下句才言"難得其實"，語義連貫，文通義順。《道宣律師感通錄》《律相感通傳》此處均作"其事幽遠"，"幽遠""幽冥"義同。

《法苑珠林》卷十五校勘研究

346. 其彌陀佛有亦嚴淨不嚴淨世界，如釋迦佛。（冊二，15/510/2）

按：曾良言："有亦"當據《大智度論》卷三十二、《諸經要集》卷一作"亦有"①。

347. 五者、於忍辱眾生決定心。（冊二，15/514/3）

按：曾良言："於忍辱眾生決定心"義不可通，"眾"是"中"之訛。《磧砂藏》本、《大正藏》本均作"中"②。

348. 牀頭唾壺可容四升，有蜒蚰長二尺有餘，跳躍出入，遂置不取。（冊二，15/518/6）

《校注》："'蜒'字原作'褊'，據《高僧傳》改。"

按：曾良言："蜒"，大正藏本作"蜒"，磧砂藏本作"褊"，"褊"是"蜒"的俗寫，作"褊"是，《校注》改作"蜒"字非是。③

349. 兒死便往無量壽國，見父兄及己三人，池中已有芙蓉大華，後當化生。其中唯母獨無，不勝此苦，乃心故歸啟報。（冊二，15/520/4）

按：范崇高言："不勝此苦，乃心故歸啟報"中的"乃心"義為"心、心願"，當屬上，正作"不勝此苦乃心，故歸啟報"，意思是不堪此事折磨我心。④

350. 王具表其事，諸僧見原。釋悅既欣睹靈異，誓願瞻禮，而關禁

---

① 曾良：《〈法苑珠林〉異文及校勘劄記》，《閩南佛學》2007年第5輯。
② 曾良：《〈法苑珠林〉異文及校勘劄記》，《閩南佛學》2007年第5輯。
③ 曾良：《〈法苑珠林〉異文及校勘劄記》，《閩南佛學》2007年第5輯。
④ 范崇高：《〈法苑珠林〉文本整理商議》，四川大學出版社2018年版，第46頁；也見於范崇高《〈法苑珠林校注〉標點商正》，《古籍研究》2018年第1期。

阻隔，莫由克遂。（冊二，15/521/9）

按：曾良言：斷點有誤，"釋"字當與"原"連讀。"釋法悅"作為人名，不見簡省中間的字，稱為"釋悅"的，稱最後一字則常見。"原釋"就是寬釋的意思。①

351. 以梁天監八年五月三日於小莊嚴寺營鑄，本量佛身四萬斤銅，鎔寫已竭，尚未至胸。百姓送銅，不可稱計，投諸鑪冶隨鑄，而模內不滿，猶自如先。（冊二，15/522/3）

按：范崇高言："隨鑄"當屬下句，與"模內不滿"相連成意，正作"投諸鑪冶，隨鑄而模內不滿"②。中華書局本《高僧傳》標點誤與此同。③

352. 又馳啟聞，敕給功德銅三千斤。臺內始就量送，而像處已見羊車傳詔，載銅鑪側。於是飛囊銷鎔，一鑄便滿。（冊二，15/522/4）

《校注》："'囊'字，《高僧傳》作'韛'。"

按：范崇高言："囊"為誤字，正當作"韛"。韛、橐、韛為異體字，皆指用以鼓風吹火的皮囊。抄者不明於此，遂誤以"橐"或"橐"為"囊"，誤認"韛"作"排"。④

353. 及至開模量度，乃踴成丈九，而光相不差。又有大錢二枚，猶見在衣條，竟不銷鑠。（冊二，15/522/6）

按：董志翹言："衣條"當為"衣絛"之誤（繁體形近而誤）。《高僧傳》卷十"梁京師正覺寺釋法悅"條亦載此事，大正藏本亦誤作"衣條"，中華書局湯用彤校注本校云："三本、金陵本、《珠林》'絛'作'條'，甚是，可見《法苑珠林》原作"衣絛"，今校注本因形近而誤"。《太平御覽》卷六五七亦載此事，正作"又有大錢二枚，見在衣絛，竟不銷爍"可證。⑤

---

① 曾良：《〈法苑珠林〉異文及校勘劄記》，《閩南佛學》2007年第5輯。
② 范崇高：《〈法苑珠林〉文本整理商議》，四川大學出版社2018年版，第47頁；又見范崇高《〈法苑珠林校注〉標點舉誤》，《成都大學學報》2017年第5期。
③ 釋慧皎撰，湯用彤校注：《高僧傳》，中華書局1992年版，第493頁。
④ 范崇高：《〈法苑珠林校注〉辨補》，《阿壩師範學院學報》2017年第3期。
⑤ 董志翹：《〈法苑珠林校注〉匡補》，《古籍整理研究學刊》2007年第2期。

354. 遙見像邊有光焰上下，如燈如燭，并聞搥懺禮拜之聲。（冊二，15/523/1）

《校注》曰："'搥'字原作'推'，據《高僧傳》改。"

按：曾良言：作"搥"字語義亦不明朗，顯然不是指搥子。"推"當是"椎"的俗寫。"搥懺"的意思是擊鈴鐸聚眾懺悔。① 我們認為"搥懺"依然語義費解，曾良言"擊鈴鐸聚眾懺悔"乃增字為訓。佛經文獻中亦未見"搥懺"之其他用例。從"聞搥懺禮拜之聲"句式上來，"聞"是謂語，"聲"為賓語，"搥懺"和"禮拜"當是並列的結構，修飾"聲"作"定語"。此則故事引自《高僧傳》卷十三，原經此處有異文，大正藏本《高僧傳》作"搥讖"，宮本作"推讖"，宋本作"楗搥"，元、明本作"楗椎"。中華書局本《高僧傳》此處作"搥懺"，校記云：三本、金陵本"搥懺"作"楗搥"② 俗書"木"旁、"扌"旁常相混不別，故"楗搥"即是"楗搥"，"楗椎"即是"楗搥"。"搥讖""搥懺"當是首先"搥楗"之誤倒，然後"楗"訛為"懺"。從上下文的語境和此句的句式來看，當從金陵本、宋本、元本作"楗搥"是。"楗搥"，也作犍搥、犍地、犍遲、犍椎等，可打而作聲之物之通稱。"並聞"即"楗搥"和"禮拜"之聲，如此理解方文通義順。

355. 昂曰：大眾好住。今西方靈相來迎，事須親往。言訖但見香鑪墜手，便於高座而終，卒於報應寺，春秋六十有九，即貞觀七年八月內也。道俗崩慟，觀者如山接。捧將殯殮，足下有普光堂等文字生焉。（冊二，15/525/1）

按：王東言："接"當屬下讀。故該句當斷為："道俗崩慟，觀者如山。接捧將殯殮，足下有普光堂等文字生焉。""接捧"為詞，還見鳩摩羅什《大智度論》"大智度論釋發趣品第二十之餘"："四天王使者接捧馬足，逾城而出。"大正藏本《法苑珠林》、磧砂藏本《續高僧傳》標點不誤。③

---

① 曾良：《〈法苑珠林〉異文及校勘劄記》，《閩南佛學》2007年第5輯。
② （梁）釋慧皎撰，湯用彤校注：《高僧傳》，中華書局1992年版，第495頁。
③ 王東：《〈法苑珠林校注〉商補》，《古籍整理研究學刊》2008年第3期。

《法苑珠林》卷十六校勘研究

356. 故《上生經》云：是諸人等，皆於法中種諸善根，釋迦牟尼佛遺來付我，觀此一言，實固可祈。（冊二，16/527/7）

按："遺來付我"有訛字，正當作"遣來付我"，"遣""遺"形近而誤。《法苑珠林》大正藏本此處作"遣來付我"，宋、元、明、宮本作"遺來付我"。此則故事引自後秦鳩摩羅什譯《彌勒下生成佛經》卷一，誤注為《上生經》，《校注》已指出，甚確，此處正作"遣來付我"。另外，試比較：唐澄觀述《大方廣佛華嚴經隨疏演義鈔》卷九十："是諸人等皆於佛法中種諸善根，釋迦牟尼佛遣來付我，是故今來，皆至我所。"（T36/696a）

357. 又《處胎經》：佛告彌勒偈云：汝所三會人，是吾先所化。九十六億人，受吾五戒者。次是三歸人，九十二億者。一稱南無佛，皆得成佛道。（冊二，16/528/9）

按："汝所三會人"中"三會人"費解，"三會人"當作"三說人"。此則故事引自姚秦竺佛念譯《菩薩從兜術天降神母胎說廣普經》卷二。原經此處偈語上句為：我初說十二，二說二十四，三說三十六。故下句言：汝所三說人，是吾先所化。另《法苑珠林》上句也反復言"如是三說"，故不論是從《法苑珠林》上下文，還是《菩薩從兜術天降神母胎說廣普經》上下文來講，此偈語作"三說人"為好。

358. 乃至第十，我某甲盡形壽於一切有情上，不簡凡聖，不起邪見。（冊二，16/529/3）

— 111 —

按：曾良言："几聖"當作"凡聖"，為排印錯誤。各本均作"凡聖"。①

359. 如《菩薩本行經》云：正使化無數億計人成辟支佛，若有人百歲四事供養，功德甚多，不如有人以歡喜心一四句偈讚歎如來功德無量。（冊二，16/529/8）

按："一四句偈"有倒文，正當作"四句一偈"，標點也應斷開，正作"不如有人以歡喜心四句一偈，讚歎如來功德無量"。此則引自《菩薩本行經》卷三，此處正作"四句一偈"。唐慧琳撰《一切經音義》卷二十七："偈，梵云伽陀，此云頌美歌也。室盧迦謂三十二字，四句一偈也。"（T54/483c1）

360. 又如《善戒經》云：以四天下寶供養於佛，又以重心讚歎如來，是二福德等無差別。（冊二，16/529/10）

按："又以重心讚歎如來"中的"重心"費解。此則引自《優婆塞戒經》卷三，原經此句作："若人能以四天下寶供養如來，有人直以種種功德尊重讚歎，至心恭敬，是二福德等無差別。"（T24/1052a）叵見，"重心"當是編者將"尊重讚歎，至心恭敬"，縮減而成。這種縮減，顯然不合適，此處當為"敬重心"或"尊重心"為是。試比較，如唐實叉難陀譯《大方廣佛華嚴經》卷五十："師子幢半月樓閣雲、歌詠讚歎雲、種種莊嚴雲，皆以尊重心供養如來。"（T10/266c）元魏瞿曇般若流支譯《正法念處經》卷三十："以敬重心念如來故，從地而起，見書殿壁，有偈句頌。"（T17/173c）

361. 爾時有佛，號焰光響作王如來。所有梵志長者，名曰賢行，於此佛所已得不起法忍。（冊二，16/531/9）

按："所有梵志長者，名曰賢行"費解，"所"為訛字，當作"爾時"，此句正作"爾時有梵志長者，名曰賢行"。此則引自《彌勒菩薩所問本願經》卷一，此處正作"爾時"。

362. 讚彌勒四禮文（玄奘法師依經翻出）至心歸命禮，當來彌勒佛。諸佛同證無為體，真如理實本無緣。……唯願慈尊度有情。願共諸眾生

---

① 曾良：《〈法苑珠林〉異文及校勘劄記》，《閩南佛學》2007年第5輯。

上生兜率天，奉見彌勒佛。

至心歸命禮，當來彌勒佛。佛有難思自在方，能以多刹內塵中。……唯願慈尊度有情。願共諸眾生上生兜率天，奉見彌勒佛。

至心歸命禮，當來彌勒佛。慈尊寶冠多化佛，其量超過數百千。……故我頂禮彌勒佛，唯願慈尊度有情。願共諸眾生上生兜率天，奉見彌勒佛。

至心歸命禮，當來彌勒佛。諸佛恒居清淨刹，受用報體量無窮。……故我頂禮彌勒佛，唯願慈尊度有情。願共諸眾生上生兜率天，奉見彌勒佛。（冊二，16/534/5）

按：曾良言："佛有難思自在方"中的"自在方"不辭，正當作"自在力"。大正藏《法苑珠林》及其他各本，此處均作"自在力"。《校注》排印有誤。①

另外，這段《讚彌勒四禮文》，《校注》在處理的時候，斷句不當。"至心歸命禮當來彌勒佛"是每一首偈語的標題，"願共諸眾生上生兜率天奉見彌勒佛"是結束語，不屬於偈語的內容，此段當斷為：

讚彌勒四禮文（玄奘法師依經翻出）
至心歸命禮當來彌勒佛
諸佛同證無為體，真如理實本無緣。……唯願慈尊度有情。
願共諸眾生上生兜率天奉見彌勒佛。
至心歸命禮當來彌勒佛
佛有難思自在力，能以多刹內塵中。……唯願慈尊度有情。
願共諸眾生上生兜率天奉見彌勒佛。
至心歸命禮當來彌勒佛
慈尊寶冠多化佛，其量超過數百千。……故我頂禮彌勒佛，
唯願慈尊度有情。
願共諸眾生上生兜率天奉見彌勒佛。
至心歸命禮當來彌勒佛。

---

① 曾良：《敦煌文獻叢劄》，浙江古籍出版社2010年版，第113頁；又見於曾良《〈法苑珠林〉異文及校勘劄記》，《閩南佛學》2007年第5輯。

諸佛常居清淨刹，受用報體量無窮。……故我頂禮彌勒佛，唯願慈尊度有情。

願共諸眾生上生兜率天奉見彌勒佛。

363. 欲界諸天著淨妙五欲，心則狂惑，故不能行，色界天等深著禪定味，故不能行。無色界天無形故，故不能行。（冊二，16/537/7）

按："無色界天無形故，故不能行"費解，有衍文，"故"為衍文，正作"無色界天無形，故不能行"。此則出自《大智度論》卷七十九，此處正作"無色界天無形，故不能行"，可參。

364. 五、不視殺、六、不視盜、七、不視婬、八、不視陰私求人短，九、諸惡事不視，十、然燈於佛寺。（冊二，16/538/1）

按："八、不視陰私求人短"中的"求人短"費解，有訛字，"求"為"及"之訛，正作"八、不視陰私及人短"。"陰私"，指隱秘不可告人的事。《漢書·江充傳》："太子疑齊以己陰私告王，與齊忤，使吏逐捕齊，不得。"《新五代史·朱守殷傳》："然好言人陰私長短以自結，莊宗以為忠，遷蕃漢馬步軍都虞候，使守德勝。"這句話是言：不看隱秘不可告人的事和人的缺點短處。此則引自《佛說處處經》卷一，此處正作"八、不視陰私及人短"。

365. 城名氾羅那夷。有一婆羅門名須凡，當為彌勒作父母。名摩訶越題，彌勒當為作子，相好具足，身長十六丈。（冊二，16/538/4）

按：曾良言：標點有誤，"母"字當下句，即"母名摩訶越題"。須凡是彌勒的父親，摩訶越題是彌勒的母親。①

366. 及慈氏佛出現世時，將無量人天至此山上，告諸眾曰：汝等欲見釋迦牟尼佛土多功德弟子眾中第一大弟子迦葉波不？舉眾咸曰：我等欲見。（冊二，16/539/6）

按："釋迦牟尼土多功德弟子"中"土多"費解，《法苑珠林》大正藏本作"杜多"，宋、明、宮本作"土多"，此處作"杜多"是。"杜

---

① 曾良：《敦煌文獻叢劄》，浙江古籍出版社2010年版，第113頁；又見於曾良《〈法苑珠林〉異文及校勘劄記》，《閩南佛學》2007年第5輯。

多",梵文Dhūta的譯音,亦譯作"頭陀",謂除去衣、食、住三種貪欲,也用以稱行腳乞食的僧人。如唐玄應《一切經音義》卷二三:"杜多……謂去其衣服、飲食、住處三種欲貪也。舊言頭陀者,訛也。"宋王安石《次韻葉致遠》之四:"若遇好花須一笑,豈妨迦葉杜多身。"《翻譯名義集·僧伽眾名》:"我說彼人,名為杜多,今訛稱頭陀。"此則故事引自《阿毘達磨大毘婆沙論》卷一百三十五,此處正作"杜多"。

367. 故《智度論》云:有人修少福業,聞有福處,常願往生,及至命終,各生其中。(冊二,16/540/5)

按:《校注》注"此段出處待考"。此句話實際出自《大智度論》卷七,原句作:"有人修少施福,修少戒福,不知禪法;聞人中有富樂人,心常念著,願樂不捨,命終之後,生富樂人中。"(T25/108b)

368. 又如《十住論》云:若人發心求佛,不休不息。有人以指舉大千世界在空却住,不足為難。若發願言:我當作佛,是人希有。何以故?世人心劣,無大志故。(冊二,16/540/7)

按:《校注》注"此段出處待考"。此句話出自後秦鳩摩羅什譯《十住毘婆沙論》卷十五"大乘品"。原經作:"若人以指舉三千大千世界,於虛空中令住百千萬劫,是事可成,不足為難,若發願言,我當作佛,是為希有甚難。"(T26/103b)

369. 澄講安覆,疑難鋒起。安挫銳解紛,行有餘力。時人語曰:漆道人,驚四隣。(冊二,16/544/8)

按:范崇高言:"漆道人",《校注》下用人名號,未當。"漆道人"猶言"黑醜和尚",故不當用專名號。[①]

370. 時襄陽習鑿齒,鋒辯天逸,籠罩當時。其先籍安高名,早以致書通好:承應真履正,明白內融,慈訓兼照,道俗齊蔭。(冊二,16/545/1)

按:"其先籍安高名"中"籍",《高僧傳》此處有異文,大正藏本作"聞",宋、元、明、宮本作"籍"。我們認為此處作"聞"是,聽聞

[①] 范崇高:《〈法苑珠林〉文本整理商議》,四川大學出版社2018年版,第49頁;也見於范崇高《〈法苑珠林校注〉標點商正》,《古籍研究》2018年第1期。

之義。"其先聞安高名"即"他先聽聞道安的盛名"。

371. 其先籍安高名，早以致書通好：承應真履正，明白內融，慈訓兼照，道俗齊蔭。（冊二，16/545/1）

按："早以致書通好"後有脫文，脫"曰"，正作"早以致書通好曰"，後面即是書信中所說的話，《高僧傳》此處有"曰"。

372. 自大教東流四百餘年，雖蕃王居士時有奉者，而真丹宿訓，先行上世。道運時遷，俗未僉悟。自頃道業之隆，盛無以匹。所謂月光將出，靈鉢應降。法師任當洪範，化洽無幽，此方諸僧，咸有思慕。（冊二，16/545/2）

按："化洽無幽"費解，当作"化洽深幽"。"化洽"，教化普沾。漢蔡邕《司空文烈侯楊公碑》："功成化洽，景命有傾。帝乃震慟，執書以泣。"唐劉商《金井歌》："文明化洽天地清，和氣氤氳孕至精。""深幽"，深奧隱微義，如：《後漢書·章帝紀》："博貫六藝，不舍晝夜。"唐李賢注："博貫謂究極深幽耳。""化洽深幽"即教化玄奧之義。《高僧傳》此處作"化洽深幽"。

373. 時維那直殿，夜見此僧從窗隙出入，遽以白安。安驚起禮訊，問其來意，答云：相為而來。（冊二，16/546/1）

按：王東認為"訊"當連下讀，構成"訊問"同義連文，義為訊問。[1] 范崇高認為此處"禮訊"成詞，猶施禮問候，"訊"屬上讀，不誤。[2]

374. 孫綽為《名德沙門論》目云：釋道安博物多通，才經名理。（冊二，16/546/10）

按："目云"，《高僧傳》卷五作"自云"。《高僧傳》有誤，"自云"費解，此處作"目云"是。《說文·目部》："目，人眼。"引申可指"目光"，動詞用法則有"看"義。跟中古品評之風相關，又引申出"品題；品評（人物）"義[3]，如《世說新語·賞譽》："王公目，太尉：'巖巖清

---

[1] 王東：《〈法苑珠林校注〉商補》，《古籍整理研究學刊》2008年第3期。
[2] 范崇高：《〈法苑珠林〉文本整理商議》，四川大學出版社2018年版，第50頁；也見於範崇高《〈法苑珠林校注〉標點商正》，《古籍研究》2018年第1期。
[3] 曾昭聰：《中古近代漢語概論》，暨南大學出版社2018年版，第149頁。

岠，壁立太仞。'"又"時人目庾中郎，善於放託大，長於自藏."又"武元夏目裴、王曰：'戎尚約，木皆清新'。""目云"是言孫綽為《名德沙門論》，在其序目中的闡述。此則除《高僧傳》外，亦見於梁僧祐撰《出三藏記集》卷十五："所請外國沙門僧伽跋澄曇摩難提及僧伽提婆等，譯出眾經，百餘萬言。常與沙門法和銓定音字，詳覈文旨，新出眾經，於是獲正。孫興公為《名德沙門論》，目云：釋道安博物多才，通經名理。"（T55/109a）

375. 釋道安博物多通，才經名理。又為之贊曰：物有廣贍，人固多宰。（冊二，16/546/10）

按："博物多通，才經名理"費解，"通才"誤倒，正作"博物多才，通經名理"。"博物多才，通經名理"是對釋道安的總體評價，"博物"，指通曉各種事物，如唐玄奘《大唐西域記·摩揭陀國下》："於是客遊後進，詳論藝能，其退走者固十七八矣。二三博物，眾中次詰，莫不挫其銳，頹其名。""多才"，指富有才智。"通經"指通曉經典，如：《後漢書·儒林傳序》："東京學者猥眾，難以詳載，今但錄其能通經名家者，以為《儒林篇》"。"名理"，指魏晉及其後清談家辨析事物名和理的是非同異。如《三國志·魏志·鐘會傳》："及壯，有才數技藝，而博學精練名理。"《晉書·範汪傳》："博學多通，善談名理。"此則引自《高僧傳》，此處正作"博物多才，通經名理"。梁僧祐撰《出三藏記集》卷十五亦引此句，也作"博物多才，通經名理"，可參。

376. 又為之贊曰：物有廣贍，人固多宰。淵淵釋安，專能兼倍。飛聲汧壟，馳名淮海。形雖革化，猶若常在。（冊二，16/546/10）

按："形雖革化"中的"革化"，費解。"革化"，改變之義，如晉袁宏《後漢紀·明帝紀下》："蜀地肥饒，民多富實，掾吏官屬皆鮮車肥馬，倫（第五倫）欲革化之，乃舉貧而有志者。此義放此處顯然不恰當。""革化"當為"草化"之訛，正作"形雖草化"。"草化"言像草一樣沒有了，義為去世。佛典中習見，如：唐道宣撰《集古今佛道論衡》卷四："形雖草化，心造彌勒，柱下周之史臣，道不振於明后。佛乃天人，師敬德化，總於無邊。"（T52/395c）唐道宣撰《續高僧傳》卷三："是則生滅破於斷常，因果顯乎中觀，爵乎，宗也；談乎，妙也。斯實莊釋玄同，東西理會，而吾子去彼取此，得無謬乎？《來論》云：續鳧截鶴，庸詎真如，草化蜂飛，何居弱喪。"（T50/445c）此則引自梁慧皎撰《高僧傳》卷五，原經此處正作"形雖草化，猶若常在"（T50/354a）。

377. 慧玉後南渡樊郢，住江陵靈收寺。（冊二，16/547/4）

按："靈收寺"，范崇高言當依《比丘尼傳》卷二，正作"牛牧寺"①。

378. 於是擎爐發誓，願博山鐫造十丈石佛，以敬擬彌勒千尺之容，使凡厥有緣，同睹三會。（冊二，16/547/10）

按：王東云：上例中"誓願"當連讀，為一詞，中古屢見，還如：《高僧傳》："安每與弟子法遇等，於彌勒前立誓願生兜率。"故上兩句分別作"於是擎爐發誓願：博山鐫造十丈石佛"。②

379. 值風雨晦冥，咸危懼假寐，忽夢見三道人來告云：若誠信堅正，自然安隱。有建安殿下感患未瘳，若能治剡縣僧護所造石像得成就者，必獲平豫。冥理非虛，宜相開發也。咸還都經年，稍忘前夢。後出門乃見一僧云：聽講寄宿。自言：去歲剡溪所囑建安王事，猶憶此不？（冊二，16/548/2）

《校注》出注云："誠"字原作"識"，據高麗藏本改。

按：范崇高言：《高僧傳》原書卷十三也作"識"，原作"識"不誤。"識信"謂有見識而相信，義猶"信奉"。"若識信堅正，自然安隱"兩句意思是，如果堅定地信奉佛法，自然會安穩無恙。這是三個道人先安慰感到危懼的陸咸。③范崇高言"識信"謂有見識而相信，將"識"理解作"見識"不確。"識"，佛教術語，是梵語 Parijn^ana，心之異名。如：東晉僧伽提婆譯《增壹阿含經》卷四十六："彼云何名為識？所謂六識身是也。云何為六？所謂眼、耳、鼻、舌、身、意識，是謂為識。"（T02/797b）唐玄奘譯《緣起經》卷一："行緣識者，云何為識？謂六識身，一者眼識，二者耳識，三者鼻識，四者舌識，五者身識，六者意識，

---

① 范崇高：《〈法苑珠林〉文本整理商議》，四川大學出版社 2018 年版，第 50 頁。
② 王東：《〈法苑珠林校注〉拾零》，《鄭州大學學報》2009 年第 4 期。
③ 范崇高：《〈法苑珠林校注〉商議》，《古籍整理研究學刊》2014 年第 1 期。

是名為識。"（T02/547c）故佛經文獻中"識信"習見，如後漢支婁迦讖譯《般舟三昧經》卷三："於新學人若得所施，當念報恩、常有識信。受人小施念報大，何況於多者？"（T13/915b）唐道宣撰《淨心戒觀法》卷二："先垂慈悲，念三界苦，且就人道，化益眾生，愛言軟語，令其調順，識信因果，歸依三寶，量其根性，利鈍廣狹，授與諸乘階梯正法。"（T45/830c）梁慧皎撰《高僧傳》卷六：既而歎曰："識信深明，實難為庶。"（T50/359a）此則引自《高僧傳》卷十三，此處正作"識信堅正"①。

380. 後出門乃見一僧云：聽講寄宿。自言：去歲剡溪所囑建安王事，猶憶此不？（冊二，16/548/4）

按："自言"費解，"自"當作"因"，形近而誤。上句"聽講寄宿"，乃是陸咸所言，他出門看到一位僧人說的這句話，下句"去歲剡溪所囑建安王事，猶憶此不？"乃是僧人所言。是僧人聽到陸咸所說後的回答，故當作"因言"為是。此則引自《高僧傳》卷十三，此處正作"因言"。

381. 依《華嚴經》作蓮華藏世界海觀，及作彌勒天宮觀。至開皇十七年遇疾暴悶，唯心不冷，未敢藏殯。（冊二，16/549/4）

按："暴悶"不辭，正作"悶絕"，暈倒義，如《左傳·定公四年》："由于徐蘇而從。"晉杜預注：以背受戈，故當時悶絕。《資治通鑒·唐高祖武德元年》："密為流矢所中，墮馬悶絕。"此則引自唐道宣撰《續高僧傳》卷第十二，《校注》注出卷十四，恐不確，原經此處正作"悶絕"。

382. 既至州館，夜放大光，明徹屋上，如火焰發，食頃方減。（冊二，16/550/7）

按：曾良②、王紹峰均認為："食頃方減"有訛字，"減"當作"滅"，兩字形近而誤。查《法苑珠林》大正藏本此處作"食頃方滅"，無異文。此則引唐道宣撰《續高僧傳》，此處作"食頃方滅"③。

---

① 范崇高：《〈法苑珠林〉文本整理商議》，四川大學出版社2018年版，第51頁。
② 曾良：《敦煌文獻叢劄》，浙江古籍出版社2010年版，第114頁；也見於曾良《〈法苑珠林〉異文及校勘劄記》，《閩南佛學》2007年第5輯。
③ 王紹峰：《〈法苑珠林校注〉商補》，《寧波大學學報》2012年第5期。

《法苑珠林》卷十七校勘研究

383. 固以聲藻震中，事靈梵表。迺創思鎔斷，抽寫神華，模造普賢彩儀盛像。寶傾宙珍，妙盡天飾。（冊二，17/554/4）

按：羅明月、王東①均言：句中有兩處值得商榷：

其一，"震中"為"宸中"之訛。"宸"，北極星所居，因以指帝王的宮殿，又引申為王位、帝王的代稱。這裏可指"帝王統治的天下"。"宸中"與"梵表"相對；其二，"彩儀"費解，當為"來儀"之訛。"來儀"比喻傑出人物的降臨，這裏指"盛像"的降臨。②

384. 所設講齋訖，今月八日，嚫會有限，名簿素定。（冊二，17/554/5）

按：句中"講齋"費解，"講齋"誤倒，正作"齋講"。"齋講"是指宣講佛法的集會。北齊顏之推《顏氏家訓·風操》："梁孝元年少之時，每八月六日，載誕之辰，常設齋講，自阮修容薨歿之後，此事亦絕。"《北史·高允傳》："又雅信佛道，時設齋講，好生惡殺。"此則故事引自《高僧傳》卷七，原經此處正作"齋講"。（T50/372c）

385. 意若曰：陛下慧燭海縣，明華日月。故以慧明為人名。繼天興祚，式垂無疆，故以天安為寺。稱神基彌遠，道政方凝；九服識泰，萬寓齊悅。謹列言屬縣，以詮天休。（冊二，17/554/9）

按：王東言："故以天安為寺。稱神基彌遠"令人費解，斷句有誤，"稱"當屬上讀，正作"故以天安為寺稱。神基彌遠"。"以天安為寺"

---

① 王東：《〈法苑珠林校注〉補正》，《宗教學研究》2010年第2期。
② 羅明月：《〈法苑珠林校注〉補疑》，《江海學刊》2011年第1期。

— 120 —

不辭,"以天安為寺稱"是言以"天安"作為寺名,也就是"天安寺",與上句"以慧明為人名"為人名相對應。①

386. 道囧驚其夜至,疑而未言。因眼閉不覺昇車,俄而至郡後沈橋。見一貴人,著帴被箋布,單衣,坐牀蘿繖形似華蓋。鹵薄從衛可數百人,悉服黃衣。(冊二,17/555/5)

按:董志翹言:当标点为:"見一貴人,著帴,被箋布單衣,坐牀蘿繖,形似華蓋。"意为:"見一貴人,戴着丝织便帽,身披细布单衣,所坐胡床上张有羽幢伞盖,伞幢像帝王的华盖。"②

387. 先在柵者十有餘人,羌日夕烹俎,唯達尚存。(冊二,17/559/5)

《校注》:"'烹'字原作'亨',據《高麗藏》本、《磧砂藏》本、《南藏》本、《嘉興藏》本改。"

按:曾良云:"亨""烹"義通,可不改。③

388. 羌各駭怖逆走,虎乃前齩柵木,得成小闚,可容人過,已而徐去。(冊二,17/559/6)

《校注》:"闚"字原作"闋",據《高麗藏》本、《磧砂藏》本改。

按:"闋"亦有"空隙"意,《校注》不煩改。唐慧琳《一切經音義》卷九十四引《倉頡篇》:"闋,閱也。"《洪武正韻‧屑韻》:"闋,隙也,牖也。"《莊子‧人間世》:"瞻彼闋者,虛室生白。"陸德明釋文引司馬彪云:"闋,空也。室比喻心,心能空虛,則純白獨生也。"此處意為老虎將柵欄咬了一個空隙,人可以從其中出來。

389. 後既南奔,迷不知道,於窮山中忽覩真形,如今行像。因作禮,禮竟豁然,不覺失之。乃得還路,遂歸本土。後精進彌篤,年垂六十而亡。(冊二,17/560/3)

按:"禮竟豁然"費解,"豁然"當屬下,正作"禮竟,豁然不覺失之"。"豁然"有"倏忽,頓然"義,例如:《周書‧晉蕩公護傳》:"積

---

① 王東:《〈法苑珠林校注〉拾零》,《鄭州大學學報》2009年第4期。
② 董志翹:《〈法苑珠林校注〉匡補》,《古籍整理研究學刊》2007年第2期。
③ 曾良:《〈法苑珠林〉異文及校勘劄記》,《閩南佛學》2007年第5輯。

稽長悲，豁然獲展。"《太平御覽》卷九三二引《志怪》："以諸藥內鱉口中，終不死……乃試取馬溺灌之，豁然消成水。"清蒲松齡《聊齋志異·快刀》："盜從之刑處，出刀揮之，豁然頭落。"

390. 晉樂苟，不知何許人也。少奉法，嘗作福富平令，先從征盧循，值小失利，舫遭火垂盡，賊亦交逼。（冊二，17/560/5）

按："福富平令"，范崇高言正作"富平令"，"福"為衍文。《太平廣記》卷一一零、《繫觀世音應驗記》引此則故事，此處皆作"富平令"①。

391. 後為姚興將，從征索虜。軍退失馬，落在圍裹。乃隱溝邊荊棘叢中，得蔽頭，復念觀世音心甚勤。至隔溝人遙喚後軍指令煞之，而軍過搜覓，輒無見者。（冊二，17/560/9）

按：曾良②、王東均言：此句"復念觀世音心甚勤。至隔溝人遙喚後軍指令煞之"標點有誤，應斷句為："復念觀世音，心甚勤至。隔溝人遙喚後軍指令煞之"。"勤至"典籍習見，如唐道宣撰《續高僧傳》卷六："如有謬忘及講聽眠失者，皆代受罰。對眾謝曰：斯則訓導不明耳，故身令獎物。其勤至若此。"③（T50/471a）

392. 晉孫道德，益州人也。奉道祭酒。年過五十，未有子息。居近精舍。景平中沙門謂德必願有兒，當至心禮誦《觀世音經》，此可冀也。（冊二，17/561/6）

按：董志翹言："景平中沙門謂德必願有兒，當至心禮誦觀世音經，此可冀也"費解，斷句有誤，正當作：景平中，沙門謂德：必願有兒，當至心禮誦《觀世音經》，此可冀也。④ "景平"是南北朝時期劉宋少帝劉義符的年號，"景平中"是時間狀語，"必"乃假設連詞，為"如果；假使"義，如《漢書·韓信傳》："王必欲長王漢中，無所事信。必欲爭天下，非信無可與計事者。"這句話是言："景平年間，沙門對孫道德說：

---

① 范崇高：《〈法苑珠林〉文本整理商議》，四川大學出版社2018年版，第52頁。
② 曾良：《〈法苑珠林〉異文及校勘劄記》，《閩南佛學》2007年第5輯。
③ 王東：《〈法苑珠林校注〉補正》，《宗教學研究》2010年第2期；也見於王東《〈法苑珠林校注〉校議》，《江海學刊》2010年第5期。
④ 董志翹：《〈法苑珠林校注〉匡補》，《古籍整理研究學刊》2007年第2期。

你若想得子，應當誠心頂禮念誦《觀世音經》，此事是可以期待的。"

393. 須臾覺失囚，人馬絡繹，四出尋捕。焚草踐林，無不至遍。唯傳所隱一畝許地，終無至者，遂得免還。（冊二，17/562/11）

按："踐林"，范崇高言正當作"殘林"①。

394. 于時百姓競鑄錢。亦有盜毀金像以充鑄者。時像在寺，已經數月。琰晝寢，夢見立於座隅，意甚異之。（冊二，17/563/11）

按："夢見立於座隅"費解，有脫文，脫"像"，正作"夢見像立於座隅"。唐釋道宣撰《集神州三寶感通錄》卷中、《法苑珠林》卷十四、清弘贊輯《觀音慈林集》卷二均摘引此則故事，此處均作"夢見像立於座隅"，可參。

395. 今西域釋迦彌勒二像，暉用若冥，蓋得相乎！今華夏景揩，神應亟著。（冊二，17/564/10）

按：曾良言："揩"字，當校錄作"楷"。古籍俗寫中"木"旁"扌"旁不別，故"揩"此是"楷"的俗寫。"景楷"就是形模義，"景""影"古今字，"楷"與"模"是同義詞。②

396. 魏天平年中，定州募士孫敬德造觀音像，自加禮敬。後為劫賊所引，不勝拷楚，妄承其死，將加斬決。（冊二，17/565/6）

《校注》："此段出《集神州三寶感通錄》卷下。作《唐高僧傳》誤。"

按：范崇高認為《校注》所出注不確，此則故事當出自唐道宣撰《釋迦方志》。另"承其死"之"死"當從《法苑珠林》諸本、《續高僧傳》卷二九、《集神州三寶感通錄》卷中、《大唐內典錄》卷十、《開元釋教錄》卷十八、《貞元新定釋教目錄》卷二八等作"罪"③。

397. 有司執縛向市，且行且誦，臨刑滿千，刀斫自折，以為二段，皮肉不傷。（冊二，17/565/7）

按："二段"，中華藏、磧砂藏、北藏本同，大正藏、高麗藏、清藏

---

① 范崇高：《〈法苑珠林〉文本整理商議》，四川大學出版社2018年版，第52頁。
② 曾良：《〈法苑珠林〉異文及校勘劄記》，《閩南佛學》2007年第5輯。
③ 范崇高：《〈法苑珠林〉文本整理商議》，四川大學出版社2018年版，第52頁。

本作"三段"。范崇高言當依原經作"三段"①。

398. 視像項上有刀三迹。以狀奏聞丞相高歡，表請免死。勅寫其經，廣布於世。今謂《高王觀世音經》。（册二，17/565/8）

按："視像項上有刀三迹。"與上下句語義均不銜接，范崇高言當依《續高僧傳》等，正作"有司執縛向市，且行且誦，臨刑滿千，刀斫自折，以為三段，皮肉不傷。視像項上有刀三迹。以狀奏聞丞相高歡，表請免死。勅寫其經，廣布於世。今謂《高王觀世音經》。敬德還設齋迎像，乃見像項上有三刀痕"②。

399. 欲於魯郡立精舍，而材不足。與沙彌明琛往上谷乞麻。一載將還，行空澤中，忽遇野火。車在下風，恐無得免。（册二，17/565/11）

按：范崇高言："一載將還"中，"一載"當屬上句。"一載"猶言"一車"。③

400. 說是偈已，菩薩深思，然後處處石壁道樹書寫此偈竟，上高樹投身而下。未至地頃時，虛空中出種種聲。爾時羅刹還帝釋身接取菩薩，安置平地，懺悔辭謝，頂禮而去。（册二，17/572/6）

按：董志翹言："未至地頃時，虛空中出種種聲"標點有誤，"時"當屬下，正作"未至地頃，時虛空中出種種聲"。這句話是言：沒有落地的瞬間，當時天空出現種種天樂聲。④

401. 有一小兒，厥年七歲，城外牧羊，遙聞比丘誦經聲，即詣精舍禮拜，聽其經言，時說色空，聞即悟解。便問比丘，應答不可，小兒反為比丘解說其義，昔所希聞，怪此小兒智慧非凡。時小兒即去逐牛至山，值一虎害，此小兒命終生長者家。（册二，17/576/12）

按："城外牧羊"與下文"逐牛至山"語義矛盾，"羊"當作"牛"之訛，正作"城外牧牛"。此則故事引自《六度集經》卷六，原經此處正作"城外牧牛"。《經律異相》卷四十五也摘引此則故事，此處也作"城

---

① 范崇高：《〈法苑珠林〉文本整理商議》，四川大學出版社2018年版，第54頁。
② 范崇高：《〈法苑珠林〉文本整理商議》，四川大學出版社2018年版，第54頁。
③ 范崇高：《〈法苑珠林〉文本整理商議》，四川大學出版社2018年版，第54頁；也見范崇高《〈法苑珠林校注〉標點舉誤》，《成都大學學報》2017年第5期。
④ 董志翹：《〈法苑珠林校注〉匡補》，《古籍整理研究學刊》2007年第2期。

外牧牛"，可參。

402. 故《敬福經》云："善男子，經生之法，不得顛倒一字重點，五百世中，墮迷惑道中，不聞正法。"（冊二，17/580/7）

按：曾良言："顛倒"後當加逗號，作"不得顛倒，一字重點，五百世中，墮迷惑道中，不聞正法"[1]。

403. 《阿難請戒律論》云：僧尼白衣等因讀經律論等行，語手執翻卷者。依忉利天歲數，犯重突吉羅。傍報二億歲墮麞鹿中，恒被摺脊，苦痛難忍。（冊二，17/581/7）

按：曾良言：標點有誤，"行"字當屬下句。"行語手執翻卷者"就是說邊讀邊行而手執翻卷者。[2]

---

[1] 曾良：《〈法苑珠林〉異文及校勘劄記》，《閩南佛學》2007 年第 5 輯。
[2] 曾良：《〈法苑珠林〉異文及校勘劄記》，《閩南佛學》2007 年第 5 輯。

《法苑珠林》卷十八校勘研究

404. 置於中壇，莫食百神，置於東壇。明帝設行殿在寺門道西，置佛舍利及經。（冊二，18/589/1）

按："明帝設行殿在寺門道西，置佛舍利及經"語義費解，有脫文，范崇高言正作"明帝設行殿在寺門南門，道西置佛舍利及經"①。

405. 晉董吉者，於潛人也。奉法三世，至吉尤精進。（冊二，18/590/11）

《校注》："《太平廣記》卷一三引，作出《冥祥記》。"

按：范崇高言：《校注》此條注解有誤，當作"《太平廣記》卷一一二引。"②

406. 東晉孝武之前，恒山沙門釋道安者，經石趙之亂，避地于襄陽，注《般若道行》《密跡》諸經，《析疑》《甄解》二十餘卷。（冊二，18/593/3）

按：曾良③、董志翹皆言："析疑甄解"並非兩書名，而是"分析疑義、辨別闡釋"之義。《高僧傳》卷五"晉長安五級寺釋道安"作："安窮覽經典，鉤深致遠，其所注《般若道行》、《密跡》、《安般》諸經，並尋文比句，為起盡之義，乃析疑甄解，凡二十二卷。序致淵富，妙盡深旨，條貫既敘，文理會通，經義克明，自安始也。"④

---

① 范崇高：《〈法苑珠林〉文本整理商議》，四川大學出版社2018年版，第55頁；也見范崇高《〈法苑珠林校注〉標點舉誤》，《成都大學學報》2017年第5期。
② 范崇高：《〈法苑珠林〉文本整理商議》，四川大學出版社2018年版，第55頁。
③ 曾良：《〈法苑珠林〉異文及校勘劄記》，《閩南佛學》2007年第5輯。
④ 董志翹：《〈法苑珠林校注〉匡補》，《古籍整理研究學刊》2007年第2期。

407. 居一年而得病，恍惚驚悸，竟體刾爛，狀若火瘡。有細白蟲，日去升餘。燥痛煩毒，晝夜號叫。（冊二，18/595/11）

按：范崇高言："燥痛"，大正藏本、中華藏本、高麗藏本作"磣痛"，《太平廣記》卷一一六作"慘痛"，當作"磣痛"或"慘痛"，指悲慘痛苦，皮肉之痛。①

408. 以齊武平三年從并向鄴，行達艾州失道。尋徑入山，暮宿巖下，室似人居，迥無所見。（冊二，18/596/4）

《校注》："'徑'字原作'逕'，據《唐高僧傳》改。"

按：范崇高言："徑""逕"為異體字關係，古書中習見，《校注》不煩改。②

409. 寶恃己誦博，頗以自矜。山僧曰："修道者未應如此，欲聞何經，為誦之。"寶曰："樂聞《華嚴》。"僧即少時誦之，便度聲韻諧暢，非世所聞。更令誦餘經，率皆如此。寶驚歎曰："何因大部經文，倏然即度。"報曰："汝是有作心，我是無作心。夫忘懷於萬物者，彼我自得矣。"寶知為神異也，求哀乞住。（冊二，18/596/8）

按："僧即少時誦之，便度聲韻諧暢，非世所聞更令誦餘經，率皆如此"標點有誤，董志翹言：當作"僧即少時誦之便度，聲韻諧暢，非世所聞"③。

410. 未濟之間，忽不自覺，見澗之西隅有一長者，語規勿渡，規於時即留。（冊二，18/597/4）

按：董志翹言：此"不自覺"乃"無意識""恍惚"之義，故句子當斷作"忽不自覺見澗之西隅有一長者"即"恍惚間見澗之西隅有一長者"之意。④

411. 陳揚州嚴恭者，本是泉州人。家富於財，而無兄弟。父母愛慕，言無所違。（冊二，18/598/5）

按：王東言："父母愛慕"自己的兒子，這於情理不合。故"慕"當

---

① 范崇高：《〈法苑珠林〉文本整理商議》，四川大學出版社2018年版，第57頁。
② 范崇高：《〈法苑珠林〉文本整理商議》，四川大學出版社2018年版，第57頁。
③ 董志翹：《〈法苑珠林校注〉匡補》，《古籍整理研究學刊》2007年第2期。
④ 董志翹：《〈法苑珠林校注〉匡補》，《古籍整理研究學刊》2007年第2期。

是"恭"之訛。"恭"為人名，即"嚴恭"的省稱。"父母愛恭"，意思是說"父母很喜愛自己的兒子嚴恭"，下文才有"言無所違"。①

412. 陳太建初，恭年弱冠，請於父母，願得五萬錢往揚州市易。父母從之，恭船載物而下。（冊二，18/598/5）

按："載物而下"，范崇高言：當依《冥報記》卷上、《弘贊法華傳》卷十、唐僧詳《法華傳記》卷八作"載錢而下"，當據改。②

413. 恭父受之，記是本錢，而皆小濕。（冊二，18/598/10）

按："小濕"，范崇高認為：當依《冥報記》卷上、唐慧詳《弘贊法華傳》卷十、唐僧詳《法華傳記》卷八作"水濕"。③

414. 父母說客形狀及付錢日月，乃贖黿之日。於是知五十客，皆所贖黿也。（冊二，18/599/1）

按：曾良言："日月"二字，《大正藏》本、《磧砂藏》本均作"月日"，"月日"也是時間的意思，不必改作"日月"。④

415. 隋開皇初，有揚州僧，忘其本名，誦通涅槃，自矜為業。（冊二，18/599/11）

《校注》："出《集神州三寶感通錄》卷下。又見《太平廣記》卷一二一下引，作出《法苑珠林》。"

按：范崇高言：此注有誤。本段見於《太平廣記》卷一一一。⑤

416. 彼從南來，至歧州訪得，具問所由。沙彌言：幼誦觀音，別衣別所，燒香呪願，然後乃誦。斯法不怠，更無他術。（冊二，18/600/1）

按："幼"，大正藏本、中華藏本作"初"，宋、元、明、宮本作"幼"，磧、南、徑、清作"幼誦"。范崇高言當依《集神州三寶感通錄》卷下、《大唐內典錄》卷十、僧詳《法華傳記》卷五等作"初"。⑥

---

① 王東：《〈法苑珠林校注〉補正》，《宗教學研究》2010年第2期。
② 范崇高：《〈法苑珠林〉文本整理商議》，四川大學出版社2018年版，第58頁；又見范崇高《〈法苑珠林〉引〈冥報記〉》校點補正，《內江師範學院學報》2017年第9期。
③ 范崇高：《〈法苑珠林〉文本整理商議》，四川大學出版社2018年版，第58頁；又見范崇高《〈法苑珠林〉引〈冥報記〉》校點補正，《內江師範學院學報》2017年第9期。
④ 曾良：《〈法苑珠林〉異文及校勘劄記》，《閩南佛學》2007年第5輯。
⑤ 范崇高：《〈法苑珠林〉文本整理商議》，四川大學出版社2018年版，第58頁。
⑥ 范崇高：《〈法苑珠林〉文本整理商議》，四川大學出版社2018年版，第58頁。

417. 於禪居寺大齋，日將散，謂岑曰：往兜率天聽《般若》去。（冊二，18/601/1）

按："日將散"語義費解，范崇高言"日"當屬上句，"大齋日"指大規模誦經祈福活動的日子，正作"於禪居寺大齋日，將散"。①

418. 汝送出三重門外。別記，來入房中，踞床忽後還暗。（冊二，18/600/3）

按："忽後"，語義費解，《法苑珠林》諸本皆作"忽然"，此則故事引自《續高僧傳》卷十六，原經此處也作"忽然"。范崇高言疑此處是抄者改"忽然"為意義相同的"忽復"，後來傳抄時誤為形近的"忽後"。②范崇高所言還是讓人不明所以，我們認為是《校注》所採用的底本蔣氏刻本，此處有訛誤。《校注》編者未加考辨，故而致誤。

419. 有破壞者，藏師並更修補，造堂安置。（冊二，18/601/7）

按：曾良言："壞"字不通，當是"壞"之訛。《大正藏》本、《磧砂藏》本均作"壞"。③

420. 你立身已來，雖大造功德，悉皆精妙。唯有少分，互用三寶物，得罪無量。（冊二，18/601/9）

按：曾良言："少分"後的逗號當取消。"少分"為一點點、少許的意思，"唯有少分互用三寶物"即唯有一點點互用三寶物。"互用"為佛教術語。④

421. 神將僧入一院，遙見一人在火中號呼，不能言，形變不復可識，而血肉焦臭，令人傷心，此是也。師不欲歷觀耶？僧愁愍求出。（冊二，18/602/9）

按：范崇高言："令人傷心，此是也。師不欲歷觀耶？僧愁愍求出"有脫文，導致語義費解，正作"令人傷心，神曰：此是也，師不復欲歷觀耶？僧愁愍求出"⑤。

---

① 范崇高：《〈法苑珠林〉文本整理商議》，四川大學出版社2018年版，第59頁。
② 范崇高：《〈法苑珠林〉文本整理商議》，四川大學出版社2018年版，第59頁。
③ 曾良：《〈法苑珠林〉異文及校勘劄記》，《閩南佛學》2007年第5輯。
④ 曾良：《〈法苑珠林〉異文及校勘劄記》，《閩南佛學》2007年第5輯。
⑤ 范崇高：《〈法苑珠林〉文本整理商議》，四川大學出版社2018年版，第59頁。

422. 殿中丞相李玄獎、大理丞采宣明等皆為臨說之。（冊二，18/604/1）

按："李玄獎"，當作"里玄獎"。范崇高[1]言：岑仲勉已言之，可參。[2]

423. 唐邢州司馬柳儉，隋大業十年任岐州岐陽宮監。至義寧元年，為李密來枉，被牽引在大理寺禁。（冊二，18/607/10）

按：曾良言："枉"當屬下句，"枉"為冤枉義，"牽引"指牽連、牽累。[3]

424. 喬卿同僚數人並同餘令陳說，天下士人多共知之。（冊二，18/609/12）

按：曾良[4]、范崇高均言："並同"之"同"是"向"之誤字，《法苑珠林》諸本皆作"並向"[5]。我們認為《校注》作"同"當是所依底本蔣氏刻本有訛誤，《校注》編者未加考辨，遂而致誤。

425. 後忽聞院中有異香，非常郁烈。鄰側並就觀之，無不稱歎。（冊二，18/610/5）

《校注》："烈"字原作"然"，據《高麗藏》本改。

按：《法苑珠林》大正藏本作"郁烈"，宋、元、明、宮本皆作"郁然"。作"然"亦通，《校注》不煩改。"然"可用作形容詞或副詞詞尾，表示狀態。"郁然"即"香氣濃重貌"。宋歐陽修《歸田錄》卷二："每晨起將視事，必焚香兩爐，以公服罩之，撮其袖以出。坐定，撒開兩袖，郁然滿室濃香。"明王世貞《宛委餘編》："命捲簾，則異香自內出，郁然滿坐。"

---

[1] 范崇高：《〈法苑珠林〉文本整理商議》，四川大學出版社2018年版，第59頁。
[2] 岑仲勉：《唐唐臨〈冥報記〉之復原》，《岑仲勉史學論文集》，中華書局1990年版，第757頁。
[3] 曾良：《〈法苑珠林〉異文及校勘劄記》，《閩南佛學》2007年第5輯。
[4] 曾良：《〈法苑珠林〉異文及校勘劄記》，《閩南佛學》2007年第5輯。
[5] 范崇高：《〈法苑珠林〉文本整理商議》，四川大學出版社2018年版，第60頁。

《法苑珠林》卷十九校勘研究

426. 三寶既同，義須齊敬，不可徧遵佛法，頓棄僧尼。（冊二，19/612/9）

按：曾良云："徧"就是"遍"，這裡當作"偏"字，才符合文意。《磧砂藏》本、《大正藏》本均作"偏"，是。此段文字又見道世《諸經要集》卷二，亦作"偏"字。①

427. 亦不得鞭打，亦不應口業罵辱，如其身罪。（冊二，19/626/10）

按：曾良云："如"字不通，是"加"的訛誤。《磧砂藏》本、《大正藏》本均作"加"。此段文字又見《諸經要集》卷二，亦作"加"字。②

428. 晉廬山七嶺同會於東，共成峰崿。其崖窮絕，莫有昇者。晉太元中，豫章太守范甯將起學館，遣人伐材其山。見人著沙門服，凌虛直上。既至則迴身踞其峰，良久乃與雲氣俱滅。時有採藥數人皆共瞻覩。當時能文之士，咸為之興詞。沙門釋曇諦《廬山賦》曰：應真凌雲以踞峰，眇翳景而入冥者也。（冊二，19/631/5）

按：王東言："應真凌雲以踞峰，眇翳景而入冥"，從韻文的角度來看，不符合對文的格式。"眇翳景而入冥"奪一字。《藝文類聚》卷七"宋支曇諦《廬山賦》"、大正藏本《法苑珠林》均作："應真凌雲以踞峰，眇忽翳景而入冥。""眇忽"，義為"隱約貌"，語出《漢書·司馬相

---

① 曾良：《〈法苑珠林〉異文及校勘劄記》，《閩南佛學》2007年第5輯。
② 曾良：《〈法苑珠林〉異文及校勘劄記》，《閩南佛學》2007年第5輯。

如傳》："眇眇忽忽，若神之仿佛。"①

429. 義熙末陽新縣虎暴甚盛，縣有大社樹，下有築神廟，左右民居以百數，遭虎死者，夕必一兩。（冊二，19/632/8）

按："民居"，范崇高認為當依《高僧傳》卷六、《太平御覽》卷六五六和《珠林》卷八九作"居民"。②

430. 法安徑之樹下坐禪，通夜向曉。有虎負人而至，投樹之北。（冊二，19/632/10）

按：董志翹言：當作"法安徑之樹下，坐禪通夜。向曉有虎負人而至，投樹之北。""通夜"猶言"通宵"。③

431. 通夜向曉。有虎負人而至，投樹之北。見安如喜如跳，伏安前，安為說法授戒，虎踞地不動，有頃而去。（冊二，19/632/10）

按："如喜如跳"語義費解，范崇高言當依《高僧傳》卷六、《法苑珠林》卷八九作"見安如喜如驚，跳伏安前"。④

432. 近鄧州有沙門名道勣者，於州北倚立山巖追訪，具見周循歷覽，實為住寺。眾具皆備，但不見人。（冊二，19/635/10）

按：曾良云：標點有誤，正當作"近鄧州有沙門名道勣者，於州北倚立山巖，追訪具見，周循歷覽，實為住寺。眾具皆備，但不見人"。"倚立"為站立義，此指山巖陡峻立聳。"追訪具見"謂尋訪具見住寺，"住寺"二字蒙後省略。⑤

433. 汾州東南介山抱腹巖者，山居之僧，數見沙門，乘空來往。（冊二，19/636/1）

按：董志翹言：當作"山居之僧，數見沙門乘空來往。"山居之僧數所見到的是"沙門乘空來往"⑥。

---

① 王東：《〈法苑珠林校注〉拾補》，《江海學刊》2014年第3期。
② 范崇高：《〈法苑珠林〉文本整理商議》，四川大學出版社2018年版，第59頁。
③ 董志翹：《〈法苑珠林校注〉匡補》，《古籍整理研究學刊》2007年第2期。
④ 范崇高：《〈法苑珠林〉文本整理商議》，四川大學出版社2018年版，第59頁。
⑤ 曾良：《〈法苑珠林〉異文及校勘劄記》，《閩南佛學》2007年第5輯。
⑥ 董志翹：《〈法苑珠林校注〉匡補》，《古籍整理研究學刊》2007年第2期。

《法苑珠林》卷二十校勘研究

434. 父母視子，亦有五事：一者，當念令去惡就善。二者，當教計筭書疏。三者，當教持經戒。四者，當與娶婦。五者，家中所有當給與之。（册二，20/646/11）

按："當與娶婦"有脫文，脫"早"，正作"當早與娶婦"。此則故事引自後漢安息國三藏安世高譯《佛說尸迦羅越六方禮經》卷一，此處正作"當早與娶婦"。另外唐慧沼撰《勸發菩提心集》卷二（T45/394c）、唐智周撰《法華經玄贊攝釋》卷四（X34/111c）均引此則故事，此處亦均作"當早與娶婦"。"當早與娶婦"意謂：父母應當早給兒子娶妻。

435. 南向拜者，謂弟子事師，當有五事：一者，當敬歎之。二者，當念其恩。三者，所教隨之。四者，思念不厭。五者，當從後稱譽之。（册二，20/647/1）

《校注》："'歎'字原作'難'，據《高麗藏》本改。"

按：曾良[①]、王東均言："敬歎"，《法苑珠林》大正藏本作"敬歎"，宋、元、明、宫本作"敬難"。此則引自《佛說尸迦羅越六方禮經》，《佛說尸迦羅越六方禮經》大正藏本作"敬難"，《校注》此處不煩改，正作"敬難"。"敬難"，"恭敬""尊敬"義。[②]

436. 師教弟子，亦有五事：一者，當令疾知不忘。二者，當勝他人弟子。三者，欲令知已不忘。四者，有諸疑難，悉為解說。五者，欲令

---

① 曾良：《〈法苑珠林〉異文及校勘劄記》，《閩南佛學》2007年第5輯。
② 王東：《〈法苑珠林校注〉拾零》，《江海學刊》2014年第3期。

弟子智慧勝師。（冊二，20/647/2）

按："當令疾知不忘"，涉下誤衍，正作"當令疾知"。此則摘自《屍迦羅越六向拜經》卷一，原經此處正作"當令疾知"。唐道宣撰《四分律刪繁補闕行事鈔》卷一（T40/31a）、唐慧沼撰《勸發菩提心集》卷二（T45/394c）、《法華經玄贊攝釋》卷四（X34/111c）、唐道宣述《四分比丘尼鈔》卷二（X40/733b）、唐玄惲纂《毗尼討要》卷一（X44/333a）等均引此則故事，此處均作"當令疾知"。

437. 北向拜者，謂人視親屬朋友，當有五事：……四者，當相敬難。（冊二，20/647/7）

按：曾良云："敬難"費解，當校作"敬歎"，《大正藏》本作"敬歎"[①]。我們認為曾良所言非是，此處不煩改作"敬歎"。"敬難"，"恭敬""尊敬"義，佛經文獻習見，如曹魏康僧鎧譯《佛說無量壽經》卷二："尊貴自大謂己有道，橫行威勢侵易於人，不能自知，為惡無恥，自以強健欲人敬難，不畏天地、神明、日月，不肯作善，難可降化。"（T12/276c）後漢安世高譯《七處三觀經》卷一："兄弟亦敬難，妻子亦敬難，兒從奴婢亦敬難，知識邊人亦敬難，五種親屬皆敬難。"（T02/878b）宋罽賓三藏佛陀什共竺道生等譯《彌沙塞部和醯五分律》卷十六："弟子自然生心，敬重和尚如父，勤相教誡，更相敬難，則能增廣佛法使得久住。"（T22/110c）

438. 沙門道人當以六意視其凡庶：一者，教之布施，不得自慳。二者，教之持戒，不得自犯。三者，教之忍辱，不得恚怒。四者，教之精進，不得懈慢。五者，教之一心，不得放意。

《校注》："教之布施，不得自慳"，原作"教施莫慳"，據高麗藏本補改。（冊二，20/648/1）

按："教之布施，不得自慳"，《校注》雖據高麗藏本改，但意仍不洽切，當據《屍迦羅越六向拜經》卷一改，正作"教之布施，不得慳貪"。此則引自《尸迦羅越六方禮經》卷一，原經此句作："沙門道士當以六意視凡民：一者，教之布施，不得自慳貪。二者，教之持戒，不得自犯色。

[①] 曾良：《〈法苑珠林〉異文及校勘劄記》，《閩南佛學》2007年第5輯。

三者，教之忍辱，不得自恚怒。四者，教之精進，不得自懈慢。五者，教人一心，不得自放意。"（T01/251c）《法苑珠林》摘引時作了刪改，為了句式的工整，將"不得自慳貪"，徑改為"不得自慳"。此舉顯然欠妥，"慳貪"是指慳吝、貪婪兩個品質，修改之後意義表達不完整，此處當改作"不得慳貪"為是。試比較：唐行滿集《涅槃經疏私記》卷十："一生得善者，如人生來不信戒，施常自慳貪，藉過去微善，故云生已得善等也。"（X37/115b）唐智周撰《法華經玄贊攝釋》卷四（X34/112a）亦引此則故事，也作"不得自慳貪"。

439. 懺悔者，所有輕重自作、教他、見作隨喜。（冊二，20/649/12）

按：吳建偉言："懺悔者，所有輕重自作、教他、見作隨喜"，正作："懺悔者，所有輕重，自作教他，見作隨喜"。"輕重"，所作惡業之輕重；"自作"，自身作惡業；"教他"，即教他作，教他人作惡業；"見作隨喜"，見他人作惡業，自身隨之也生起歡喜之心。《法苑珠林》卷八十六所收曇遷法師《十惡懺文》："凡此所陳十種惡業，自作他作，見作隨喜。"標點不誤，可資參證。①

440. 又《十誦律》：佛語優波離，稱和南者，是口語。若曲身者，是名心淨。若比丘禮時從座起，偏袒右肩，脫草屣，右膝著地，以兩手接上座足禮。（冊二，20/652/8）

按："草屣"，正作"革屣"，"草""革"兩字形近而誤。"此段摘自《十誦律》卷三十九，原經此處正作"革屣"。"革屣"，皮制的鞋，文獻習見，如：《南史·夷貊傳上·林邑國》："貴者著革屣，賤者跣行。"這個儀式，其他佛經戒律文獻中習見，如姚秦罽賓三藏佛陀耶舍共竺佛念等譯《四分律》卷三："彼比丘看無難處、無妨處已，到僧中脫革屣、偏露右肩、右膝著地、合掌作如是白：大德僧聽！我某甲比丘，自乞作屋，無主自為已。我今從眾僧乞，知無難、無妨處。"（T22/585b）宋罽賓三藏佛陀什共竺道生等譯《彌沙塞部和醯五分律》卷四："脫革屣，頭面禮足，胡跪合掌，作是言：大德僧聽！我某甲比丘，欲遊行某處，糞掃衣重不能持去，欲留；今從僧乞不失衣羯磨。"（T22/24a）東晉天竺三藏佛

---

① 吳建偉：《〈法苑珠林校注〉標點疑誤補舉》，《古籍整理研究學刊》2015年第6期。

陀跋陀羅共法顯譯《摩訶僧祇律》卷十三："乞法者，是陀驃迦盧比丘，偏袒右肩、脫革屣、右膝著地。"（T22/331b）例多不繁引。

441. 山龍惶懼謝三人曰：愚不識公，請至家備物。但不知何處送之。三人曰：於水邊，若樹下燒之。（冊二，20/661/8）

按：董志翹言：當作"於水邊若樹下燒之"，中間不容點斷。此中之"若"為選擇連詞，乃"或""或者"之義。① 如《史記·龜策列傳》："卜有賣若買臣妾馬牛。得之，首仰足開，內外相應。""於水邊若樹下燒之"，乃"在水邊或樹下燒之"之意。

---

① 董志翹：《〈法苑珠林校注〉匡補》，《古籍整理研究學刊》2007年第2期。

《法苑珠林》卷二十一校勘研究

442. 若布施佛時，一切得福。若布施眾僧，受用得一切福，未受用不得一切福。（冊二，20/665/3）

按："若布施佛時，一切得福"費解，有脫文，脫"即"，且標點不確，正作"若布施佛，即時一切得福"。"即時"，"當下；立刻"義，典籍習見，如《東觀漢記·和熹鄧后傳》："宮人盜者，即時首服。"宋楊萬里《怪菌歌》："數莖枯菌破土膏，即時便與人般高。"此則故事引自曹魏代譯失三藏名《阿毘曇甘露味論》卷一，原經此處正作"布施佛，即時一切得福"。因不明校勘，標點也致誤，正當作"若布施佛，即時一切得福"。

443. 若布施眾僧，受用得一切福，未受用不得一切福。（冊二，20/665/3）

按："若布施眾僧，受用得一切福"標點不確，"受用"當屬上，正作"若布施眾僧，受用，得一切福"。"受用"，享受、享用之義，如：《法苑珠林》卷十二："四方僧物，飲食臥具，皆悉不得共同受用。""若布施眾僧，受用，得一切福"，是言：如果布施眾僧，眾僧享用（布施），（布施者）可以得一切福。《阿毘曇甘露味論》卷一此處作"布施眾僧，若受用得一切福"，顯然"受用"的主語應當是眾僧。所以下句言"未受用不得一切福"。"未受用不得一切福"依句義當斷作"未受用，不得一切福"。也就是言：如果布施眾僧，眾僧不享用（布施），（布施者）依然不得一切福。要之，"若布施眾僧，受用得一切福，未受用不得一切福"，正當作"若布施眾僧，受用，得一切福，未受用，不得一切福"。

444. 若復有人持以七寶如須彌山等，於一切中布施聲聞辟支佛，不如有出家在家人能持一錢以用布施初發菩提心人。得福德多，比前功德百分千分萬分不及其一，乃至算數譬喻所不能及。（冊二，20/665/9）

按：曾良言："一切"，正作"一劫"。另外標點有誤，"德福德多"後當為句號，正作"若復有人持以七寶如須彌山等，於一劫中布施聲聞辟支佛，不如有出家在家人能持一錢以用布施初發菩提心人，得福德多。比前功德，百分千分萬分不及其一，乃至算數譬喻所不能及"①。

445.《寶梁經》云：佛言，善男子，我今說世有二種應受信施。何等為二？一、勤行精進，二、得解脫。（冊二，20/665/12）

按："二種"，《法苑珠林》大正藏本作"二人"，明本作"種"，作"二人"是。"二人"表示的是兩類人，這種表達方式，佛經文獻習見，如東晉罽賓三藏瞿曇僧伽提婆譯《增壹阿含經》卷九："爾時，世尊告諸比丘：世有二人，無有厭足而取命終。云何為二人？所謂得財物恒藏舉之；復有得物而喜與人。是謂二人無有厭足而取命終。"（T02/587b）隋天竺三藏闍那崛多譯《佛本行集經》卷二十六："爾時菩薩如是思惟：世有二人行坐之處，其地陷沒。何等為二？一者斷絕諸善根盡，二者福德諸善甚多計。我即今應非是斷善根盡人，此或應非菩提樹下。"（T03/776b）北涼天竺三藏曇無讖譯《大般涅槃經》卷二十六："爾時世尊讚言：善哉，善哉！善男子！世有二人，甚為希有，如優曇花：一者不行惡法，二者有罪能悔，如是之人甚為希有。"（T12/518b）姚秦鳩摩羅什譯《大智度論》卷十一："如佛說：世有二人為難得：一者出家中非時解脫比丘，二者在家白衣能清淨布施。"（T25/141a）例多不繁舉，以上用例顯然都是指的兩類人，而非兩個人。此則故事引自《大寶積經》卷一一三，此處正作"二人"。

446. 客晝十二年，得三十兩金，持還本國。於弗迦羅城中聞大鼓，作大會聲。（冊二，20/667/6）

按：曾良言："大鼓"，當作"打鼓"。《大正藏》本、《磧砂藏》本均作"打鼓"②。我們認為此處當是《校注》所據底本有誤，《珠林》諸

---

① 曾良：《〈法苑珠林〉異文及校勘劄記》，《閩南佛學》2007年第5輯。
② 曾良：《〈法苑珠林〉異文及校勘劄記》，《閩南佛學》2007年第5輯。

版本均為"打鼓"且無異文。

447. 有信之人則名可治，定得涅槃，瘡疣無故。無信之人，名一闡提，名不可治。（冊二，21/672/2）

按："瘡疣無故"有倒文，正作"無瘡疣故"。此則故事引自北涼天竺三藏曇無讖譯《大般涅槃經》卷五，原經此處作"有信之人，則名可治。何以故？定得涅槃，無瘡疣故，是故我說治閻浮提諸眾生已。無信之人，名一闡提，一闡提者，名不可治。除一闡提，餘悉治已，是故涅槃，名無瘡疣。"（T12/391c）《法苑珠林》摘引時對原經做了刪改，下句的"是故涅槃，名無瘡疣"正是對"定得涅槃，瘡疣無故"的解釋，顯然"瘡疣無故"屬於誤倒，當據改。

448. 若有能於一恒河沙等諸佛世尊所發菩提心，然後乃能於惡世中不謗是經，愛樂是典，不能為人分別廣說。若有眾生於二恒河沙等佛所發菩提心，然後乃能於惡世中不謗是法，正解信樂，受持讀誦，亦不能為他人廣說。若有眾生於三恒河沙等佛所發菩提心，然後乃能於惡世中不謗是法，受持讀誦，書寫經卷，雖為他說，未解深義。若有眾生於四恒河沙等佛所發菩提心，然後乃能於惡世中不謗是法，受持讀誦，書寫經卷。（冊二，21/674/11）

按："不謗是經"，"經"當是"法"之訛，正作"不謗是法"。此段行文句式工整，下文均言"於惡世中不謗是法"，此處顯然亦當是"不謗是法"。此則故事引自《大般涅槃經》卷六，原經此處正作"不謗是法"。《法苑珠林》卷十七、唐道世《諸經要集》卷二、唐澄觀述《華嚴經行願品疏》卷五、隋灌頂撰，唐湛然再治《涅槃經會疏》卷六均引此則故事，均作"不謗是法"，可參。

449. 若是水滴，毗嵐風起壞世界時，假使是人住世一切，我亦如是得住一切。（冊二，21/676/1）

按：曾良言：這兩個"一切"均當作"一劫"。《大正藏》本、《磧砂藏》本均寫"一劫"。[1]

450. 汝今既見，何故不起、不馳、不禮、不共相問，復不讓坐？汝

---

[1] 曾良：《〈法苑珠林〉異文及校勘劄記》，《閩南佛學》2007年第5輯。

今睹見何事故而不起迎？（冊二，21/676/13）

按："不馳"費解，"馳"當是"迎"之訛，正作"不迎"。"不起、不迎、不禮"是言無畏德女對僧人的態度，即不起身、不迎接、不禮拜。上文也言"時無畏德女見諸聲聞，不起不迎，默然而住"，下句也有言"何事故而不起迎"，顯然"不馳"當作"不迎"。此則故事出自《大寶積經》卷九十九，原經此處正作"不迎"。

451. 四、起慢心自高凌彼，不省己實，不調自心，是為慢業。（冊二，21/682/7）

《校注》："'凌'字原作'陵'，據《高麗藏》本、《磧砂藏》本、《南藏》本、《嘉興藏》本改。"

按："凌"，明本作"陵"。范崇高言當依《諸經要集》卷九作"陵"①。

452. 時婆羅門恒自經營，指授眾事。佛以道眼見此老翁命不終日，當就後世。不能自知，而方忪忪繕治。精神無福，甚可憐愍。佛將阿難往到其門，慰問老翁，得無勞倦？今作此舍，何所為安？（冊二，21/683/10）

按："忪忪"費解，當是"忩忩"變換部件形成之訛字，正作"忩忩"。"忪忪"，驚恐不安貌。如《魏書·恩幸傳·王叡》："岩岩廊署，無不遇之士；忪忪惸獨，荷酒帛之恩。"也作"憧憧"，如：吳康僧會譯《六度集經》卷六："父心忪忪而怖，遣使索兒，使覘兄曰：弟如之乎？"（T03/26a24-25）《大正藏》校勘記："忪忪"，宋本作"憧憧"。也作"伀伀"，如唐慧琳撰《一切經音義》卷三十三："伀伀，又作忪同，燭容反，《方言》'征伀，惶遽也'，經文作'憧'，非也。"（T54/527b）"忪忪""憧憧""伀伀"均作"驚恐不安貌"，於此處語義未安。此處正當作"忩忩"，匆匆，匆忙貌。《三國志·吳志·孫和傳》："權登白爵觀見，甚惡之，敕據晃等無事忩忩。"《敦煌變文集·維摩詰經講經文》："忩忩獨自入城門，行止因由請宣唱。""忩"，是"悤"的異體字，《字

---

① 范崇高：《〈法苑珠林〉文本整理商議》，四川大學出版社2018年版，第62頁；又見於范崇高《〈法苑珠林校注〉校勘商酌》，《成都大學學報》2016年第6期。

彙》："忩，與悤同。"《說文》："悤，多遽悤悤也。"《史記·龜策列傳》："天下禍亂，陰陽相錯，悤悤疾疾，通而不相擇。" "囪"字草寫則成"匆"，故字亦作"怱"。《正字通·心部》："悤，隸作怱。"《集韻·東韻》："怱，古作悤。"此則故事引自晉世沙門法炬共法立譯《法句譬喻經》卷二（T04/586a），原經此處作"怱怱"。"怱怱"即是"悤悤"的異體。

453. 佛語老翁：久聞宿德，思遲談講。佛有安偈，存亡有益，欲以相贈，不審可不？願小廢事，共坐論說不耶？（冊二，21/683/13）

按："佛有安偈"費解，有訛字，正作"偶有要偈"。"佛語老翁"後是佛所言之語，不會自言為佛，作"偶"字是，"偶然"義。"安偈"不辭，"安"當是"要"之訛，兩字形近而誤。"要偈"即"重要的偈語"。下文老翁對言"所云要偈，便可說之"與此相對應。"偶有要偈"即偶然間有重要的偈語。此則故事引自晉世沙門法炬共法立譯《法句譬喻經》卷二（T04/586a），原經此處正作"偶有要偈"。

454. 於是世尊即說偈言：有子有財，愚唯汲汲，我且非我，何有子財？暑當止此，寒當止此，愚多預慮，莫知來變。（冊二，21/684/2）

按："何有子財"費解，"有"當是"憂"的音訛字，正作"何憂子財"。"我且非我，何有子財"是佛言"你亦不是你了，還憂愁孩子和財物"。這是對老翁忙忙碌碌為子奔忙，卻不知禍之將至的勸告。此則故事引自晉世沙門法炬共法立譯《法句譬喻經》卷二（T04/586a），原經此處正作"何憂子財"。吳天竺沙門維祇難等譯《法句經》卷一亦載此則故事，此處也作"何憂子財"。

455. 佛言：屬到死老翁舍為翁說法。不信佛語，不知無常。今老者忽然已就後世。具為諸梵志更說前偈義，聞之欣然，即得道跡。（冊二，21/684/7）

《校注》云："老"字原脫，據高麗藏本補。

按：《校注》不煩改，加"老"後，反而不確。"今老者"，《法苑珠林》大正藏本作"今老者"，宋、元、明、宮本作"今者"，作"今者"是。"今者"就是"如今"之義，文獻習見，如後秦弘始年佛陀耶舍共竺佛念譯《長阿含經》卷一："爾時，父王默自思念：昔日相師占相太子，言當出家，今者不悅，得無爾乎？當設方便，使處深宮，五欲娛樂，以悅其心，令不出家。"（T01/6b）西晉河內沙門白法祖譯《佛般泥洹經》卷二："答曰：佛有耆舊弟子，名大迦葉，周行教化，今者來還，將弟子二千人，諸天無央數，欲完見佛，令火不燃。"（T01/173c）西晉沙門法立共法炬譯《大樓炭經》卷六："至二三月，然後方呼來相見，言：昔者人無所著，今者人稍有所著。後便持童女嫁與夫，歌舞戲笑，稱願夫婦，常使安隱也。"（T01/308a）

456. 小復前行，見一女人自身負銅鑊，榰鑊著水，以火然沸，脫衣入鑊，肉熟離骨，沸吹骨出在外，風吹尋還成人，自取肉食。（冊二，21/686/11）

《校注》："'榰'字原作'枝'，據《高麗藏》本、《磧砂藏》本、《南藏》本、《嘉興藏》本改。"

按：范崇高言："榰""枝"均可通，不煩改。中古時期表示"支撐"義時，"枝"與"榰"可通用。①

---

① 范崇高：《〈法苑珠林〉文本整理商議》，四川大學出版社2018年版，第63頁，也見於范崇高《〈法苑珠林校注〉拾補》，《內江師範學院學報》2011年第1期。

《法苑珠林》卷二十二校勘研究

457. 行道匝已，又禮大眾及二師竟，然後在下行坐，受六親拜。荷出家離俗意，心懷歡喜。父母諸親皆為作禮，悅其道意。（冊二，22/705/8）

按："受六親拜。荷出家離俗意"費解，標點不確，正當作"受六親拜荷，出家離俗意"。"拜荷"，猶拜謝。唐裴鉶《傳奇·陶尹二君》："二公捧受拜荷，以酒吞之。"《諸經要集》卷四引此則故事，亦作"拜荷"，但此處有異文，《諸經要集》大正藏本作"拜荷"，宋、元、明、宮本作"拜賀"。"拜賀"，表示祝賀的敬辭。唐溫大雅《大唐創業起居注》卷二："津司以聞，眾咸駭異，以為光武滹沱之冰無以異此，並於舟中拜賀。"《祖堂集·大顛和尚》："皇帝及百寮俱見五色光現，皆云是佛光，百寮拜賀聖感。"唐道宣撰《四分律刪繁補闕行事鈔》卷三（T40/150b）、唐道宣撰《四分比丘尼鈔》卷一（X40/713c）均引此則故事，皆作"拜賀"。從上下文的語義，此處作"拜賀"為好。《校注》將其斷開，顯然不確。

458. 諸貴婦女言：我等少壯，容色盛美，持戒為難，或當破戒。比丘尼言：破戒便破，但出家。問言：破戒當墮地獄，云何可破？答言：墮地獄便墮。（冊二，22/707/2）

按："破戒便破，但出家"邏輯關係有誤，不出家，如何是破戒，只要出家之後才有破戒之說，故有倒文，正作"但出家，破戒便破"。此則故事引自《大智度論》卷十三，原經此處正作"但出家，破戒便破"。唐大覺撰《四分律行事鈔批》卷十四（X42/1046c）、唐一行撰《華嚴經海印道場懺儀》卷三十六（X74/328b）均引此則故事，此處皆作"但出家，破戒便破"。

459. 兄報之日："五戒十善，供養三寶，以道化親，乃為孝耳！道俗相反，自然之數。道之所樂，俗之所惡；俗之所珍，道之所賤。智愚不同，謀猶明冥。是故慧人去冥就明，以道致真。卿今所樂，苦惱之偽，豈知苦辛。其弟含恚，掉頭不信。"（冊二，22/709/3）

按："掉頭"，正作"頓頭"。《法苑珠林》大正藏本作"頓頭"，宋、宮本作"捭頭"，元、明本作"掉頭"。此則故事引自後漢支婁迦讖譯《雜譬喻經》卷一，《雜譬喻經》大正藏本作"俾頭"，宋、元、明本作"頓頭"。《諸經要集》卷四亦引此則故事，《諸經要集》大正藏本作"俾頭"，宋、元、明、宮本作"頓頭"。范崇高言："疑此處本是'俾'字，抄者不明俗體，擅改為'掉'。"① 我們認為恐不確，此處正當作"頓"，"俾"是訛字，改作"掉"恐是臆改。後晉可洪撰《新集藏經音義隨函錄》卷五："俾頭，上普禮反，傾頭也，正作頓，又卑婢反，非。"（K34/781b）又《新集藏經音義隨函錄》卷十三："俾頭，上普朱反，正作頓。"（K35/29b）唐玄應撰《一切經音義》卷十二："頓頭，普米反，《說文》：傾頭也，《蒼頡篇》：頭不正也。"（C056/997b）唐慧琳撰《一切經音義》卷七十四："頓頭，普米反，《說文》：頓，傾也。《蒼頡篇》：不正也。《廣雅》：頓，邪也。論文作俾，非體也。"（T54/788a）

460. 目連復問："苦痛有增損乎？提婆達多報以熱鐵輪轢我身壞，復以鐵杵吹咀我形，有黑暴象蹈踏我體，復有火山來鎮我面，昔者架裟化為銅鍱，極為熾盛。"（冊二，22/713/2）

按："吹咀"文義不通，王東認為當為"哺咀"。唐玄應《一切經音義》："哺咀，謂以物拍碎也。""復以鐵杵哺咀我形"意為"又用鐵杵拍碎我的形體"②。我們認為"吹咀"當是"㪺咀"，"吹"當是"㪺"之形訛字，兩字形近而誤，正作"㪺咀"。"吹""㪺"兩字形近，文獻常相訛，如梁僧祐撰《釋迦譜》卷二："提婆達報以熱鐵，輪轢我身壞。復以鐵杵，㪺咀我形。"（T50/59a）《大正藏》校勘記："㪺咀"，宮本作"吹

---

① 范崇高：《〈法苑珠林〉文本整理商議》，四川大學出版社2018年版，第64頁。
② 王東：《〈法苑珠林校注〉劄記》，《江海學刊》2014年第4期。

咀"。後晉可洪撰《新集藏經音義隨函錄》卷二十二："吹咀，上音府，下子与反，搗破也，漬藥也，上正作㕮也。"（K35/378a）

也有作"哺咀"，段玉裁《說文解字注》卷二"咀"注解云："含味也，含而味之。凡湯酒膏藥，舊方皆云㕮咀。《廣韻·九虞》云：㕮咀，嚼也。按㕮卽哺字。古父甫通用，後人不知為一字矣。含味之上似當有哺咀二字。從口且聲。"段玉裁認為"㕮"即是"哺"，㕮咀，即是"哺咀"，含味之義。

也有作"父且"者，如《武威漢代医简》："蜀椒一升，付子廿果，皆父且。"（簡17）《武威漢代医简》："凡七物，皆父且。"（簡47）馬王堆帛書《雜療方》："內加及約，取空壘二斗，父且，段之，口口成汁，若美醯二斗漬之。"

對其意義，學者們多有討論，說法不一。《漢語大字典·口部》："㕮咀，中醫用語。在無鐵器時代，用口將藥物咬碎，如豆粒大。以便煎服。後來改為將中藥切片、搗碎或銼末，但仍用此名。"《漢語大詞典·口部》："㕮咀，中醫藥學用語。將藥料切細、搗碎、銼末，如經咀嚼，稱為㕮咀。"何茂活認為："父且是㕮咀之古字，指用刀斧及砧板將藥物砸、切細碎，以便煎制。"㕮咀"是"父且"的後起別字。"[1] 葉發正認為："㕮咀，即哺咀，義為嚼和嚐，即品嘗藥味。"[2] 以上述義項解釋佛經文獻中的用例，均不妥帖，我們認為："㕮咀"，本是中醫術語，指將藥材切碎的中藥加工方法。後用其他工具切片、搗碎或銼末等也稱"㕮咀"。唐慧琳撰《一切經音義》卷二十八："㕮咀，方父反，又音撫，下側呂反，謂以物拍碎也。"（T54/494c）又《一切經音義》卷五十二："㕮咀，方父、側呂反，㕮咀，拍碎也。"（T54/655a）唐玄應撰《一切經音義》卷七："㕮咀，方父反，又音撫，下側呂反，謂以物拍碎也。"（C056/923b）又《一切經音義》卷十一："㕮咀，方父、側呂反，㕮咀，拍碎也。"（C056/986a）王東釋"吹咀"為"哺咀"，我們認為亦欠妥。

461. 欲如渴人，飲於鹹水，愈增其渴。欲如段肉，眾鳥競逐。欲如

---

[1] 何茂活：《〈武威漢代醫簡〉"父且"考辨》，《中醫文獻雜誌》2004年第4期。
[2] 葉發正：《"㕮咀"小考》，《湖南中醫學院學報》1988年第3期。

魚戰，貪味至死，其患甚大。（冊二，22/717/3）

按：范崇高言："魚戰"，《法苑珠林》各本同，於文難解。北魏吉迦夜、曇曜譯《雜寶藏經》卷八《佛弟難陀為佛所逼出家得道緣》及梁僧祐撰《釋迦譜》卷二引《雜寶藏經》均作"魚獸"，當從。①

462. 又《增一阿含經》云：佛告諸比丘：有四姓出家者，無復本姓，但言沙門釋迦子。所以然者，生由我生，成由法成。其猶四大海，皆從阿耨泉出。（冊二，22/718/1）

按："四大海"不確，正作"四大河"，根據後文"皆從阿耨泉出"。相傳阿耨泉為閻浮提四大河的發源地，佛經文獻習見，如姚秦竺佛念譯《出曜經》卷十四："有大河名曰恒伽，從阿耨大泉出，從牛口流；新頭大河者，亦從阿耨泉，從師子口出；婆叉大河，亦由阿耨大泉，從馬口出；私陀大河者，亦從阿耨達泉，從象口出。"（T04/685a）唐道宣撰《毗尼作持續釋》卷五："生由我生，成由法成，其猶四大河，皆從阿耨泉出。"（X41/405c）

463. 儀同蘭陵蕭思話婦劉氏疾病，恒見鬼來呼，可駭畏。時迎嚴說法。嚴始到外堂，劉氏便見群鬼迸散。嚴既進為夫人說經，疾以之瘳。（冊二，22/719/10）

按："恒見鬼來呼，可駭畏"意未詳，斷句有誤，正當作"恒見鬼來，呼可駭畏"。此則故事引自《高僧傳》卷三，原經此處作"恒見鬼來，吁可駭畏"，中華書局本校注：《弘教》本、金陵本作"呵"。范崇高認為：《高僧傳》之"吁"應即"呼"之形誤字，"呼可"當作"呼呵"，猶言吆喝，指大聲喊叫、喝令。②我們認為《高僧傳》作"吁"不煩改，"可"當作"呵"，"吁可"，正作"吁呵"。"吁呵"即是"吁呼"，呼吸吐氣之義，如漢王充《論衡·論死》："生人所以言語吁呼者，氣括口喉之中，動搖其舌，張歙其口，故能成言。"《校釋》：朱校元本作"吁呵"。《古今圖書集成選輯（下）》卷一二九"智嚴"："儀同蘭陵蕭思

---

① 范崇高：《〈法苑珠林校注〉校勘商酌》，《成都大學學報》2016年第6期；又見於范崇高《〈法苑珠林校注〉校勘商酌》，《成都大學學報》2016年第6期。

② 范崇高：《〈法苑珠林校注〉校勘補遺》，《寧波大學學報》2016年第5期。

話婦劉氏疾病，恆見鬼來，吁呵駭畏。"（B16/49c）上句言"有見鬼者云：見西州太社間鬼相語：嚴公至當避易。此人未之解。俄而嚴至，聊問姓字，果稱智嚴。默而識之，密加禮異。儀同蘭陵蕭思話婦劉氏疾病，恒見鬼來，吁呵駭畏"是言：有能看到鬼的人說：見到西州太社間的鬼互相說"嚴公到來，應當躲避"這個人還不理解。不久嚴到來，問了姓字，果然是智嚴，默默地記住他，偷偷地給他特殊的禮遇。儀同蘭陵蕭思討論劉氏的疾病，不斷看到鬼來，（鬼）呼吸都感到畏懼。迎智嚴來說法，智嚴剛到外堂，劉氏便看到群鬼四散逃跑。這段話是為了印證鬼相語"嚴公至，當避易"，點明群鬼對智嚴的畏懼，說明其佛法高深，所至之處，群鬼逃避。"吁呵駭畏"類似我們今天言嚇的不敢大聲呼吸。范崇高所說"呼呵"，猶言吃喝，指大聲喊叫、喝令不可信從，因為由下文可知"智嚴"並未到場，何來吃喝。

464. 宋尼釋曇輝，蜀郡成都人也……至年十一，有外國禪師疊良耶舍者，來入蜀。輝請諮所見，耶舍者以輝禪既有分，欲勸化令出家。時輝將嫁，已有定日，法育未展，聞說其家，潛迎還寺。（冊二，22/722/7）

按：范崇高言："曇輝"，正當作"曇暉"。梁寶唱《比丘尼傳》卷四有《成都長樂寺曇暉尼傳》，彼"曇暉"即是此"曇輝"，其文云："暉年十一，啟母求請禪師，欲諮禪法，母從之。耶舍一見，歎此人有分，令其修習，囑法育尼使相左右。母已許嫁於暉之姑子，出門有曰：不展餘計。育尼密迎還寺。"① 另補《釋氏六帖》卷八載有"曇暉剛志"（B13/144a）、《古今圖書集成選輯（下）》卷二零五："曇暉"（B16/763c）均引此則故事，皆作"曇暉"，可廣補范說。又後文云曇暉"從法育尼出家，年始十三矣"，故"法育"為尼姑法名，依例當用人名號。

---

① 范崇高：《〈法苑珠林校注〉校勘商酌》，《成都大學學報》2016年第6期。

《法苑珠林》卷二十三校勘研究

465. 又《瑜伽論》云：云何無慚無愧？謂觀於自他無所羞恥，故思毀犯，犯已不能如法出離，好為種種鬪訟違諍，是名無慚無愧也。（冊二，23/727/11）

《校注》：此段出處待考。

按：王侃言：今查《大正藏》，該句出自《瑜伽師地論》卷第六十二"攝決擇分中三摩呬多地之一"，原文作"云何無慚無愧？謂觀於自，或複觀他，無所羞恥，故思毀犯。犯已不能如法出離，好為種種鬥調違諍。①

466. 云何著是服，豎眼張其目，矉眉復聚頰，而起瞋恚相。（冊二，23/728/12）

《校注》："'矉'字原作'顰'，據高麗藏本、磧砂藏本、南藏本、嘉興藏本改。"

按：曾良言："顰"是"矉"異體字，《校注》不煩改。②

467. 故《涅槃經》云：觀是壽命，常為無量怨讎所遶。念念損減，無有增長。猶如暴水，不得停住。亦如朝露，勢不久停。如囚趣市，步步近死。又《摩耶經》偈云：譬如㮈陀羅，驅牛就屠所，步步近死地，人命庶過是。（冊二，23/732/6）

按："人命庶過是"語義費解，"庶"是"疾"之形誤字，兩字形近而訛，正作"人命疾過是"。"人命疾過是"即人的生命比逐牛赴死還要

---

① 王侃：《〈法苑珠林校注〉補考》，《古籍整理研究學刊》2018 年第 1 期。
② 曾良：《〈法苑珠林〉異文及校勘劄記》，《閩南佛學》2007 年第 5 輯。

快。此則故事引自蕭齊沙門釋曇景譯《摩訶摩耶經》卷一（T12/1007c），原經此處正作"人命疾過是"。

468. 若復有人形貌端整，言音風吐，常存廣利，仁慈博愛，語不傷物。而復有人而狀矬醜，所言險暴，唯知自利，不計念彼。（冊二，23/738/3）

按：范崇高言："而狀"語義費解，"而"當是"面"之形誤，兩字形近而訛，正作"面狀"。① 我們認為范言非是。"而"是連詞，"狀"為形貌，即身體面貌。故下言"矬醜"，形矬貌醜。若作面狀，則偏指臉面，與"矬"字不協調。四部叢刊本《法苑珠林》卷三十二，此句也作"而狀矬醜"，可參。

469. 而能一日一夜受持清禁，六時行道，兼年常三長月，恒六齋。（冊二，23/738/11）

按：吳建偉言："月"應屬下讀，即"兼年常三長，月恒六齋。""三長"，即三長齋月，又作三長月、三齋月、善月、神足月、神通月、神變月。指正月、五月、九月等三個月長期間持齋。"六齋"，又作六齋日，指每個月內行為特別檢點，且清淨持戒的六日。在印度，一個月分成二部分，稱為白月、黑月。六齋日即白月的八日、十四日、十五日，及黑月的二十三日、二十九日、三十日等六日。

470. 竺長舒者，其先西域人也。世有資貨為富人。竺居晉，元康中，內徙洛陽。（冊二，23/744/11）

按："世有資貨為富人。竺居晉，元康中，內徙洛陽"有倒文且斷句有誤，正作"世有資貨，為富人居。竺晉元康中，內徙洛陽"。范崇高②、闞緒良③、楊琳④、陶智⑤等先生對此句均有過討論，可參看。

471. 日自持齋，至心念觀世音。夜夢昇高座，見一沙門，以一卷經

---

① 范崇高：《〈法苑珠林〉文本整理商議》，四川大學出版社2018年版；又見於范崇高《〈法苑珠林〉校注補議》，《成都大學學報》2013年第3期。
② 范崇高：《〈觀世音應驗記三種〉疑難詞句試釋》，《古漢語研究》2009年第1期。
③ 楊琳：《〈觀世音應驗記三種譯注〉獻疑》，《漢語史學報》2009年第8期。
④ 闞緒良：《〈觀世音應驗記三種譯注〉劄記》，《漢語史學報》2011年第11期。
⑤ 陶智：《〈觀世音應驗記三種譯注〉校釋商補》，《嘉興學院學報》2003年第1期。

與之，題云《光明安行品》，並諸菩薩名。球得而披讀，忘第一菩薩名，第二觀世音，第三大勢至。（冊二，23/746/2）

按：王東言："題云《光明安行品》，並諸菩薩名。"標點有誤，"並諸菩薩名"亦為經名的內容，故該句應標點為："題云《光明安行品並諸菩薩名》。"①此事亦見南朝齊陸杲《系觀世音應驗記》"王球"條，董志翹即把"光明安行品並諸菩薩名"全部看作是經書的名稱②，可從。

472. 故《寶性論》偈云：無知無善識，惡友損正行。蜘蛛落乳中，是乳則為毒。"（冊二，23/749/5）

《校注》：此段出處待考。

按：王侃言：《校注》該句校記作"此段出處待考"。天親菩薩造、真諦法師譯《佛性論》卷第二"辯相分第四中事能品第四"，有文作："故佛說偈言：無知無善識，惡友損正行。蜘蛛落乳中，是乳轉成毒。"同樣，《珠林》卷第五十一"善友篇第五十三之引證部第二"中亦有文云："故《佛性論》引經偈云：無知無善識，惡友損正行。蜘蛛落乳中，是乳轉成毒。"由此可知，上引文字出自《佛性論》無疑。③

---

① 王東：《〈法苑珠林校注〉商補》，《古籍整理研究學刊》2008年第3期。
② 董志翹：（《〈觀世音應驗記三種〉譯注》，江蘇古籍出版社2002年版，第110頁。
③ 王侃：《〈法苑珠林校注〉補考》，《古籍整理研究學刊》2018年第1期。

《法苑珠林》卷二十四校勘研究

473. 元魏時有中天竺沙門勒那，魏云寶意，是西國人，不知氏族。徧通三藏，妙入總持。以魏永平之初，來遊東夏。（冊二，24/778/8）

按："實意"，范崇高言：當依《續高僧傳》卷一、隋費長房《歷代三寶紀》卷九作"寶意"①。

474. 又有一僧，懷忿加毀，罵云：伽叔，汝何所知。當夜有神打而幾死。（冊二，24/779/6）

按："伽叔"，《校注》於其下用專名號，蓋以之為人名，未得其實。范崇高②、王東③均言當作"伽斗"。我們查檢《法苑珠林》諸本皆作"伽斗"，且無異文。《校注》作"伽叔"當是所用底本蔣氏刻本此處有訛誤，校注者未加考辨遂而致誤。"伽斗"，李明龍言是僧家的罵詈語，意思是"慳吝、老年無知等"④。

475. 隋西京真寂道場釋法彥，姓張，寓居洺州。……刺史鄭善果以表奏聞曰：臣聞敬天育物，則乾象著其能；順地養民，則坤元表其德。是以陶唐砥躬弗懈，伏氣呈祥；夏后水土成功，玄珪告錫。（冊二，24/781/2）

按：王東言："伏氣"費解，當為"休氣"。"休氣"，意為"吉祥之氣"⑤。

---

① 范崇高：《〈法苑珠林〉文本整理商議》，四川大學出版社2018年版，第71頁；也見范崇高《〈法苑珠林校注〉辨補》，《阿壩師範學院學報》2017年第3期。
② 范崇高：《〈法苑珠林〉文本整理商議》，四川大學出版社2018年版，第72頁。
③ 王東：《〈法苑珠林校注〉劄記》，《江海學刊》2014年第4期。
④ 李明龍：《〈續高僧傳〉文化語詞劄記》，《南昌大學學報》2012年第1期。
⑤ 王東：《〈法苑珠林校注〉劄記》，《江海學刊》2014年第4期。

《法苑珠林》卷二十五校勘研究

476. 夫心識運變，厥理無恒；解感相翻，聖人何跡。（冊二，25/785/5）

按：曾良言："感"字當作"惑"，"解"與"惑"是反義相對的。"感"字，《大正藏》本、《磧砂藏》本均作"惑"①。

477. 世尊方欲知身子智慧多少者，以須彌為硯，以四大海水為墨，以四天下竹木為筆，滿四天下人為書師，欲寫身子智慧者，猶不能盡，況凡夫五通而能測量耶！（冊二，25/787/2）

第二個"以"，《校注》："以"字原作"子"，據《高麗藏》本改。

按：范崇高言：《大正藏》校勘記：以，宮作"子"。《中華藏》校勘記：以，磧、普、南、徑、清作"子"。此則引自《分別功德論》卷四，原經此處作"以須彌為硯子"。不煩改。

又"墨"字，原作"書水"。"書水"，也稱"書滴"，是指磨墨時用的水滴。"墨"與"書水"有別，還是當依《分別功德論》卷四，作"書水"為是。②

478. 答曰：我於四辯捷疾之智，非為不足，直自樂靜，不善憒閙，故不說法，故長命省事第一也。（冊二，25/789/8）

按："不善憒閙"語義費解，"善"當作"喜"之訛，《法苑珠林》大正藏本作"不喜憒閙"，作"不喜憒閙"是。"憒閙"，指混亂喧閙，如《百喻經·小兒得歡喜丸喻》："比丘亦爾，樂在眾務憒閙之處貪少利

---

① 曾良：《〈法苑珠林〉異文及校勘劄記》，《閩南佛學》2007年第5輯。
② 范崇高：《〈法苑珠林〉文本整理商議》，四川大學出版社2018年版，第73頁。

養，為煩惱賊奪其功德戒寶瓔珞。""不善憒閙"即不善於喧閙，語義費解，作"不喜憒閙"為好，即不喜歡喧閙，與上句"直自樂靜"即"只自己喜歡安靜"相照應。

479. 所以稱難陀丘比端正第一者，餘諸比丘各各有相。（冊二，25/790/4）

按：曾良言："丘比"無解，當是"比丘"的誤倒。《大正藏》本、《磧砂藏》本均作"比丘"①。

480. 須菩提曰：道人屋舍，如何止止？（冊二，25/791/5）

按：曾良言："止止"當作"可止"。《磧砂藏》本、《大正藏》本正作"可止"。②

481. 其母素性不能良善，懷妊已來，恤矜苦厄，悲潤黎庶，等心護養。（冊二，25/795/7）

《校注》："恤"字原作"悲"，據《高麗藏》本改。

按：范崇高言：大正藏本、中華藏本作"恤"。《大正藏》校勘記："宋、元、明、宫作'悲'。"《中華藏》校勘記："恤矜，磧、普、南、徑、清作'悲矜'。""悲矜""恤矜"為同義詞，均有哀憐、憐憫之義，《校注》不煩改。③

482. 龜茲王聞其棄榮，甚敬慕之。自出郊迎，請為國師。王有妹，年始二十，才悟明敏，過目必能，一聞則誦。（冊二，25/798/5）

按："過目必能"費解，"能"當是"解"字之訛，正作"過目必解"。此則故事引自《高僧傳》卷二，《高僧傳》大正藏本作"能"，永樂北藏本、金陵本作"解"，作"解"是。④ 唐圓照撰《貞元新定釋教目錄》卷六（T55/810c），引此則故事也作"過目必解"。唐僧祥撰《法華

---

① 曾良：《〈法苑珠林〉異文及校勘劄記》，《閩南佛學》2007年第5輯。
② 曾良：《〈法苑珠林〉異文及校勘劄記》，《閩南佛學》2007年第5輯。
③ 范崇高：《〈法苑珠林〉文本整理商議》，四川大學出版社2018年版，第74頁。
④ （梁）釋慧皎著，朱恒夫、王學鈞、趙益注譯：《高僧傳》，陝西人民出版社2013年版，第72頁。作"過目必能"，未出註，不確，當從永樂北藏本作"過目必解"。

傳記》卷一（T51/51a）、梁僧祐撰《出三藏記集》卷十四（T55/100a）①、唐智昇撰《開元釋教錄》卷四（T55/513c）等佛經文獻中均誤作"過目必能"，當據改。"過目必解"是言其母聰慧過人，看到就能理解。

483. 時王女為尼，字阿竭耶末帝。博覽群經，特深禪要，云已證二果，聞法喜踊。乃更設大集，請問方等經奧。什為析辯諸法皆空無我，分別陰界假名非實。時會聽者莫不悲感追悼，皆恨悟之晚矣。（冊二，25/800/10）

按："請問方等經奧"語義費解，"問"當是"開"之訛，兩字形近而誤，正作"請開方等經奧"。"方等"，方正平等，謂所說之理方正而平等。為一切大乘經教的通名。《百喻經·師患腳付二弟子喻》："方等學者非斥小乘，小乘學者復非方等，故使大聖法典二途兼亡。"南朝梁慧皎《高僧傳·譯經上·帛遠》："研味方等，妙入幽微"。"請開方等經奧"即"請羅什開解剖析大乘經典的奧妙"，故下句言"什為析辯諸法皆空無我，分別陰界假名非實"相應。佛經文獻中，"開方等"即開解、剖析佛教經典的用法習見，如隋智顗譯《妙法蓮華經文句》卷三："第五、二行頌見菩薩種種因緣，即是頌開方等、般若教同。"（T34/35b）元文才述《肇論新疏》卷一："予固以為開方等之巨鑰，游性海之洪舟，運權不之均車，排異見之正說。"（T45/201a）宋宗曉編《四明尊者教行錄》卷七："傳般若之燈光，開方等之門閫，長風破浪，溺群魔於不二之門。"（T46/925a）此則故事引自《高僧傳》卷二，原經此處正作"請開方等經奧"。

484. 凡為十偈，辭喻皆爾，什雅好大乘，志存敷演。常歎曰：吾若著筆作大乘阿毗曇，非迦旃延子所比也。今在秦地，深識者寡。折翮於此，將何所論。乃悽然而止。（冊二，25/804/6）

按："敷演"，《法苑珠林》大正藏本作"敷廣"，宋、元、明、宮本作"敷演"。作"敷廣"是。"敷演"，陳述而加以發揮之義。如《三國

―――――――――――――

① （梁）釋僧佑撰，苏晋仁、萧炼子点校：《出三藏記集》，中華書局1995年版，第530頁。也作"過目必能"，此處亦未出註，不確，當作"過目必解"。

— 154 —

志·魏志·高堂隆傳》："於是敷演舊章，奏而改焉。"《五燈會元·馬祖一禪師法嗣·汾州無業國師》："二十受具戒於襄州幽律師，習《四分律疏》，才終，便能敷演。"而"敷廣"，則是"廣泛傳播"之義，如南朝齊王融《為竟陵王與隱士劉虬書》："今皇風具穆，至道弘被，四海不溢，五嶽無塵，膠序肇修，經法敷廣。""志存敷廣"即立志推廣傳播，故下句言"今在秦地深識者寡"，有推廣弘揚的志向，但是現實卻是地處偏僻，最後只能"悽然而止"。此則故事引自《高僧傳》卷二，原經此處正作"敷廣"。《出三藏記集》卷十四（T55/101c），引此則故事，亦作"敷廣"。

485. 山路艱危，壁立千仞，昔有鑿石通路，傍施梯道，凡度七百餘所。（冊二，25/805/7）

按：此則故事引自《高僧傳》卷三，原經"昔有鑿石通路"有異文，《高僧傳》大正藏本作"昔有人鑿石通路"，宋、元、明、宮本作"昔有鑿石通路"。東晉法顯記《高僧法顯傳》卷一作"昔人有鑿石通路"，《出三藏記集》《開元釋教錄》《貞元新定釋教目錄》等佛教經錄，引此則故事均作"昔有人鑿石通路"。我們認為作"昔有人鑿石通路"是，否則句子成分殘缺，語義不通。

486. 顯之欲南歸，青州刺史請留過冬，顯曰：貧道投身於不返之地，志在弘通，所期未果，不得入停。（冊二，25/807/7）

按："入停"不辭，"入"當為"久"之形誤，兩字形近而訛，正作"久停"。"弘通"，謂弘揚流通，如南朝梁慧皎撰《高僧傳·譯經上·竺曇摩羅剎》："所獲《賢劫》《正法華》《光贊》等一百六十五部，孜孜所務，唯以弘通為業，終生寫譯，勞不告倦。""志在弘通，所期未果，不得久停"，是言"道人志向在弘揚佛法，所期望的志向沒有實現，不能長久停留"。此則引自《高僧傳》卷三，原經此處正作"久停"。《出三藏記集》《開元釋教錄》《貞元新定釋教目錄》等佛教經錄，引此則故事均作"久停"，可參。

《法苑珠林》卷二十六校勘研究

487. 謂劫初時先有人天，未有三惡，盡從人天中來。（冊二，26/812/11）

按："未有三惡"後有脫文，脫了"初有三惡"，"盡從人天中來"缺少主語，導致語義不明，此句正作"謂劫初時先有人天，未有三惡。初有三惡，盡從人天中來"。此則引自《薩婆多毘尼毘婆沙》卷第六，原經此處正作"謂劫初時先有人天，未有三惡，初有三惡，盡從人天中來"。

488. 時諸獼猴見大王來，作種種變中，有採華奉上大王者。（冊二，26/815/8）

按："作種種變中"的"中"當屬下，正作"作種種變，中有采華奉上大王者"。吳建偉亦言"中"當屬下①。此則故事引自失譯《師子月佛本生經》卷一，原經此句作："時，諸獼猴見大王來，或歌、或舞、擊鼓、吹貝作種種變。中有採花奉上王者，大王見已，與諸大眾俱至佛所。"（T03/444a）大正藏本《師子月佛本生經》、大正藏本《法苑珠林》此句之"中"句讀均屬下，可參。

489. 時阿羅漢說此偈已，默然無聲。獼猴天子白言：大德我前身時作何罪業，生獼猴中？復有何福，值遇大德，得免畜生，生於天上？（冊二，26/816/12）

按："大德"應與後句斷開，正作"大德！我前身時作何罪業，生獼猴中？""大德"為佛教對年長德高僧人或佛、菩薩的敬稱。此處"大

---

① 吳建偉：《〈法苑珠林校注〉標點疑誤補舉》，《古籍整理研究學刊》2015年第6期。

德"應是獼猴對比丘的尊稱，而不能當做獼猴自稱"大德我"，所以作為稱呼語，此處"大德"應斷開。大正藏本《師子月佛本生經》、大正藏本《法苑珠林》此句之"大德"後均斷開，可參。

490. 王所將八千人，求佛出家，並成羅漢。（冊二，26/818/2）

按："求佛出家"令人費解，"佛"當為"王"之訛誤，正作"求王出家"。"佛"是"出家"之人，何來的"求佛出家"。八千人是王所將，故當是請求國王允許他們出家。此則引自《師子月佛本生經》卷一，原經此處正作"王所將眾八千人，求王出家，王即聽許。（T03/445c）

491. 或有人臨當成佛，以智慧璃除眾生垢。（冊二，26/819/11）

按：曾良言："智慧璃"不通，《大正藏》本、《磧砂藏》本均作"智慧力"[1]。我們認為《法苑珠林》諸本皆作"以智慧力除眾生垢"，《法苑珠林校注》所據底本為清道光年間常熟燕園蔣氏刻本，唯獨蔣氏刻本作"以智慧璃除眾生垢"，不確，當據其他各本改。此則引自姚秦竺佛念譯《菩薩從兜術天降神母胎說廣普經》卷五，原經此處作"以智慧力除眾生垢。"（T12/1041a）

492. 仙人無通慧，轉退不成就。（冊二，26/819/14）

按：曾良言："無"字，《磧砂藏》本、《大正藏》本作"五"[2]。

493. 元魏之時，有北代乘禪師，常受持法華，精勤不懈。命終中陰託河東薛氏，為第五子。生而能言，自陳宿業，不願處俗。其父任北泗州刺史，其第五郎隨任，便往中山，至七帝寺，尋得前世本時弟子，語曰：汝頗憶從我度水往狼山不？乘禪師者，即我身是。吾房中靈機可速除卻。弟子聞驗，抱師悲慟，哀傷人眾，道俗奇怪，將為大徵。（冊二，26/824/5）

按："北泗州"《法苑珠林》金本作"北棣州"，磧、普、南、徑、清本作"北肆州"。王紹峰言：此當作"北肆州"，肆州，治九原，大體在今繁峙到陽曲一帶。"泗"乃"肆"的同音借字，或受"泗州"而訛；

---

[1] 曾良：《〈法苑珠林〉異文及校勘劄記》，《閩南佛學》2007年第5輯。
[2] 曾良：《〈法苑珠林〉異文及校勘劄記》，《閩南佛學》2007年第5輯。

"棣"則應當是"肆"形訛字。①

494. 主人涕泣曰：亡妻存日，常誦此經。釵亦是其處。（冊二，26/825/3）

按：王東言："釵亦是其處"中"其處"頗費解。檢《冥報記》作"釵亦是亡妻之物"；《六道集》作"釵亦是其物"；《弘贊法集傳》作"釵亦是妻物"。據此可知《法苑珠林》中"其處"當為"其物"之訛。②然，范崇高言：此處還存在另一種可能。《冥報記》卷中作："主人涕泣曰：亡妻存日，常讀此經，釵亦是亡妻之物。妻因產死，遂失所在，不望使君乃示其處。"《弘贊法華傳》卷九、《法華傳記》卷七所記大同小異。甚疑"釵亦是其處"乃是"釵亦是亡妻之物。妻因產死，遂失所在，不望使君乃示其處"抄脫一行，遂誤成"釵亦是其處"③。

---

① 王紹峰：《〈法苑珠林校注〉商補》，《寧波大學學報》2012年第5期。
② 王东：《〈法苑珠林校注〉斠補》，《古籍整理研究學刊》2010年第4期；又見於王東《〈法苑珠林校注〉補正》，《宗教學研究》2010年第2期；《〈法苑珠林校注〉校議》，《江海學刊》2010年第5期。
③ 范崇高：《〈法苑珠林校注〉引《冥報記》校點補正》，《內江師範學院學報》2017年第4期；也見於范崇高《〈法苑珠林〉文本整理商議》，四川大學出版社2018年版，第75頁。

《法苑珠林》卷二十七校勘研究

495. 楚王大怒，使相之。劍有二：雄、雌。雌來，雄不來。王怒誅殺之。莫耶子名赤比，後壯，問其母曰：吾父所在？（冊二，27/839/6）

按："莫耶子名赤比，後壯問其母"標點有誤，"比"當屬下，正作"莫耶子名赤，比後壯問其母"。此則引自《搜神記》卷十一，原經此處作"劍有二：一雄，一雌，雌來，雄不來。王怒，即殺之。莫邪子名赤，比後壯，乃問其母曰："吾父所在？""莫邪"子為"赤"，《校注》將"赤比"下劃名物線，誤將"赤比"作為"莫邪子"之名，不確。"比後壯"中"比"為介詞，待到；等到義。《左傳·莊公十二年》："陳人使婦人飲之酒，而以犀革裹之。比及宋，手足皆見。"《史記·殷本紀》："比九世亂，於是諸侯莫朝。"《百喻經·醫與王女藥令卒長大喻》："比得藥頃，王要莫看，待與藥已，然後示王。""比後壯"即"等到（赤）後來長大"。

496. 宋沙門慧和者，京師眾造寺僧也。宋義嘉之難，和猶為白衣，隸劉胡部下。胡嘗遣將士數十人，值諜東下，和亦預行。行至鵲渚，而值臺軍西上。諜眾離散，各逃草澤。（冊二，27/842/1）

按：羅明月言："值諜東下"義不可通。《觀世音應驗記三種》"慧和道人"："慧和道人宋泰始、義嘉時未出家，為南賊劉胡部下參軍，作諜來著新林，被捉，便欲斫頭。"可見，"值諜"當為"作諜"之訛。"諜"，偵探，暗探。"作諜"，充當偵探。[①]

497. 宋韓徽者，未詳何許人也。……徽以兄子繫於郡獄，鐵木竟體，

[①] 羅明月：《〈法苑珠林校注〉商榷》（一），《江海學刊》2014年第5期。

鉗梏甚嚴。須考畢情黨，將悉誅滅。徽惶迫無計，待期而已。徽本嘗事佛，頗諷讀《觀世音經》，於是晝夜誦經，至數百徧。方晝而鎖忽自鳴，若燒炮石瓦爆咤之聲。已而視其鎖，錐然自解。徽懼獄司，謂其解截，遽呼告之。吏雖驚異，而猶更釘鍱。（冊二，27/842/6）

按：董志翹言：當作"徽懼獄司謂其解截，遽呼告之。"韓徽所懼的不只是"獄司"，而是"獄司以為他自行截斷、解脫鉗梏"，所以此句當連讀。①

498. 道榮起，見子喬雙械脫在腳外，而械痕猶在焉……子喬雖知必已，尚慮獄家疑其欲叛，乃解脫械，痕更著。經四五日而蒙釋放。（冊二，27/843/3）

《校注》："'痕'字原作'雍'，據《太平廣記》引改。下同。"

按：董志翹云："'械痕'，《珠林》原本作'械雍'，《觀世音應驗記》亦同，大正藏作'癰'，是。②范崇高言：原作"雍"不誤，《磧砂藏》、《北藏》、《清藏》、《四庫》本也作"雍"。此處的"械雍"當指械筒，即腳鐐套住兩腳脖子的部分。③

499. 時欣亦誦八菩薩名，滿三萬徧，晝鎖解落，視之如雄，不異其事。臺中內外具皆聞見，不久俱免。（冊二，27/844/11）

按：范崇高言："視之如雄，不昊其事"，《太平廣記》卷一一二"董雄"引《冥報拾遺》作"視之如雄無異"，《冥報記》卷中記董雄事作"視之，鎖狀比雄不為異也"。此處"不異"當連上句，"其事"屬下句。"如……不異"是當時慣用句式，猶言"同……沒有差別"④。

500. 尼眾歸依，初不引顧。每謂眾曰：女為戒垢，聖典常言。佛度出家，損滅正法，尚以聞名汙心，況復面對無染。且道貴清顯，不參非濫；俗重遠嫌，君子攸奉。余雖不逮，請遵其度。（冊二，27/845/4）

按：范崇高言："損滅正法"，當從《續高僧傳》卷二九"釋道積"

---

① 董志翹：《〈法苑珠林校注〉匡補》，《古籍整理研究學刊》2007 年第 2 期。
② 董志翹：《〈法苑珠林校注〉匡補》，《古籍整理研究學刊》2007 年第 2 期。
③ 范崇高：《〈法苑珠林〉文本整理商議》，四川大學出版社 2018 年版，第 76 頁。
④ 范崇高：《〈法苑珠林〉文本整理商議》，四川大學出版社 2018 年版，第 77 頁；也見於范崇高《〈法苑珠林校注〉標點商兌》，《古籍整理研究學刊》2016 年第 5 期。

作"損減正法","減"是"減"的形近誤字。①

501. 仍於寫經之室,鑿壁通外,加一竹筒,令寫經人,每欲出息,輕含竹筒,吐氣壁外。(冊二,27/850/3)

按:范崇高言:"輕",《冥報記》卷上、唐僧詳集《法華傳記》卷八並作"輒"。范崇高言:"輒"與前面的"每"相呼應,於義為長,當據改。《太平廣記》卷一〇九"尼法信"引作"徑",則是"輕"之形誤。②

---

① 范崇高:《〈法苑珠林〉文本整理商議》,四川大學出版社2018年版,第78頁;又見於范崇高《〈法苑珠林校注〉校勘商酌》,《成都大學學報》2016年第6期。
② 范崇高:《〈法苑珠林〉文本整理商議》,四川大學出版社2018年版,第78頁;又見於范崇高《〈法苑珠林〉引〈冥報記〉校點補正》,《內江師範學院學報》2017年第4期。

《法苑珠林》卷二十八校勘研究

502. 當知至治無心，剛柔在化。所以或韜光晦影，俯同迷俗；或顯現神奇，遙記方兆。或死而更生，或定而後空。靈跡怪詭，莫測其然。（冊二，28/851/6）

按：羅明月言："或定而後空"費解。此段文字當是釋道世抄錄梁代釋慧皎《高僧傳》，"或定而後空"，《高僧傳》作"窆後空龕"。可知"定"當為"窆"之訛。"窆"，《說文·穴部》："葬下棺也。"後來泛指"埋葬"。"窆而後空"，即為"埋葬後棺內無屍骸"，多指得道高僧出現的神力。①

503. 王言：庫中麨脯乾食，一切都來，儵忽都盡。王問言：足未？答言：猶未足。王答言：一切飲食悉皆多盡，更無有食。（冊二，28/855/14）

按："多盡"，語義費解，正作"都盡"。"都盡"，"全部沒有"之義，佛典習見，如《佛為勝光天子說王法經》卷一："血肉乾燥，口不能言，手足撩亂，勢力都盡；涎唾、便利遍汙其身，眼等六根悉皆閉塞。"（T15/126a）《佛心經》卷二："時世界無有一人受諸苦者，穢惡都盡，俱得法眼，見於如來。"（T19/9b）。此段多處見"都盡"，如"儵忽都盡""食一案食，悉皆都盡""沙彌得食，忽爾都盡""飲食都盡"等，故此處也當作"都盡"。《法苑珠林》諸本皆作"都盡"，《校注》作"多盡"，當是底本蔣氏刻本有訛誤，《校注》編者未加辨明，遂而致誤。《校注》當據《珠林》各本改。

---

① 羅明月：《〈法苑珠林校注〉商榷》（一），《江海學刊》2014年第5期。

504. 沙彌言：撮下頭婆羅門將來，我欲食之。即時噉盡。如是悉食四百九十九婆羅門。（冊二，28/855/15）

按："撮下頭"語義費解，正作"最下頭"。此則故事引自西晉安息三藏安法欽譯《阿育王傳》卷七，原經此處正作"最下頭"（T50/129c）。"最下頭"，佛經文獻習見，如西晉安法欽譯《阿育王傳》卷七：其最下頭七歲沙彌，起眾僧中，長跪合掌而作是言：一切大僧不足擾動，我既幼小，不能堪任，護持佛法，唯願大眾必聽我去。（T50/129b）《性善惡論》卷四：如是展轉，乃至沙彌十六萬八千僧中，其最下頭七歲沙彌。（X57/413c）

505. 在家向火，煖氣入身，遂便有娠。父母驚怪，請其由狀。其女實對，不知所以。父母重問，加諸杖楚。（冊二，28/859/4）

《校注》："'遂便有娠'原作'遂使有軀'，據《高麗藏》本改。"

按：范崇高認為"軀""娠"均可以表示有身孕，《校注》不煩改。又"請其由狀"語義不確，"請"當作"詰"，正作"詰其由狀"。此則故事引自失譯《分別功德論》卷五（T25/50b），原經此處作"詰其由狀"。此則故事亦見於梁釋寶唱撰《經律異相》卷四十五（T53/237a），此處也作"詰其由狀"。①

我們認為《法苑珠林》諸本皆作"詰其由狀"，《校注》此處誤作"請其由狀"，當是底本蔣氏刻本訛誤，《校注》編者未加核對，故而致誤。

506. 隨時瞻養。日月遂滿，產得一男，端正姝妙。年遂長大，出家得道，聰明博達。精進不久，得阿羅漢道。（冊二，28/859/8）

按："出家得道"語義不確，正當作"出家學道"。"學道"指修行佛道，"得道"指佛教謂修行戒、定、慧三學而發斷惑證理之智為得道，然後可以成佛。從前面的"出家"可以看出是"修道"，修道後方能得道，故下句言"精進不久，得阿羅漢道"。"出家學道"，佛經文獻中習見，如東晉罽賓三藏瞿曇僧伽提婆譯《中阿含經》卷四："爾時，波羅牢

---

① 范崇高：《〈法苑珠林〉文本整理商議》，四川大學出版社2018年版，第80頁；又見於范崇高《〈法苑珠林校注〉拾補》，《內江師範學院學報》2011年第1期。

伽彌尼聞沙門瞿曇釋種子，捨釋宗族，出家學道，遊拘麗瘦，與大比丘眾俱，至此北村。"（T01/445a）東晉法顯譯《大般涅槃經》卷一："五者菩薩捨於王宮，出家學道，成一切種智，故大地動。"（T01/192a）東晉天竺三藏曇無蘭譯《新歲經》卷一："若種姓出家學道，修沙門法，心性各異，志操不同，在斯佛業，當可施行，宜奉訓誨，不得違犯。"（T01/859c）例多不繁引。此則故事引自失譯《分別功德論》卷五（T25/50b），原經此處作"出家學道"。梁寶唱撰《經律異相》卷四十五，也引此則故事，此處也作"出家學道"。（T53/237a）

507. 域前行，有兩虎迎之，弭耳掉尾，域手摩其頭，虎便入草，於是南北岸奔往請問。域日無所應答。及去，有數百人追之，見域徐行，而眾走猶不及。（冊二，28/866/11）

按："域日"語義費解，正當作"域曰"，"日""曰"形近而訛，俗書中兩字常互訛。《法苑珠林》諸本此處皆作"域曰"。唐道宣撰《集神州三寶感通錄》卷三亦引此則故事，此處作："兩虎弭耳逐之，域摩其頭。人問之，無所答。"（T52/431c）《校注》此處作"日"當是所據底本蔣氏刻本刊刻有誤，編者未加核對，遂而致誤。《校注》當據改。

508. 見法興入門，域大欣笑。往迎作禮，捉法興手，舉著頭上曰：好菩薩，從天人中來。（冊二，28/867/4）

《校注》："'著'字原作'箸'，據《磧砂藏》本、《南藏》、《嘉興藏》本改。"

按：范崇高言"箸""著"是異體字關係，《校注》不煩改，可參。[①]

509. 安令屏除棺器，覆一筥筌，以當佛坐。令和遠旋，尋服如故。更壽二十年。後遇重病，來投乞救，安曰：放爾遊蕩，非吾知也。（冊二，28/873/2）

按："尋服如故"語義費解，正當作"尋復如故。"此則故事引自《神僧傳》卷五，原經此處正作"尋復如故"（T50/980a）。"尋復如故"，義為"隨即恢復如原來一樣"。"尋復如故"，佛典文獻習見，如元魏涼州沙門慧覺等在高昌郡譯《賢愚經》卷九："若當實爾，至誠不虛，令汝一

[①] 范崇高：《〈法苑珠林〉文本整理商議》，四川大學出版社2018年版，第80頁。

目平完如故。言誓已訖，一目尋復如故。"（T04/414a）

510. 時安風聲搖逸，道俗崇向。其側眾也，皆來請謁。興建福會，多有通感。（冊二，28/873/4）

按："崇向"，范崇高言：當依大正藏、中華藏、高麗藏本作"榮荷"，蒙受恩惠之義。①

511. 到開皇中，來至江都，令通晉王。門人以其形質尪陋，言笑輕舉，並不為通。日到門首，喻遣不去。（冊二，28/875/1）

《校注》："'到'字原作'別'，據《唐高僧傳》改。"

按：范崇高言"日別"，每日之義，當依《法苑珠林》諸本作"日別"。② 范崇高所言似不確，若"日別"為"每日"，則"每日門首"，缺動詞，句子不通。此則故事引自《唐高僧傳》，我們認為當據改為"日到"，《校注》不誤。《神僧傳》卷五、《古今圖書集成》卷十七五引此則故事，此處皆作"日到"，可參證。

512. 隋蔣州大歸善寺釋慧侃，姓湯，晉陵曲阿人也。靈通幽顯，世莫識之。而翹敬尊像，事同真佛。每見立像，不敢輒坐，勸人造像，唯作坐者。道行遇厄，沒命救之。後往嶺南，歸心真諦，專釋禪法，大有深悟。（冊二，28/876/2）

按：范崇高言：《續高僧傳》卷二五此段原作："釋慧侃，姓湯，晉陵典河人也。少受學於和闍梨。和靈通幽顯，世莫識其淺深。而翹敬尊像，事同真佛。每見立像，不敢前坐，勸人造像，惟作坐者。道行遇諸因〔困〕厄，無不救濟……臨終在鄴，人問其所獲，云得善根成熟耳。侃奉其神化，積有年稔，眾知靈異，初不廣之。後往嶺南，歸心真諦，因授禪法專精，不久大有深悟。"從中可見，原書"侃奉其神化"之前後為和闍梨與釋慧侃兩人的事蹟。與此對應，《珠林》中"靈通幽顯，世莫識之……道行遇厄，沒命救之"乃和闍梨之行狀；"後往嶺南"之後才是慧侃之事蹟。《珠林》摘錄原書時，省去"少受學於和闍梨和"以及

---

① 范崇高：《〈法苑珠林〉文本整理商議》，四川大學出版社2018年版，第81頁；也見范崇高《〈法苑珠林校注〉辨補》，《阿壩師範學院學報》2017年第3期。
② 范崇高：《〈法苑珠林〉文本整理商議》，四川大學出版社2018年版，第82頁。

"侃奉其神化"等關鍵字句，遂使前後混為一談，極易造成兩人事跡張冠李戴。整理者於此處宜加以說明。①

513. 有頃，四郎車騎畢至，驚嗟良久，即令左右追捕其賊，顛仆迷惑，却來本所。四郎命人決杖數十，其賊脛髆皆爛。已而別去。四郎指一大樹：兄還之日，於此相呼也。（冊二，28/881/1）

按：范崇高言"顛仆迷惑，却來本所"的主語是"賊"，故"賊"當屬下。捕"後用句號。又"已而別去"是說不久將要別離，並非完成時態，故其後句號當改為逗號。②

514. 孫綽子曰：海人與山客辨其方物。海人曰：橫海有魚，額若華山之頂，一吸萬頃之波。（冊二，28/885/1）

《校注》："《太平御覽》卷三七引。"

按：范崇高言《校注》有誤，當作"卷三七七"③。

---

① 范崇高：《〈法苑珠林〉文本整理商議》，四川大學出版社2018年版，第83頁；又見於范崇高《〈法苑珠林校注〉辨補》，《阿壩師範學院學報》2017年第3期。
② 范崇高：《〈法苑珠林〉文本整理商議》，四川大學出版社2018年版，第83頁；又見於范崇高《〈法苑珠林校注〉標點舉誤》，《成都大學學報》2017年第5期。
③ 范崇高：《〈法苑珠林〉文本整理商議》，四川大學出版社2018年版，第84頁。

《法苑珠林》卷二十九校勘研究

515.《西域傳》云："奘師發跡長安，既漸至高昌，得蒙厚禮。從高昌給乘，傳送至瞿薩旦那國東境，即漢史所謂于闐國也。彼土自謂于道國也。東二百餘里有娌摩城，中有栴檀立像，高二丈餘，極多靈異光明。疾者隨煽以金薄貼像上，痛便即愈。"（冊二，29/888/10）

按：王東言："彼土自于道國也"中"于道"當為"于遁"。《大唐西域記》卷一二自注："匈奴謂之于遁，諸胡謂之溪旦，印度謂之屈旦，舊曰于闐，訛也。""疾者隨煽以金薄貼像上"中"煽"不辭，當為"痛"之訛。《大唐西域記》："凡有疾病，隨其痛處，金薄帖像，即時痊復。"[①]

[①] 王東：《〈法苑珠林校注〉商榷》，《江海學刊》2014年第2期。

《法苑珠林》卷三十校勘研究

516. 治如是等惡比丘，諸善比丘安樂受法。故是佛法久住不滅。又《薩婆多論》云：違王制故，得突吉羅罪。（冊二，30/919/5）

按："故是佛法久住不滅"，正作"故使佛法久住不滅"。"治如是等惡比丘，諸善比丘安樂受法"是採取的措施，"故使佛法久住不滅"是施行措施的目的。此則故事引自北涼曇無讖譯《大方等大集經》卷二十四（T13/172c），原經此處正作"故使佛法久住不滅"，且無異文。《法苑珠林》諸本此處皆作"故使佛法久住不滅"，也無異文。《校注》作"故是佛法久住不滅"當是所依底本蔣氏刻本有訛誤，校注者未加核對，遂而致誤，《校注》當據改。

517. 我涅槃已，隨其方面，有持戒比丘威儀具足，護持正法，見壞法者即能驅遣，訶責懲治。（冊二，30/920/5）

《校注》："懲"字原作"征"，據《高麗藏》本、《磧砂藏》本、《南藏》本、《嘉興藏》本改。

按："征"字不誤，《校注》不煩改。《法苑珠林》大正藏本作"懲"，宋、元、明、宮本皆作"征"，此則故事引自北涼天竺三藏曇無讖譯《大般涅槃經》卷三，原經大正藏本此處作"征"，宋、元、宮本作"懲"。"征""懲"古籍中可通用。清朱駿聲《說文通訓定聲·升部》："征，假借為懲。"《荀子·正論》："凡刑人之本，禁暴惡惡，且征其未也。"楊倞注："征讀為懲。"《韓非子·難一》："當世之行事，都丞之下征令者，不辟尊貴，不就卑賤。"陳奇猷校注："征，懲通。"

518. 種植根栽，盡道呪幻，和合諸樂，作唱妓樂，香華治身，摴蒲圍棋。（冊二，30/924/10）

按："諸樂"語義費解，正作"諸藥"，"樂""藥"兩字形近而誤。此則引自北涼天竺三藏曇無讖譯《大般涅槃經》卷四，原經此處正作"諸藥"。宋代沙門慧嚴等《大般涅槃經》卷四（T12/626b），原經此處也作"諸藥"。《法苑珠林》諸本此處皆作"諸藥"，也無異文。《校注》作"諸樂"當是所依底本蔣氏刻本有訛誤，校注者未加核對，遂而致誤，《校注》當據改。

519. 多聞之人有煩惱病，亦復如是。雖有多聞，不制煩惱，不能自利，徒無所用。（冊二，30/930/3）

按："不制"語義欠佳，正作"不止"。此則引自失譯《大寶積經》卷一百二十四，原經此處正作"不止"。梁扶南三藏曼陀羅仙共僧伽婆羅等譯《大乘寶雲經》卷七也載此則故事，原經此句作"多聞之人有煩惱，病亦復如是，雖有多聞，不止煩惱，何能自利？"（T16/281b）

520. 彼人去已，未久之間，困至命終。所寄財物，悉皆散失。（冊二，30/933/1）

按："困至命終"語義費解，當據《法苑珠林》大正藏本作"困篤命終"。"困篤"意為"病重；病危"。如漢王充《論衡·解除》："病人困篤。"《後漢書·衛颯傳》："載病詣闕，自陳困篤。"佛經中用例亦多，如元魏慧覺等譯《賢愚經》卷十三："見此狗身，攣躃在地，饑餓困篤，懸命垂死。"隋闍那崛多譯《佛本行集經》卷三十二："彼國內若男若女，困篤著床，萎黃重病，不可療治。"

521. 此彌勒菩薩摩訶薩俱在此會，如來付之。於當來世後五百歲，法俗滅時。（冊二，30/933/8）

按："俗滅"語義費解，正作"欲滅"，"俗""欲"形近而誤。此句佛經文獻中習見，如唐般若譯《大乘本生心地觀經》卷七："善男子！我涅槃後，後五百歲，法欲滅時，無量眾生，厭離世間，渴仰如來，發阿耨多羅三藐三菩提心，入阿蘭若為無上道。"（T03/326b）唐玄奘譯《大般若波羅蜜多經》卷四三九："時，舍利子復白佛言：佛涅槃後，後時、後分、後五百歲，法欲滅時，於東北方當有幾許住菩薩乘諸善男子、善女人等。"（T07/214b）《法苑珠林》諸本此處皆作"欲滅"，也無異文。《校注》作"俗滅"當是所依底本蔣氏刻本有訛誤，校注者未加核對，遂而致誤，《校注》當據改。

《法苑珠林》卷三十一校勘研究

522. 佛告諸比丘：乃昔過去無數劫中，姊弟二人，姊有一子。（冊二，31/946/5）

按："中"正作"時"。《法苑珠林》諸本此處皆作"時"，且無異文。此則故事引自西晉竺法護譯《生經》卷二，原經此處正作"時"。梁釋寶唱撰《經律異相》卷四十四引此則故事，此處也作"時"。《校注》作"中"，當是底本蔣氏刻本有訛誤，校注者未加核對，遂而致誤。

523. 義熙初，復還關中，開導三輔。始足白於面，雖跣涉泥水，未嘗沾泥，天下咸稱白足和尚。時長安人王胡，其叔死數年……叔謂胡曰：既已知因果，但當奉事白足阿練。胡徧訪眾僧，唯見始足白於面，因茲事之。晉末朔方匈奴赫連勃勃嗟之，並放沙門，悉皆不殺。（冊二，31/956/3）

按：王東言："晉末朔方匈奴赫連勃勃嗟之，並放沙門，悉皆不殺"與上文內容不相連貫，顯得突兀。可見《法苑珠林》有脫文，脫"破獲關中，斬戮無數。時始亦遇害，而刀不能傷"，故"晉末朔方匈奴赫連勃勃嗟之，並放沙門"。[①]

524. 其有竄逸者，皆遣人追捕，得必梟斬。一境之內，無復沙門。始閑絕幽深，軍兵所不能至。（冊二，31/956/9）

按：王東言："始閑絕幽深"之"閑"字費解。考《高僧傳》"宋偽魏長安釋曇始"引此句作"閉絕幽深"。"閉絕"於意為勝。[②]

[①] 王東：《〈法苑珠林校注〉商斠》，《江海學刊》2014年第2期。
[②] 王東：《〈法苑珠林校注〉拾零》，《鄭州大學學報》2009年第4期。

525. 周遑覓路，仍得一穴，便匍匐徒就，崎嶇反側。（冊二，31/966/10）

按：王東言："匍匐徒就"令人費解。"徒"字，在《金樓子》和《太平廣記》中引此均作"從"。當以"從"字為勝。"從就"為同義連文。"從""就"為同義，如《漢書·高帝紀》："我十五日必定梁地，復從將軍。"顏師古曰："從，就也。"①

526. 此室中鬼常噉食人，自相與語言，止咱彼一人。（冊二，31/978/1）

《校注》："'止'字原作'正'，據《高麗藏》本改。"

按：范崇高言：原作"正"可通。《舊雜譬喻經》卷下作"正當"。②

527. 一人畏我，餘四人惡，不可犯放之。（冊二，31/978/1）

《校注》："'犯'字原脫，據《高麗藏》本補。"

按：范崇高言：補"犯"字後，"犯放"仍不辭。當是"犯"和"放"形體相近，抄者因此聯想而誤解句意，遂將原文的"犯"錯寫成了"放"字。③

528. 眾生病非一，投於甘露藥。趣使入道險，不令入邪徑。（冊二，31/979/2）

按：范崇高言："道險"，高麗藏本、大正藏本作"道除"；宋、元、明作"道險"；宮本作"險道"，正當從後秦竺佛念《菩薩處胎經》卷六作"道撿"④。

529. 夜半後有一人著皂單衣，來往戶外，呼亭主。亭主應曰：諾。亭中有人耶？答曰：向者有一書生在此讀書，久適休，似未寐。乃喑嗟而去。（冊二，31/984/5）

按：董志翹言：當作"向者有一書生在此讀書久，適休，似未寐"。意為："原來有個書生在這裏讀了很長時間的書，剛休息，似乎還未睡

---

① 王東：《〈法苑珠林校注〉拾零》，《鄭州大學學報》2009年第4期。
② 范崇高：《〈法苑珠林〉文本整理商議》，四川大學出版社2018年版，第85頁。
③ 范崇高：《〈法苑珠林〉文本整理商議》，四川大學出版社2018年版，第85頁。
④ 范崇高：《〈法苑珠林〉文本整理商議》，四川大學出版社2018年版，第85頁。

熟""適"為"适才""剛才"義，與"久"義相反。無容"久適"連文。①

530. 於是書生無他，起詣向者呼處，微呼亭主。亭主亦應諾。（冊二，31/984/8）

按："微呼亭主"之"微"，《搜神記》卷十八作"效"。作"效"於意為勝，為"仿效"之意。從上文可看出，書生是仿效"著皂單衣"人和"冠幘赤衣"人呼喚亭主詢問情況，從而從亭主那兒知道亭廟"不可宿也，若宿殺人"如此災橫的實情。②

531. 乃問：向者黑衣來者誰？曰：北舍母豬也。又曰：赤冠幘來者誰？曰：西舍老雄雞父也。曰：汝復誰耶？曰：我是老蠍也。於是書生密便誦書，至明不敢寐。天明亭民來視，驚曰：君何以得活耶？書生曰：汝捉索函來，吾與卿取魅。乃搹昨夜應處，果得老蠍，大如鞞婆，毒長數尺。於西家得老雄雞父，北舍得母豬。凡殺三物，亭毒遂靜，永無災橫也。（冊二，31/984/9）

按：王東言："汝捉索函來"中"索"為繩索，"函"為匣子。從下文來看，所要捕獲的妖怪為"老蠍""老雄雞父""母豬"。若"老蠍""老雄雞父"尚且可用"函"裝，可"母豬"如何可用"函"裝？故"汝捉索函來"，費解。此事有異文。《搜神記》卷一八作"促索劍來"。《廣博物志》卷四七亦作"促索劍來"。大正藏《法苑珠林》亦作"促索劍來"。"促索劍來"意思為"趕快尋劍來"③。

532. 累年如此，前後已用九女。爾復預復募索，未得其女。（冊二，31/985/4）

按：董志翹言："爾復預復募索"當作"爾時預復募索"，"爾復"之"復"乃涉下"預復"而訛。《搜神記》卷十九"李寄"條作："共請求人家生婢子兼有罪家女養之，至八月朝祭，送蛇穴口，蛇出吞齧之，累年如此，已用九女。爾時預復募索，未得其女。"可為佐證。④

_____

① 董志翹：《〈法苑珠林校注〉匡補》，《古籍整理研究學刊》2007年第2期。
② 王東：《〈法苑珠林校注〉拾零》，《鄭州大學學報》2009年第4期。
③ 王東：《〈法苑珠林校注〉商榷》，《江海學刊》2014年第2期。
④ 董志翹：《〈法苑珠林校注〉匡補》，《古籍整理研究學刊》2007年第2期。

533. 大賢鼓琴如故，鬼乃去。於市取死人頭來，還語大賢曰："寧可行小熟啗。因以死人頭投大賢前。"（冊二，31/987/3）

按：范崇高言："還"當屬上句。"來還"是一詞，義為"返回"，《漢書·西域傳下》："王聞漢兵且至，北走匈奴求救，匈奴未為發兵。王來還，與貴人蘇猶議欲降漢，恐不見信。"①

534. 應唯持一口大刀，臥至三更中，間有扣閤者。應遙問：誰？答云：部郡相聞。（冊二，31/987/8）

按：范崇高言："間"，當據今本《搜神記》卷十八及《太平御覽》卷八八五、《太平廣記》卷四三九"湯應"作"聞"。②

535. 建安中，東郡界家有怪者，無數盆器自發訇訇作聲，若有人焉。槃案在前，忽然便失之。（冊二，31/988/2）

按：王東③、范崇高④均言："無數盆器"不合情理，因為家中不可能會有"無數"盆器。依下文看，當為"無故"，即無緣由。

536. 建安中，東郡界家有怪者……如是數歲，甚疾惡之。乃多作美食覆蓋，著一室中藏戶間。伺之，果復重來，發聲如前。（冊二，31/988/2）

按：范崇高言："藏戶間"者不是美食，而是這家的人，故"藏戶間伺之"當為一句。"間"有"後面"義，"戶間"即門後。⑤

537. 後有一師過其家，語二兒云：君尊候有大邪氣。兒以白父，父大怒。兒出以語師，令速去。師便作聲入，父成大老貍，入牀下，遂得之。（冊二，31/989/1）

按：王東⑥、范崇高⑦均認為："尊候"應為"尊侯"之訛。"尊侯"

---

① 范崇高：《〈法苑珠林〉文本整理商議》，四川大學出版社2018年版，第85頁，又見於范崇高《〈法苑珠林校注〉標點商兌》，《古籍整理研究學刊》2016年第5期。
② 范崇高：《〈法苑珠林〉文本整理商議》，四川大學出版社2018年版，第86頁。
③ 王東：《〈法苑珠林校注〉商斠》，《江海學刊》2014年第2期。
④ 范崇高：《〈法苑珠林〉文本整理商議》，四川大學出版社2018年版，第85頁。
⑤ 范崇高：《〈法苑珠林〉文本整理商議》，四川大學出版社2018年版，第87頁；又見於范崇高《〈法苑珠林校注〉拾補》，《內江師範學院學報》2011年第1期。
⑥ 王東：《〈法苑珠林校注〉補正》，《宗教學研究》2010年第2期。
⑦ 范崇高：《〈法苑珠林〉文本整理商議》，四川大學出版社2018年版，第87頁。

為古人對人之父的尊稱，如：《顏氏家訓·風操篇》："而旦於公庭見乙之子，問之曰：尊侯早晚顧宅？乙子稱其父已往。"

538. 晉永初中，張春為武昌太守。時人嫁女，未及升車，忽便失性，出外毆擊人乘，云不樂嫁。（冊二，31/990/7）

按：范崇高言："永初"是南朝宋第一個年號，為宋武帝劉裕所使用。《異苑》卷八作"高祖永初中"、《太平御覽》卷九三二引《幽明錄》作"宋高祖永初中"、《太平廣記》卷四六八"武昌民"引《廣古今五行記》作"宋高帝永初中"。可見此處不該稱"晉"①。

539. 數日眾鬼群至，醜惡不可稱論。松羅㯰障，塵石飛揚，累晨不息。（冊二，31/991/2）

按："松羅"，《大正藏》本作"拉攞"，宋、元、明、宮作"松羅"，資、磧作"松攞"，南、徑、清作"松羅"。范崇高言作"拉攞"是，"拉攞"是指推、拉等動作，而非指崩裂、倒塌、毀壞等結果。②

540. 鬼有叔操喪，哭泣苔弔，不異世人。鬼傳教，曾乞松羅一函書題云：故孔修之死罪。白踐以弔其叔喪，敍致哀情，甚有詮次。（冊二，31/991/8）

按：范崇高言："傳教"是指傳達指令的使者或送信人，因此，小說中稱冥間的這一類人為"鬼傳教"，其後自然不應斷開。又"一函書"後當用逗號，"題"在此處是指書信結尾時寫信人的自稱。③

541. 謝元嘉八年病終，王之墓在會稽，假瘞建康東崗。既窆及虞，輿靈入屋憑几，忽於空中擲地，便有瞋聲曰：何不作挽歌，令我寂寂上道耶！（冊二，31/992/1）

按：范崇高言："及"，宋、元、明、宮、資、磧、普、南、徑、清皆作"反"，作"反"是。"反虞"指古代葬禮，死人入土後，親屬返回到殯所進行安慰亡魂的祭禮。④

542. 宋元嘉初，富陽人姓王，於窮瀆中作蟹斷。旦往視之，見一材

---

① 范崇高：《〈法苑珠林校注〉辨補》，《阿壩師範學院學報》2017年第3期。
② 范崇高：《〈法苑珠林〉文本整理商議》，四川大學出版社2018年版，第89頁。
③ 范崇高：《〈法苑珠林校注〉拾補》，《內江師範學院學報》2011年第1期。
④ 范崇高：《〈法苑珠林〉文本整理商議》，四川大學出版社2018年版，第90頁。

長二尺許，在斷中而斷裂開，蟹出都盡。（冊二，31/993/1）

《校注》："'材'字下，《太平御覽》引有'頭'字。"

按：范崇高言：當依《太平廣記》卷三二三作"材頭"，"材頭"即"短木頭"[1]。

---

[1] 范崇高：《〈法苑珠林〉文本整理商議》，四川大學出版社2018年版，第90頁。

《法苑珠林》卷三十二校勘研究

543. 夫聖人之用，弘通無礙。致感多方，不可作一途求，不可以一理推。故麁以麁應，細以細應。麁細隨機，理固然矣。（冊三；32/995/5）

按：范崇高言："弘通"，正當作"玄通"。《法苑珠林》諸本此處皆作"玄通"，且無異文。《校注》之所以作"弘通"，當是因"玄"字與"弘"字形相近，故疑為傳抄錯訛。① 我們認為當是《校注》所用底本蔣氏刻本誤作"弘通"，《校注》編者未核對其他版本所致。

544. 復不可說不可說佛剎微塵等劫說異句身、味身音聲，充滿法界，一切眾生無不聞者。（冊三；32/996/6）

按："句身、味身音聲，充滿法界"標點有誤，"音聲"當屬下，正作"句身、味身，音聲充滿法界"。上句言"一一法中說不可說不可說佛剎微塵等句身、味身"，"句身""味身"是並列的，故此句中"句身""味身"也當是並列成分。"充滿法界"缺少主語，下句言"一切眾生無不聞者"，顯然聽到的是聲音，故"音聲"當屬下，此句當斷作"復不可說不可說佛剎微塵等劫說異句身、味身。音聲充滿法界，一切眾生無不聞者。"東晉佛陀跋陀羅譯《大方廣佛華嚴經》卷三十一（T09/598c）、唐法藏撰《華嚴經探玄記》卷一（T35/107c）、《華嚴經旨歸》卷一（T45/593a）均載此則故事，"音聲"均屬下，可參。

545. 盡未來際常轉法輪，如來音聲，無異無斷，不可窮盡。（冊三；

---

① 范崇高：《〈法苑珠林〉文本整理商議》，四川大學出版社2018年版，第90頁；又見於范崇高《〈法苑珠林校注〉商榷》，《文教資料》2018年第3期。

32/996/7)

按:"盡未來際常轉法輪"一句,王東言:"際"後奪"劫"字。此則故事引自《大方廣佛華嚴經》卷三十一,原經此處正作"盡一切未來際劫常轉法輪"①。

546. 無量無邊妙音聲伎樂皆悉清淨,普能演說一切諸佛正法義味,悉離恐怖,安住無畏,大師子吼。(冊三;32/996/10)

按:吳建偉言:"安住無畏,大師子吼"逗號應刪,即"安住無畏大師子吼。"佛以無畏音說法,如獅子之咆吼。"無畏大師子吼",佛典中常見,如:東晉佛馱跋陀羅譯《大方廣佛華嚴經》卷十七:"令一切眾生,高大眾恐怖,於無上法中,得淨無畏大師子吼。"②

547. 爾時王舍城中有婬女,女名金色光明威德。(冊三;32/998/4)

按:"女名金色光明威德"中的"德"為衍文,正作"女名金色光明威"。此則故事引自隋那連提耶舍譯《大莊嚴法門經》卷一(T17/825b),原經此處正作"女名金色光明威"。此女名佛典中習見,如《大莊嚴法門經》卷二:"爾時長老阿難白佛言:世尊,當何名此經?佛言:此經名《大莊嚴法門》,如是受持,亦名《文殊師利神通奮迅力經》,亦名《勝金色光明德女教化經》。"(T17/833c)隋費長房撰《歷代三寶紀》卷十二:"《大莊嚴法門經》二卷(開皇三年正月,出沙門智鉉筆受。與《文殊師利神力經》《勝金色光明德女經》《大淨法門經》本同別譯異名)。"(T49/102c)清咫觀撰《法界聖凡水陸大齋法輪寶懺》卷一:"文殊化現殊勝身色衣服。度婬女勝金色光明德。令得順忍。"

548. 丈夫,我今此舍如功德天,富力自在,眾寶莊嚴。我今以身及與奴婢,奉上丈夫,可備灑掃。(冊三;32/1000/7)

按:范崇高言:"富力",當據《觀佛三昧海經》卷八原文作"福力"③。

---

① 王東:《〈法苑珠林校注〉拾遺》,《江海學刊》2014年第1期;也見於王東《〈法苑珠林校注〉拾零》,《鄭州大學學報》2009年第4期。
② 吳建偉:《〈法苑珠林校注〉標點疑誤補舉》,《古籍整理研究學刊》2015年第6期。
③ 范崇高:《〈法苑珠林〉文本整理商議》,四川大學出版社2018年版,第90頁;又見於范崇高《〈法苑珠林校注〉點校商補》,《文教資料》2012年第15期。

549. 是時化人取刀刺頸，血流滂沱，塗汙女身，萎陀在地。女不能勝。（冊三；32/1001/3）

按：范崇高言：委、萎兩字古常通用，如"委頓"又作"萎頓"，"萎陀"也就是"委陀"，乃"逶迤"之異形詞，故後文說"女不能勝"，依此"女不能勝"前當用逗號。①

550. 世尊化作醜陋人，執持應器，盛滿中食，漸向醜人。形狀類己，心懷喜悅。今此人者，真是我伴。尋來共語，同器而食。食已時，彼化人忽然端正。（冊三；32/1002/3）

按：范崇高言："食已"，《撰集百緣經》卷十"醜陋比丘緣"原作"既食之已"，此處"食已"是節引，當為一句，"時"屬下句。②

551. 公曰：一魚不周座席，得兩為佳。放乃復餌釣之，須臾引出，皆三尺餘，生鮮可愛。公便目前膾之，周賜座席。（冊三；32/1008/1）

按：王東③言："公便目前膾之"中"目前"費解，"目"當為"自"，"公便自前膾之"，意思是說"曹公於是親自當眾做魚膾"。《法苑珠林》宋本作"公便日前膾之"亦不確。《搜神記》"左慈"條不誤，正作"自"。范崇高也言：其實，吳金華早已指出《搜神記》"左慈"條之誤。並認為："目前"為一詞，本為"眼前"義，如《三國志·吳書·三嗣主傳》裴松之注引《江表傳》："覆問黃門，具首伏。即於目前加髡鞭，斥付外署。"在動詞前作狀語，則有"在眼前、當面"之義。④

552. 行人知放在羊中，告之曰：曹公不復相殺，本成君術。既驗，但欲與相見。（冊三；32/1008/8）

按："本成君術"中"成"語義費解，當為"試"字形訛。"本試君術"意思是說"本來是試驗您的法術"。《搜神記》"左慈"條正作"曹公不復相殺，本試君術耳"。

---

① 范崇高：《〈法苑珠林校注〉補議》，《成都大學學報》2013年第3期。
② 范崇高：《〈法苑珠林校注〉點校商補》，《文教資料》2012年第15期。
③ 王東：《〈法苑珠林校注〉商補》，《江海學刊》2008年第5期；又見於王東《〈法苑珠林校注〉商補》，《古籍整理研究學刊》2008年第3期。
④ 范崇高：《〈法苑珠林〉文本整理商議》，四川大學出版社2018年版，第93頁；又見於范崇高《〈法苑珠林校注〉商議》，《古籍整理研究學刊》2014年第1期。

553. 鶱兄弟四人，閉戶衛之，掘堂上作大坑瀉水，其黿入水中遊戲。一二日間，恒延頸出亦望，伺戶小開，便輪轉自躍，入於深淵，遂不復還。（冊三；32/1009/4）

按：范崇高言："亦"字不通，今本《搜神記》卷十四、《晉書·五行志》、《宋書·五行志》、《太平廣記》卷四七一引《廣古今五行記》、《文獻通考》卷三〇八並作"外"，當據改。①

554. 夏鯀，天子之父；趙王如意，漢祖之子。而鯀為黃能，意為蒼狗。（冊三；32/1009/7）

按："黃能"，當據《搜神記》卷三改作"黃熊"。南朝·梁·任昉《述異記》卷上："堯使鯀治洪水，不勝其任，遂誅鯀於羽山，化為黃熊，入於羽泉。今會稽祭禹廟，不用熊，曰黃能，即黃熊也。陸居曰熊，水居曰能。"

555. 當中興之間，又有女子，其陰在腹肚，居在揚州，亦性好婬色。故京房《易》曰：妖人生子，陰在首，則天下大亂。若在腹，則天下有事。若在背，則天下無後。（冊三；32/1010/6）

《校注》："'中興之間'，《搜神記》作'大興初'。"

按：范崇高言：《宋書·五行志五》有兩處記女子陰在腹事，引京房同一段話，祇是時代有異，一為"元帝太興初"，一為"晉中興初"。從文字吻合度看，此處與"元帝太興初"條更近，當以"太興初"為是。②

556. 故京房《易》曰：妖人生子，陰在首，則天下大亂。若在腹，則天下有事。若在背，則天下無後。（冊三；32/1010/6）

按：范崇高言："曰妖"，大正藏本校："宋、元、明、宮作'妖曰'。"（T53/531c）中華藏本、《磧砂藏》本、《北藏》本、《清藏》本作"妖曰"。《搜神記》卷七作"京房《易妖》曰"。《易妖》、又名《易妖占》，是京房易學系列著作之一。③

---

① 范崇高：《〈法苑珠林〉文本整理商議》，四川大學出版社2018年版，第93頁；又見於范崇高《〈法苑珠林校注〉點校商補》，《文教資料》2012年第15期。
② 范崇高：《〈法苑珠林〉文本整理商議》，四川大學出版社2018年版，第94頁。
③ 范崇高：《〈法苑珠林〉文本整理商議》，四川大學出版社2018年版，第93頁；又見於范崇高《〈法苑珠林校注〉商榷》，《文教資料》2018年第19期。

557. 漢宣帝黃龍元年，未央殿輅軨廐中，雌雞化為雄雞……以為王氏之應也。（冊三；32/1011/1）

《校注》："出《搜神記》卷七。"

按：范崇高言：當出今本《搜神記》卷六。①

558. 秦時南方有落頭民……又嘗有覆以銅盤者，頭不得進，遂死。（冊三；32/1015/1）

《校注》："出《搜神記》卷十三。"

按：范崇高言：《校注》有誤，事見今本《搜神記》卷十二。②

559. 吳時將軍朱桓得一婢，每夜臥後，頭輒飛去……桓以為巨怪，畏不敢畜，乃放遣之。既而詳之，乃知大怪也。（冊三；32/1015/1）

按：范崇高言："大怪"，《磧砂藏》本同大正藏本、《清藏》本作"天怪"，今本《搜神記》卷十二及《太平御覽》卷八八八引作"天性"。此處言朱桓以為婢頭能飛非常奇怪，後來瞭解詳情，方知是與生俱來的，故當以"天性"為是。③

560. 昔者高陽氏有同產而為夫婦。帝放之於崆峒之野，相抱而死。神鳥以不死草覆之，七年，男女同體而生。二頭四足四手，是為蒙雙氏。（冊三；32/1015/6）

《校注》："下'四'字原脫，據《高麗藏》本補。"

按：范崇高言：今本《搜神記》卷十四"四足四手"作"四手足"，宋楊延齡《楊公筆錄》引此事同，《太平御覽》卷八八八引作"四足手"。"四足手"即是"四足四手"之省略。《校注》"四"字無須補。④

561. 魏時尋陽縣北山中蠻人有術，能使人化作虎，毛色爪身，悉如真虎。（冊三；32/1015/8）

《校注》："爪身"，《搜神後記》作：爪牙。

---

① 范崇高：《〈法苑珠林〉文本整理商議》，四川大學出版社2018年版，第94頁。
② 范崇高：《〈法苑珠林〉文本整理商議》，四川大學出版社2018年版，第96頁。
③ 范崇高：《〈法苑珠林校注〉點校商補》，《文教資料》2012年第19期；又見於范崇高《〈法苑珠林校注〉校勘商酌》，《成都大學學報》2016年第6期。
④ 范崇高：《〈法苑珠林〉文本整理商議》，四川大學出版社2018年版，第94頁；又見於范崇高《〈法苑珠林校注〉商榷》，《文教資料》2018年第3期。

按：范崇高言："毛色"和"爪牙"最能表現虎的特徵，是知"介身"是形誤，當改作"爪牙"。《太平廣記》卷二八四引《冥祥記》作"爪身"，也不妥，一則因為"身"與"毛色"意重，二則因為未見"爪"與"身"連用之例。①

562. 周尋復知，乃以醇酒飲之，令熟醉，使人解其衣服及身體，事事詳視，了無異。（冊三；32/1016/1）

按：范崇高言：衣服可解，而身體不可解，文中標點有誤，"及身體"當屬下句。"及身體事事詳視，了無異"可譯為：等到身體樣樣仔細察看後，完全無異常。《太平廣記》卷二八四引《冥祥記》"及"作"乃"，形近而訛。②

563. 相與守之，啼泣，無可奈何。意欲求去，永不可留。視之積日，轉解自投出戶外而去駛。逐之不及，遂便入水。（冊三；32/1016/7）

按：范崇高言："轉解自投出戶外而去駛"句不可解，當校點為："轉解，自投出戶外。其去駛，逐之不及，遂便入水。"③

564. 英聞梁嫁，白日來歸，乘馬將數人至於庭前，呼曰：阿梁，卿忘我耶！子集驚怪，張弓射之，應箭而倒，即變為桃人。（冊三；32/1016/11）

按：范崇高言："驚怪"，《洛陽伽藍記》卷四"開善寺"、《太平廣記》卷三七一引《洛陽伽藍記》稗海本、《搜神記》卷一均作"驚怖"。"驚怖"兼含驚異和恐懼兩義，長於"驚怪"。蓋抄寫者把"怖"誤認成"怪"的異體字，因而致誤。④

565. 所以遠自無始，至於今身，生死輪轉，塵劫莫之比；明闇遞來，薪火不能譬。逝水非駛，器月難保。（冊三；32/1017/6）

---

① 范崇高：《〈法苑珠林〉文本整理商議》，四川大學出版社2018年版，第96頁；又見於范崇高《〈法苑珠林校注〉點校商補》，《文教資料》2012年第15期。

② 范崇高：《〈法苑珠林〉文本整理商議》，四川大學出版社2018年版，第96頁；又見於范崇高《〈法苑珠林校注〉點校商補》，《文教資料》2012年第15期。

③ 范崇高：《〈法苑珠林〉文本整理商議》，四川大學出版社2018年版，第96頁；又見於范崇高《〈法苑珠林校注〉商榷》，《文教資料》2018年第3期。

④ 范崇高：《〈法苑珠林〉文本整理商議》，四川大學出版社2018年版，第97頁；又見於范崇高《〈法苑珠林校注〉補議》，《成都大學學報》2013年第3期。

按：此句有兩處錯訛，應將"今"改為"有"，"器"改為"千"，正作"所以遠自無始，至於有身，生死輪轉，塵劫莫之比；明闇遞來，薪火不能譬。逝水非駛，千月難保。"據《如來香》卷十二："生死輪鶩。塵鞿莫之比。明暗遞來，薪火不能譬。逝水非駛。千月難保。"（T8951/1218b）《廣弘明集》卷十五："夫遠自無始至於有身。生死輪鶩。塵鞿莫之比。明暗遞來。薪火不能譬。逝水非駛。千月難保。"（T52/207b）此句原文出自南朝梁王僧孺《初夜文》："夫遠自無始，至於有身，生死輪鶩，塵鞿莫之比，明暗遞來，薪火不能譬，逝水非駛，千月難保。"

566. 夫人聞已而作是言：但使王身平安無患，妾之賤身，豈足貴耶！（冊三；32/1020/13）

按："豈足貴耶"當作"豈足道耶"。此則故事摘自《雜寶藏經》卷九，原經此處正作"豈足道耶"。

567. 五、四白鶴來者，跋耆國王當獻金寶，後日日中當至。（冊三；32/1021/9）

按："金寶"語義不明，有脫文，脫"車"，正作"金寶車"。此則故事引自《雜寶藏經》卷九，原經此處正作"當獻金寶車"。（T04/490c）

568. 佛在世時，時有國王名不黎先泥，夜夢十事……三、夢見小樹生葉；四、夢見小樹生果。（冊三；32/1023/2）

按：王東言："夢見小樹生葉"一句中"葉"字當為"華"字之訛，正作"夢見小樹生華"。下句言"夢見小樹生果"，顯然先有小樹生華，才有小樹生果，故"小樹生葉"當是"小樹生華"之誤。此則故事引自東晉西域沙門竺曇無蘭譯《國王不梨先泥十夢經》卷一（T02/873b）亦作"華"①。

569. 穎夢中問曰：子為誰？對曰："吾本趙人，今屬汪芒氏之神。"（冊三；32/1027/6）

《校注》："為"字下原衍"是"字，據《搜神記》刪。

---

① 王東：《〈法苑珠林校注〉拾零》，《江海學刊》2014年第3期；又見於王東《〈法苑珠林校注〉拾零》，《鄭州大學學報》2009年第4期。

按：范崇高言：由於佛經中大量使用四字語句，受此影響，中古漢語中同義單音詞連用的情況激增，判斷詞"為"和"是"也常常連用，主要出現在疑問句中。如姚秦鳩摩羅什譯《妙法蓮華經》卷七《妙莊嚴王本事品》："時父見子神力如是，心大歡喜，得未曾有。合掌向子言：'汝等師為是誰？誰之弟子？'"據此，本書的"是"字不可草率刪去。①

570. 穎即起，幸之，十數人將導，順水上，果得一枯楊。（冊三；32/1027/9）

按：此句語義費解，"幸之"為"率"之訛，標點亦不確，正當作"穎即起，率十數人將導順水上，果得一枯楊"。此句出於《搜神記》卷十六，原文為："穎即起，率十數人將導順水上，果得一枯楊。"《太平廣記》卷三百一十七"鬼二"引《搜神記》《古今圖書集成·明倫彙編·掩胔部》第九十四卷引《搜神記》此處均作"穎即起，率十數人將導順水上，果得一枯楊"，《法苑珠林》此處當據改。

571. 宋琅琊諸葛覆，宋永嘉年為九真太守。家累悉在揚都，唯將長子元崇送職。覆於郡病亡，元崇年始十九，送喪欲還。（冊三；32/1028/10）

按：范崇高言：送職，各本同。《太平廣記》卷一二七"諸葛元崇"引《還冤記》作"赴職"；敦煌本《還冤記》（題《冥報記》）、唐宗密述《圓覺經大疏釋義鈔》卷九下引《冤魂記》作"述職"。當以"述職"為是。"赴職""述職"義同，"送職"為形誤。"述職"有"就職"義。②

572. 唐京師大莊嚴寺釋智興，俗緣宋氏，洺州人也。（冊三；32/1030/9）

按："洺州"非是，"洺"是"洛"之形誤，兩字形近而訛，正作"洛州"。《法苑珠林》大正藏本作"洺"，元本作"洛"。"釋智興"多部典籍記載，如唐道宣撰《續高僧傳》卷二十九："釋智興，俗緣宋氏，洛州人也。"（T50/695b）《太平廣記》卷一百一十二"報應十一"："唐

---

① 范崇高：《〈法苑珠林校注〉商議》，《古籍整理研究學刊》2014年第1期。
② 范崇高：《〈法苑珠林〉文本整理商議》，四川大學出版社2018年版，第98頁；又見於范崇高《〈法苑珠林校注〉校勘瑣記》，《寶雞文理學院學報》2018年第1期。

京師大莊嚴寺釋智興，洛州人也。"《六道集》卷五："大莊嚴寺釋智興，洛州人也。"（X88/167c）"洺"與"洛"字形相似，疑為傳抄錯訛。

573. 從眠驚寤，怪夢所由。與人共說，初無信者。尋入重夢，及諸巫覡，咸陳前說。（冊三；32/1031/2）

按：范崇高言："入"字，大正藏本、中華大藏本《法苑珠林》以及《續高僧傳》卷二十九、唐釋志鴻《四分律搜玄錄》引《續高僧傳》等都作"又"，當據改。"又重"猶今之"重又"，如本書卷十四："及後太宗升遐，方知兆見。至六月內湏又重出，合州同懼，不知何禍。"卷二七引《冥報拾遺》："其夜監察禦史張守一宿直，命吏開鎖。以火燭之，見鎖不開而相離甚怪。又重鎖，紙封書上而去。"①

---

① 范崇高：《〈法苑珠林〉文本整理商議》，四川大學出版社2018年版，第99頁；又見於范崇高《〈法苑珠林校注〉點校商補》，《文教資料》2012年第15期。

《法苑珠林》卷三十三校勘研究

574. 國中人眾得輕安者，莫不感羨。緣此功德，世世清淨。（冊三，33/1036/3）

按："感羨"，《法苑珠林》大正藏本作"感義"，宋、元、明本作"感羨"。"羨"不確，正作"義"。"感羨"，"感激仰慕"義，《三俠五義》第十四回："包公聞聽道：'原來展義士暗中幫助。前日三星鎮留下字柬，必也是義士所為。'心中不勝感羨之至。"此義與此句中，顯然未恰切。作"感義"是。此則故事引自西晉沙門法立、法炬共譯《佛說諸德福田經》卷一（T16/778b），原經此處作"感義"。

575. 又房始成，有一新受戒年少比丘，戒德清淨，入此房中已畢，檀越信施之德。（冊三，33/1040/13）

按：吳建偉言："已畢"應下讀。即"入此房中，已畢檀越信施之德。"此段文字引自《薩婆多毘尼毘婆沙》卷七《九十事第二十》，原文為："又云：房始成時，有一新受戒年少比丘，戒德清淨，入此房中，以楊枝狗房。以此一持戒比丘，已畢檀越信施之德。"①

576. 問：工匠之法，作經像得物，合取直不？佛言：不得取價直，如賣父母。取財者逆過三千，真是天魔，急離吾佛法，非我眷屬。（冊三，33/1041/6）

按：吳建偉言：此句標點當作："問：工匠之法，作經像得物，合取直不？佛言：不得取價直。如賣父母取財者，逆過三千，真是天魔，急離吾佛法，非我眷屬。"佛陀的意思是說工匠製作經像，不得

---

① 吳建偉：《〈法苑珠林校注〉標點疑誤補舉》，《古籍整理研究學刊》2015年第6期。

取報酬，這是佛陀的答話。就如同有人為取財而出賣父母，都是大罪，這裏佛陀將作經像取直比喻成賣父母取財，是佛陀對答話的進一步申說。①

577. 昔佛弟難陀乃往昔維衛佛時人，一洗眾僧之福功德，自追生在釋種。身佩五六之相，神容晃昱金色。（冊三，33/1053/10）

按：范崇高言：追與隨同義。"功德自追"即福報自然隨之而至。因之，此段當標點為："昔佛弟難陀乃往昔維衛佛時人，一洗眾僧之福，功德自追，生在釋種，身佩五六之相，神容晃昱金色。"②

578. 乘前之福，與佛同世，研精進場，便得六通。（冊三，33/1053/11）

按：范崇高言："進場"，後漢支婁迦讖譯《雜譬喻經》原文、《諸經要集》卷八引、《珠林》各本均作"道場"，當據改。"研精道場"即在修道的場所專心致志。③

579. 誓以身命守護殿閣。寺居狐兔，顧影為儔。啜菽飲水，載歷寒暑。雖耆年暮齒，而心力逾壯。（冊三，33/1061/1）

《校注》："'載歷'原作'再離'，據《唐高僧傳》改。"

按：范崇高言："載歷"，實則"再離寒暑"與"載離寒暑""載歷寒署"字異而義同，不須更改。④

580. 泥塗褫落，周匝火燒，口誦不輟，手行治葺。賊徒雪泣，見者哀歎。往往革心，相佐修補。（冊三，33/1061/2）

《校注》："'雪'字，《唐高僧傳》作'雷'。"

按：范崇高言："雷泣"未聞。"雪泣"是擦拭眼淚。此處"雷"當是"雪"的形近誤字，不可取。⑤

581. 遣此人執筆口授為書，謂之曰：汝雖合死，今方便放汝歸

---

① 吳建偉：《〈法苑珠林校注〉標點疑誤補舉》，《古籍整理研究學刊》2015 年第 6 期。
② 范崇高：《〈法苑珠林〉文本整理商議》，四川大學出版社 2018 年版，第 100 頁；又見於范崇高《〈法苑珠林校注〉標點商兌》，《古籍整理研究學刊》2016 年第 5 期。
③ 范崇高：《〈法苑珠林〉文本整理商議》，四川大學出版社 2018 年版，第 100 頁。
④ 范崇高：《〈法苑珠林〉文本整理商議》，四川大學出版社 2018 年版，第 100 頁。
⑤ 范崇高：《〈法苑珠林〉文本整理商議》，四川大學出版社 2018 年版，第 100 頁。

家，宜為我持此書至坊州，訪我家通人。兼白我娘……（册三，33/1070/2）

按：范崇高言：後兩句當標點為"訪我家，通人兼白我娘"，意思是：探訪我家，告知州人，同時告訴我母親。①

---

① 范崇高：《〈法苑珠林〉文本整理商議》，四川大學出版社2018年版，第100頁。

《法苑珠林》卷三十四校勘研究

582. 爾時世尊告諸比丘：當修行十法，便成神通，去眾亂想，至致涅槃。（冊三，34/1072/2）

按："至致涅槃"語義費解，正作"自致涅槃"。"自致涅槃"意為竭盡自己的心力達到涅槃。下文多次言"自致涅槃"，如"修行一法，自致涅槃""便成神通，自致涅槃""除諸亂想，自致涅槃"，顯然此處也當言"自致涅槃"。此則故事引自東晉僧伽提婆譯《增壹阿含經》卷二，原經此處正作"自致涅槃"。（T02/554a11）

583. 第九念身者，謂專精念身，髮、毛、爪、齒、皮、肉、筋、骨、膽、肝、肺、心、脾、腎、大腸、小腸、白膜、膀胱、屎、尿、百葉、倉腸、胃。（冊三，34/1073/8）

《校注》："白膜"二字原作"匈直"，據《增一阿含經》改。

按：王東云："白膜"疑為"三膲"之訛。"三膲"為古人所謂的人體六府之一。據《一切經音義》"陀羅尼雜集""六府"："《廣雅》府，聚也。《白虎通》曰人有六府，謂大腸、小腸、膀胱、胃、三焦、膽也。"[1] 范崇高言：《校注》據原書校改作"白膜"，甚是。[2]

584. 時日少風，而船去如箭。薩薄主語眾人言：船去太疾，可捨帆。如言捨下。船去轉便，不可得止。（冊三，34/1081/6）

按：范崇高言："便"，當據《雜譬喻經》作"駃"[3]。

---

[1] 王東：《〈法苑珠林校注〉拾零》，《鄭州大學學報》2009 年第 4 期。
[2] 范崇高：《〈法苑珠林〉文本整理商議》，四川大學出版社 2018 年版，第 104 頁。
[3] 范崇高：《〈法苑珠林〉文本整理商議》，四川大學出版社 2018 年版，第 105 頁。

585. 又《大集經》云："譬如沙門自有頭髮，生不自知日長幾分。如是菩薩罪生，不能自知，言我無罪者。"（冊三，34/1082/1）

《校注》：此段出處待考。

按：王侃言：上文實出自那連提耶舍譯《大方等大集經》卷第六十"十方菩薩品之二"，原文作"佛言：菩薩不能自覺微微盛百八罪行，譬如沙門自有頭髮，生不知日長幾分；如是菩薩罪坐不能自知，言我無罪者云何？佛問諸菩薩：寧有是不？諸菩薩即稽首慚受行。"[①]

586. 諸天人民蜎飛蠕動之類，聞我名字，莫不慈心，歡喜踊躍者皆令來生我國。（冊三，34/1084/9）

按：吳建偉言："慈心"後逗號當刪。如《佛說無量清淨平等覺經》卷一："見無量清淨佛光明，莫不慈心歡喜者。"《佛說無量清淨平等覺經》卷三、《佛說阿彌陀三耶三佛薩樓佛檀過度人道經》卷下均有："我曹聽佛經語，莫不慈心歡喜踊躍開解者。"[②]

---

① 王侃：《〈法苑珠林校注〉補考》，《古籍整理研究學刊》2018 年第 1 期。
② 吳建偉：《〈法苑珠林校注〉標點疑誤補舉》，《古籍整理研究學刊》2015 年第 6 期。

《法苑珠林》卷三十五校勘研究

587. 如《華嚴經》云：著袈裟者，捨離三毒也。又《大悲經》云：但使性是沙門，汙沙門行，自稱沙門，形似沙門，披著袈裟，於彌勒佛乃至樓至佛所，得入涅槃，無有遺錯。（冊三，35/1096/7）

按："遺錯"費解，正作"遺餘"。"遺餘"，剩餘；遺留義，如：《後漢書·郭伋傳》：賜宅一區，及帷帳錢穀，以充其家，伋輒散與宗親九族，無所遺餘。唐·元稹《唐南陽郡王贈某官碑文銘》："十月十二日錡就擒，從亂者無遺餘。"此則故事引自高齊天竺三藏那連提耶舍譯《大悲經》卷三（T12/958a），原經此處正作"遺餘"。另外，唐道宣述《四分比丘尼鈔》卷一和唐玄惲纂《毗尼討要》卷一，均摘引此則故事，此處亦作"餘"。

588. 何以故？是其前世執性多嫉，見沙門來，急閉戶云：大人不在。見他布施歡喜，攝念發心，願作沙門。（冊三，35/1098/11）

按："多嫉"語義費解，正作"多慳"。嫉，常用意義為"忌妒、憎恨"義，這兩個意義放在此句中均不恰切。作"慳"是，"慳"是吝嗇、慳吝之義。"執性多慳"，是言其前世秉性吝嗇。故下句言其見到沙門化緣即關門不與。此則引自《舍利弗問經》卷一，原經此處正作"執性多慳"。

589. 時佛即知龍心所疑，告龍王言：假使三千大千世界所有人民各分如來皂衣，終不減盡。（冊三，35/1100/5）

按："所有人民各共分如來皂衣"，有脫文，脫"各"字，正作"所有人民各各共分如來皂衣"。"各各"，即"個個，每一個"義。如《後漢書·趙熹傳》："帝延集內戚宴會，歡甚，諸夫人各各前言：'趙熹篤義多恩，往遭赤眉出長安，皆為熹所濟活。'帝甚嘉之。"《隋書·儒林傳·房暉遠》："學生皆持其所短，稱己所長，博士各各自疑，所以久而不決也。此則故事引自西晉竺法護譯《佛說海龍王經》卷四（T15/151a），原經此處正作"各各"。

590. 王大歡喜，即語比丘：我今庫藏所有財物，隨汝取用，終不悋惜。於是王子比丘聞已，取財設百味食，請迦葉佛及二萬比丘供養訖已，一一比丘各施三衣六物。緣是功德，不墮惡世，天上人中，常有袈裟裹身而生。（冊三，35/1103/2）

按："於是王子比丘聞已"語義費解，正作"於時王子比丘聞已"。此則引自吳支謙譯《撰集百緣經》卷九，原經此處正作"於時"。

591. 供養訖已，一一比丘各施三衣六物。緣是功德，不墮惡世，天上人中，常有袈裟裹身而生。（冊三，35/1103/4）

按："惡世"語義費解，正作"惡趣"。"惡趣"亦稱"惡道"，指地獄、餓鬼、畜生三道，如《壇經·行由品》：依此偈修，免墮惡道。《敦煌變文集·維摩詰經講經文》：持世告假帝釋曰：我修行日久，悟法分明，不可取你人情，交我再沉惡道。《法苑珠林》卷九六："寧止不行，勿行邪道，身壞命終，墮於惡趣。"試比較，吳支謙譯《撰集百緣經》卷三："身諸毛孔，有栴檀香，聞此香已，喜不自勝，發願出去。緣是功德，不墮惡趣。天上人中，隨其行處。"（T04/213c）又《撰集百緣經》卷九："時有長者，見其豎根，心生隨喜。持一金錢，安置根下，發願而去。緣是功德，不墮惡趣。天上人中，常有金錢，申手而出。"（T04/245c）又《撰集百緣經》卷十："時有長者，偶行值見，心懷歡悅，即還歸家，備辦香水，澡浴眾僧。設諸餚饍，供養訖竟。復以珍寶，投之瓮水，奉施眾僧，發願而去。緣是功德，不墮惡趣。天上人中常有池水，珍寶隨其俱生。"（T04/256c）此則引自吳支謙譯《撰集百緣經》卷九，原經此處正作"惡趣"。

592. 說此語時，天地大動，無雲而雨。諸天觀見雨華供養。（冊三，35/1104/2）

按：范崇高言："諸天觀見雨華供養"，標點有誤，正當作"諸天觀見，雨華供養"①。

593. 若有國王見出家人作大罪業，止得如法擯出國土及在寺外，不得鞭打及以罵辱，一切不應如其身罪。（冊三，35/1105/13）

按："如其身罪"語義費解，"如""加"形近而訛，正作"加其身罪"。此則引自北涼曇無讖譯《大方等大集經》卷五十四，原經此處正作"加其身罪"。《諸經要集》卷二、《法苑珠林》卷十九、《佛祖統紀》卷三，亦引了此則故事，均作"加其身罪"。

594. 其父長者為求婚所。選擇高門，聘以為婦。長者既富，禮教先備，閨門雍穆，資產轉盛。夫盛有衰，合會有離。長者及母，俱時喪亡。譬如日到沒處，暉光潛翳。（冊三，35/1126/9）

按："長者及母"語義不確，正作"長者夫妻"。此段是言長者夫妻年老喪亡，並未提及其母的情況，顯然有訛誤，且下句言"父母既終，生計漸損，而此燈指少長富逸不閑家業，惡伴交游恣心放意"，顯然指的"長者夫妻"。此則引自姚秦鳩摩羅什譯《燈指因緣經》卷一，原經此處正作"長者夫妻"。

595. 躭惑酒色，用錢無度。倉庫貯積，無人料理，如月盈昃，闇轉就損。（冊三，35/1126/13）

按："闇轉就損"中"闇"為"闕"之形誤，"闇""闕"兩字形近而訛，正當作"闕轉就損"。此則引自姚秦鳩摩羅什譯《燈指因緣經》卷一，原經此處正作"闕轉就損"。

596. 時彼國法，歲一大會，集般舟山。於時燈指服飾嚴從，詣彼會所。（冊三，35/1126/13）

按："般舟山"，"舟""周"形近而誤，正作"般周山"。此則引自《燈指因緣經》卷一，原經此處為"般周山"。

597. 須臾之頃，金頭手足，其積過人。譬如王者失國，還復本位。如盲得眼，視照明了。（冊三，35/1128/6）

按："視照"語義費解，"照"是"瞻"字之訛，正作"視瞻"。"視瞻"，觀看瞻望義，如《禮記·曲禮上》："將入戶，視必下，入戶奉扃，

---

① 范崇高：《〈法苑珠林〉文本整理商議》，四川大學出版社2018年版，第107頁。

視瞻毋回。"漢賈誼《新書·傅職》:"視瞻俯仰,周旋無節。"宋陳師道《上范相公書》:"永惟道德之流,宜有神明之相,起居自若,瘴癘不侵,藥石未施,視瞻如故。"此則引自秦《燈指因緣經》卷一,原經此處有異文,大正藏本作"瞻",聖本作"照",作"視瞻"是。

598. 同素誦《法華》,唯憑誠此業。又存念觀音。有頃,見一光如螢光,追之不及,遂得出穴。(冊三,35/1133/2)

按:范崇高言:"熒光",《高僧傳》卷十二原作"螢火",當據改。①

---

① 范崇高:《〈法苑珠林〉文本整理商議》,四川大學出版社2018年版,第107頁。

《法苑珠林》卷三十六校勘研究

599. 琛之素不信法，心起忿慢。沙門曰：當加祇信，勿用為怒。相去二十步，忽不復見。琛之經七日便病，時氣危頓殆死。（冊三，36/1141/3）

按：范崇高言："時氣"當連上句。江藍生先生《魏晉南北朝小說詞語匯釋》云："'時氣病'即時疫，猶今語傳染病。文獻中又稱之為時氣、時疾、時患、時病等等。"① 所謂"病時氣"即患傳染病之意。②

600. 子懋弟南海王子罕，字靈華。其母樂容華寢疾，子罕晝夜禮拜。于時以竹為燈纘。其燈照曜，訖夜極明。此纘經宿，枝葉茂盛。母病尋愈。（冊三，36/1153/8）

《校注》："'纘'字，《高麗藏》本作'纘'。"

按：范崇高言："靈華"，當據《南史》《南齊書》作"雲華"，另"纘"，范崇高言亦當從《南史》本作"纘"，作"纘"文意不順。③

601. 沙門支法存在廣州有八尺毾㲪，又有沈香八尺板牀。太元中王漢為州，大兒劭求二物不得，乃殺而籍焉。（冊三，36/1162/2）

按：范崇高言："太元中王漢"，當依《太平御覽》作"太原王淡"④。

602. 聚窟洲在西海中，上多真仙靈館宮第。北門有大樹，與楓木相似，而芳香聞數百里，名為反魂樹。（冊三，36/1164/9）

---

① 江藍生：《魏晉南北朝小說詞語匯釋》，語文出版社1988年版，第176頁。
② 范崇高：《〈法苑珠林校注〉標點舉誤》，《成都大學學報》2017年第5期。
③ 范崇高：《〈法苑珠林〉文本整理商議》，四川大學出版社2018年版，第108頁。
④ 范崇高：《〈法苑珠林〉文本整理商議》，四川大學出版社2018年版，第109頁。

按：范崇高言：據《十洲記》原書，"靈館"當做"靈官"，"北門"當做"比門"。上文當校點作："聚窟洲在西海中，上多真仙靈官，宮第比門。有大樹……""宮第比門"是說仙官們居住的宅第一家挨著一家。[1]

603. 吳景帝世，烏程民有得痼病，及差能以響言……聲之所往，隨其所向，遠者不過十數里。（冊三，36/1178/5）

按："痼病"，范崇高言：當依《晉書·五行志中》《宋書·五行志二》作"困病"[2]。

604. 明旦又來，有善色，謂奴曰：今當為汝白也。（冊三，36/1179/3）

按：范崇高言："善色"，當據《冥報記》卷下及《太平廣記》卷三二八改作"喜色"[3]。

---

[1] 范崇高：《〈法苑珠林校注〉點校商補》，《文教資料》2012年第15期。
[2] 范崇高：《〈法苑珠林〉文本整理商議》，四川大學出版社2018年版，第110頁。
[3] 范崇高：《〈法苑珠林〉文本整理商議》，四川大學出版社2018年版，第111頁。

《法苑珠林》卷三十七校勘研究

605. 便罵言："汝云當為王生金色之子，何故生猪。"便取輪頭拍囚內後園中，令服菜茄。王還，聞之不悅。（冊三，37/1184/8）

《校注》："茄"字原脫，據《高麗藏》本補。

按：《校注》此條校勘不確，"令服菜"語義可通，不煩補字。《校注》補"茄"字，反而語義不暢。此處有兩種校勘方式：一種是不添字，語義亦可通。梁僧祐《釋迦譜》卷五、唐道世集《諸經要集》卷三引此則故事，此處皆作"菜"。另一種如《校注》添字，"茄"當作"茹"，"茹"乃蔬菜之總稱。《漢書·食貨志上》："還廬樹桑，菜茹有畦。"顏師古注："茹，所食之菜也。"《文選·枚乘〈七發〉》："秋黃之蘇，白露之茹。"李善注："茹，菜之總名也。"東晉瞿曇僧伽提婆譯《中阿含經》卷四："或食菜茹，或食稗子，或食穄米。"西秦聖堅譯《太子須大拏經》卷一："食果蓏菜茹，被褐為服飾。百鳥相娛樂，亦無愁憂心。"北涼曇無讖譯《大方等大集經》卷三十九："或如人脂或如人腦；若得種種眾雜菜茹，複作是觀，"《法苑珠林》大正藏本亦作"茹"，校者沿襲《高麗藏》本之誤，當改。

606. 如來賢聖，弟子在諸方者，憐愍我故，受我供養。（冊三，36/1186/5）

按：吳建偉言："賢聖"後逗號當刪。構成"如來賢聖……"的用法，佛典中常見。如《出曜經》卷十三《沙門品第十二》："遭遇如來賢聖弟子圍繞……"①

---

① 吳建偉：《〈法苑珠林校注〉標點疑誤補舉》，《古籍整理研究學刊》2015 年第 6 期。

《法苑珠林》卷三十七校勘研究

607. 若塔僧物，賊來急時不得藏棄，佛物，應莊嚴佛像，僧座具應敷，安置種種飲食，令賊見相。（冊三，37/1189/10）

《校注》："'棄'字原作'舉'，據《高麗藏》本改。"

按：王東認為"藏舉"費解，"舉"當為"弆"[1]。范崇高認為：《高麗藏》本作"棄"，實為"弆"之形近誤字。《集韻·語韻》："弆，藏也。或作去。"故"藏弆（去）"為同義並列複合詞，意指"收藏"[2]。

---

[1] 王東：《〈法苑珠林校注〉商校》，《鄭州大學學報》2016年第6期。
[2] 范崇高：《〈法苑珠林〉文本整理商議》，四川大學出版社2018年版，第113頁，也見於范崇高《〈法苑珠林校注〉商議》，《古籍整理研究學刊》2014年第1期。

《法苑珠林》卷三十八校勘研究

608. 掃地有五法：一、不得背人，二、不得逆掃，三、當令淨，四、不得有跡，五、當即分卻。（冊三，38/1201/8）

按："當即分卻"語義費解，"分卻"當作"棄卻"。"棄卻"，拋棄、丟棄義，佛典習見，如元魏婆羅門瞿曇般若流支譯《正法念處經》卷十一："謂沙門在檀越家，惜檀越意。不能棄却，而便飲之。"（T17/65a）唐不空譯《大聖天歡喜雙身毘那夜迦法》卷一：如是語已，壇中雜物盤盛，出門向西棄却。（T21/297a）此段文字出自失譯《沙彌十戒法並威儀》卷一，原經此處正作"即時棄卻"。

609. 五層露槃，似西域于闐所造。面開窗子，四周天全。中懸銅磬，每有鍾聲，疑此磬也。（冊三；38/1209/7）

按："四周天全"語義費解，正當作"四周天鈴"。此段文字出自《集神州三寶感通錄》卷上，原經此處有異文。大正藏本作"四周天鈴"，宋、元、明本作"四周天全"。此處作"四周天鈴"為是。"天鈴"是金屬做成的響器，佛典習見，如唐于闐國三藏實叉難陀譯《大方廣佛華嚴經》卷二十二："百萬億天鈴幢，百萬億金網幢，出微妙音；百萬億天繒幢，眾彩具足；百萬億香幢，垂布香網。"（T10/116a）唐澄觀撰《大方廣佛華嚴經疏》卷二十五："寶衣敷布嚴，四天鈴幢下十句，寶幢行列嚴。"（T35/684b）

610. 昔與育王共遊。鄮縣下真舍利起塔鎮之。（冊三；38/1210/3）

按：吳建偉言：此句標點當作："昔與育王共遊鄮縣，下真舍利，起

— 198 —

塔鎮之。"鄭縣乃與阿育王共遊的目的地。①

611. 琮即入塔內專精苦到行道，久之未驗。（冊三；38/1213/3）

按：吳建偉言：此句標點當作："琮即入塔內，專精苦到，行道久之，未驗。"此段文字出自《集神州三寶感通錄》卷上，原文為："琮即入塔內，專精苦到，行道久之，未有光現。""專精苦到"為一獨立詞組，意為專心一致行苦行。②

612. 及旦看之，獲舍利一枚，殊大於粒，光明鮮潔。更細尋視，又獲七粒。總置盤木，一枚獨轉，遶餘七粒，各放光明，炫耀人目。（冊三；38/1213/7）

按：范崇高言："盤木"，當依《大正藏》《中華藏》《高麗藏》《四庫》，唐道宣《集神州三寶感通錄》卷上作"盤水"。"盤水"即盤中之水。相傳舍利需要清水行之，方得發光。③

613. 京師慈恩寺僧惠滿在塔行道，忽見綺井覆海下一雙眼睛，光明殊大。（冊三；38/1214/3）

《校注》："睛"當作"精"，據《高麗藏》本、《磧砂藏》本、《南藏》本、《嘉與藏》本改。

按：范崇高言：此處不煩改。《大正藏》本校："睛"，宋、元、明、宮作"精"。《中華藏》本校："眼睛"，資、磧、南、徑、清作"眼精"。中古文獻中，"眼睛"雖是主要詞形，而寫作"眼精"者也不乏其例。

又此段下文："有大鳥飛來，啄睛瞰舌，入大火坑，燒烙困苦。"《校注》："'啄睛'二字原作'喙精'，據《高麗藏》本改。"同樣不必改"精"為"睛"④。

614. 通召道俗同視，亦皆懔然喪膽，更不敢重視。（冊三；38/1214/4）

按：范崇高言：《大正藏》本、《中華藏》本、《高麗藏》本"亦"

---

① 吳建偉：《〈法苑珠林校注〉標點疑誤補舉》，《古籍整理研究學刊》2015年第6期。
② 吳建偉：《〈法苑珠林校注〉標點疑誤補舉》，《古籍整理研究學刊》2015年第6期。
③ 范崇高：《〈法苑珠林〉文本整理商議》，四川大學出版社2018年版，第114頁；范崇高：《〈法苑珠林校注〉校勘瑣記》，《寶雞文理學院學報》2016年第1期。
④ 范崇高：《〈法苑珠林〉文本整理商議》，四川大學出版社2018年版，第114頁。

後多一"然"字,作:"通召道俗同視亦然,皆懾然喪膽,更不敢重視。"多"然"字於義為勝,當據補。①

615. 東西馳走,又被打杖。怕懼號哭,但惟叩頭彈指,懺悔乞命。(冊三,38/1215/4)

按:"打杖"不確,正作"打拍"。"打拍",打拍,敲擊之義,如:晉陶潛《搜神後記》卷二:"得卿同心健兒三十人,皆令持竹竿,於此東行三十里,當有邱陵林樹,狀若社廟。有此者,便當以竹竿攪擾打拍之。"《法苑珠林》此處有異文,大正藏本作"打拍",宋、元、明、宮本"打杖"。此則故事引自《集神州三寶感通錄》卷上,原經此處正作"打拍"。

616. 州北百里雒縣塔者,在縣城北郭下寶興寺中。本名石基,相亦同前。(冊三,38/1216/12)

按:"本名石基,相亦同前"語義費解,正作"本名大石,基相同前。"《法苑珠林》此處有異文,大正藏作"本名大石,基相同前",宋、元、明本作"本名石基,相亦同前",宮本作"本名石基,相同前"。此則正作"本名大石,基相同前"。"大石"是寺塔名,佛典習見,如:唐道宣撰《廣弘明集》卷十五:"益州成都郭下福感寺塔,本名大石寺。"(T52/201c)。唐道宣撰《集神州三寶感通錄》卷一:"益州郭下福感寺塔者,在州郭下城西,本名大石。"(T52/408a)此則引自唐道宣撰《集神州三寶感通錄》卷一,原經此處正作"本名大石,基相同前"。這句話與上文"今號為等眾寺,本名大石,基本緣略亦同前"。(T52/408b)相對應。

617. 道俗自見,咸驚訝其神鬼所造,其下不測其底。(冊三,38/1218/6)

按:"道俗自見"語義費解,"自"當是"目"之形誤,兩字形近而訛,正作"道俗目見"。《法苑珠林》此處有異文,大正藏本作"道俗目見",宋、元、明、宮本"道俗自見"。"目見",親眼看到,如漢王充《論衡·說日》:"魯史目見,不空言者也,雲與雨俱,雨集于地。"唐韓

---

① 范崇高:《〈法苑珠林〉文本整理商議》,四川大學出版社 2018 年版,第 115 頁。

愈《故太學博士李君墓志銘》:"在文書所記及耳聞相傳者不說,今直取目見、親與之游而以藥敗者七六公以為世誡。"宋蘇軾《蘇州姚氏三瑞堂》詩:"楓橋三瑞皆目見,天意宛在虞鰥後。"《二刻拍案驚奇》卷十四:"〔向士肅〕後來常對親友們說此目見之事,以為笑話。""自見"無此義,故此處作"目見"為是。此則故事引自《集神州三寶感通錄》卷上,原經此處正作"道俗目見"。

618. 隋大業初,彼國官人會丞來此。學問內外博知。(冊三,38/1221/5)

按:吳建偉認為此句標點當作:"隋大業初,彼國官人會丞來此學問,內外博知。""學問",意即學習和詢問。《大唐大慈恩寺三藏法師傳》卷五:"玄奘支那國僧,來此學問,歲月已久。"《續高僧傳》卷五《玄奘傳》:"有支那僧來此學問,已在道中。"[1]

---

[1] 吳建偉:《〈法苑珠林校注〉標點疑誤補舉》,《古籍整理研究學刊》2015年第6期,第80頁。

《法苑珠林》卷三十九校勘研究

619. 晉建元寺、建康太清里寺基,本宋北第,元徽二年宮人陳太妃造。(冊三,39/1244/1)

按:吳建偉認為此句標點當作:"晉建元寺,建康太清里,寺基本宋北第,元徽二年宮人陳太妃造寺塔。""建元寺"後頓號顯系印誤,當改為逗號。建元寺位於建康城太清里,其寺基原本是劉宋時期的北第(即靠近北闕的宅第)。①

620. 魏平等寺,廣平武穆王懷捨宅所立也……唯尚書令司州牧樂平王爾朱世隆鎮京師,商旅四通,盜賊不作。(冊三,39/1244/8)

按:范崇高言:此段出《洛陽伽藍記》卷二"平等寺"。《校注》失檢,未注出處。②

621. 名便禮拜,都不慰問。便引盡北行,東出至本客房中,歡笑通宵,屢求住彼。曰:一任和尚,不敢為礙。待明為諮報。曰:和尚不許。(冊三,39/1248/11)

按:王東言:"報"當屬下讀,原句應標點為:"待明為諮。報曰:和尚不許。"這裏意思是說"等明天為你(向和尚)咨問。(於是)回報說:和尚不答應"③。

622. 魏太山丹嶺寺釋僧照,未詳氏……今終南諸山亦有斯事,不可具述。(冊三,39/1250/7)

---

① 吳建偉:《〈法苑珠林校注〉標點疑誤補舉》,《古籍整理研究學刊》2015年第6期。
② 范崇高:《〈法苑珠林〉文本整理商議》,四川大學出版社2018年版,第115頁。
③ 王東:《〈法苑珠林校注〉商補》,《古籍整理研究學刊》2008年第3期。

按：范崇高言：《校注》未注出處。此段出自《續高僧傳》卷二五"釋僧照"①。

623. 竊生念時，前僧便失，懊惱之甚。返迴三日，方達谷口。乃於避世堡立精舍以之。精舍見存，其僧不知所終。（冊三，39/1253/8）

按：范崇高言："立精舍以之"，語句殘缺；《大正藏》本"以之"屬下句，也不順暢。唐道宣《集神州三寶感通錄》卷下作"立精舍以候之"，當據補"候"②。

624. 般舟、方等二院，莊嚴最勝，夏別常有千人，四周廊廡，咸一萬間。（冊三，39/1257/11）

按：范崇高言："咸"，唐道宣《律相感通傳》作"减"。此處作"咸"不暢，当校改为"减"③。蔡鏡浩《魏晉南北朝詞語例釋》釋魏晉南北朝時的"减"云："猶不足、不滿，而非减少之義，常用在數量詞之前表約數。"④

625. 又問：彌天釋氏，宇內式瞻，云乘赤驢，荆襄朝夕而見，未審如何……後人不練，遂妄擬之。（冊三，39/1258/1）

《校注》："出《道宣律師感通錄》。"

按：范崇高言：此一小段見於《道宣律師感通錄》，但上一段段首云"依《道宣律師感應記》"，《道宣律師感通錄》中卻未見。此處出自道宣另一書《律相感通傳》，《校注》失檢⑤。

---

① 范崇高：《〈法苑珠林〉文本整理商議》，四川大學出版社2018年版，第117頁。
② 范崇高：《〈法苑珠林〉文本整理商議》，四川大學出版社2018年版，第117頁。
③ 范崇高：《〈法苑珠林〉文本整理商議》，四川大學出版社2018年版，第117頁。
④ 蔡鏡浩：《魏晉南北朝詞語例釋》，江蘇古籍出版社1990年版，第166頁。
⑤ 范崇高：《〈法苑珠林〉文本整理商議》，四川大學出版社2018年版，第118頁。

《法苑珠林》卷四十校勘研究

626. 佛初留影石室，在那乾呵羅國毒龍池側，阿那斯山巖，南有五羅剎女，與毒龍通，恒降雹雨，百姓飢疫，已歷四年。（冊三，40/1261/7）

按："阿那斯山巖，南有五羅剎女與毒龍通"，標點有誤，"南"當屬上，正作"阿那斯山巖南。有五羅剎女與毒龍通"。"南"，方位詞，"在……南"為固定搭配，不可拆開。且後一句句意完整，無須加"南"字。《法苑珠林》大正藏此處標點，南即屬上。此句引自東晉佛陀跋陀羅譯《佛說觀佛三昧海經》七，原經此處作："佛告阿難：云何名如來到那乾訶羅國古仙山薝蔔華林，毒龍池側，青蓮華泉北，羅剎穴中，阿那斯山巖南。爾時彼穴有五羅剎，化作女龍與毒龍通。"（T15/679b）佛留影的說法，佛教其他典籍亦有記載，如：唐道宣撰《釋迦氏譜》卷一："諸人天眾，供養佛影，影亦說法。窟高一丈八尺，深二十四步，石青白色。在那乾訶那國古仙薝蔔花林，毒龍池側，青蓮泉北，羅剎穴中，阿那斯山巖南。"（T50/97c）

627. 難頭禾龍王化作人身，到泥洹所，道逢闍王還，語王言：可持一分見與。（冊三，40/1263/1）

按："道逢闍王還。語王言"斷句有誤，"還"當屬下，正作"道逢闍王。還語王言"。因為前文說"以闍王初來得舍利及髭，還各歡喜作樂動天"，可以得知闍王得到舍利之後，已經回到了自己的國土，作樂動天。"道逢"闍王"還"，應該是難頭禾龍王在泥洹所遇到了闍王，回來之後才和闍王對話，讓他交出舍利，故"道逢闍王還。語王言"應改為"道逢闍王。還語王言"，這樣標點更符合佛典四字為句的句式。梁僧祐撰《釋迦譜》卷四："難頭禾龍王聞佛般泥洹，亦從諸龍化作人身，到泥

— 204 —

洹所。道逢阿闍世王，還語言：佛留舍利，非但唯使人間供養，可持一分見與不？"（T50/76a）《釋迦譜》大正藏本、《法苑珠林》大正藏本此處標點"還"皆屬下，可參。

628. 王語龍言：阿闍世王遺我舍利，我今欲取。龍王自知威力不如，即將王至舍利所，開門取舍利，與阿闍世王所造油燈始欲盡傷。（冊三，40/1264/12）

按：吳建偉言："王"指阿恕伽王。"與"當承上讀。即"開門取捨利與"，"與"者，給予也，意即將舍利給予阿恕伽王也。①

629. 道經以火試焚。隨火消盡。道士眾首費才愧恥自感，眾前而死。張衍啟悟，競共出家。（冊三，40/1267/11）

按："愧恥自感"語義費解，"感"當讀作"憾"，"遺憾、怨恨"，如《左傳·昭公十一年》："王貪而無信，唯蔡於感。"杜預注："蔡，近楚之大國，故楚常恨其不服順。"《史記·吳太伯世家》：見舞《象箾》《南籥》者，曰："美哉，猶有感。"裴駰集解引服虔曰："憾，恨也。"司馬貞索隱："感"讀為"憾"。《法苑珠林》大正藏作"憾"，宋、元、明、宮本作"感"。此處《校注》當出注，便於讀者理解。

630. 召會曰：若能驗現於目前，助君興之。如其不能，將廢加戮。會曰：佛以緣應，感而必通。即冀給假，請效不難。皓與期三日。於時僧眾百餘，同集會寺。皓陳兵圍寺，刀鋸齊至，剋期就戮。僧恐無靈，先自縊者。（冊三，40/1269/1）

按："僧恐無靈先自縊者"語義費解，有脫文，"僧"前脫"或"，正作"或僧恐無靈，先自縊者"。"僧恐無靈先自縊者"意為僧人擔心無靈驗，而先自縊。從上下文來看，顯然不是所有的僧人自縊，只是個別僧人，故"僧"前當有"或"字。此則故事引自唐道宣撰《集神州三寶感通錄》卷上，原句此處為"或懼無靈，先自縊者"。

631. 晉大興中，於潛董汪信尚木像，夜有光明。後像側有聲投地，視乃舍利。水中浮沈，五色晃昱，右行三匝。後沙門法恒看之。（冊三，40/1270/2）

---

① 吳建偉：《〈法苑珠林校注〉標點疑誤補舉》，《古籍整理研究學刊》2015年第6期。

按："右行三匝"有脫文，"右"前脫"左"，正作"左右行三匝"。此則故事出自《集神州三寶感通錄》卷上，原經此處作"左右行三匝"。從上下文語境來看，作"左右行三匝"，更能表現出舍利的神奇之處。另從忠實原文的角度，作"左右行三匝"為是。

632. 宋元嘉六年，賈道子行荊上明，見芙蓉方發，聊取還家。聞華有聲，怪尋之，得一舍利，白如真珠，焰照梁棟。（冊三，40/1271/6）

按："賈道子行荊上明"語義費解，《校注》"荊上明"下畫專用名詞符號，標點有誤，"明"當屬下，"荊"為名詞，上也非專有名詞，正作"賈道子行荊上，明見芙蓉方發"。"荊"為地名，"上"，古漢語中可用在名詞後。表示江河的邊側。《論語·子罕》：子在川上曰："逝者如斯夫，不舍晝夜。"《史記·孔子世家》："孔子葬魯城北泗上。"司馬貞索隱："上者，亦邊側之義。"唐韓愈《祭十二郎文》："當求數頃之田於伊穎之上，以待餘年。""明見"，明白看到；清楚看見之義，如《莊子·知北遊》："明見無值，辯不若默。"《史記·張儀列傳》："夫趙王之很戾無親，大王之所明見，且以大王為可親乎？"此則故事引自唐道宣撰《集神州三寶感通錄》卷一（T52/411a）。大正藏本《集神州三寶感通錄》、大正藏本《法苑珠林》此處標點"明"皆屬下，可從。

633. 聞華有聲，怪尋之，得一舍利，白如真珠，焰照梁棟。敬之，擎以箱案，懸於屋壁……有人寄宿不知，褻慢之。（冊三，40/1271/6）

《校注》："'褻慢'二字原作'汙慢'，據《高麗藏》本改。"

按：范崇高言："汙慢"當是"汙慢"，"輕慢不敬"之義。"汙慢"義順，不煩改為"褻慢"①。

634. 明至他家齋食上，得一舍利，紫金色，椎打不碎。（冊三，40/1272/2）

按：吳建偉言："上"字應下讀。"上得一舍利"即在齋食之上得到一顆舍利。②

635. 後出欲禮，忽而失之。尋覓備至，半日還。時臨川王鎮江陵，

---

① 范崇高：《〈法苑珠林〉文本整理商議》，四川大學出版社2018年版，第119頁。
② 吳建偉：《〈法苑珠林校注〉標點疑誤補舉》，《古籍整理研究學刊》2015年第6期。

迎而行之，雜光間出。（冊三，40/1272/3）

按：范崇高言："時"當據唐道宣撰《集神州三寶通感錄》卷上作"得"。正作"半日還得"。"還得"猶"復得"，典籍習見，如三國吳支謙譯《撰集百緣經》卷八："於是波斯匿王還得寶珠，甚懷歡喜，不問偷臣所做罪咎。"南朝宋求那跋陀羅譯《央掘魔羅經》卷一："久失寶藏今還得，塵穢壞眼今明淨。"唐玄奘譯《大般若波羅密多經》卷三三五："譬如有人，先未曾有末尼珠寶，後時遇得，深自欣慶，珍玩無厭。欻爾亡遺，生大苦惱：惜哉，何日還得所失末尼珠寶！"例多不繁引。此則引自唐道宣撰《集神州三寶通感錄》卷上，此處正作"半日還得"。

636. 嵩州閒居寺……右此十七州寺起塔，出打剎物及正庫物造。（冊三，40/1273/9）

《校注》："閒居寺，《高麗藏》本作嵩嶽寺"。

按：范崇高言："閒居寺"於隋仁壽元年或二年更名為"嵩嶽寺"，具體日期不詳。此詔書是仁壽元年六月傳達，此時寺名當作"閒居寺"①。

637. 皇帝見一異僧，被褐色覆髆，以語左右曰："勿驚動他。置之爾去。已重數之，果不須現。（冊三，40/1276/4）

《校注》："'色'字，《廣弘名集》引，作'盤'。"

按：范崇高言：被褐色覆髆，疑當作"涅盤覆髆"，指異僧穿著涅槃僧衣喝覆髆衣。②

638. 二貴人及晉王昭、豫章王暕蒙賜硯，敕令審視之，各於硯內得舍利一。（冊三，40/1276/7）

《校注》："'硯'字原作'蜆'，據《高麗髒》本改，下同。"

按：范崇高言：此處正作"蜆"自可通，《高麗藏》本作"硯"不應採用。③

639. 華州思覺寺立塔，初陰雪。將欲下舍利，日光晃朗，五色氣光，高數十丈，照覆塔上，屬天降寶華。（冊三，40/1277/2）

---

① 范崇高：《〈法苑珠林〉文本整理商議》，四川大學出版社2018年版，第120頁。
② 范崇高：《〈法苑珠林〉文本整理商議》，四川大學出版社2018年版，第121頁。
③ 范崇高：《〈法苑珠林〉文本整理商議》，四川大學出版社2018年版，第122頁。

按：范崇高言：有兩處需要訂正：一是"數十丈"當作"數丈"，《集神州三寶感通錄》卷上也作"數丈"。二是後兩句當改點斷為："照覆塔，上屬天。降寶華。"①

640. 鄭州定覺寺立塔之日，感得神光如流星。入寺設供，二十萬人食不盡。（冊三，40/1279/1）

《校注》："'十'字原作'千'，據《高麗藏》本改。

按：范崇高言：此處"千"字本不誤，整段應點斷為："鄭州定覺寺立塔之日，感得神光如流星入寺。設供二千，萬人食不盡。"②

641. 隨州智門寺立塔，掘基得神龜，甘露降，黑蜂繞龜有符文。（冊三，40/1279/2）

按：范崇高言："龜有符文"前當有句號。③

---

① 范崇高：《〈法苑珠林校注〉標點商兌》，《古籍整理研究學刊》2016年第5期。
② 范崇高：《〈法苑珠林校注〉校勘瑣記》，《寶雞文理學院學報》2016年第1期。
③ 范崇高：《〈法苑珠林〉文本整理商議》，四川大學出版社2018年版，第124頁。

《法苑珠林》卷四十一校勘研究

642. 其餘比丘如是各各引於方喻，比格其利，皆悉多彼。（冊三，41/1292/8）

按：范崇高言："比格"，當從《賢愚經》卷十二，作"比較"[1]。

643. 婆羅門聞是偈已，大聖具知我心，慚愧取鉢，入舍盛滿美食，以奉上佛。（冊三，41/1296/11）

按："大聖具知我心，慚愧取鉢，入舍盛滿美食"標點有誤。正作"大聖具知我心慚愧，取鉢入舍，盛滿美食"據前文"如欲以一指，測知大海底。為智者之所笑""諸聖人等，我今懺悔。我是凡夫，心常懷罪"可知，"我"之前不懂佛法精妙，心高氣傲，後來聆聽了佛的偈言，才感到自己的無知，從而內心感到慚愧。故"慚愧"二字當屬上句，"取鉢"二字當與"入舍"相接，這樣也更加符合佛典四字為句的格式。《法苑珠林》大正藏本亦斷作"大聖具知我心慚愧，取鉢入舍，盛滿美食"，可參。

---

[1] 范崇高：《〈法苑珠林〉文本整理商議》，四川大學出版社2018年版，第125頁。

《法苑珠林》卷四十二校勘研究

644. 若施主心重有感，食訖候看，似人坐處，即知報身來赴。若無相現，但化身來。若令輕慢，報化俱不至。（冊三，42/1302/9）

按："若令輕慢"中的"令"，《法苑珠林》大正藏本作"全"，宋、元、明、宮本作"令"。作"全"是，正作"若全輕慢"。此處對應的是上文的"合家大小，並共虔誠，預前七日已來，發此重心"。"若全輕慢，報化俱不至"是言如果合家大小都輕慢，施捨時，佛報身、化身都不會到來。

645. 施有五事，名為應時。一遠來，二遠去，三病時，四冷熱時，五初得果蓏。若得新穀，先與持戒精進人，然後自食。（冊三，42/1306/10）

按："四冷熱時"費解，有訛誤，正作"四儉時施"。此則引自《增壹阿含經》卷二十四，原經此處正作"儉時施"。"儉時"，巴利語作"Dubbhikkha"，"饑荒"之義，意譯為"儉時"，也就是"歉收的時日；收成不好的時節"，如元魏婆羅門瞿曇般若流支譯《正法念處經》卷五十四："彼王如是，若國壞時、若天儉時則不賦稅，取時以理，不逼不罰，依先舊來常所用稱斗尺均平。"（T17/317b）唐劉禹錫《謝恩賜粟麥表》："臣初到所部，便遇儉時。今蒙聖慈，特有振恤。""儉時施"就是歉收的時候施捨，更顯施捨之虔誠，福報最善，如元魏婆羅門瞿曇般若流支譯《正法念處經》卷四十七："或於儉時，布施飢者，飲食養之。此業最善，乃至涅槃，三種菩提，如願得果，何況生天。"（T17/278a）《法苑珠林》卷八十一重複引用此則故事，此處正作"儉時施"，《諸經要集》卷十引用此則故事，此處也作"儉時施"。"初得菓蓏"語義費解，"初得菓蓏"

施捨怎麼能稱為"應時施"？有脫文，脫"新"，正作"初得新菓蓏"。"新菓蓏"是指剛摘的菓蓏，比較珍貴，顯示施捨得更加虔誠。

646. 及行中食，此僧飯於高座，飯畢，提缽出堂，顧謂充曰：何俟徒勞精進。因擲缽空中，陵空而去。（冊三，42/1325/7）

《校注》："'俟'，字原作'候'，據《高麗藏》本改。"

按：范崇高言："何俟徒勞精進"，原作"何候"不誤。①

647. 晉南陽滕普，累世敬信，妻吳郡全氏，尤能精苦。（冊三，42/1327/1）

按："滕普"，范崇高言：當據《集神州三寶感通錄》《晉書·滕修傳》為"滕並"②。

648. 將曉而西南上有雲氣勃然，俄有一物長將一匜，遠屍而去。（冊三，42/1328/5）

按：范崇高言："一匜"，當據《高僧傳》《歷代三寶紀》卷十作"一匹"③。

---

① 范崇高：《〈法苑珠林〉文本整理商議》，四川大學出版社2018年版，第126頁。
② 范崇高：《〈法苑珠林〉文本整理商議》，四川大學出版社2018年版，第127頁。
③ 范崇高：《〈法苑珠林〉文本整理商議》，四川大學出版社2018年版，第128頁。

《法苑珠林》卷四十三校勘研究

649. 王後知之，即立誓願：若我有福，斯諸仙人悉皆當來，承王威感。（冊三，43/1337/2）

按："後"，《法苑珠林》大正藏本作"復"，宋、元、明、宮本作"後"。此處引《賢愚經》第十三卷，原經此處作"復"。此處作"復"為是。從上下文語境意義來看，作"復"語義較佳，並且與原本一致。

650. 又言：此中上器食者，此當做王。（冊三，43/1341/4）

按：范崇高言："食"當據《雜阿含經》卷二三作"上食"。"上器上食"指最好的食器和最好的飯食。下文阿育言"上乘、上座、上器、上食當做王"，也可為證。①

651. 有一大力士，名曰跋陀申陀，聞脩師摩終亡厭世，將無數眷屬，於佛法中出家學道，得阿羅漢。（冊三，43/1342/5）

按：范崇高言：依上標點，是把"厭世"理解為"去世"，但與"終亡"義重，而且與"出家學道"相應使用的"厭世"，都是"悲觀消極，厭棄人世"之意。故此處"厭世"的動作是由跋陀申陀發出，其前應用逗號斷開。②

652. 時王瞋恚語諸臣曰：誰教王子作是事，與我興競？臣啟王言：誰敢與王興競？然王子聰慧，利根增益功德，故作是事耳。（冊三，43/1346/6）

---

① 范崇高：《〈法苑珠林〉文本整理商議》，四川大學出版社2018年版，第125頁；范崇高：《〈法苑珠林校注〉點校商補》，《文教資料》2012年第15期。

② 范崇高：《〈法苑珠林〉文本整理商議》，四川大學出版社2018年版，第125頁；又見於范崇高《〈法苑珠林校注〉標點商兌》，《古籍整理研究學刊》2016年第5期。

按：范崇高言："利"指敏銳，"根"指稟賦，"利根"常用以指能敏捷地悟解佛法，如東晉釋法顯譯《大般涅盤經》卷中："今此阿難，智慧深妙，聰明利根。我從昔來所說法藏，阿難皆悉憶持不忘。"故此，"利根"當屬上句。[①]

[①] 范崇高：《〈法苑珠林〉文本整理商議》，四川大學出版社2018年版，第125頁；范崇高：《〈法苑珠林校注〉標點商兌》，《古籍整理研究學刊》2016年第5期。

《法苑珠林》卷四十四校勘研究

653. 何等為十？一、種姓尊高。二、得大自在。三、性不暴惡。四、情發輕微。（冊三；44/1352/11）

按："四情發輕微"語義費解，《法苑珠林》大正藏本作"四憤發輕微"，宋、元、明、宮本作"四情發輕微"，正當作"四憤發輕微"。"憤發"此處當是"發怒"義，如《漢書·汲黯傳》："黯時與湯論議，湯辯常在文深小苛，黯憤發，罵曰：'天下謂刀筆吏不可為公卿，果然。必湯也，令天下重足而立，仄目而視矣！'"《新唐書·宦者傳下·韓全誨張彥弘》："帝顧衛兵，或有憤發者，因履係解，目全忠：'為吾繫之。'全忠跪結履，汗浹于背，而左右莫敢動。""憤發輕微"是言個人修養，佛典多見，如唐玄奘譯《王法正理論》卷一："云何名王憤發輕微？謂有國王諸群臣等雖有大愆，有大違越而不一切削其封祿，奪其妻妾。不以重罰，而刑罰之，隨過輕重而行黜罰。如是名王憤發輕微。"（T31/857a）此則故事唐玄奘譯《瑜伽師地論》六十一、唐不空譯《佛為優填王說王法政論經》卷一（T14/798b）、唐玄奘譯《王法正理論》卷一（T31/857a）均有記載，此處均作"四憤發輕微"。

654. 九、善知差別，知所作思。十、不自縱任，不行放逸。（冊三；44/1353/1）

按："知所作思"，范崇高言：當據玄奘《瑜伽師地論》卷六一、玄奘譯《王法正理論》作"知其所恩"[①]。

655. 王聞是語，既大瞋恚，竟不究悉，信旁佞人，捉一賢臣，仰使

---

① 范崇高：《〈法苑珠林〉文本整理商議》，四川大學出版社2018年版，第127頁。

剝脊取百兩肉。（冊三；44/1355/6）

按：范崇高言："既"是"即"之誤字，當據《百喻經》卷一改。①

656. 王即還宮，都中內外，莫不歡喜。即開庫藏，布施遠近，拜太子為王，慇懃百姓，辭決而去。噉人王逢見其來，念曰：此得無異人乎！從死得生，而故來還。（冊三；44/1356/10）

按："殷勤百姓"正當作"慰勞百姓"。此則引自失譯《雜譬喻經》卷一，原經此處作"慰勞百姓"。"殷勤"，形容詞，熱情周到之義。修飾名詞，形成定中結構，指中心語具有某種性質。"殷勤百姓"指百姓殷勤，從上下文的語境來看，顯然不確。而"慰勞"指的是用言語或物質撫慰勞苦的人，使其心中安適，如《後漢書·西域傳序》："敦煌孤危，遠來告急，復不輔助，內無以慰勞吏民，外無以威示百蠻。"結合上下文"慰勞"為正解。

657. 噉人王逢見其來，念曰：此得無異人乎！從死得生，而故來還。（冊三；44/1356/11）

按："噉人王逢見其來"語義頗費解，"逢"當是"遙"之訛誤，正作"噉人王遙見其來"。"逢"意為"遇見，見到"，而上文噉人王與王約定的是王處理好事務，主動去找噉人王，"遙見"當指噉人王看到王按照約定主動來找他。因此，"遙見"語義為佳。《雜譬喻經》卷一，原經此處正作"遙見其來"。

658. 王無好淫泆以自荒壞，無以恣意有所殘賊。當受忠臣剛直之諫。夫與人言，常以寬詳，無灼熱之語。（冊三；44/1357/11）

《校注》："'語'字原脫，據《高麗藏》本補。"

按：范崇高言：《佛說諫王經》原文也無"語"字，《高麗藏》本可疑。"無灼熱之"自可通。"灼熱"本有動詞"燒灼"義。②

659. 佛在世時，有國王號名摩達。王時當出軍征討。時有比丘已得羅漢道，到國分衛。並見錄將，詣王宮門。王有馬監，令比丘養視官馬，勤苦七日。（冊三；44/1358/9）

---

① 范崇高：《〈法苑珠林〉文本整理商議》，四川大學出版社2018年版，第131頁。
② 范崇高：《〈法苑珠林校注〉校勘瑣記》，《寶雞文理學院學報》2016年第1期。

按：王東言："並見錄將"中"將"該屬下讀，正確應標點為："時有比丘已得羅漢道，到國分衛。並見錄，將詣王宮門。""將"義為"帶領"。"將詣王宮門"是說"帶領著到王宮門"。大正藏本所收錄的《佛說摩達國王經》中亦引此，句讀不誤。①

660. 夫為國王當行五事。何謂為五？一者、領理萬民，無有枉濫。二者、養育將士，隨時稟與。（冊三，44/1359/13）

《校注》："'廩'字原作'稟'，據《高麗藏》本改。"

按：范崇高言："稟與"為同義連用，意為"給與"。原文可通，不煩改易。②

661. 後大成人，力能併諸國王，有天下。（冊三，44/1364/6）

按：吳建偉認為此句標點當作："後大成人，力能併諸國，王有天下……""王有天下"在典籍中常見。如《後漢書·馮衍傳》："契十四葉孫號湯，滅夏桀而王有天下。"③

662. 期年，簡公祀於祖澤。燕之有祖澤，猶宋之有桑林，國之大祀也。男女觀子儀起於道左，荷朱杖擊公。公死於車上。（冊三，44/1368/8）

按：范崇高言：此句應點校為："燕之有祖澤，猶宋之有桑林，國之大祀也，男女觀之。子儀起於道左，荷朱杖擊公。"④

---

① 王東：《〈法苑珠林校注〉商補》，《古籍整理研究學刊》2008 年第 3 期。
② 范崇高：《〈法苑珠林〉文本整理商議》，四川大學出版社 2018 年版，第 132 頁。
③ 吳建偉：《〈法苑珠林校注〉標點疑誤補舉》，《古籍整理研究學刊》2015 年第 6 期。
④ 范崇高：《〈法苑珠林〉文本整理商議》，四川大學出版社 2018 年版，第 132 頁。

《法苑珠林》卷四十五校勘研究

663. 母語阿難：我女欲為卿作妻。阿難言：我持戒，不畜妻。復言：我女不得卿為夫者，便欲自殺。阿難言：我師是佛，不與女人交通。（冊三，45/1375/13）

按："我師是佛，不與女人交通"語義費解，有衍文，"是"為衍文，正作"我師佛，不與女人交通"。"我師是佛"的主語是"我師"，"我師是佛，不與女人交通"意思是我師是佛，我師不與女人交通。"我師佛"的主語是"我"，"我師佛，不與女人交通"意思是"我以佛為師，我不與女人交通"。這裡顯然說的是阿難，而非佛。此則故事引自《佛說摩鄧女經》，原經此處正作"我師佛，不與女人交通"。

664. 王即召國中外陣兵二千餘人，使掘地作藏，給二十歲儲資糧。時以太子奴僕珍寶瓔珞盡還太子。（冊三，45/1382/7）

按："給二十歲儲資糧"語義似亦可通，結合所引原經，此處當作"給三十歲儲資糧"為佳。此則故事引自西晉竺法護譯《太子慕魄經》卷一，原經此處作："即召外陣兵三千餘人，使掘地作藏，給世資糧。侍以五僕，太子衣服、瓔珞、珠寶盡還太子。"（T03/410a）《太子慕魄經》大正藏本作"給世資糧"，宋、元、明本作"給三十歲資糧"。《太子慕魄經》大正藏本、宋、元、明本皆正確。"世"，三十年為一世，如《論語·子路》："如有王者，必世而后仁。"何晏集解引孔安國曰："三十年曰世。"為忠實原文，《法苑珠林》此處亦當作"三十年"為是。

— 217 —

《法苑珠林》卷四十六校勘研究

665. 黎奢，汝過去世於佛法中曾為比丘。毀破禁戒，內懷欺詐，外現善相，廣貪眷屬，弟子眾多，名聲四遠，莫不聞知。（冊三，46/1395/3）

按：范崇高言："四遠"指四方遙遠的人，是無定代詞"莫"否定的範圍，其後不該點斷。句中"名聲"是受事主語，"四遠莫不聞知"構成的是一個主謂謂語句。①

666. 彼業因緣，於地獄中，經無量劫，大猛火中，或燒或煮，或飲洋銅，或吞鐵丸。從地獄出，墮畜生中。"（冊三，46/1396/4）

《校注》："'洋'字各本同，疑應作'烊'或'烊'。"

按：范崇高言：本書卷七四引此也作"洋"。中古漢語中，"洋"可以表示"冶煉、熔化"義，《太平廣記》卷三九〇"李邈"引《酉陽雜俎》："初，旁掘數十丈，遇一石門，錮以鐵汁。累日洋糞沃之，方開。"例多不繁引。②

667. 爾時世尊以手抄水，發誠實語，作如是言：我曾生昔於飢饉世，爾時願作大身眾生，長廣無量。（冊三，46/1397/8）

按："我曾生昔於飢饉世"語義費解，正作"我曾往昔於飢饉世"。《法苑珠林》諸本此處皆作"我曾往昔於飢饉世"。另外此則故事亦見於《諸經要集》卷九、《大方等大集經》卷四十四和《華嚴經海印道場懺

---

① 范崇高：《〈法苑珠林〉文本整理商議》，四川大學出版社2018年版，第132頁；又見於范崇高《〈法苑珠林校注〉點校商補》，《文教資料》2012年第15期。

② 范崇高：《〈法苑珠林〉文本整理商議》，四川大學出版社2018年版，第132頁；又見於范崇高《〈法苑珠林校注〉拾補》，《內江師範學院學報》2011年第1期。

儀》卷三十四，此處皆作"我曾往昔於飢饉世"。《校注》所依底本蔣氏刻本有誤，《校注》編者未核對原文，遂而致誤，《校注》當據改。

668. 問：索幾錢？答曰：千萬。問曰：此食何等？答曰：食針一升。臣便家家發求覓針。如是人民兩兩三三，相逢求針，使諸郡縣處處擾亂。（冊三，46/1401/6）

按："食針一升"語義不完整，前有脫文，脫"日"，正作"日食針一升"。此則引自吳康僧會譯《舊雜譬喻經》，原經此處正作"日食針一升"。如果脫"日"，則與下句"相逢求針，使諸郡縣處處擾亂"語義銜接不完整。

669. 近善增功德，近惡增尤甚。功德及惡相，今如是略說。若近於善人，則得善名稱。若近不善人，令人速輕賤。（冊三，46/1402/10）

按："近惡增尤甚"語義費解，正作"近惡增尤苦"。此則元魏婆羅門瞿曇般若流支譯《正法念處經》卷六十一，此處有異文。大正藏本作"尤苦"，宋、元、明、宮本作"尤甚"。"近善增功德，近惡增尤甚"對仗工整，"近善""近惡"相應，"功德"與"尤甚"並不對應，從意義上"尤甚"也不通。故作"尤苦"是。

670. 發貪欲心已，欲火熾然，燒其身心已，馳走狂逸，不樂精舍，捨戒退減。（冊三，46/1403/9）

按："馳走狂逸"語義費解，正作"馳心狂逸"。上句言"欲火熾燃，燒其身心已"，下句言"不樂精舍，捨戒退減"，顯然是指的內心，而非身體。此則引自宋天竺三藏求那跋陀羅譯《雜阿含經》四十七，原經此處正作"馳心狂逸"。"馳心狂逸"是，"馳心"，謂心之向往如車馬驅馳。三國魏曹植《上責躬應詔詩表》："至止之日，馳心輦轂。"南朝齊王融《奉和南海王殿下詠秋胡妻》之五："送目亂前華，馳心迷舊婉。"唐劉禹錫《許給事見示哭工部劉尚書詩因命同作》："護塞無南牧，馳心拱北辰。"因"弛心狂逸"，故而下句言"不樂精舍，捨戒退減"。

671. 漢下邳周式嘗至東海，道逢一吏，持一卷書求寄載。行十餘里，謂式曰：吾暫有所過，留書寄君船中，慎勿發之。去後，式盜發視書，皆諸死人錄，下條有式名。須臾吏還，式首視書，吏怒曰：故以相告，而勿視之。（冊三，46/1407/9）

按：王東言："式首視書"中"首"似於文意不通。考《搜神記》作"猶"，"猶"於意為勝。這段說的是吏不允許周式偷看這一卷書，等官吏走後，式還是偷看了，見到書中記錄的都是死人的名字，也有式自己的名字。不久，吏回來，而式仍在偷看這卷書，所以官吏發怒……由整段文意可知："猶"於意為勝。①

672. 漢時諸暨縣吏吳詳者，憚役委頓，將投竄深山。行至一溪，日欲暮，見年少女子來，衣甚端正。（冊三，46/1408/10）

《校注》："'來'字原作'采'，據《搜神後記》改。"

按：范崇高言："衣甚端正"的敘寫可疑，原作"采"義更長。不煩改。②

673. 二十八年三月，舉家悉得時病。空中語，擲瓦石，或是乾土。夏中病者皆著，而語擲之勢更猛。（冊三，46/1410/3）

《校注》："'著'字，《太平廣記》引作'差'。"

按：范崇高言：作"著"字無解，當校改為"差"③。

674. 語訖如廁，須臾，見壁中有一物如卷席大，高五尺許，正白。便還，取刀斫之，中斷，便化為兩人。復橫斫之，又成四人。便奪取刀，反斫殺李。持刀至座上，斫殺其子弟。（冊三，46/1412/2）

按：范崇高言："反斫殺李"，當作"反斫李殺之"。④ 范氏所言非是。"反斫李殺"在當時是一個合乎語法的句子。"反斫李殺"與"反斫李殺之"義同。

675. 一人語騎馬人云：汝走捉普光寺門，勿令此人入寺，恐難捉得。（冊三，46/1413/10）

按：范崇高言："走捉"，當是"走投"之誤。"走投"有"奔向"義。⑤

---

① 王東：《〈法苑珠林校注〉商補》，《古籍整理研究學刊》2008年第3期。
② 范崇高：《〈法苑珠林〉文本整理商議》，四川大學出版社2018年版，第132頁；又見於范崇高《〈法苑珠林校注〉校勘商酌》，《成都大學學報》2016年第6期。
③ 范崇高：《〈法苑珠林〉文本整理商議》，四川大學出版社2018年版，第136頁。
④ 范崇高：《〈法苑珠林〉文本整理商議》，四川大學出版社2018年版，第136頁。
⑤ 范崇高：《〈法苑珠林〉文本整理商議》，四川大學出版社2018年版，第137頁。

676. 法眼既聞閻羅王使來，審知是鬼，即共相拒。鬼便大怒云：急截頭髮。却一鬼捉刀即截法眼兩髻，附肉落地。（册三，46/1414/1）

按：范崇高言：鬼所言"急截頭髮却"當爲一句。中古漢語中有"動＋賓＋補"的動結式表達法，如《太平御覽》卷五五九引《續搜神記》："其夜令夢云：'二人雖得走，民已誌之。一人面上有青誌如藿葉，一人斲其兩齒折。明府但案此尋覓也。'"下文有"以大鐵斧截却舌根"，則是動詞"截"和表示結果的"却"連用。①

677. 未曾憶爲白衣說法乃至四句偈，未曾有病乃至彈指頃頭痛者，未曾憶服藥乃至一片訶梨勤。我結跏趺坐，於八十年未曾倚壁倚樹。（册三，46/1416/7）

按："訶梨勤"語義費解，"勤"爲"勒"之形誤，兩字形近而訛，正作"訶梨勒"。"訶梨勒"，梵語爲 Harītakī.，植物名，常綠喬木，佛經文獻習見，如：東晉罽賓三藏瞿曇僧伽提婆譯《中阿含經》卷八："我於此正法律中學道已來八十年，未曾有病，乃至彈指頃頭痛者，未曾憶服藥，乃至一片訶梨勒。"（T01/475b）宋法賢譯《衆許摩訶帝經》卷七："自天而下至贍部洲，去菩提樹不近不遠，有大訶梨勒林於中而住，於此林中取得上好訶梨勒已，疾往佛所。"（T03/952a）後秦北印度三藏弗若多羅譯《十誦律》卷十四："近閻浮樹有訶梨勒林，有阿摩勒果，欝單曰有自然粳米，忉利天上有食名修陀，皆欲取來以供大衆。"（T23/99a）《法苑珠林》諸本此處皆作"訶梨勒"，且無異文，《校注》當是底本蔣氏刻本有誤，校注者未加辨明，故而致誤。《校注》當據各本改。

678. 池臺聚凍雪，簷牖參歸禽。石采無新故，峯形詎古今。大車何杳杳，奔馬遂駸駸。何以修六念，虔誠在一音。未泛慈舟寶，徒勞抒海深。（册三，46/1419/6）

按："簷牖參歸禽"中的"參"語義費解，正當作"噪"，此句當作"欄牖噪歸禽"。唐道宣撰《廣弘明集》卷三十、明馮惟訥《古詩紀》卷一百十五、明張溥《漢魏六朝百三家集》卷一百五均收錄這首詩，此處

---

① 范崇高：《〈法苑珠林〉文本整理商議》，四川大學出版社2018年版，第132頁；又見於范崇高《〈法苑珠林校注〉標點商正》，《古籍研究》2018年第1期。

均為"欄楯噪歸禽"。

679. 大車何杳杳，奔馬遞駸駸。何以修六念，虔誠在一音。未泛慈舟寶，徒勞抒海深。（冊三，46/1419/6）

按："未泛慈舟寶"語義費解，這句詩與下句"徒勞抒海深"對仗工整，下句最後一個詞是"深"形容詞，上句的最後一個詞也應當是形容詞，而"寶"是名詞，顯然不對仗，"寶"當是"遠"之訛。唐道宣撰《廣弘明集》卷三十、明馮惟訥《古詩紀》卷一百十五、明張溥《漢魏六朝百三家集》卷一百五、隋江總的《至德二年十一月十二日升德施山齋三宿決定罪》均收錄這首詩，此處均為"未泛慈舟遠"。

680. 何以修六念，虔誠在一音。未泛慈舟寶，徒勞抒海深。（冊三，46/1419/6）

按："徒勞抒海深"中"抒海"語義費解，正作"徒令願海深"。"願海"，謂佛菩薩等普度一切眾生的弘願，似海無涯。《華嚴經·如來現相品》：以嚴淨一切佛國土顯示一切大願海法門。隋江總《至德二年十一月十二日升德施山齋三宿決定罪福懺悔》詩：未泛慈舟遠，徒令願海深。隋煬帝《受菩薩戒疏》：具足成就，皆滿願海。唐道宣撰《廣弘明集》卷三十、明馮惟訥《古詩紀》卷一百十五、明張溥《漢魏六朝百三家集》卷一百五、隋江總的《至德二年十一月十二日升德施山齋三宿決定罪》均收錄這首詩，此處均為"徒令願海深"。

《法苑珠林》卷四十七校勘研究

681. 又佛說死苦偈云：氣絕神逝，形骸蕭索，人物一統，無生不終。（冊三，47/1425/10）

《校注》：此段出處待考。

按：王侃言：該文實出自支謙譯《太子瑞應本起經》卷上，文作"太子駕乘，出西城門。天帝復化作死人，室家男女，持幡隨車，啼哭送之。太子又問：此為何人？其僕曰：死人也。何如為死？曰：死者盡也，壽有長短，福盡命終，氣絕神逝，形骸消索，故謂之死。人物一統，無生不終。"《慈悲道場懺法》卷第九、《廣弘明集》卷第二十七等亦有載"經云：死者，盡也。氣絕神逝，形骸蕭索，人物一統，無生不終。"[1]

682. 夫生則親族歡聚，盡慈愛之和；死則朝亡暮殯，便有恐畏分離之狀。歌哭相送，往者不知。反室空堂，寂滅無睹。（冊三，47/1426/4）

按："盡慈愛之和"語義費解，"和"當是"心"之訛，正作"盡慈愛之心"。"盡"和"和"從語義搭配上也不恰切。這句話是言：人活著的時候親族歡聚，盡慈愛之心，死則早上死去晚上殯葬，便有驚恐畏懼分離的情形。大正藏本《諸經要集》則卷九引此則故事，此處作"盡慈愛之心"，可參。

683. 吾等計算餘命日促，各欲逃走，欲求多福。王尋告曰：善進其德。於是別去，各適所至。七日期滿，各從其處而皆命終。（冊三，47/1427/3）

按："餘命日促"語義費解，正作"餘命七日"。"餘命七日"是言

---

[1] 王侃：《〈法苑珠林校注〉補考》，《古籍整理研究學刊》2018年第1期。

"餘下壽命七天"，故下句言"七日期滿，各從其處而皆命終"。此則故事引自《出曜經》卷二（T04/619a），原經此處正作"餘命七日"。

684. 欲上牀有五事：一、當徐腳踞牀，二、不得匍匐上，三、不得使牀有聲，四、不得大拂拭牀席使有聲，五、洗足未淨當拭之。（冊三，47/1430/3）

《校注》："淨"，高麗藏作"燥"。

按："五、洗足未淨當拭之"語義費解，正作"五、洗足未燥當拭之"。《法苑珠林》大正藏本作"燥"，宋、元、明、宮本作"淨"。"洗足未燥當拭之"，是言洗腳後，腳未乾當擦拭濕腳。此則故事出自《大丘比三千威儀》卷上，此處正作"洗足未燥當拭之"。

685. 在牀上有五事：一、不得大吹，二、不得叱吒喑啀，三、不得歎息思念世間事，四、不得狗群臥，五、欲起坐當以時。若意起不定，當自責本起。（冊三，47/1430/4）

按："不得大吹"語義費解，此則出自《大丘比三千威儀》卷上，原經此處作"不得大欠"。《大丘比三千威儀》此處有異文，大正藏本作"欠"，宋、元、明、宮本作"欬"。"欬"，即咳。咳嗽，《左傳·昭公二十四年》："余左顧而欬，乃殺之。""不得大欬"即不得大聲咳嗽。

686. 四、不得狗群臥，五、欲起坐當以時。若意起不定，當自責本起。（冊三，47/1430/5）

按："不得狗群臥"語義費解，疑正當作"不得倚壁臥"。此則出自《大丘比三千威儀》卷上，原經此處作"不得倚壁臥"，可參。

687. 苞嘗於路行，見六劫被錄，苞為說法，勸念觀世音。群劫以臨危之際，念念懇切。俄而送吏飲酒共醉，劫解枷得免焉。（冊三，47/1435/5）

《校注》："'共'字原作'洪'，據《高麗藏》本改。"

按：范崇高言：作"洪醉"義長。"洪醉"指飲酒大醉，如劉宋佛陀什、竺道生等譯《彌沙塞部和醯五分律》卷八："有諸比丘，於酒肆中或白衣家飲酒大醉……諸白衣見，譏呵言：'我等白衣尚有不飲酒者，沙門釋子，舍累求道，而皆洪醉，過於俗人……'"①

688. 齊梁州薛河寺釋僧遠，不知何許人。為性疏誕，不修細行。好逐流宕，歡醻為任。（冊三，47/1435/8）

《校注》："'許'字原脫，據《高麗藏》補。"

按：范崇高言："不知何許人"與"不知何人"一樣，無需據《高麗藏》本補"許"②。范氏所言似不確，"何許人"即"何所人"，什麼地方人。"何人"則是什麼人。意思不一樣，《校注》無不妥。

689. 若有眾生得於重疾，療以自藥。（冊三，47/1438/9）

按：王東言："自藥"不詞，"自"當是"良"字形訛。"良藥"才能治療重疾。大正藏本《大寶積經》《法苑珠林》引此正作"良藥"，可據改。③

---

① 范崇高：《〈法苑珠林校注〉商議》，《古籍整理研究學刊》2014年第1期。
② 范崇高：《〈法苑珠林〉文本整理商議》，四川大學出版社2018年版，第141頁。
③ 王東：《〈法苑珠林校注〉商補》，《古籍整理研究學刊》2008年第3期。

《法苑珠林》卷四十八校勘研究

690. 時有調馬師名曰只尸，來詣佛所，稽首佛足，退坐一面，白佛言：世尊，我觀世間甚為輕淺，猶如群羊。世間唯我堪能調馬，狂逸惡馬。（冊三，48/1450/7）

按："群羊"語義不確，正作"群馬"，上句言"調馬師"，下句言"勘能調馬""狂逸惡馬"，上下文皆言"馬"，此處言"群羊"，前後矛盾，故此處當作"群羊"。《諸經要集》卷七、《教誡緣第七》均引此則故事，此處皆作"群馬"。

691. 時彼天神說偈答言："狂亂奸狡人，猶如乳母衣。何足加其言，且堪與汝語。袈裟汙不現，黑衣黑不汙。（冊三，48/1453/12）

按："且堪"費解，范崇高言："且"為"宜"之形誤，兩字形近而訛，正作"宜堪"①。

692. 何足加其言，且堪與汝語。袈裟汙不現，黑衣黑不汙。（冊三，48/1453/12）

按："黑不汙"費解，"黑"當作"墨"，正作"墨不汙"。此則故事引自《雜阿含經》卷五十，原經此處正作"墨不汙"。"墨不汙"為是，黑色的衣服不會被黑色的墨汁污染。類似的表達如《沙彌律儀毗尼日用合參》卷一：袈裟黑衣。墨汙不現。

693. 閻羅王常先安德，以忠正語，為現五使者而問言。（冊三，48/1454/10）

按：范崇高言："安德"當依《閻羅王五天使者經》及《諸經要集》

---

① 范崇高：《〈法苑珠林〉文本整理商議》，四川大學出版社2018年版，第140頁。

卷七作"安徐"①。

694. 第五、閻王復問：子為人時，不見世間弊人惡子，為吏所捕取，案罪所刑法加之，或斷手足，或削耳鼻，或燒其形，懸頭日炙，或屠割支解，種種毒痛不？（冊三，48/1455/13）

按：范崇高言："案罪所刑法加之"語義不通，有脫文，脫"應"，正作"案罪所應刑法加之"②。

695. 壁屋不密，天雨則漏。意不思正，邪法為穿。壁屋善密，雨則不漏。攝意惟正，邪愿不生。（冊三，48/1458/11）

按："壁屋"語義費解，正作"蓋屋"。"蓋屋"中的"蓋"為動詞，建造之義，如漢王褒《僮約》："壘石薄岸，治舍蓋屋。"宋沈括《梦溪笔谈·杂志一》："赵韩王治第……盖屋皆以板为笪。""蓋屋"，即建造房子，佛典文獻習見，如東晉罽賓三藏瞿曇僧伽提婆譯《增壹阿含經》卷九："爾時，世尊便說此偈：蓋屋不密，天雨則漏，人不惟行，漏婬怒癡，蓋屋善密，天雨不漏，人能惟行，無婬怒癡。"（T02/591b）吳天竺沙門維祇難等譯《法句經》卷一："蓋屋不密，天雨則漏，意不惟行，淫泆為穿，蓋屋善密，雨則不漏，攝意惟行，淫泆不生。"（T04/562b）姚秦涼州沙門竺佛念譯《出曜經》卷二十八："蓋屋不密，天雨則漏，人不惟行，漏婬怒癡。"（T04/759c）

696. 所以顏回好學，勤改前非，季路未修，懼聞後語。功勞智擾，役神傷命，為道日損，何用多知。（冊三，48/1464/2）

按："所以"不確，正作"至於"。從上下文語境來看，這句話是一段的開頭並未與前文有過多聯繫，在此它是作為連詞，表示另提一事。這種用法，文獻習見，如《國語·周語中》："其貴國之賓至，則以班加一等，益虔；至於王吏，則皆官正蒞事，上卿監之。"此則故事引自《續高僧傳》卷七，原經此處正作"至於"。

697. 莫窺於色，莫聽於聲。聞聲者聾，見色者盲。（冊三，48/1464/7）

---

① 范崇高：《〈法苑珠林〉文本整理商議》，四川大學出版社2018年版，第141頁。
② 范崇高：《〈法苑珠林〉文本整理商議》，四川大學出版社2018年版，第142頁。

按："莫窺於色"語義不恰切，正作"莫視於色"。下句言"莫聽於聲"，此句言"莫窺於色"對仗非常工整，"色""聲"對應。但是"窺"為從小孔、縫隙或隱蔽處偷看，窺探。"窺"和"視"並不能構成對等語義關係。與"聽"語義範疇對等的是"視"。這種說法，佛典文獻習見，如唐道宣撰《續高僧傳》卷七："莫視於色，莫聽於聲，聞聲者聾，見色者盲。一文一藝，空中小蚋。一技一能，日下孤燈。"（T50/482a）

698. 有僧昇座，將欲豎義。敕云：堅論法相，深會聖言。布薩常聞，擊難為勝。忽見一神，形高丈餘，貌甚雄峻，甕聲驚人。來到座前。（冊三，48/1468/8）

按："布薩常聞，擊難為勝"語義費解，正作"何勞布薩，僧常聞耳"。"何勞布薩，僧常聞耳"是言"用不著菩薩，我就常聞（聖言）。"與菩薩相比，這是比較狂傲的話語，故顯示佛相，對其進行了懲罰。此則故事引自《續高僧傳》第八卷，原經此處正作"何勞布薩，僧常聞耳"。

《法苑珠林》卷四十九校勘研究

699. 又《薩婆多論》云：寧破塔壞像，不說他麁罪。若說則破法身。不問前比丘有罪無罪，皆不得說。（冊三，49/1473/6）

《校注》：此段出處待考。

按：王侃言：此段出自秦失譯《薩婆多毘尼毘婆沙》卷六。原經此處作："寧破塔壞像，不向未受具戒人說比丘過惡。若說過罪，則破法身，故除僧羯磨者。凡羯磨者二種，如律文說：若向未受具戒人說比丘麁罪者，波羅夷僧殘，向未受具戒人。"（T23/542a）《法苑珠林》在引用時，略有刪改。①

700. 舜父夜臥，夢見一鳳凰，自名為雞，口銜米以哺己。言雞為子孫，視之是鳳凰。黃帝《夢書》言之，此子孫當有貴者，舜占猶也。（冊三，49/1487/1）

按："舜占猶也"，范崇高言：當據明陳耀文《天中記》卷五八、明董斯張《廣博物志》卷四四等作"舜占猶之"②。

701. 郭巨，河內溫人，甚富。父沒，分財二千萬為兩分，與兩弟，己獨取母供養。（冊三，49/1487/5）

《校注》："'與兩'二字原闕，據《太平御覽》引劉向《孝子圖》補。"

按：范崇高言：此文不用增補，原本可通，標點為："父沒，分財二

---

① 王侃：《〈法苑珠林〉校注補考》，《古籍整理研究學刊》2018年第1期。
② 范崇高：《〈法苑珠林〉文本整理商議》，四川大學出版社2018年版，第144頁。

千萬爲兩，分弟，己獨取母供養。""兩"在此即是"兩份"之意。①

702. 其女告官云：婦殺我母。官收繫之，拷掠治毒。孝婦不堪楚毒，自謀伏之。（冊三，49/1491/1）

《校注》："'謀伏'二字原作'服謀'，據《高麗藏》本、《磧砂藏》本、《南藏》本、《嘉興藏》本改。"

按：范崇高言："自謀伏之"，"謀"當是"誣"字之誤，正作"自誣服之"②。

---

① 范崇高：《〈法苑珠林〉文本整理商議》，四川大學出版社2018年版，第144頁，也見於范崇高《〈法苑珠林校注〉校勘瑣記》，《寶雞文理學院學報》2016年第1期。
② 范崇高：《〈法苑珠林〉文本整理商議》，四川大學出版社2018年版，第144頁，也見於范崇高《〈法苑珠林校注〉商議》，《古籍整理研究學刊》2014年第1期。

《法苑珠林》卷五十校勘研究

703. 夫出家者，捨其父母生死之家，入法門中，受微妙法師之力也。（冊四，50/1508/9）

按：羅明月言："受微妙法師之力也"應斷句為："受微妙法，師之力也。"①

704. 佛問彌勒：閻浮提兒生墮地乃至三歲，母之懷抱為飲幾乳？彌勒答曰：飲乳一百八十斛，除母腹中所食四分。（冊四，50/1509/1）

按：王東言："除母腹中所食四分"中"四分"於語境不合。考《中陰經》作"血分"。《盂蘭盆經讚述》亦作"血分"："彌勒答曰：飲乳一百八十斛，除母腹中所食四分。"作"血分"是。②"血分"，即血液，佛典習見，如姚秦鳩摩羅什譯《百論》卷下："若物生物，如母生子者。是則不然，何以故？母實不生子。子先有從母出故，若謂從母血分生。"隋吉藏撰《中觀論疏》卷十："時人呼師為大瞿曇，以資為小瞿曇，即從師姓也。次小瞿曇被害以後，大瞿曇以土和其血分為兩分。"（T42/169b）隋吉藏撰《百論疏》卷三："又外人亦謂：本無有子，從血分變作子。亦是不識子，因但知現緣。"（T42/293c）此則故事引自姚秦竺佛念譯《中陰經》卷一，原經此處作"血分"。唐慧淨撰《盂蘭盆經讚述》卷一、清靈耀撰《盂蘭盆經疏折中疏》卷一亦引此則故事，此處均作"血分"。

705. 我時心念：朝出城時，見此緣覺入城分衛，如空鉢還，想未獲

---

① 羅明月：《〈法苑珠林校注〉零拾》，《江海學刊》2011年第2期。
② 王東：《〈法苑珠林校注〉商補》，《古籍整理研究學刊》2008年第3期。

食。（冊四，50/1509/12）

按："如空鉢還"語義費解，正作"而空鉢還"。"而"，然而、但是，表轉折之意。整句的意思應為：早上我出城的時候，見到緣覺進城乞食，但是空鉢回來了，我想他是沒有獲得食物！此則故事引自失譯《古來世時經》卷一（T01/829b），原經此處正作"而空鉢還"。

706. 船尋其後，有蛇趣船。菩薩曰：取。鼈云：大善。又覩漂狐，曰：取。鼈云：亦善。（冊四，50/1511/10）

按："鼈云：亦善"有倒文，"云亦"誤倒，正作"鼈亦云：善"。原經中菩薩問了兩次，兩次的回答相近，因此"鼈亦云"。此則故事引自吳康僧會譯《六度集經》卷三，原經正作"鼈亦云：善。"梁釋寶唱撰《經律異相》卷十一（T53/57b）亦引此則故事，此處也作"鼈亦云：善。"

707. 凡人心偽，尠有終信。背恩追勢，好為凶逆。菩薩曰：蟲類爾濟，人類吾賊，豈是仁哉！吾不忍為也。於是取之。鼈王悔哉，遂之豐土。鼈辭曰：恩畢請退。（冊四，50/1511/12）

按："鼈王悔哉"語義費解，"王"是"曰"之形誤字，正作："鼈曰：悔哉！"此則故事引自吳康僧會譯《六度集經》卷三，原經此處有異文，大正藏本《六度集經》作"曰"、宋、元本作"王"、明本作"云"。《法苑珠林》當是誤將"云"作"王"，兩字形近而訛。梁釋寶唱撰《經律異相》卷十一（T53/57c3）、唐道世撰《諸經要集》卷八（T54/68b14）引此則故事，此處皆作"鼈曰悔哉"，可參。

708. 菩薩深惟：不取徒捐，無益於貧民；可以布施，眾生獲濟，不亦善乎！（冊四，50/1512/4）

按：范崇高言："損"，《六度集經》卷三、唐道世《諸經集要》卷八都作"捐"，當據改。①

709. 歲來歸，見其妻子，魚復迎之。如此有七十人。故吳中門戶並作神魚子英祠。（冊四，50/1514/4）

---

① 范崇高：《〈法苑珠林〉文本整理商議》，四川大學出版社2018年版，第145頁，又見於范崇高《〈法苑珠林校注〉商議》，《古籍整理研究學刊》2014年第1期。

按："如此有七十人"，范崇高言：當據《列仙傳》作"如此七十年"①。

710. 彼是遠人，未可信仗，如何卒爾寵遇過厚，至於爵賞逾越舊臣。（冊四，50/1518/3）

按："仗"，范崇高言：《珠本》各本皆作"伏"②。此處當是《校注》所據底本蔣府刻本有誤，校注者未加核對，故而致誤。

711. 有人入林伐木，迷惑失道。時值大雨，日暮飢寒，惡蟲毒獸，欲侵害之。（冊四，50/1518/9）

《校注》："出《諸經要集》卷八《背恩緣》。"

按：范崇高言：《諸經要集》卷八引此文，也標注為出《諸經要集》。據理，道世不應在書中獨此一處自引，故當為別一書。考《經律異相》卷十一引此文作《諸經中要事》，且全書共九引此書，當據正。蓋道世纂《諸經要集》時採錄《經律異相》出此筆誤，彙集《法苑珠林》時又沿襲其誤。

712. 昔者菩薩身為九色鹿，具九種色，角白如雪。（冊四，50/1519/6）

《校注》："'具'字，《高麗藏》本作'其毛'。"

按：范崇高言："具"，當據《大正藏》本、《中華藏》本、《九色鹿經》《經律異相》卷十一等作"其毛"。③

713. 常在恒水邊飲食水草，常與一鳥為知識。（冊四，50/1519/6）

按：范崇高言："鳥"，當是"烏"之誤字，下文不誤。④

714. 溺人下地，遶鹿三匝，向鹿叩頭。乞為大天作奴，給其使令，採取水草。（冊四，50/1519/8）

《校注》："天"字，《高麗藏》本作"家"。

按：范崇高言：大天，當依《經律異相》卷十一、《諸經要集》卷八

---

① 范崇高：《〈法苑珠林〉文本整理商議》，四川大學出版社2018年版，第145頁。
② 范崇高：《〈法苑珠林〉文本整理商議》，四川大學出版社2018年版，第146頁。
③ 范崇高：《〈法苑珠林〉文本整理商議》，四川大學出版社2018年版，第146頁。
④ 范崇高：《〈法苑珠林〉文本整理商議》，四川大學出版社2018年版，第146頁。

引《九色鹿經》作"大夫","大夫"有"主人"之義。①

715. 有虎食獸，骨挂其齒，困飢將終。雀王入口啄骨，日日若兹。（冊四，50/1520/12）

按：范崇高言："挂"，當從《經律異相》卷十一、《諸經要集》卷八引《雀王經》作"拄"，《六度集經》卷五《雀王經》作"柱"，字與"拄"通。②

716. 虎聞雀誡敕聲，勃然恚曰：爾始離吾口，而敢多言。雀覩其不可化，退速飛去。（冊四，50/1521/1）

按："退速飛去"語義費解，范崇高言：《六度集經》卷五《雀王經》以及《經律異相》卷十一、《諸經要集》卷八引《雀王經》均作"即速飛去"，當據改正。

---

① 范崇高：《〈法苑珠林〉文本整理商議》，四川大學出版社2018年版，第146頁；又見於范崇高《〈法苑珠林校注〉校勘瑣記》，《寶雞文理學院學報》2016年第1期。
② 范崇高：《〈法苑珠林〉文本整理商議》，四川大學出版社2018年版，第146頁。

《法苑珠林》卷五十一校勘研究

717. 時梵德王語其烏言：汝比何故數污我食，復以嘴爪傷我婦女？（冊四，51/1531/13）

按："汝比何故"語義費解，正作"汝以何故"，"比""以"兩字形近而訛。此則故事引自隋天竺三藏闍那崛多譯《佛本行集經》卷五十二（T03/896b），原經此處作"汝以何故"。這個用例，佛經文獻中，習見，如失譯《別譯雜阿含經》卷六："惡欲比丘既得供養，與淨行者而共諍訟。汝以何故，於飢饉世，將彼新學年少比丘以為徒眾？"（T02/417c）隋天竺三藏闍那崛多譯《佛本行集經》卷四十七："時彼大富長者女告大婆羅門女：善哉姊妹！汝以何故，不迎世尊？"（T03/871c）後秦三藏鳩摩羅什譯《大莊嚴論經》卷十："比丘見已而問之言：汝以何故，作如是事？"（T04/315b）例多不繁引，作"比何故"未見用例。

718. 至於半夜，覺繩小寬，私心欣幸，精誠彌切。及曉，索繩都斷。既因得脫，逃逸奔山。（冊四，51/1542/8）

按：索繩，范崇高言：《珠林》各本同，當據《續高僧傳》卷二五"釋超達"，《觀世音應驗記》作"索然"①。此處當是所據底本蔣氏刻本有誤。

719. 後在房臥，忽聞枕間有語，謂之曰：天下更何處有佛，汝今道成，即是佛也。爾當好作佛身，莫自輕脫。此僧聞已，便起恃重。傍視群僧，猶如草芥。（冊四，51/1544/6）

按："恃"，《法苑珠林》金本作"鄭"，資、磧、普、南、徑、清作

---

① 范崇高：《〈法苑珠林〉文本整理商議》，四川大學出版社2018年版，第150頁。

"恃"。《續高僧傳》卷二十五"道豐傳"金本作"特",資、磧、普、南、徑、清本宮本作"持",《神僧傳》卷三"道豐傳"引《續高僧傳》本傳作"持重"。王紹峰認為:作"持"是,"恃重",漢語史上鮮見,"特重"乃"持重"形近而訛。"持重",有"擔負重大任務"意。①

———————

① 王紹峰:《〈法苑珠林校注〉商補》,《寧波大學學報》2012 年第 5 期。

《法苑珠林》卷五十二校勘研究

720. 竊尋眷屬萍移，新故輪轉。去留難卜，聚會暫時。（冊四，52/1547/5）

《校注》："'萍'字原作'洴'，據《高麗藏》本改。"

按：大正藏本校："'萍'，宋、元、明、宮作'洴'。"《中華藏》本校："'萍'，諸本作'洴'。"《廣韻》平聲青韻："萍，水上浮萍。蓱，上同。" "蓱"與"萍"為異體字關係。① 范崇高言：此處"洴"為"萍"之俗寫，不用改換。②

721. 諸佛世尊不以無請而有不說，我今為彼諸人勸請於佛。世尊以大慈悲願往至彼。（冊四，52/1548/7）

按："不說"語義費解，正作"所說"。"諸佛世尊不以無請而有不說"雙重的否定句，意義是肯定的就是說諸佛世尊有所說，既然有所說了，後面為什麼還要請世尊以大慈悲往彼說呢？顯然意義剛好相反，故"不說"當作"所說"。所說即說的話，言論，如《五燈會元·西天祖師·一祖摩訶迦葉尊者》："迦葉問諸比丘：'阿難所言不錯謬乎？'皆曰：'不異同世尊所說。'"此則故事引自吳支謙譯《佛說須摩提長者經》卷一，原經此處正作"所說"。（T14/805b）

722. 父母妻子因緣合居，譬如寄客，起則離散。愚迷縛著，計為己有。憂悲苦惱，不識本根。沈溺生死，未復休息。（冊四，52/1550/11）

按："未復"，大正藏本、中華藏本、《高麗藏》本作"未央"；《法

---

① 吳鋼輯，吳大敏編：《唐碑俗字錄》，三秦出版社2004年版，第44頁。
② 范崇高：《〈法苑珠林〉文本整理商議》，四川大學出版社2018年版，第150頁。

句譬喻經》卷三原作"未央",《諸經要集》卷七引《法句喻經》同。范崇高言:"未央"原本多用於句尾,表示"未半""未盡"等義,後人或因不明"未央"表示"永不"的這一用法而改為"未復"①。

723. 夫妻二人坐,一小兒著聚中央,便共飲食。父母取雞肉著兒口中。如是數數,初不有廢。佛知此長者宿福,應度化作沙門,伺其坐食,現出坐前,便呪願云:且言多少布施,可得大福。(冊四,52/1551/9)

按:羅明月言:"佛知此長者宿福,應度化作沙門"中"應度"應屬上讀,意思是說:佛知道這位長者有宿福,應該引度出家。於是佛化作沙門來引度此長者。羅明月又言:"便呪願云:且言多少布施,可得大福"此句費解。考《法句喻經》此句作:"呪願且言:多少布施,可得大福。"《諸經要集》《六道集》並引此作:"便呪願之。且言:多少布施,可得大福。"可見,"呪願云"中"云"似為"之"的錯訛。② 我們認為還有一種校勘方法,就是可以把"云"當作衍文,正作"便呪願且言:多少布施,可得大福"。此則故事引自晉法炬共法立譯《法句譬喻經》卷四,此處止作"呪願且言:多少布施,可得大富"(T04/602a)。兩種校勘方式,語義均可通。從尊重原文的角度看,認為"云"為衍文更好一些。

724. 於彼父母所給妻妾諸女色欲,乃至不以染受之心,遠觀其相。何況親附抱持之者。(冊四,52/1556/12)

按:"染受",范崇高言:當從《法苑珠林》各本作"染愛",《諸經要集》卷七引同;唐玄奘譯《大寶積經》卷四四《菩薩藏會》原作"染愛"。故後三句當校點為:"乃至不以染愛之心,遠觀其相,何況親附抱持之者?"此處亦當是。③ 作"染受"是底本蔣府刻本致誤。

725. 復語其奴:大家已死,何不啼哭?奴復說譬喻言:我之大家,因緣和合,我如犢子,隨逐大牛。人殺大牛,犢子在邊,不能救護大牛之命,愁憂啼哭,無所補益。(冊四,52/1558/11)

---

① 范崇高:《〈法苑珠林〉文本整理商議》,四川大學出版社2018年版,第151頁。
② 羅明月:《〈法苑珠林校注〉商校》,《鄭州大學學報》2016年第6期。
③ 范崇高:《〈法苑珠林〉文本整理商議》,四川大學出版社2018年版,第150頁。

按："大家已死"費解，上文言"便到舍衛國見父子二人耕田，毒蛇螫殺其子。其父猶耕如故，不看其子，亦不啼哭。梵志問曰：此是誰兒？耕者答言：是我之子"，顯然死的是"大家之子"而非"大家"，此處言"大家已死"不確，有脫文，脫"兒"，正當作"大家兒已死"。此則故事引自宋居士沮渠京聲譯《佛說五無返復經》卷一，原經此處作"又語其奴：汝大家兒死，何不啼哭？"（T17/574c）

726. 梵志聞已，心感自責，不識東西。我聞此國孝順奉事，恭敬三寶，故從遠來欲得學問。既來到此，了無所益。（冊四，52/1558/12）

按："心感自責"語義費解，梵志並無過錯，何言心感自責？正作"心惑目瞑"。此家中的兒已死，問其家中的父母妻子姊妹奴僕，皆認爲有緣則合，無緣則離，故梵志感到心惑目瞑，心中感到疑惑，而非心感自責。此則故事引自宋居士沮渠京聲譯《佛說五無返復經》卷一，原經此處正作"心惑目瞑"。

727. 信聞之驚愕流涕，不能自勝，乃拜謝之。躬駝鞍轡，謂曰：若是信孃，當自行歸家。馬遂前行，信負鞍轡，隨之至家。（冊四；52/1566/5）

《校注》："'駝'，高麗藏本作'馱'，《太平廣記》引作'弛'。"

按：范崇高言："駝"與下文的"負"同義。《正字通·馬部》："駝，凡以畜負物曰駝。"唐顔師古注《漢書·司馬相如傳》"橐駝"："橐駝者，言其可負橐囊而駝物，故以名云。"高麗藏本作"馱"，義與"駝"通。[①]

728. 復以持戒之福，并合集前一切功德，不如坐禪慈念眾生經一食頃。所得功德逾過於前百千萬倍。（冊四；52/1569/1）

按：范崇高言："不如坐禪慈念眾生經一食頃。所得功德逾過於前百千萬倍"，當標點爲"不如坐禪，慈念眾生，經一食頃。所得功德逾過於前百千萬倍"[②]。

[①] 范崇高：《〈法苑珠林〉文本整理商議》，四川大學出版社2018年版，第153頁；又見於范崇高《〈法苑珠林校注〉校勘商酌》，《成都大學學報》2016年第6期。

[②] 范崇高：《〈法苑珠林〉文本整理商議》，四川大學出版社2018年版，第153頁。

729. 佛言：譬如十輪之罪，等一婬女舍罪。其舍有千女人，皆為求欲。如是十婬女舍，其罪等一酒家。如是十酒家，等一屠兒舍。（冊四；52/1571/6）

按："其舍有千女人皆為求欲"文字有誤，"千"為"十"之形誤，兩字形近而訛，正作"其舍有十女人皆為求欲。"下句言"如是十婬女舍，其罪等一酒家"。顯然是十女，而非千女。失譯《大方廣十輪經》卷四，原經此處正作"其舍有十女人皆為求欲"。（T13/699c）

《法苑珠林》卷五十三校勘研究

730. 是時韻陀山中有一羅漢，名富樓那，外道名理，無不綜達。於是馬鳴詣而候焉。見其端坐林下，志氣渺然，若不可測。神色謙退，似而可屈。遂與言，沙門說之：敢有所明，要必屈汝。我若不勝，便刎頸相謝。沙門默然，容無負色，亦無勝顏。（四冊；52/1578/6）

按：吳建偉言："遂與言"後逗號改為冒號，"說之"後冒號改為逗號，即"遂與言：沙門說之，敢有所明，要必屈汝。我若不勝，便刎頸相謝。"①

731. 若是方術其跡自現，設鬼魅入，必無其跡。人可兵除，鬼當祝滅。王用其計依法為之。（冊四，53/1580/7）

按："祝滅"語義費解，"祝"當為"呪"之形訛。《法苑珠林》大正藏本作"呪"，宋、元、明、宮本作"祝"，此處作"呪"是。此則引自元魏西域三藏吉迦夜共曇曜譯《付法藏因緣傳》卷五（T50/317c），原經此處正作"呪滅"。"呪"即"咒"，如《太上洞淵三昧神咒齋十方懺儀》："洞淵理清肅，三昧法嚴切。神呪滅邪魔，邪魔並消滅。"《雲笈七籤》卷四十六："凡道士呪滅三屍之法，常以月晦、朔之日，及甲寅、庚寅、庚申之日。"宋志磐撰《佛祖統紀》卷五（T49/174b）、宋士衡撰《天台九祖傳》卷一（T51/97c）均引此則故事，此處皆作"呪滅"。

732. 如是所度無量。邪見王家常送一車衣鉢，終竟一日，皆悉都盡。（冊四，53/1581/10）

按："邪見"當連上讀，正作"所度無量邪見"。"度無量"中"度"

---

① 吳建偉：《〈法苑珠林校注〉標點疑誤補舉》，《古籍整理研究學刊》2015年第6期。

是動詞，"無量"是狀語，若"邪見"屬下，則缺少賓語，故"邪見"，當屬上。"邪見"指佛教指無視因果道理的謬論。泛指乖謬不合理的見解。《大乘起信論》："所謂不殺、不盜、不婬、不兩舌、不惡口、不妄言、不綺語，遠離貪嫉、欺詐、諂曲、瞋恚、邪見。"《敦煌變文集·維摩詰經講經文》："邪心不要亂施程，邪見直須旋改更。"此則引自《付法藏因緣傳》卷五（T50/318b）、《法苑珠林》大正藏，此處標點均不誤，可參。

733. 如是所度無量。邪見王家常送一車衣鉢。（冊四，53/1581/10）

按："一車"，正當作"十車"。《法苑珠林》諸本皆作"十車"，此則引自《付法藏因緣傳》卷五（T50/318b），此處也作"十車"。《校注》之所以作"一車"，當是底本蔣氏刻本此處有訛誤，《校注》編者未加核對，故而致誤。

734. 如《智度論》云：舍利弗於一切弟子中智慧最為第一。如佛偈說：一切眾生中，唯除佛世尊，欲比舍利弗，智慧及多聞，於十六分中，猶尚不及一。（冊四，53/1582/4）

按："中"字當為"智"字之訛，正作"一切眾生智"。此則引自後秦鳩摩羅什譯《大智度論》卷十一，原經此處正作"一切眾生智"。（T25/136a）此則故事亦見於唐圓冊撰《般若波羅蜜多心經贊》卷一（T33/545a）、唐湛然撰《止觀輔行傳弘決》卷六（T46/334c）、清性權集《四教儀注彙補輔宏記》卷一（X57/709b），此處皆作"一切眾生智"。

735. 是時吉古師子名拘律陀，姓大目揵連，是舍利弗友。（冊四，53/1583/3）

按：羅明月言："吉古"當為"吉占"。據唐天臺沙門湛然《法華文句記》卷二記載："吉占等者，父名吉占，其父初生時相者占之言吉，因以為名。"[1]

736. 作梵志弟子。情求道門，久而無徵。以問於師，師名訕闍耶。（冊四，53/1583/5）

按："訕闍耶"，正當作"刪闍耶"。此則故事引自後秦鳩摩羅什譯

---

[1] 羅明月：《〈法苑珠林校注〉商校》，《鄭州大學學報》2016年第6期。

《大智度論》卷十一（T25/136b），原經此處正作"刪闍耶"。"刪闍耶"，佛經文獻習見，如高齊天竺三藏那連提那舍譯《大悲經》卷二：阿難！汝莫憂悲，我滅度後，金鉢悉陀城當有二比丘於婆羅門種中出家——一名毘頭羅、二名刪闍耶——各有神通、具大威力、有多堪能，乃至亦能神通變化、修行梵行，令我正法廣行流布，增益天人。（T12/954b）《大般涅槃經集解》卷四十二：僧亮曰：刪闍耶是字，毘羅胝是其母字。（T37/510c）

737. 依論問曰：何以名舍利弗？荅曰：是母所作字。（冊四，53/1584/4）

按："是母所作字"有脫文，脫"父"字，正作"是父母所作字"。此則引自姚秦鳩摩羅什譯《大智度論》卷十一（T25/137a），恐不確，原經此處正作"是父母所作字"。這種用法，佛典習見，如東晉罽賓三藏瞿曇僧伽提婆譯《增壹阿含經》卷三十七："不得卿僕相向，大稱尊，小稱賢，相視當如兄弟，自今已後不得稱父母所作字。"（T02/752c）例多不繁引。

738. 昔聞孟津河，千里作一曲。此水本自清，是誰擾令濁。（冊四，53/1588/7）

按："擾"不確，"擾""攪"形近而訛，正作"攪"。此則引自《高僧傳》卷一（T50/328c），原經此處正作"攪"。《法苑珠林》諸本此處皆作"攪"。《校注》作"擾"當是底本蔣氏刻本有訛誤，校注者未加考辨，故而致誤。

739. 婿還不見其婦，即問比鄰：見我婦不？答言：汝婦已去。其夫即逐至半路，及其婦已，生一男兒。（冊四，53/1592/7）

按："其夫即逐至半路，及其婦已，生一男兒"應句讀為"其夫即逐，至半路及其婦，已生一男兒"。意思是說："丈夫立即追趕，在半路追趕上了他的妻子，他的妻子已生下一男孩。"[①]

740. 入寂者歡喜，見法得安樂，先無恚最樂，不害於眾生。（冊四，53/1593/9）

[①] 王東：《〈法苑珠林校注〉拾零》，《鄭州大學學報》2009年第4期。

按:"先無恚最樂"語義費解,正當作"世無恚最樂","先""世"形近而訛。此則引自蕭齊外國三藏僧伽跋陀羅譯《善見律毘婆沙》卷十六(T24/783c),原經此處正作"世無恚最樂"。姚秦罽賓三藏佛陀耶舍共竺佛念等譯《四分律》卷十二(T22/647c)亦引此則故事,此處也作"世無恚最樂"。

741. 問:小路何緣如此闇鈍?答:尊者,小路於昔迦葉波佛法中具足受持彼佛三藏,由法慳垢覆蔽其心,曾不為他受文解義及理廢忘,由彼業故,今得如是極闇鈍果。(冊四,53/1594/7)

按:羅明月言:"尊者"當連下讀,構成"尊者小路"的形式。"尊者+佛名"的形式在佛典中習見。如《長阿含經·闍尼沙經》:"爾時尊者阿難在靜室坐。"①

742. 但當自責,何為自賤!於是世尊現神光像為說偈言。(冊四,53/1596/7)

按:"自賤"語義費解,此則引自晉世沙門法炬共法立譯《法句譬喻經》卷三,此處有異文,大正藏本作"賊",宋、元、明本作"殘"。梁寶唱撰《經律異相》卷十七亦收錄此則故事,此處也有異文,大正藏本作"賤",宋、元、宮本作"賊"。"賤"字當為"賊"字之訛,正作"自賊"。"自賊"意為"自己傷害自己,自殺"。如《孟子·公孫醜上》:"有是四端,而自謂不能者,自賊者也。"《漢書·趙隱王劉如意傳》:"於嗟不可悔兮,寧早自賊。"《後漢書·朱穆傳》:"或絕命於箠楚之下,或自賊於迫切之求。"上文言"即持繩至後園中大樹下欲自縊死,佛以道眼遙見如是","自縊"即自殺。

743.《賢愚經》云:舍衛門中有一老公出家,兒小即為沙彌。(冊四,53/1598/1)

按:"舍衛門",正當作"舍衛國"。"舍衛國"為專有名詞,是中印度古王國名,佛經文獻習見,如《雜阿含經》卷三十八:"在舍衛國中,聞僧迦藍比丘於拘薩羅人間遊行,至舍衛國祇樹給孤獨園。"又卷四十六"由是施福,七反往生三十三天,七反生此舍衛國中最勝族姓,最富錢

---

① 羅明月:《〈法苑珠林校注〉補疑》,《江海學刊》2010年第6期。

財。"《大莊嚴論經》卷六："我昔曾聞，舍衛國中佛與阿難曠野中行，於一田畔見有伏藏，佛告阿難"。例多不繁引。此則引自《賢愚因緣經》卷十，原經此處正作"舍衛國"。《法苑珠林》諸本皆作"舍衛國"，《校注》作"舍衛門"，當是底本蔣氏刻本有訛誤，校注者未加核對，遂而致誤。《校注》當從《法苑珠林》諸本及《賢愚因緣經》卷十原經改。

744. 我知出法。當捉樹枝，汝捉我尾，展轉相連，乃可出之。（冊四，53/1598/8）

按："當"字不確，"當"為"我"字訛，正作"我"。"當捉樹枝"，句子成分殘缺，且本句與"汝捉我尾"並無邏輯關係。此則引自東晉天竺三藏佛陀跋陀羅共法顯譯《摩訶僧祇律》卷七，原經此處正作"我捉樹枝"。梁釋寶唱撰《經律異相》卷二十一（T53/116a）、唐湛然述《止觀輔行傳弘決》卷一（T46/173a）、均載有此則故事，此處皆作"我捉樹枝"。《法苑珠林》諸本皆作"我捉樹枝"。《校注》作"當捉樹枝"，當是底本蔣氏刻本有訛誤，校注者未加核對，遂而致誤。《校注》當從《法苑珠林》諸本及《摩訶僧祇律》卷七原經改。

745. 木匠即便經地壘墼作樓。愚人見墼，語木匠言：我不欲下二重，先為作最上屋。（冊四，53/1601/5）

按：范崇高言："墼"，乃"墼"之形誤字，當據《百喻經》原書卷一改。[①]

[①] 范崇高：《〈法苑珠林〉文本整理商議》，四川大學出版社2018年版，第154頁。

《法苑珠林》卷五十四校勘研究

746. 一切奸滑諂偽詐惑，外狀似直，內懷奸私，是故智者應察真偽。為如往昔有婆羅門，其年既老，耽娶小婦。（冊四，54/1608/2）

按：范崇高言："為如往昔有婆羅門"中"為如"是衍文，正作"往昔有婆羅門"①。元魏西域三藏吉迦夜共曇曜譯《雜寶藏經》卷十（T04/497c），原經此處正作"往昔有婆羅門"。唐道世撰《諸經要集》卷十六（T54/148a）亦載此則故事，此處也作"往昔有婆羅門"。

747. 為如往昔有婆羅門，其年既老，耽娶小婦。（冊四，54/1608/1）

按："耽娶"語義費解，正作"娉娶"。"娉娶"即"娶妻"，如《雜寶藏經·老婆羅門問諂偽緣》："有婆羅門，其年既老，娉娶少婦，婦嫌夫老，傍婬不已。"唐道世撰《諸經要集》卷十六（T54/148a）、《法苑珠林》此處作"耽娶"，之所以誤為"耽娶"，其訛誤過程當是"娉娶"，也可以作"聘娶"，《禮記·內則》："聘則為妻，奔則為妾。"《左傳·文公七年》："穆伯娶於莒，曰戴己，生文伯；其娣聲己，生惠叔。戴己卒，又聘於莒，莒人以聲己辭，則為襄仲聘焉。"《後漢書·逸民傳·梁鴻》："女曰：'欲得賢如梁伯鸞者。'鴻聞而聘之。""聘娶"之"聘"與"耽"形近而誤，故而誤作"耽娶"。

748. 佛言：如我昔日所說偈言。一切江河，必有迴曲，一切叢林，必有樹木，一切女人必有諂曲，一切自在，必受安樂。（冊四，54/1609/6）

《校注》："'有'字原作'名'，據《高麗藏》本改。"

---

① 范崇高：《〈法苑珠林〉文本整理商議》，四川大學出版社2018年版，第155頁。

按：范崇高言："有"，當據《大般涅槃經》卷十、《諸經要集》卷十六作"名"[1]。

749. 諸比丘言：希有世尊，提婆達多恒起惡心於如來，如來云何猶故治之？（冊四，54/1610/2）

按："猶故治之"語義費解，正作"猶故活之"，"治""活"形近而誤。"治"，《法苑珠林》此處有異文，大正藏本作"活"，宋、元、明本作"治"，作"活"是，此則故事引自元魏西域三藏吉迦夜共曇曜譯《雜寶藏經》卷十，原經此處正作"猶故活之"。唐道世撰《諸經要集》卷十六（T54/148a）亦載此則故事，此處也作"猶故活之"。

750. 斯那荅言：遠來之物，不得自看，遠來果食，不得自食，何以故？（冊四，54/1610/9）

按："不得自食"有誤字，正作"不得即食"。《法苑珠林》此處有異文，大正藏本作"不得即食"，宋、元、明、宮本作"不得自食"，作"不得即食"是。此則引自元魏西域三藏吉迦夜共曇曜譯《雜寶藏經》卷十，原經此處正作"不得即食"。"不得即食"即不能立刻食用。"遠來之物"有一定的危險，故而不能立刻食用，這比較符合上下文的語境意義。

751. 時一大臣聰叡遠略，而白王言：臣觀古今，未曾聞見人王之女與下賤獸。臣雖弱昧，要殺此狐，使諸群獸，各各散走。王即問言：何計將兵馬出？（冊四，54/1616/6）

《校注》："'何計將兵馬出'，高麗藏本作'計將焉出'。"

按："何計將兵馬出"語義費解，正作"計將焉出"。宋罽賓三藏佛陀什共竺道生等譯《彌沙塞部和醯五分律》卷三，原經此處正作"計將焉出"。《校注》當據高麗藏本改。

752. 到已，即便共相慰喻，以美語言問訊獼猴：善哉，善哉！婆私師吒，在此樹上作於何事？不甚辛懃受苦惱耶！求食易得，無疲倦不？獼猴報言：如是仁者，我今不大受於苦惱。（冊四，54/1618/13）

按：王東言："求食易得，無疲倦不？"其中的逗號應該刪除，該句

---

[1] 范崇高：《〈法苑珠林〉文本整理商議》，四川大學出版社 2018 年版，第 155 頁。

應為"求食易得無疲倦不？"校注者不明確"易"的用法而點校錯誤。"易"此處作副詞，義為"亦""也"①。

753. 猴問虬言：善友何故忽沒於水？虬即報言：我婦懷妊，彼如是思，欲汝心食，以是因緣，我將汝來。（冊四，54/1619/8）

按："欲汝心食"有倒文，有倒文，正作"欲食汝心"。唐道世撰《諸經要集》卷十六（T54/151b），此處正作"欲食汝心"。

754. 復如是念：我須誆虬。作是念已，而語虬言：仁者善友，我心留在優曇婆羅樹上寄著，不持將行。仁於當時云何不依實語？我知今須汝心，我於當時即將相隨。（冊四，54/1619/10）

按：王東言："仁於當時云何不依實語？我知今須汝心"句讀有誤，應斷作："仁於當時云何不依實語我知：今須汝心？"意思是說："你當時怎麼不實話告訴我：我要你的心？"大正藏本《佛本行集經》卷三十一亦載此事，作"仁於當時，云何依實，不語我知，今須汝心"②。

755. 昔有烏梟共相怨憎。烏待晝日知梟無見，蹹殺群梟，散食其肉。梟便於夜知烏眼闇，復啄羣烏，開罩其腹，亦復散食。（冊四，54/1620/5）

按："開罩其腹"語義費解，此則引自元魏西域三藏吉迦夜共曇曜譯《雜寶藏經》卷十，原經此處有異文，《雜寶藏經》大正藏本作"開穿其腸"，宋、元、明本作"開穿其腹"，作"開穿其腹"是。唐道世撰《諸經要集》卷第十六亦引此則故事，原經此處作"開啄其腹"，可參。

756. 佛言：於過去世雪山之側有山，雞王多將雞眾而隨從之。雞冠極赤身，體甚白，語諸雞言：汝等遠離城邑聚落，莫與人民之所噉食。（冊四，54/1623/4）

按：羅明月言：考《雜寶藏經·山雞王緣》："於過去世，雪山之側，有山雞王，多將雞眾，而隨從之。雞冠極赤，身體甚白。語諸雞言：汝

---

① 王東：《〈法苑珠林校注〉補正》，《宗教學研究》2010年第2期；也見於王東《〈法苑珠林校注〉獻疑》，《江海學刊》2010年第4期。
② 王東：《〈法苑珠林校注〉補正》，《宗教學研究》2010年第2期；又見於范崇高《〈法苑珠林校注〉校勘瑣記》，《寶雞文理學院學報》2016年第1期。

等遠離城邑聚落。莫為人民之所噉食。"可資改。①

757. 長者子出家學道，得六神通阿羅漢，而以薄福，乞食難得。他日持缽入城乞食，偏不能得。到白象廄，見王供象，種種豐足。語此象言：我之與汝，俱有罪過。象即感信，三日不食。（冊四，54/1626/13）

按：羅明月言："感信"不辭，當為"感結"之訛。"感結"，義為"哀感鬱結"。《大智度論》此處亦作"感結"，可資改。②

758. 內無其質而外學其文，雖有賢師良友，若畫脂鏤冰，費日損功。故良師不能飾西施，澤香不能加嫫母。（冊四，54/1630/5）

按：范崇高言："西施"，當據《鹽鐵論》作"戚施"，"戚施"泛指醜貌之人。③

又"澤香"，范崇高言：當據《鹽鐵論》作"香澤"，指古代婦女用以修飾頭髮和臉面的化妝品。④

759. 臣聞少而學者，如日出之陽。壯而學者，如日中之光。老而學者，如炳燭之明。炳燭之明，孰與昧行。（冊四，54/1630/7）

按：范崇高言："孰與昧行"後當用問號。⑤

---

① 羅明月：《〈法苑珠林校注〉商校》，《鄭州大學學報》2016 年第 6 期。
② 羅明月：《〈法苑珠林校注〉商校》，《鄭州大學學報》2016 年第 6 期。
③ 范崇高：《〈法苑珠林〉文本整理商議》，四川大學出版社 2018 年版，第 156 頁。
④ 范崇高：《〈法苑珠林〉文本整理商議》，四川大學出版社 2018 年版，第 156 頁。
⑤ 范崇高：《〈法苑珠林〉文本整理商議》，四川大學出版社 2018 年版，第 155 頁；又見於范崇高《〈法苑珠林校注〉標點商正》，《古籍研究》2018 年第 1 期。

《法苑珠林》卷五十五校勘研究

760. 乃至傍人教使修行，不肯修行，而作是言：為利養故，偷取佛說，化導眾生。而無實事，云何修行！猶向愚人，為得財故，言是我兄。及還其債時，復言非兄。此亦如是。（冊四，55/1646/11）

按："偷取"語義費解，正作"取彼"。此則故事引自蕭齊求那毗地譯撰《百喻經》卷一，原經此處作"取彼佛說"。從上下文語境來看，作"取彼"是。

761. 縱火焚經，經從火化，悉成煨燼。五岳道士相顧失色，大生怖懼。南岳道士費叔才自憾而死。"（冊四，55/1650/2）

《校注》："'憾'字原作'感'，據《高麗藏》本改。下同。"

按：范崇高言：自憾而死，本書卷十八引《漢法本內傳》作"自感而死"，又卷四〇引《漢法內傳》作"愧恥自感，眾前而死"。感與憾同，不必改易。"自感（憾）而死"即自我悔恨而死。①

762. 澤曰："臣聞魯孔君者，英才誕秀，聖德不群，世號素王。"（冊四，55/1651/7）

按：羅明月②、王東均言："誕秀"用在此處頗費解，應是"挺秀"之訛。"挺秀"用來形容人的才能、姿容或氣度超群非凡。③

763. 在位三十年，嘗以暇日從容而顧問侍中何尚之、吏部羊玄保曰：朕少來讀經不多，比復無暇。三世因果，未辯措懷，而復不敢立異者，

---

① 范崇高：《〈法苑珠林〉文本整理商議》，四川大學出版社2018年版，第155頁，又見於范崇高《〈法苑珠林校注〉校勘瑣記》，《寶雞文理學院學報》2016年第1期。
② 羅明月：《〈法苑珠林校注〉補疑》，《江海學刊》2010年第6期。
③ 王東：《〈法苑珠林校注〉補正》，《宗教學研究》2010年第2期。

正以卿輩時秀，率所敬信也。荅曰：范泰、謝靈運常言《六經》典文，本在濟俗為政。必求性靈真奧，豈得不以佛理為指南耶！帝曰：釋門有卿，亦猶孔門之有季路。所謂惡言不入於耳也。（冊四，55/1652/1）

按：范崇高言：當據《大正藏》《中華藏》《高麗藏》《四庫全書》刪"荅曰"二字。①

764. 夫萬物有遷，三寶常住。寂然不動，感而通化。非初誕於王宮，不長逝於雙樹，何得論生滅乎計感，計修促乎來去也。（冊四，55/1654/10）

按：王東言："計感"不詞，應作"赴感"。"赴感"一詞唐宋屢見，如《大慈恩寺三藏法師傳》卷七："是以名無翼而長飛，道無根而永固。道名流慶，歷遂古而鎮常；赴感應身，經塵劫而不朽。"②

765. 邪惑問曰：天道無親，頓成虛闡，禍淫福善，胡其爽歟……有業現苦有樂報。有業現樂有樂報。（冊四，55/1658/2）

《校注》："此段出處待考。"

按：范崇高言：此段出自唐彥琮《唐護法沙門法琳別傳》卷中。③

766. 竊聞白馬東游，三藏創茲而起……據此而言，足明虛謬。（冊四，55/1659/3）

按：范崇高言：此段出自唐彥琮《唐護法沙門法琳別傳》卷下，依例當補。④

767. 齊時道士陳顯明造《六十四真步虛品經》……後周武帝滅二教時，有華州前道士張賓詔授本州刺史。長安前道士焦子順，一名道抗，選得開府。扶風前進士馬翼，雍州別駕李通等四人以天和五年於故城內守真寺抄攬佛經，造道家偽經一千餘卷。（冊四，55/1659/7）

按：王東言："扶風前進士馬翼"中"進士"當為"道士"之訛。

---

① 范崇高：《〈法苑珠林〉文本整理商議》，四川大學出版社2018年版，第159頁；又見於范崇高《〈法苑珠林校注〉辨補》，《阿壩師範學院學報》2017年第3期。
② 王東：《〈法苑珠林校注〉拾零》，《鄭州大學學報》2009年第4期。
③ 范崇高：《〈法苑珠林〉文本整理商議》，四川大學出版社2018年版，第155頁。
④ 范崇高：《〈法苑珠林〉文本整理商議》，四川大學出版社2018年版，第155頁。

因上下文均提及"道士"①。

768. 當時禁約，不許道士出城，門家見道士內著黃衣，執送留守。（冊四，55/1659/11）

《校注》："'家'字，《集古今佛道論衡》作'候'。"

按：范崇高言："門家"為中古俗語詞，指門吏、守門人，如《經律異相》卷二十引《大智論》："守門人見其衣服粗弊，遮門不前。如是數數，以衣服弊故，每不得前。便作方便，假借好衣而來，門家不禁。""門家"和"門候"異文而同義，兩書義無乖迕。②

769. 又梁武帝大同五年，道士袁旐妖言惑众，行禁步山。官军收掩，尋被誅滅。（冊四，55/1664/11）

按：王東③、范崇高④均言："行禁步山"費解。大正藏本《法苑珠林》作"行禁步岡"；《廣弘明集·辨惑篇》引此作"行禁步崗"；《唐護法沙門法琳別傳》卷下引此作"行禁步綱"。"步山"不確。"步岡""步崗""步綱"均為"步罡"之同音形式，亦稱"步天綱"。是道教道士禮拜星宿、召遣神靈的一種動作。其步行轉折，宛如踏在罡星斗宿之上，故稱。

770. 重牀至屋，卻坐其上。云十五童女有堪受法，令女登牀，以幕圍遶，遂便奸愿。如此經日，後事發覺，因即逃亡。（冊四，55/1665/2）

按："有堪受法"之"有"，范崇高言：當據唐彥琮《唐護法沙門法琳別傳》卷下、《廣弘明集》卷十二作"方"。"經日"，當據唐彥琮《唐護法沙門法琳別傳》卷下、《廣弘明集》卷十二作"經月"⑤。

771. 又開皇十八年，益州道士韓朗、綿州道士黃儒林，扇惑蜀王令興逆，云欲建大事，須藉勝緣。遂教蜀王傾倉竭庫，造千尺道像，建千人大齋。（冊四，55/1665/3）

按：范崇高言："千人大齋"，當據唐彥琮《唐護法沙門法琳別傳》

---

① 王東：《〈法苑珠林校注〉拾零》，《鄭州大學學報》2009年第4期。
② 范崇高：《〈法苑珠林校注〉補議》，《成都大學學報》2013年第3期。
③ 王東：《〈法苑珠林校注〉"行禁步山"考辨》，《江海學刊》2018年第3期。
④ 范崇高：《〈法苑珠林〉文本整理商議》，四川大學出版社2018年版，第161頁。
⑤ 范崇高：《〈法苑珠林〉文本整理商議》，四川大學出版社2018年版，第160頁。

卷下、《廣弘明集》卷十二作"千日大齋"。①

772. 至大業季年，有道士蒲子真微閑道術，被送東京。至洛身死，因葬在彼。而李望矯云子真近還。（冊四，55/1665/6）

按：范崇高言："至大業季年"，當據唐彥琮《唐護法沙門法琳別傳》卷下、《廣弘明集》卷十二作"去大業季年"。何洪峰言：限定時點的"去"，出現於中古時期，表示以敘事時點為視角，強調過去的時點，猶如"過去的"。②

773. 又彼縣山側有一石室，巖穴幽闇，人莫敢窺。望乃依憑，以作妖詐。在明張喉大語，顧納通傳；入闇則噎氣小聲，詐陳禍福。（冊四，55/1665/7）

按：范崇高言："顧納"未聞，大正藏本和龍藏本《法苑珠林》、《唐護法沙門法琳別傳》卷下、《廣弘明集》卷十二均作"領納"，當據改。③

774. 此事非輕，必須申奏。要假親驗，方定是非。遂與合州官人並道士等一百餘騎，同至穴所，再拜請期。望時詐答，聞者傾心。（冊四，55/1665/9）

按："請期"語義費解，正作"祈請"。"請期"，俗稱送日頭或稱提日，中國婚姻禮儀之一，六禮之五。祈請指向神禱告請求，如漢荀悅《申鑒·俗嫌》："或曰祈請者，誠以接神自然應也。"《後漢書·順帝紀》："分禱祈請，靡神不禜。"北魏酈道元《水經注·河水四》："又西南出五里，至南祠，謂之北君祠，諸欲升山者，至此皆祈請焉。"清采蘅子《蟲鳴漫錄》卷二："守從之，飲次，從容祈請。"此則亦見唐彥琮撰卷三《唐護法沙門法琳別傳卷》、唐道宣撰《廣弘明集》卷十二，原經此處皆作"祈請"。

775. 龍朔三年十二月十四日宣：竊惟賊飾黃巾，興乎鉅鹿；鬼書丹簡，發自陽平。（冊四，55/1666/6）

---

① 范崇高：《〈法苑珠林〉文本整理商議》，四川大學出版社2018年版，第161頁。
② 何洪峰：《"去"字可以作時間介詞辨》，《古漢語研究》2012年第1期。
③ 范崇高：《〈法苑珠林〉文本整理商議》，四川大學出版社2018年版，第161頁；又見於范崇高《〈法苑珠林校注〉校勘商酌》，《成都大學學報》2016年第6期。

按：范崇高言：文中承接"聖上鑒照，知偽付法，法官拷撻，苦楚方承。敕恩恕死，流配遠州，所有妻財並沒入官"的敘述，全文收錄了宣下的敕文，從"敕道士朝散大夫騎都尉郭行真"起，到"龍朔三年十二月十四日宣"止。故"宣"的內容在前而不在後，其後的冒號當改為句號。①

776. 而云服象雲羅，斯言逕廷；衣同雨縠，不近人情。安有駕鶴乘龍，披巾布褐，驅鸞策鳳，頂戴皮冠。（冊四，55/1666/7）

《校注》："'庭'字原作'廷'，各本同，典出《莊子·逍遙遊》，據改。"

按：范崇高言："《珠林》各本作'廷'不誤，無煩改字。"②

777. 雖億兆務殷，而卷不釋手。內經外典，罔不屑懷，皆為訓解，數千餘卷。而儉約自節，羅綺不服。覆處虛閑，晝夜無怠。（冊四，55/1671/5）

按：羅明月言："覆處"當為"寢處"之訛。"寢處"多見，如《左傳·昭公三年》："彼其髮短而心甚長，其或寢處我矣。"《廣弘明集》、大正藏本《法苑珠林》本均作"寢處"。可資改。③

778. 故如來漏盡，智凝成覺；至道通機，德圖取聖。（冊四，55/1671/10）

按：范崇高言："德圖"，當據唐道宣《廣弘明集》卷四以及《集古今佛道論衡》卷一、唐法琳《辯證論》卷八作"德圓"。④

779. 發惠炬以照迷，鏡法流以澄垢。啟瑞跡於天中，鑠靈儀於像外。度群生於慾海，引含識於涅槃。登常樂之高山，出愛河之深際。（冊四，55/1671/10）

按："群生"文字有誤，正作"群迷"。"群迷"為佛教語。謂迷失本性的眾生。如《觀經玄義分》："群迷性隔，樂欲不同。"《大日經疏》卷二："追羣迷，出於火宅。"《一寸金·勘探群迷》："堪歎群迷，夢空

---

① 范崇高：《〈法苑珠林校注〉標點商兌》，《古籍整理研究學刊》2016年第5期。
② 范崇高：《〈法苑珠林〉文本整理商議》，四川大學出版社2018年版，第161頁。
③ 羅明月：《〈法苑珠林校注〉商校》，《鄭州大學學報》2016年第6期。
④ 范崇高：《〈法苑珠林〉文本整理商議》，四川大學出版社2018年版，第164頁。

花幾人悟。更假饒錦帳銅山，朱履玉簪，畢竟於身何故。未若紅塵外，幽隱竹籬蓬戶。青松下，一曲高歌，笑傲年華換今古。紫府。春光清，都雅會時，妙有真趣。"此則引至唐道宣撰卷三《廣弘明集》，原經此處作"群迷"。

780. 于時道士呪諸沙門衣鉢，或飛或轉。呪諸梁木，或橫或豎。沙門曾不學術，默無一對。士女歡鬧，貴賤移心，並以靜徒為勝也。（冊四，55/1674/2）

按：范崇高言："歡鬧"，當據唐道宣《廣弘明集》卷四以及《集古今佛道論衡》卷一作"擁鬧"①。

781. 所著《法華》《大品》《金光明》《十地維摩》等義疏，並行於世。（冊四，55/1677/6）

按："王東言：《十地維摩》"標點誤，因為是兩部經書，故應斷為《十地》《維摩》。《十地》即《十地經》，見梁僧祐《出三藏記集》卷十二："《十地經》一部十卷。"②

782. 召佛道二宗門人殿前齋訖，侍中劉騰宣敕：諸法師等與道士論議，以釋弟子疑網。（冊四，55/1677/7）

按：范崇高言：《校注》於"釋"下用專名號，大誤。"釋"為解釋、解除義，非指佛教；"疑網"喻疑惑眾多，如入羅網，不能解脫③。

783. 帝令議之。太尉丹陽王蕭綜、太傅李寔、衛尉許伯桃、吏部尚書邢欒、散騎常侍溫子昇等一百七十人讀訖，奏云：老子止著五千文，更無言說。（冊四，55/1678/8）

《校注》："'欒'字原作'巒'，據《高麗藏》本、《磧砂藏》本、《嘉興藏》本改。"

按：范崇高言："邢欒"，當以"邢巒"為是④。

784. 讀誦《大品》，兩日一徧，以為常業。勸歷邑義，日誦一卷者，向有千計。四遠聞者，皆來欽敬。（冊四，55/1680/11）

---

① 范崇高：《〈法苑珠林〉文本整理商議》，四川大學出版社2018年版，第165頁。
② 王東：《〈法苑珠林校注〉商補》，《古籍整理研究學刊》2008年第3期。
③ 范崇高：《〈法苑珠林校注〉標點商正》，《古籍研究》2018年第1期。
④ 范崇高：《〈法苑珠林〉文本整理商議》，四川大學出版社2018年版，第166頁。

按：范崇高言："勸歷邑義"句，各本同。《續高僧傳》卷二八"釋寶瓊"作"率勵坊郭，邑義為先"。今謂，《小爾雅·廣詁》："獎、率、厲，勸也。"此處"勸"與"率"義同，"歷"當為"厲"之形誤字。"勸厲"，又作"勸勵"，義為鼓勵。[1]

---

[1] 范崇高：《〈法苑珠林校注〉校勘瑣記》，《寶雞文理學院學報》2016年第1期。

《法苑珠林》卷五十六校勘研究

785. 夫行善感樂，如影隨形；作惡招苦，猶聲發響。故富同朱、柏，貴若蕭、曹。（冊四，56/1683/5）

按：王東言："朱、柏"當為"朱、頓"之訛。大正藏本《法苑珠林》和《諸經要集》亦引此，均作"珠玉"，誤。因為下文"蕭、曹"指蕭何和曹參，是兩個人。因此可知，上文"朱、頓"亦為兩個人。"朱、頓"指春秋時富豪陶朱公和猗頓的並稱。①

786. 唐戶部尚書武昌公戴天冑，素於舒州別駕沈裕善。冑以貞觀七年薨。（冊四，56/1695/1）

《校注》："戴天冑"，《高麗藏》本作"戴文冑"，《太平廣記》引作"戴冑"。

按：作"戴冑"是，當據《廣記》改。《舊唐書·列傳第二十》："戴冑，字玄胤，相州安陽人也。……及即位，除兵部郎中，封武昌縣男。……三年，進拜民部尚書，兼檢校太子左庶子。……七年卒，太宗為之舉哀，廢朝三日。"《新唐書·列傳第二十四》："戴冑，字玄胤，相州安陽人。……秦王攻拔之，引為府士曹參軍，封武昌縣男。……複拜諫議大夫，與魏征更日供奉。進民部尚書。……七年，卒，帝為舉哀。""民部尚書"即"戶部尚書"，根據《兩唐書》的記載，此處正當作"戴冑"。

787. 所以原憲之家，黔婁之室，繩樞甕牖，無掩風塵，席戶蓬扉，不遮霜露。或舒稻藁以為薦，或裁荷葉以充衣。（冊四，56/

---

① 王東：《〈法苑珠林校注〉補正》，《宗教學研究》2010年第2期。

1696/5）

《校注》："'藁'字原作'蒿'，据《高麗藏》本改。"

按：范崇高言："蒿""藁"皆"稾"之異體，指穀類的莖稈，此處無煩改"蒿"為"稾"①。

788. 爾時長者恒令一人知白時到，養一狗子，日日逐往。爾時使人卒值，一日忘不往白。狗子時到，獨往常處，向諸大士，高聲而吠。（冊四，56/1705/4）

按：范崇高言："卒"通"猝"，"卒值"猶"忽然遇到"，其後應有相應的賓語，"一日忘不往白"是"卒值"的賓語，其間的逗號應刪去。②

789. 時彼國中有一長者，大富饒財。家有小婢，小有愆過，長者鞭打，晝夜走使，衣不蓋形，食不充口。年老辛苦，思死不得。（冊四，56/1706/2）

按：范崇高言當據北魏慧觉等译《贤愚經》卷五、《經律異相》卷十五，"晝夜走使"當接在"家有小婢"句之後。③

790. 母白尊者：我今貧窮，身上衣無毛許完納。唯有此坬，是大家許，當以何施？（冊四，56/1706/6）

按：范崇高言："毛許"，當據北魏慧覺等譯《賢愚經》卷五作"手許"④。

---

① 范崇高：《〈法苑珠林〉文本整理商議》，四川大學出版社2018年版，第168頁。
② 范崇高：《〈法苑珠林校注〉標點舉誤》，《成都大學學報》2017年第5期。
③ 范崇高：《〈法苑珠林〉文本整理商議》，四川大學出版社2018年版，第170頁；又見於范崇高《〈法苑珠林校注〉校勘商酌》，《成都大學學報》2016年第6期。
④ 范崇高：《〈法苑珠林〉文本整理商議》，四川大學出版社2018年版，第170頁。

《法苑珠林》卷五十七校勘研究

791. 惡言罵詈，憍陵懱人，興起是行，疾怨滋生. 遜言慎詞，尊敬於人，棄結忍惡，疾怨自滅。夫士之生，斧在口中，所以斬身，由其惡言。（冊四，57/1712/11）

按："慎辭"費解，正當作"順辭"。《後漢書·循吏傳·劉矩》："劉矩順辭默諫，多見省用。"李賢注："順辭，不忤旨。"《三國志·魏志·趙儼傳》："儼曰：'權邀羽連兵之難，欲掩制其後，顧羽還救，恐我承其兩疲，故順辭求效，乘釁因變，以觀利鈍耳。'"此則引自《法句譬喻經》卷一，原經此處正做"順辭"。吳天竺沙門維祇難等譯《法句經》卷一（T04/561c）、《法苑珠林》卷四十八（T53/651c）、唐道世撰《諸經要集》卷九（T54/81c）、宋道誠撰《釋氏要覽》卷三（T54/300c）均引此則故事，此處皆作"順辭"。

792. 謗誦經人，若實若不實，現世得白癩病。（冊四，57/1714/12）

《校注》：出《妙法蓮花經》卷二"譬喻品"。

按：《校注》此條出注有誤，此條當引自《妙法蓮華經》卷七"普賢菩薩勸發品"，原經此句作"若實若不實，此人現世得白癩病"。（T09/62a）

793. 曾聞有一女人為餓鬼所持，即以呪術而問鬼言：何以惱他女人？鬼答之言：此女人者是我怨家，五百世中而常殺我。我亦五百世中斷其命根。若彼能捨舊怨之心，我亦能捨。爾時女人作如是言：我今已捨怨心。鬼觀女人，雖口言捨，而心不放，即斷其命。（冊四，57/1715/1）

按："即斷其命"中"命"後有脫文，脫"根"，正作"即斷其命根"。"命根"為佛教用語，謂由前世之業所決定的維持今生壽命的依據。

— 259 —

南朝陳徐陵《與智顗書》："惟遲拔公廷，出數百里水，全其命根。"此則引自《阿毘曇毘婆沙論》卷第七，原文此處正做"命根"。上句言"我亦五百世中斷其命根"，此句言"即斷其命根"上下句呼應。

"鬼觀女人，雖口言舍"逗號應當去掉，"觀"為動詞，"女人雖口言舍"為完整賓語，因此逗號應當去掉。

794. 尚書右僕射元慎聞里內頻有怪異，遂改阜財里為齊諧里也。（冊四，57/1722/6）

按：元慎，范崇高言：周祖謨據元人《河南志》改"元慎"為"元順"，可從。①

795. 作人求錢，卞父鞭之。皆怒曰：若實負我，死當與我作牛。須臾之間，卞父死。其年作牛孕產一黃犢，腰有黑文，橫絡，周匝如人腰帶。（冊四，57/1722/9）

按："作牛孕"，范崇高言：當據《冥報記》卷下及《太平廣記》卷四三四"隋卞士瑜"引補為"作人牛孕"，以足文意，"作人牛孕"後用逗號斷開。②

796. 至日午，果有人牽驢一頭送來，涕泣說言：早喪父，其母寡，養一男一女。女嫁，而母亡二年矣。（冊四，57/1723/2）

按：范崇高言：《珠林》各本作"二十年"，《太平廣記》卷四三六"王甲"引《珠林》同，《冥報記》卷下作"十許年"。此處當增補為"二十年"③。

797. 屠兒語云：審若是汝外婆，我解放之。汝對我更請共語。屠兒為解放已，校尉更請豬語云：某今當上一月，未得將婆還舍，未知何處安置？婆豬即語校尉言：我今已隔世，受此惡形，縱汝下番，亦不須將我還。（冊四，57/1726/3）

---

① 范崇高：《〈法苑珠林〉文本整理商議》，四川大學出版社2018年版，第171頁。
② 范崇高：《〈法苑珠林〉文本整理商議》，四川大學出版社2018年版，第171頁；又見於范崇高《〈法苑珠林〉引〈冥報記〉校點補正》，《內江師範學院學報》2017年第9期。
③ 范崇高：《〈法苑珠林〉文本整理商議》，四川大學出版社2018年版，第172頁；又見於范崇高《〈法苑珠林〉引〈冥報記〉校點補正》，《內江師範學院學報》2017年第9期。

按：王東①、羅明月均言："未知何處安置？婆豬即語校尉言"，其中"婆"當連上讀，構成"未知何處安置婆？豬即語校尉言"。因為上文已有"汝是我女兒，我是汝外婆"之說，而且下文亦有"校尉復語豬言：婆若有驗，自預向寺。豬聞此語，遂即走向寺"之語。"婆"為"外婆"之簡稱。故"婆"應連上讀。②

798. 時家有羝羯，伺空遂便唅食麥豆。升量折損，為主所瞋。信已不取，皆由羊唅。緣是之故，婢常因嫌，每自杖捶，用打羝羯。（冊四，57/1734/8）

按：范崇高言："已"，當據《雜寶藏經》卷十改作"己"③。

---

① 王東：《〈法苑珠林校注〉拾零》，《鄭州大學學報》2009年第4期。
② 羅明月：《〈法苑珠林校注〉商校》，《鄭州大學學報》2016年第6期。
③ 范崇高：《〈法苑珠林〉文本整理商議》，四川大學出版社2018年版，第172頁。

《法苑珠林》卷五十八校勘研究

799. 大婦心妬，私自念言：此兒若大，當攝家業。我唐勤苦，聚積何益！不如殺之。取鐵針刺兒顖上，後遂命終。（冊四，58/1739/2）

按：羅明月①、范崇高②均言："顖"字即"䪿"之異體字。"顖"字費解。"顖"當為"顋"之形近而訛。"顋"即"囟"，《說文·囟部》："頭會腦蓋也。"即"囟門"。嬰兒頭頂骨未合縫的地方，在頭頂的前部中央。也叫腦門、頂門。考《賢愚經》正作"顋"。

"顖"，《大正藏》本、《北藏》本、《四庫》本同，顖、䪿爲異體字，意義於此不合。《中華藏》本作"顋"。慧琳《一切經音義》卷三九釋《不空羂索經》："頂囟，音信。說文云：囟，象形也。"今經本作顋，是俗字也。"故知此處的"顖"當是"顋"之誤，意思是腦頂門。《大正藏》本《賢愚經》卷三《微妙比丘尼品》、《諸經要集》卷九正作"顋"。

800. 父母終亡，襲持家業。寢臥室內，人無見者。時有力士向王廚食，恒懷飢乏。獨牽十六車樵賣，以自給身，又常不供。（冊四，58/1740/10）

按："向王廚食"語義費解，正作"仰王廚食"。"仰"本義為位低者抬頭看位高者，引申為動詞；依靠，依賴。"仰王廚食"即依靠國王廚食。此則引自吳康僧會譯《舊雜譬喻經》卷一，此處正作"仰王廚食"。梁釋寶唱撰《經律異相》卷四十二，亦引此則故事，此處也作"仰王廚食"（T53/220a）。

---

① 羅明月：《〈法苑珠林校注〉商校》，《鄭州大學學報》2016 年第 6 期。
② 范崇高：《〈法苑珠林〉文本整理商議》，四川大學出版社 2018 年版，第 173 頁。

801. 其大婦者，止欲道實，恐其交死。止欲不道，苦痛叵言。逼切得急，而作呪詛：若我真實墮汝胎者，令我捨身生餓鬼中。（冊四，58/1742/5）

按："止欲"，正作"正欲"，"止""正"形近而訛。此則引自吳支謙譯《撰集百緣經》卷五，原經此處正作"正欲道實""正欲不道"。吳支謙譯《撰集百緣經》卷八也作："正欲道實，恐畏不是，正欲不道，復為諸女，逼切使語。"（T04/244a）

802. 王與夫人夜至王舍城，國中道飢餓，啗蘆菔根，腹脹而薨。（冊四，58/1742/10）

按：吳建偉言此句標點當作："王與夫人夜至王舍城國，中道飢餓，啗蘆菔根，腹脹而薨。"此段文字引自《法句譬喻經》卷一《雙要品第九》，原文為："王與夫人播遷，晨夜至舍夷國，中道飢餓，王啗蘆菔，腹脹而薨。"①

803. 遂於六十二百千歲，墮於阿鼻大地獄中，復於四萬歲墮於活地獄中，復於二萬歲中墮黑繩地獄，復於八百千歲墮熱地獄，復於被處捨命已後，還得人身，於五百世中生盲無目。以業障故，所生之處，一切暗鈍，忘失本心。（冊四，58/1744/5）

按："復於被處捨命已"之"被處"語義費解，"被處"當是"彼處"之訛，正作"復於彼處捨命已"。"彼處"中"彼"指代"八百千歲墮熱地獄"。"彼處"，《法苑珠林》各本皆作"彼處"，獨《校注》此處作"被處"，當是所據底本蔣氏刻本有誤所致，當改。此則引自隋闍那崛多譯《發覺淨心經》卷上，原經此處也作"彼處"。

804. 各曰：如吾經典所記，深欲塵者，則不得飛。便五體投地，伏首謀橫。（冊四，58/1750/1）

按：范崇高言：此處有兩處值得商榷。其一，按"深欲塵者"語義費解，"深"當為"染"字之訛，兩字形近而訛。《法苑珠林》各本皆作"染欲塵者"，獨《校注》此處作"深欲塵者"，當是所據底本蔣氏刻本有誤所致，當改。

---

① 吳建偉：《〈法苑珠林校注〉標點疑誤補舉》，《古籍整理研究學刊》2015年第6期。

其二，"伏首謀橫"句不可解，《經律異相》卷十二作"伏首誣橫"，於義為長。"謀"與"誣"形近易誤。《珠林》卷四九引《搜神記》："孝婦不堪楚毒，自謀伏之。"其中的"謀"就當從《搜神記》原書卷十一改作"誣"。伏首猶坦白、承認，誣、橫都有無端不實之意。[①]

[①] 范崇高：《〈法苑珠林〉文本整理商議》，四川大學出版社 2018 年版，第 174 頁。

《法苑珠林》卷五十九校勘研究

805. 貫著竿頭，極弓射之。若不死者，便破其頭。（冊四，59/1753/4）

按："破其頭"語義費解，正當作"斬"或"斫"。此則引自後漢康孟祥譯《佛說興起行經》卷一，原經此處有異文。《佛說興起行經》大正藏本作"斬"，宋、元、明作"斫"。《校注》應當是將"斫"誤作"破"字，當據《佛說興起行經》改。

806. 念已走趣大眾，並喚上官：莫困殺此人，是我殺耳。願放道人，縛我罪治。諸官皆驚曰：何能代他受罪！（冊四，59/1753/6）

按：范崇高言："並喚"之"並"，《興起行經·孫陀利宿緣經第一》作"普"，義稍長。①

807. 有一辟支佛，名曰受學，往到城內乞食，偶至梵天門。（冊四，59/1754/11）

按："受學"不確，"受"是"愛"之形誤，兩字形近而訛，正作"愛學"。此則故事引自後漢康孟祥譯《佛說興起行經》卷一，原經此處正作"愛學"。

808. 淨音見辟支佛衣服齊整，行步徐審，心甚歡喜，即請供養：自今已去，常受我請。（冊四，59/1754/12）

按："徐審"語義費解，正作"詳審"。"詳審"，安詳慎重義，如《漢書·霍光傳》：光為人沈靜詳審。元魏婆羅門瞿曇般若流支譯《正法念處經》卷二："平正均行，不震不掉，行步詳審，身不動搖，次第舉足，不躓不驟，亦不怒力。"（T17/9b）南朝宋施護譯《佛說給孤長者女

---

① 范崇高：《〈法苑珠林〉文本整理商議》，四川大學出版社2018年版，第175頁。

得度因緣經》卷二：“復次尊者馬勝，威儀詳審諸相寂靜，執持應器從空而來三繞彼城。”（T02/848c）西晉無羅叉譯《放光般若經》卷十三：“阿惟越致菩薩已具足菩薩念，具足四事，行步坐起，臥覺出處，安諦詳審，終不卒暴，用意不忘。”（T08/88a）此則故事引自後漢康孟祥譯《佛說興起行經》卷一，原經此處正作"詳審"。

809. 往昔久遠世時，於羅閱城中有一長者，得熱病甚困。其城中有一大醫子，別識諸藥，能治眾病。長者子呼醫子曰：為我治病得愈，吾大與卿財寶。醫子即治長者病。既差已，後不報功。長者於後復病，治差至三不報……爾時病子者，今調達是。（冊四，59/1756/8）

按："有一長者""長者於後復病""醫子即治長者病"均有脫文，"長者"後脫"子"字，正作"有一長者子""長者子於後復病"。下句言"長者子呼醫子曰""醫子即治長者病""長者於後復病""爾時病子者"，一會言"長者子"，一會言"長者"顯然自相矛盾，當統一起來，語義前後一致。此則故事引自後漢康孟祥譯《佛說興起行經》卷一，原經作"往昔久遠世，於羅閱祇城中有一長者子，得熱病甚困。其城中有一大醫子，別識諸藥，能治眾病。長者子呼此醫子曰：為我治病愈，大與卿財寶。醫子即治，長者子病得差。既差之後，不報其功。長者子於後復病，復命治之，差不答勞。如此至三，不報如前。後復得病，續喚治之，醫子念曰：前已三差，而不見報。長者子曰：卿前後治我，未得相報，今好治我，差當併報。醫子念曰：見欺如此至三，如詆小兒，我今治此，當令命斷。即便與非藥，病遂增劇，便致無常。佛語舍利弗：汝知爾時醫子不？則我身是；爾時病長者子者，地婆達兜是也。（T04/167a）

810. 渚上豐饒，衣被飲食，及妙婇女，種種龍寶，無物不有。（冊四，59/1760/13）

按："種種龍寶"語義費解，正作"種種雜寶"。"雜寶"，諸色珍寶之義，如《西京雜記》卷二："武帝為七寶床、雜寶桉、廁寶屏風、列寶帳，設於桂宮。時人謂之四寶宮。"《西京雜記》卷四："茂陵輕薄者化之，皆以雜寶錯廁翳障，以青州蘆葦為弩矢，輕騎妖服，追隨於道路，以為歡娛也。"佛經文獻亦習見，如東晉天竺三藏佛馱跋陀羅譯《大方廣佛華嚴經》卷三："爾時，普賢菩薩以偈頌曰：其地平正淨圓滿，斫迦羅內不可壞，平等安住甚清淨，種種雜寶而莊嚴。金剛寶地可悅樂，寶輪羅網彌覆上，種種寶華為莊嚴，雜種寶衣珍妙輪。"（T09/413a）東晉法顯撰《佛說大般泥洹經》卷二："一一浴池各有十八黃金梯陛，種種雜寶校飾莊嚴梯陛，中間皆以閻浮檀金為芭蕉樹列植道側。"（T12/857a）此則引自後漢康孟祥譯《佛說興起行經》卷一，原經此處正作"種種雜寶"（T04/169c）。

811. 卻後七日，如前天言，水滿其地。先嚴辦船，未至之日，所將部眾，即得上船。第一薩薄先不嚴船，水至之日，與嚴治者著鉾持杖，共相格戰。（冊四，59/1761/4）

按，"未至之日"語義費解，"未至之日"即指水沒有淹沒的時候。根據上下文，此處當為水淹沒的日子，即"水至之日"，與下文語義相對應。此經引自《佛說興起行經》卷一，原經此處正作"先已嚴辦，水至之日，所將部眾，即得上船"。

812. 爾時波羅奈城有長者，名大愛，資財無極。婦名善多，端正無比。（冊四，59/1764/3）

按："善多"不確，"善多"當為"善幻"之訛，正作"善幻"。此則引自姚秦耶舍共竺佛念等譯《佛說興起行經》卷二，原經此處正作"善幻"。關於"八佛被旃沙繫盂謗緣"的記載，其他佛經文獻中習見，如《大明三藏法數》《經律異相》卷一九等均作"善幻"。

813. 護喜便攝其頭牽曰：為一過見佛去來。爾時國譯捉人頭，捉者皆斬。火鬘驚怖，竊心念曰："此瓦師子分死，捉我頭，此非小事。必當有好事，乃使此人分死相捉。"火鬘曰："汝放我頭，我隨子去。"護喜即放，共詣佛所。（冊四59/1770/5）

按：董志翹言："此瓦師子分死捉我頭"當為一句，中間不容點斷。"分死"為中古俗語，有"冒死""拚死"之義，在句中用在動詞前作狀語。如失譯附後漢《雜譬喻經》：對曰："實非武士。家婦見給從軍二物，設當失此二物者，婦則委去不成家居。是以分死欲成二物，因之卻軍，實非勇健所致也。"[1]

---

[1] 董志翹：《〈法苑珠林校注〉匡補》，《古籍整理研究學刊》2007年第2期。

《法苑珠林》卷六十校勘研究

814. 佛出世難值，此呪復甚難聞。若有人能受特此陀羅尼者，火不能燒，刀仗不傷，諸毒不害，縣官不殺，梵天不恚。（冊四，60/1783/10）

按："受特"費解，"特"為"持"之形誤，兩字形近而訛，正作"受持。"受持，佛教語，謂領受在心，持久不忘。領受憶持之義，從師所學曰受，解義修行曰持。思想上接受相關的戒律，並堅持身體力行。如：東晉瞿曇僧伽提婆譯《雜阿含經》卷五十九："彼時，使人聞佛所說，善受持誦，即從坐起，繞三匝而去。"西晉法炬譯《恒水經》卷一："佛經戒甚重，中有受持戒犯惡者，頭破作七分故也。"西晉竺法護譯《意經》卷一："彼比丘聞世尊所說，善思惟念，受持誦讀已，從坐起禮世尊足，繞世尊，離世尊還。"此則引至隋闍那崛多等譯《東方最勝燈王如來經》卷一，原經此處作"能受持此陀羅尼者"。

815. 彼人七世恒知宿命。此呪過去七十七億諸佛所說。若有人毀謗此呪者，即是毀謗彼等諸佛。若有鬼神不敬重此呪者，或與我奪某甲威力者，或已呪奪不還者，彼鬼神頭破作七分。（冊四，60/1783/11）

按："即是"費解，正作"即時"。即時，立即，當下；立刻之義。如《東觀漢記·和熹鄧後傳》："宮人盜者，即時首服。"東晉法顯譯《大般涅槃經》卷三："如來即時未般涅槃，所以湛然身不動者，正是入於滅盡定耳。"隋連摩笈多譯《起世因本經》卷二："若彼婦女，是彼人母，或復是姨、是姊妹等，為彼等故，彼之樹林枝不垂下，其葉即時萎黃枯落，各不相覆，亦不出華，亦無床敷。"此則引至隋闍那崛多等譯《東方最勝燈王如來經》卷一，原經此處作"即時"。

— 268 —

816. 此陀羅尼，過去九十九億諸佛所說。若有人毀謗不信行者，彼人則為毀謗過去諸佛。若有人受持此呪，結戒守護作法，尚能令彼枯樹生枝柯華葉果，何況有識眾生受持此呪而不差者，無是處耶！歸命一切諸佛，願我成就此呪，莎婆呵。（冊四，60/1784/5）

按："結戒"費解，正作"結界"。"結界"指依作法而區劃一定之地域，它是地形結印術的一種。佛堂內之內陣（系安置佛像之中央部分）與外陣（指內陣之周圍，或一般參拜席位之外側），此兩陣之地區，以欄杆圈圍，亦稱結界。密教於修法時，為防止魔障侵入，劃一定之地區，以保護道場與行者，稱為結界、結護（結界護身之意）。其結界之法有多種，據《不空絹索經》卷二、《陀羅尼集經》卷一等載，可加持白芥子，並散之於四方上下以為結界。《蘇悉地經》卷下供養品謂，以地方界、空界、金剛牆、金剛城等真言結界之。一般密教修法常用之結界，多依《准陀羅尼集經》卷三、《軍荼利儀軌》等之說。如梁僧伽婆羅譯《孔雀王呪經》卷二："世尊阿難聞佛所說。恭敬頂禮右繞三匝。往至莎底比丘所。結界結地以此大孔雀王呪。為莎底比丘亦說呪攝受守護。離諸毒苦寂然安隱。"隋寶貴合《合部金光明經》卷六："復作五色神幡、四角安寶幢、五種音聲伎樂，以新淨器盛其香湯置道場中，於先結界然後洗浴。"此則引至隋闍那崛多等譯《東方最勝燈王如來經》卷一，原經此處作"結界守護作法誦呪"。

817. 天王當知，若菩薩摩訶薩行深般若波羅蜜多，行不違言，尊重師長，隨順正法，調柔，志性純質，諸根寂靜，遠離一切惡不善行，修習善根，名護正法。（冊四，60/1785/6）

按："調柔"費解，脫"心性"，正作"心性調柔"。心性，謂心施仁德而不表露於外。如《管子·形勢》："見與之交，幾於不親；見哀之役，幾於不結；見施之德，幾於不報；四方所歸，心行者也。"尹知章注："心行而不見，則四方歸之。"西晉聶承遠譯《佛說超日明三昧經》卷一："有一法行而應道意。何謂一？心性調柔等向一切，是為一。"唐地婆訶羅譯《方廣大莊嚴經》卷五："具足忍辱心性調柔，所作事也常能堅固，於一切善心無退轉。念智具足恒修正定，獲智慧明能破諸暗。"此則引自唐玄奘譯《大般若波羅蜜多經》卷五百七十一，原經此處作"心性調柔"。

818. 修身語意三業慈悲，不拘利譽，持戒清淨，遠離諸見，名護正法。（冊四，60/1785/7）

按："不拘利譽"費解，正作"不徇利譽"。"不徇"，不順從，不曲從之義。如：《史記》："今不恤士卒而徇其私，非社稷之臣。"東晉佛馱跋陀羅譯《大方廣佛華嚴經》卷十一："我於善、惡人所，不求利養，不徇名譽，乃至一縷及一愛言。"唐玄奘譯《大般若波羅蜜多經》卷五百七十二："心無疲倦，不徇利譽"。又卷四百九十："若菩薩摩訶薩能聽如是入諸字門印相、印句，問已受持、讀誦通利，為他解說無所執著，不徇名譽，利養恭敬，由此因緣得三十種功德勝利。"此則引自唐玄奘譯《大般若波羅蜜多經》卷五百七十一，原經此處作"不徇利譽"。

819. 北方揵陀摩訶衍山，彼有蟲王名羞休無得，在其牙齒。彼當遣使者，莫敢食其牙齒。及在牙根、牙中、牙邊。蟲若不速下器中，頭破作七分，如鳩羅勒繕。（冊四，60/1796/1）

按："不速"正作"不即"。如《左傳·昭公元年》："民叛，不即其事。"楊伯峻注："即，就也。"漢趙曄《吳越春秋·闔閭傳》："今子與神鬥於水，亡馬失御，又受鉟目之病，形殘名勇，勇士所恥，不即喪命於敵而戀其生，猶傲色於我哉！"《隋書·禮儀志一》："望是不即之名，豈容局於星海，拘於獄瀆？"明趙振元《為袁氏祭袁石於憲副》："中原赤子所不即化為磷火也，石寓（袁可立子）之力也。"此則引自失譯《陀羅尼雜集》卷五，原經此處作"不即"。

— 270 —

《法苑珠林》卷六十一校勘研究

820. 洛中沙門竺法行者，高足僧也。時人令請域曰：上人既得道之僧也，願留一言，以為永誡。（冊四，61/1805/5）

按：范崇高言："時人令請域曰"句，"時人令"當補足為"時人方之樂令"，校點為："洛中沙門竺法行者，高足僧也，時人方之樂令。請域曰……"①

821. 於是國人每共相語曰：莫起惡心，和尚知汝。及澄之所在，無敢向其面涕唾便利者。（冊四，61/1808/7）

按：王東言："面"前當奪"方"字，構成"方面"一詞，表示"方向""方位"義。意思是說："佛圖澄所處之地，沒有人敢朝他所在的方向吐唾沫和大小便的。"《高僧傳》卷九"晉鄴中竺佛圖澄"亦載此事，正作："及澄之所在，無敢向其方面涕唾便利者。"②

822. 吾此微身亦預斯會，時得道人謂吾曰：此主人命盡，當更雞身，後王晉地。今王為主，豈非福耶？（冊四，61/1808/12）

按：范崇高言："今王為主"句，《高僧傳》卷九、《太平廣記》卷八八引《高僧傳》作"今王為王"，當據改。③

823. 後二日，宣果遣人害韜於佛寺中。欲因虎臨喪，仍行大逆。虎以澄先誡，故獲免及。宣事發被收，澄諫虎曰："既是陛下之子，何乃重禍耶？陛下若含怒加慈者，尚有六十餘歲。如必誅之，宣當為彗星，下

---

① 范崇高：《〈法苑珠林〉文本整理商議》，四川大學出版社2018年版，第176頁；又見於范崇高《〈法苑珠林校注〉校勘瑣議》，《寶雞文理學院學報》2016年第1期。
② 王東：《〈法苑珠林校注〉補正》，《宗教學研究》2010年第2期。
③ 范崇高：《〈法苑珠林〉文本整理商議》，四川大學出版社2018年版，第176頁。

掃鄴宮也。"（冊四，61/1810/4）

按：董志翹言："故獲免及"之"及"當屬下。《高僧傳》卷九"晉鄴中竺佛圖澄傳"作"虎以澄先誡，故獲免。及宣事發被收"，甚是。①

824. 即遣人與虎辭曰：物理必遷，身命非保。貧道災幻之軀，化期已及。既荷恩殊重，故逆以仰聞。（冊四，61/1810/12）

按：范崇高言："災幻"未聞，《高僧傳》卷九、《太平廣記》卷八八引《高僧傳》作"焰幻"，當據改。②

825. 佛調、菩提等數十名僧，皆出自天竺、康居，不遠數萬之路，足涉流沙，詣澄受訓。樊河釋道安、中山竺法雅，並跨越關河，聽澄講說。皆妙達精理，研測幽微。（冊四，61/1811/10）

按：范崇高言："樊河"不詳，金陵本《高僧傳》卷九、《太平廣記》卷八八引《高僧傳》作"樊沔"③。

826. 後欲往瓜州，步行於江側，就航人告渡，不肯載之。（冊四，61/1813/9）

《校注》："'行'字原作'江'，據《高麗藏》本改。"

按：范崇高言：此句當點為"後欲往瓜步江，於江側就航人告渡，不肯載之"④。

827. 少時家門為胡虜所滅，禍將及暢。虜師見暢而止之曰：此兒目光外射，非凡童也。遂獲免。（冊四，61/1818/2）

按："虜師"，范崇高言：當據《高僧傳》卷八、明成祖撰《神僧傳》卷三作"虜帥"⑤。

828. 人有笑其形容者，便陽設以酒盃向口，即掩鼻不脫。（冊四，61/1819/12）

---

① 董志翹：《〈法苑珠林校注〉匡補》，《古籍整理研究學刊》2007年第2期。
② 范崇高：《〈法苑珠林〉文本整理商議》，四川大學出版社2018年版，第177頁；又見於范崇高《〈法苑珠林校注〉校勘商酌》，《成都大學學報》2016年第6期。
③ 范崇高：《〈法苑珠林〉文本整理商議》，四川大學出版社2018年版，第177頁；又見於范崇高《〈法苑珠林校注〉校勘商酌》，《成都大學學報》2016年第6期。
④ 范崇高：《〈法苑珠林〉文本整理商議》，四川大學出版社2018年版，第178頁。
⑤ 范崇高：《〈法苑珠林〉文本整理商議》，四川大學出版社2018年版，第179頁。

按：范崇高言：此處標點不妥，致文意不暢。"設"是用飲食招待之義。①

829. 悅般國真君九年遣使朝獻，并送幻人，稱能割人喉脉令斷，擊人頭令骨陷，皆血出淋落，或數升或盈斗。（冊四，61/1820/8）

按：范崇高言："悅殷國"未聞。此事見《魏書·西域傳》，當作"悅般國"②。

830. 其將斷舌，先吐以示賓客，然後刀截，血流覆地。乃取置器中，傳以示人。視之舌頭，半舌猶在。既而還取合續之。有頃坐以見人，舌則如故，不知其實斷不也。（冊四，61/1821/4）

按：范崇高言："坐以待人"，當據《珠林》卷七六作"吐已示人"③。

831. 其續斷，取絹布與人，各執一頭，對剪一斷之。已而取兩段合，將祝之，則復還連絹無異，故一體也。（冊四，61/1821/5）

按：范崇高言："將"當據《珠林》卷七十六、《太平御覽》卷八一七引《搜神記》校改為"持"，其前不應點斷。"合持"即同時拿著。④

832. 至十三年，於長山為本主所得。知有禁術，慮必亡叛，的縛枷鏁，極為重複。（冊四，62/1824/1）

按：羅明月⑤、范崇高⑥均言："的縛"不辭。"的"當為"約"之形訛。"約"，約束。《詩經·小雅·斯干》："約之閣閣，椓之橐橐。"毛傳："約，束也。""約縛"為同義連文，表示"綁縛，捆綁"義。《廣博物志》引此正作"約縛枷鏁"。

833. 周穆王時，西極國有化人來……千變萬化，不可窮極。已變物之形，又且易人之慮。穆王敬之若神。（冊四，62/1824/3）

《校注》："出《列子》。"

---

① 范崇高：《〈法苑珠林校注〉標點商兌》，《古籍整理研究學刊》2016 年第 5 期。
② 范崇高：《〈法苑珠林〉文本整理商議》，四川大學出版社 2018 年版，第 180 頁。
③ 范崇高：《〈法苑珠林〉文本整理商議》，四川大學出版社 2018 年版，第 180 頁。
④ 范崇高：《〈法苑珠林校注〉商議》，《古籍整理研究學刊》2014 年第 1 期。
⑤ 羅明月：《〈法苑珠林校注〉商校》，《鄭州大學學報》2016 年第 6 期。
⑥ 范崇高：《〈法苑珠林〉文本整理商議》，四川大學出版社 2018 年版，第 181 頁。

按：范崇高言：此處出自《列子》卷三《周穆王》，依例至少當出示篇名。又"已變物之形"，當作"既能變人之形。"①

834. 弄幻之士，因時而作。植瓜種菜，立起尋尺。投芳送臭，賣黃售白。麾天興雲霧，畫地成河海。（册四，62/1824/8）

《校注》："'海'字，原作'洛'，據《高麗藏》本改。"

按：范崇高言：此處宜"洛"為是，"海""湖"不可取。②

---

① 范崇高：《〈法苑珠林〉文本整理商議》，四川大學出版社 2018 年版，第 182 頁。
② 范崇高：《〈法苑珠林〉文本整理商議》，四川大學出版社 2018 年版，第 182 頁。

《法苑珠林》卷六十二校勘研究

835. 祭之於宗廟。龍鬼降雨之勞，牛畜挽犂之効，由或立形村足，樹像城門，豈況天上天下，三界大師，此方他方，四生慈父。（册四，62/1826/1）

按：羅明月[①]、王東[②]均言："村足"語義費解，此處當作"村邑"，"足""邑"形近而訛。"村邑"，村鎮。引申指故里，如《宋書·孝義傳·潘綜》："孫恩之亂，妖黨攻破村邑。"

836. 又《婆沙論》：問曰：佛在世時，諸供養三寶物中常受一人分。所以滅後偏取一分？（册四，62/1828/1）

《校注》："'所'字疑當作'何'。"

按：《校注》無須存疑，此處正作"何"。此則引自失譯《薩婆多毘尼毘婆沙》卷五，原經此處正作"何以"（T23/534b）。唐道宣撰《四分律刪繁補闕行事鈔》卷二、唐玄惲纂《毗尼討要》卷二均引此句，此處皆作"何以"。此句是疑問句，"何以"，爲什麼，表示疑問，如《诗·大雅·瞻卬》："天何以刺？何神不富？"

837. 若功力由僧者，當籌量多少，僧取用之，莫令過限則得重罪。（册四，62/1831/9）

按："莫令過限則得重罪"語義費解，正作"莫令過限過則結重"。"莫令過限"即不令它超過限度，"則得重罪"，那麼就獲得重罪。"不令它超過限度，就獲得重罪"語義與句義正好相反。此則亦見於《梵網經

---

① 羅明月：《〈法苑珠林校注〉拾補》，《江海學刊》2011年第3期。
② 王東：《〈法苑珠林校注〉補正》，《宗教學研究》2010年第2期。

菩薩戒本疏》卷二、《梵網菩薩戒經疏注》卷二、《四分律刪繁補闕行事鈔》卷二、《毗尼討要》卷二，此則皆作"莫令過限過則結重"。"結重"即是"構成大罪"。這樣比較容易理解，《校注》當據改。

838. 若有祠祀，誰是受者？隨其祠處而為受者。若近樹林，則樹神受。舍河泉井，丘林埠阜，亦復如是。（冊四，62/1837/12）

《校注》："'埠'字原作'塸'，據《高麗藏》本改。"

按：范崇高言：《大正藏》本，《中華藏》本作"埠"，《大正藏》本校："宋、元、明、宮作'堆'。"《中華藏》本校："磧、普、南、徑、清作'塸'。"是知堆、坏、塸、埠為異體字關係，此處原作"塸"，並無差誤，不必據《高麗藏》本改。①

839. 故經云：若生天中，都不思念人中之物。何以故？天上成就勝妙寶故。若入地獄受諸苦惱，不暇思念。畜生亦爾。（冊四，62/1838/11）

《校注》：此段出處待考。

按：王侃云：上文"故經云"一句源自曇無讖譯《優婆塞戒經》卷第五，原文作"或有說言：子修善法，父作不善，因數修善，令父不墮三惡道者。是義不然！何以故？身、口、意業，各別異故。若父喪已，墮餓鬼中，子為追福，當知即得；若生天中，都不思念人中之物。何以故？天上成就勝妙寶故。若入地獄，身受苦惱，不暇思念，是故不得。畜生、人中，亦複如是。"實際《校注》在"祭祠部第三"開頭就有文云："如《優婆塞戒經》云：佛言：或有說言：子修善法，父作不善，因數修善，令父不墮三惡道者。是義不然。何以故？身口意業各別異故。若父喪已，墮餓鬼中，子為追福，當知即得。若生天中，都不思念人中之物。何以故？天上成就勝妙寶故。若入地獄受諸苦惱，不暇思念，是故不得。畜生人中，亦複如是。""故經云"一句《校注》校記作待考實不應該。②

---

① 范崇高：《〈法苑珠林〉文本整理商議》，四川大學出版社2018年版，第182頁；又見於范崇高《〈法苑珠林校注〉校勘瑣記》，《寶雞文理學院學報》2016年第1期。
② 王侃：《〈法苑珠林〉校注補考》，《古籍整理研究學刊》2018年第1期。

840. 又經云：如諸鬼等，所食不同，或膿或糞。得是施已，一切變成上妙色味。若鬼異處受生，親為施時，彼鬼業力，遙知生喜。若還在家受苦報者，親為施者，鬼自親見生喜。（冊四，62/1839/3）

《校注》：此段出處待考。

按：王侃言："又經云：如諸鬼……"一句出自《優婆塞戒經》卷五，文作"諸餓鬼等所食不同，或有食膿，或有食糞，或食血污、嘔吐、涕唾，得是施已，一切變成上妙色味。""若鬼異處受生，親為施時，彼鬼業力，遙知生喜。若還在家受苦報者，親為施者，鬼自親見生喜"似為道世新加內容，並不見《優婆塞戒經》。①

841. 或為樹木雜物之精。無天福可受，地獄不攝。縱捨世間，浮遊人村。既其無食，恐動於人，作諸變怪，扇動人心。（冊四，62/1841/11）

按："縱捨世間"語義費解，此則引自東晉帛尸梨蜜多羅譯《佛說灌頂經》卷六，原經此處有異文，大正藏本作"縱橫世間"，元、明本作"縱誕世間"。此則正當作"縱誕世間"。"縱誕"，恣肆放誕之義，典籍習見，如《後漢書·竇融傳》："融在宿衛十餘年，年老，子孫縱誕，多不法。"南朝宋謝靈運《道路憶山中》詩："追尋棲息時，偃臥任縱誕。"唐李公佐《南柯太守傳》："〔淳于棼〕曾以武藝補淮南軍裨將，因使酒忤帥，斥逐落魄，縱誕飲酒為事。""浮游"，漫遊。《楚辭·離騷》："和調度以自娛兮，聊浮游而求女。"《漢書·郊祀志下》："浮游蓬萊，耕耘五德，朝種暮獲，與山石無極。"《新唐書·文藝傳中·李白》："白浮游四方，嘗乘月與崔宗之自採石至金陵。"

842. 益州之西雲南之有祠神，剋山石為室，下有民奉祠之。（冊四，62/1846/4）

按：范崇高言：今本《搜神記》卷四及《太平廣記》卷二九四"黃石公"引"雲南之"作"雲南之東"，為一句，當據補"東"②。

843. 先聞石室中有聲。須臾問：來人何欲所言？便具語吉凶，不見

---

① 王侃：《〈法苑珠林〉校注補考》，《古籍整理研究學刊》2018年第1期。
② 范崇高：《〈法苑珠林〉文本整理商議》，四川大學出版社2018年版，第185頁。

其形。(冊四，62/1846/5)

按："所言"，范崇高言：今本《搜神記》卷四及《太平廣記》卷二九四"黃石公"引作"既言"，則此處當校點為："先聞石室中有聲，須臾，問來人何欲。既言，便具語吉凶。不見其形。"①

844. 漢蔣子文者，廣陵人。嗜酒好色，挑撻無度。常自謂青骨，死當為神。(冊四，62/1847/5)

《校注》："'青骨'，《磧沙藏》本、《南藏》本、《嘉興藏》本作'精骨'，《搜神記》作'己骨清'。"

按：羅明月云："《校注》中所見諸本'青骨''精骨''己骨清'皆費解。'青骨'似當為'貴骨'之形訛。"②范崇高認為：羅文所舉三例語境相同，當是來自同源文獻，不可信從，蔣子文事仍當以"青骨"為是。③

845. 漢會稽鄞縣東野有一女子，姓吳，字望子。(冊四，62/1848/6)

按：羅明月言："鄞縣"不在會稽郡。鄞縣，秦置，屬南郡。治所在今湖北荊沙市荊州區故江陵縣城東北，東漢廢。考《搜神記》卷五："會稽鄞縣東野有女子，姓吳，字望子。"《太平廣記》卷二百九十三："會稽鄞縣東野有女子，姓吳，字望子。"《搜神記》和《太平廣記》作"鄞縣"，是。鄞縣，秦置，屬會稽郡。治所在今浙江鄞縣東三十里寶幢鄉阿育王寺附近，因貿山得名，故"鄞縣"當為"鄞縣"之訛。④

846. 及永嘉之亂，有巫見宣王泣云：家傾覆，正由曹爽、夏侯玄二人訴怨得申故也。(冊四，62/1850/6)

按："家傾覆"，范崇高言：當補足為"家國傾覆"⑤。

847. 晉張應者，歷陽人。……咸康二年，應至馬溝糴鹽，還泊蕪湖浦宿，夢見三人，以鋌鉤鉤之。應曰：我佛弟子。牽終不置，曰：奴叛

---

① 范崇高：《〈法苑珠林〉文本整理商議》，四川大學出版社2018年版，第185頁。
② 羅明月：《〈法苑珠林校注〉商校》，《鄭州大學學報》2016年第6期。
③ 范崇高：《〈法苑珠林〉文本整理商議》，四川大學出版社2018年版，第185頁；又見於范崇高《〈法苑珠林校注〉辨補》，《阿壩師範學院學報》2017年第3期。
④ 羅明月：《〈法苑珠林校注〉商校》，《鄭州大學學報》2016年第6期。
⑤ 范崇高：《〈法苑珠林〉文本整理商議》，四川大學出版社2018年版，第186頁。

走多時。應怖，謂曰：放我，當與君一升酒誷。乃放之。謂應：但畏後人復取汝耳。眠覺，腹痛泄痢，達家大困。應與曇鎧悶絕已久。病甚，遣呼之，適值不在。應尋氣絕，經日而蘇活。（冊四，62/1850/7）

按：王東①、羅明月均言："應與曇鎧悶絕已久"中"悶絕"費解。《太平廣記》卷一百十三："張應"條作："曇鎧闊絕已久，病甚，遣請之，適值不在。"四庫本《法苑珠林》作"應與曇鎧闊別已久，病甚，遣呼之，適值不在。"可見，"悶絕"當為"闊絕"之形訛。"闊絕"義為長時間沒有音訊或往來。②

848. 初有人若使者，將刀數十，呼將去。從者欲縛之，使曰：此人有福，未可縛也。（冊四，62/1852/2）

按：范崇高言："將刀數十"一句與此不通暢，《太平廣記》卷一一三"陳安居"引《珠林》作"侍從數十"，文從字順，當據改。"侍"與"將"形體相似，"從"異體，不明俗字者極易誤認作"刀"，此乃致物之由。③

849. 使者將至數處，如局司所居。末有人授紙筆與安居曰：可疏二十四通，死名安居。即如言疏名成數通。（冊四，62/1852/4）

按：范崇高言：最後幾句當標點為："末有人授紙筆與安居曰：可疏二十四通死名。安居即如言疏名成數通。"根據中古志怪小說的描寫，人在死之前名字會先注入冥間的死籍，人死以後，冥間鬼神要核定死者的姓名（死名），考量死者生前所為，以此確定死者該不該死或死後該入何處，如《珠林》卷七引《冥祥記》記趙泰入冥事，冥官先是簡視名簿，核查姓名；隨後又問生時所為罪行和福善，以與派往人間的冥間使者所列舉的實情核對。此處冥間鬼神讓陳安居書寫二十四通死名，也主要是為了檢校他的姓名以及生前福業；在下文中，當判定陳安居不當死後，冥官就讓他"拔卻死名"，於是安居依次抽取死名。可見，書寫和拔去的

---

① 王東：《〈法苑珠林校注〉拾零》，《鄭州大學學報》2009年第4期。
② 羅明月：《〈法苑珠林校注〉商校》，《鄭州大學學報》2016年第6期。
③ 范崇高：《〈法苑珠林〉文本整理商議》，四川大學出版社2018年版，第186頁。

都是"死名","死名"後當斷,"安居"當連下為句。①

850. 有一侍從內出,揚聲大呼曰:安居可入。既入,稱有教付刺奸獄。吏兩人,一云:與大械;一云:此人頗有福,可止三尺械。(冊四,62/1852/5)

按:此句斷句有誤,"獄"當屬下,"獄吏兩人"後當作逗號。"刺奸"意為"監察奸吏",後為行使此種職責的官名。漢王莽始設,東漢、魏、晉因之。《漢書·王莽傳下》:"莽大怒,免常官。置執法左右刺奸。"《後漢書·祭遵傳》:"光武乃貰之,以為刺奸將軍。"《資治通鑒·魏文帝黃初元年》:"王貶植(曹植)為安鄉侯,誅右刺奸掾沛國丁儀及弟黃門侍郎廙並其男口,皆植之黨也。"《太平廣記》第一百一十三引此文,"獄"亦屬下,可參。

851. 家安甖器於福竈口,而此婦眠重。嬰兒於竈上匍匐走行,糞汙甖器中,此婦寤已,即請謝神祇,盥洗精熟。(冊四,62/1852/15)

按:范崇高言:"精熟",當據《太平廣記》卷一一三"陳安居"作"精潔",其義為"精細潔淨"②。

852. 安居既愈,欲驗黃水婦人,故往冠軍縣尋問。果有此婦,相見依然,如有曩舊。云:已死得生,舅即以某日而亡。(冊四,62/1854/2)

按:"某日",范崇高言:當據《太平廣記》卷一一三"陳安居"作"其日"③。

853. 至年十七,宋景平末,得病危篤,家中齋祈彌勵,亦淫祀求福。疾終不愈。(冊四,62/1854/6)

《校注》:"'中'字原脫,據《高麗藏》本補。"

按:范崇高言:不補"中"字,語義亦通,不煩補。④

854. 如《正見經》云:時佛會中有一比丘,名曰正見,新入法服。有疑念言:佛說有後世生,至於人死,皆無相報,何以知乎?此問未發,

---

① 范崇高:《〈法苑珠林〉文本整理商議》,四川大學出版社2018年版,第188頁;又見於范崇高《〈法苑珠林校注〉標點商兌》,《古籍整理研究學刊》2016年第5期。
② 范崇高:《〈法苑珠林〉文本整理商議》,四川大學出版社2018年版,第188頁。
③ 范崇高:《〈法苑珠林〉文本整理商議》,四川大學出版社2018年版,第188頁。
④ 范崇高:《〈法苑珠林〉文本整理商議》,四川大學出版社2018年版,第188頁。

佛已預知。佛告諸弟子：……得淨結除，所疑自解。正見聞已，歡喜奉行。（冊四，62/1857/7）

《校注》：此段出處待考。

按：王侃言：以上內容實出自東晉曇無蘭譯《佛說見正經》，原文作"時有一比丘，名曰見正，新入法服。其心有疑，獨念言：佛說有後世生，至於人死，皆無還相報告者，何以知乎？當以此問佛。未即發言，佛已豫知……"①

855. 及破吳楚，有大功，為丞相。以忠諫彊直，數犯景帝。竟下獄，卒以餓死。（冊四，62/1865/7）

《校注》："'諫'字原作'蹇'，據《高麗藏》本改。"

按：范崇高言：《大正藏》校："'諫'，宋、元、明、宮作'蹇'。"《中華藏》校："'忠諫強直'，磧、普、南、徑、清作'忠蹇疆直'。"原作"忠蹇"不誤。②

856. 後周時，有張元，字孝始，河北萬城人也。（冊四，62/1868/1）

按：范崇高言：萬城，當據《太平廣記》卷一一二"張元"引《珠林》同；《周書·孝義傳·張元》《北史·孝行傳·張元》作"芮城"③。

857. 復讀《藥師經》云盲者得視之言，遂請七僧然七燈，七日七夜，轉讀《藥師經》，每日行道，作天人師。乃云：元為孫不孝，使祖喪明。今以燈光普施法界，祖目見明，元求代闇。如此殷勤，經於七日。（冊四，62/1868/2）

按：羅明月言："作天人師"費解。"作天人師"之"作"似為"祝"字。"祝"，以言告神。《尚書·無逸》"否則厥口詛祝"，孔穎達疏："以言告神謂之祝，請神加殃謂之詛。""天人師"，釋迦牟尼佛的別稱。以其為天與人之師，故名。《五燈會元·七佛·釋迦牟尼佛》："菩薩於二月八日明星出時成道，號天人師。""祝天人師"義為：向佛祈禱。④

---

① 王侃：《〈法苑珠林〉校注補考》，《古籍整理研究學刊》2018年第1期。
② 范崇高：《〈法苑珠林〉文本整理商議》，四川大學出版社2018年版，第188頁；又見於范崇高《〈法苑珠林校注〉校勘瑣記》，《寶雞文理學院學報》2016年第1期。
③ 范崇高：《〈法苑珠林〉文本整理商議》，四川大學出版社2018年版，第188頁。
④ 羅明月：《〈法苑珠林校注〉商校》，《鄭州大學學報》2016年第6期。

《法苑珠林》卷六十三校勘研究

858. 若念惡亦雨，若念善亦雨。亦由根本而作此雨。（冊四，63/1873/6）

按："亦由根本而作此雨"其中"根本"語義費解。此處引自東晉罽賓三藏瞿曇僧伽提婆譯《增壹阿含經》卷二十一，原經此處有異文，大正藏本作"行本"，宋、元、明本作"本行"。此處正當作"本行"。"本行"，指作為立身之本的德行、行為。佛典習見，如《雜阿含經》卷十："舍利弗言：如是，如是。阿難，如汝所說，此五受陰是本行所作。"（T02/65c）《佛說阿難同學經》卷一："時亦難遇，除其八時，汝比丘已得人身，皆是本行所造。"（T02/874c）指作為立身之本的德行。傳世文獻，亦習見，如《荀子·王霸》："大國之主也，不隆本行，不敬舊法，而好詐故，若是，則夫朝廷群臣，亦從而成俗於不隆禮義而好傾覆也。"《漢書·杜欽傳》："權本行於鄉黨，考功能於官職，達觀其所舉，富觀其所予，窮觀其所不為……取人之術也。"

859. 秦時有中宿縣千里水，觀亭有江神祠壇。經過有不恪者，必狂走入山，變為虎。中朝縣民至洛反，路見一行旅，寄其書，曰：吾家在觀亭廟前，石間懸藤即是也。但扣藤，自有應者。（冊四，63/1879/6）

《校注》："'中朝'，《太平廣記》引作'中宿'。"

按：范崇高言："中朝"不誤，其後當逗開。又"千里水"，范崇高言："疑即一裏水也。"①

860. 昔有女子浣於水濱，有大節竹流入女足間，推之不去。有小兒

---

① 范崇高：《〈法苑珠林〉文本整理商議》，四川大學出版社 2018 年版，第 191 頁。

啼聲，破之得一男兒。（冊四，63/1880/4）

按：范崇高言："大節竹"，《異苑》卷五作"三節大竹"，《後漢書·南蠻西南夷列傳》、《華陽國志》卷四、《水經注》卷三六記此事並同，當據改。蓋此處先脫落"三"字，而後又調整語序以協文，然已非本義。①

861. 漢使唐蒙誘而斬之，夷獠怨，訴竹王非血氣所育，求立嗣。（冊四，63/1880/6）

按：范崇高言："夷獠怨"後逗號可刪。"怨訴"為一詞，指向上訴說冤屈、不滿等。如《南齊書·虞玩之傳》："路太后外親朱仁彌犯罪，依法錄治。太后怨訴孝武，坐免官。"②

862. 赤松子者，神農時雨師也。服水玉以教神農，能入火自燒。（冊四，63/1882/2）

按：范崇高言："入火自燒"，當據今本《搜神記》卷一作"入火不滅"③。

863. 晉安羅江縣有霍山，其高蔽日。上有石杅，面徑數丈。杅中泉水深五六尺，經常流溢。（冊四，63/1883/4）

按：羅明月言："石杅"費解。大正藏本《法苑珠林》作"杅"。是。"杅"，即"盂"之假借字。《說文·皿部》："盂，飲器也。"段玉裁注："杅即盂之假借字。""石杅"當為"石杅"之訛。④

864. 卒復七日，堅以其神異，試開棺視之，不見屍骸所在，唯有殮被存焉。（冊四，63/1884/11）

按：范崇高言："復，諸本作'後'。當據《高僧傳》卷十改'後'。"⑤ 此處當是《校注》所用底本蔣氏刻本有誤，《珠林》其他版本皆作"後"，此處均不誤。

---

① 范崇高：《〈法苑珠林〉文本整理商議》，四川大學出版社2018年版，第192頁。
② 范崇高：《〈法苑珠林〉文本整理商議》，四川大學出版社2018年版，第192頁；也見於范崇高《〈法苑珠林校注〉標點商兌》，《古籍整理研究學刊》2016年第5期。
③ 范崇高：《〈法苑珠林〉文本整理商議》，四川大學出版社2018年版，第192頁。
④ 羅明月：《〈法苑珠林校注〉商校》，《鄭州大學學報》2016年第6期。
⑤ 范崇高：《〈法苑珠林〉文本整理商議》，四川大學出版社2018年版，第193頁。

865. 晉建武年正月至六月，時天大旱，石虎遣太子詣臨漳西谷口祈雨，久而不降。（冊四，63/1885/3）

按：范崇高言："谷口"，當據《高僧傳》卷九"佛圖澄"作"滏曰"或"釜口"。又據《十六國春秋》，"建武年"當補足為"建武六年"①。

866. 石虎遣太子詣臨漳西谷口祈雨，久而不降。虎令澄自乞，即有白龍二頭，降於祠所。（冊四，63/1885/3）

按："自乞"語義費解，此處正當作"自行"。此則引自梁慧皎撰《高僧傳》卷九，原經此處正作"自行"。此則故事《神僧傳》卷一、《歷朝釋氏資鑒》卷二、《正史佛教資料類編》卷二均引此則故事，此處均作"自行"。作"自行"是，親自前往之義，如《史記·傅靳蒯成列傳》："始秦攻破天下，未嘗自行，今上常自行，是為無可使者乎？"《二刻拍案驚奇》卷十九："兩人見是真仙來度他，不好相留……只得聽他自行。"

867. 寺有金銅像一軀，高六寸五分以去。天監六年二月八日，于寺東房北頭第三間內，忽聞音樂聲。（冊四，63/1888/2）

按：范崇高言："以去天監六年二月八日"當為一句。中古時期，"去"可以表示以敘事時點為視角，強調過去的時點，猶如"過去的"。此處標點者未明"去"的這一用法，將"以去"屬上句，大誤②。

868. 探手至臂，其最長指猶不至核。牽手而出，為果所染，手甲皆赤。其果香氣能染人心，鼻嗅果香。（冊四，63/1892/10）

《校注》："'探手至臂'，原作'授手至甲'，據《立世阿毘曇論》改，高麗藏本作'探手至甲'。"

按："手甲皆赤"不確，正當作"手臂皆赤"。前句言"探手至臂"，未言"手甲"，此處自然當言"手臂皆赤"。此則故事引自陳真諦譯《佛說立世阿毘曇論》卷一，原經此句作："授手至臂，其最長指猶不至核。牽手而出，為菓所染，手臂皆赤"。《校注》此處當據改。

869. 第二比丘問言：汝欲食不？長老，我不樂食。是事者有，不可

---

① 范崇高：《〈法苑珠林〉文本整理商議》，四川大學出版社2018年版，第193頁。
② 范崇高：《〈法苑珠林校注〉標點商正》，《古籍研究》2018年第1期。

思議。（冊四，63/1892/11）

按："是事者有"語義費解，正作"是事希有"。《爾雅》："希，罕也。""是事希有"是言"這事罕見"，故下句言"不可思議"。若作"是事者有"語義不明，與下句也沒有語義聯繫。此則故事引自陳真諦譯《佛說立世阿毘曇論》卷一，原經此處正作"是事希有"。佛典文獻中習見此用法，試比較，如唐菩提流支譯《大寶積經》卷七十三："復聞外道亦得授記，淨飯王作是思惟：是事希有，不可思議。"（T11/414b）

870. 若行水中，前腳未沒，後腳已移。若行草葉，草雖未靡，便得移步。（冊四，63/1893/2）

按："若行草葉"語義不通，正作"若行草上"。上句言"若行水中"，此處言"若行草上"句式對仗工整。此則故事引自陳真諦譯《佛說立世阿毘曇論》卷一，原經此處正作"若行草上"。

871. 尼拘類樹果大如二升瓶，味如淖蜜丸。無有護者，亦無相偷。（冊四，63/1894/10）

按：羅明月言："淖蜜丸"費解。考《中阿含經》作"味如淳蜜丸"。"淳蜜丸"是。佛經中多"淳蜜"一詞，如東晉佛陀跋陀羅《大方等如來藏經》："譬如淳蜜在岩樹中，無數群蜂圍繞守護。""淳蜜"，即不含渣滓的純蜜。[①]

872. 摘其果時，汁隨流出，色白如乳，味甘如蜜。閻浮樹果隨所出生，有五分益：謂東、南、西方、上、下二方。（冊四，63/1898/7）

按："有五分益"語義費解，有脫文，脫"利"，正作"有五分利益"。"利益"，佛教用語，利生益世的功德之義，如唐湛然《法華文句記》卷六之二："功德利益者，只功德一而無異。若分別者，自益名功德，益他名利益。"唐白居易《答孟簡蕭俛等〈賀御制新譯大乘本生心地觀經序狀〉》："大仙經典，最上法乘；來自西方，閟於中禁。將期利益，必在闡揚。"此則故事引自隋天竺三藏闍那崛多等譯《起世經》卷十，原經此處正作"有五分利益"。

---

① 羅明月：《〈法苑珠林校注〉商校》，《鄭州大學學報》2016年第6期。

873. 其果形色，閻浮提果無以為譬。其形團圓，滿半由旬。婆羅門食，即得仙道五通，具足壽命，一劫不老不死。（冊四，63/1899/2）

按：羅明月言："五通"也稱"五神通"，佛教語。指天眼通、天耳通、他心通、宿命通和如意通。此為佛法與外道共有的神通力。佛教認為尚須修漏盡通方臻完善。"婆羅門食，即得仙道五通，具足壽命，一劫不老不死。"應句讀為"婆羅門食，即得仙道，五通具足，壽命一劫，不老不死。"①

874. 晉永嘉五年十一月，有偃鼠出延陵。郭璞筮之，遇《臨》之《益》。曰：此郡東縣當有妖人欲搆制者，尋亦自死矣。（冊四，63/1903/7）

按：王東言：此處"搆制"與語境不符，"搆制"義為建築的形狀，當作"構制"②。

875. 郡境有大槎橫水，能為妖怪。百姓為之立廟。行旅必過，要禱祠槎，槎乃沈沒不著。槎浮則船為破壞。（冊四，63/1904/3）

按：羅明月言："不著"費解。考《搜神記》卷十一："郡境有大槎橫水，能為妖怪。百姓為立廟。行旅禱祀，槎乃沈沒，不者槎浮，則船為之破壞。"可見"不著"當為"不者"之訛。"行旅必過，要禱祠槎，槎乃沉沒不著。槎浮則船為破壞"一句句讀亦不確，應改為"行旅必過，要禱祠槎，槎乃沉沒。不者槎浮，則船為破壞"③。

876. 於是伏弩射而殺之，曝皮於庭。父行，女與鄰女於皮所戲，以足蹴之。（冊四，63/1905/1）

《校注》："'蹴'字原作'蹙'，據《高麗藏》本、《磧砂藏》本、《南藏》本、《嘉興藏》本改。"

按：范崇高言："蹙"與"蹴"古代通用，不需改字。《廣雅·釋言》："跑，趵也。"王念孫疏證："蹙與蹴同。"《禮記·曲禮上》："以足蹙路馬芻，有誅。"陸德明《經典釋文》卷十一："蹙，本又作蹴。"④

---

① 羅明月：《〈法苑珠林校注〉商校》，《鄭州大學學報》2016年第6期。
② 王東：《〈法苑珠林校注〉商補》，《古籍整理研究學刊》2008年第3期。
③ 羅明月：《〈法苑珠林校注〉商校》，《鄭州大學學報》2016年第6期。
④ 范崇高：《〈法苑珠林校注〉補議》，《成都大學學報》2013年第3期。

877. 瑜常以為結溺三途，情形故也。情將盡矣，形亦宜殞。（冊四，63/1905/10）

按：范崇高言："形亦宜殞"，當據《法苑珠林》卷九六作"形亦宜捐"為是。[1]

---

[1] 范崇高：《〈法苑珠林〉文本整理商議》，四川大學出版社2018年版，第195頁。

《法苑珠林》卷六十四校勘研究

878. 唯見二大蛇長十餘丈，於溪中相遇，便相盤繞。白映勢弱。射人因引弩射之，黃映者即死。（冊四，63/1914/9）

按："白映""黃映"頗費解。考《太平御覽》卷八三二、四庫全書本《法苑珠林》、《說郛》卷一一七下、《搜神後記》卷七均作"虵"，即"蛇"字。"白映""黃映"即"白蛇""黃蛇"。

879. 行達民家，恍忽如眠，便不復寤。民以為死，輿出外門。方營殯具，經夕能言。（64/1915/5）

《校注》："輿"字原作"舉"，據《高麗藏》本改。

按：范崇高言：《大正藏》本作"奥"，校："宋、元、明、宮作'舉'。"《中華藏》本作"舉"，校：磧、普、南、徑、清作'舉'。"《太平廣記》卷一三一"元稚宗"引《祥異記》作"昇"。眾人搬抬東西，用"昇""與""舉"三字皆可。既知"與""舉"同義，則不煩改字。①

880. 稚宗因問：我行旅有三，而獨嬰苦，何也？道人曰：彼二人自知罪福，知而故犯。唯爾愚朦，不識緣報，故以相誡。（冊四，64/1915/10）

按：王東②、范崇高③均言："知而故犯"，《四庫》原作"知而無犯"，《珠林》其餘各本皆同此處，然上下文意扞格難通。《太平廣記》

---

① 范崇高：《〈法苑珠林〉文本整理商議》，四川大學出版社2018年版，第196頁。
② 王東：《〈法苑珠林校注〉拾零》，《鄭州大學學報》2009年第4期。
③ 范崇高：《〈法苑珠林〉文本整理商議》，四川大學出版社2018年版，第197頁。

卷一三一"元稚宗"引《祥異記》也作"知而無犯",與此吻合,當據改。

881. 隋開皇初,冀州外邑中有小兒,年十三,常盜鄰雞卵燒煻食之。後朝村人未起,其門外有人扣門呼此兒聲。父令兒出應之。(冊四,64/1917/3)

《校注》:"'門外'原作'聞外',據《高麗藏》本改。"

按:范崇高言:"其門外",《冥報記》卷下作"其父聞外"。此處作"聞"似不誤,乃是其前脫一"父"字。①

882. 因引兒出村南,舊是桑田,耕訖未下種。且此小兒,忽見道右有一小城,四面門樓,丹素甚嚴。(冊四,64/1917/5)

按:范崇高言:"且",《大正藏》本校:"宋、元、明、宮作'旦'"。《中華藏》本校:"磧、普、南、徑、清作'旦'。"《大正藏》本《冥報記》卷下作"是且",日本高山寺本《冥報記》卷下作"是日"意即"這天早晨",與前文"朝"相應。②

883. 時村人出因探桑,男女甚眾,皆見此兒在耕田中,口似啼聲,四方馳走。(冊四,64/1917/8)

按:范崇高言:"出因",《冥報記》卷下及《太平廣記》卷一三一"冀州小兒"引皆作"出田",當據改。③

884. 唐交州都督遂安公李壽,始以宗室封王……夫人之弟,為臨說之耳。(冊四,64/1918/3)

《校注》:"出《冥報記》卷下。"

按:范崇高言《校注》此條注解有誤,《大正藏》所收《冥報記》無此條。④

---

① 范崇高:《〈法苑珠林〉文本整理商議》,四川大學出版社2018年版,第197頁;又見范崇高《〈法苑珠林〉引〈冥報記〉校點補正》,《內江師範學院學報》2017年第9期。
② 范崇高:《〈法苑珠林〉文本整理商議》,四川大學出版社2018年版,第197頁;又見范崇高《〈法苑珠林〉引〈冥報記〉校點補正》,《內江師範學院學報》2017年第9期。
③ 范崇高:《〈法苑珠林〉文本整理商議》,四川大學出版社2018年版,第198頁;又見范崇高《〈法苑珠林〉引〈冥報記〉校點補正》,《內江師範學院學報》2017年第9期。
④ 范崇高:《〈法苑珠林〉文本整理商議》,四川大學出版社2018年版,第199頁。

885. 及至山頂，引而廳事，見一官人，被服緋衣，首冠黑幘。（冊四，64/1918/12）

按：范崇高言："引而廳事"難解，頗疑此處"而"當是"向"之形误。①

886. 見其城中赫然，總是猛火。門側有數箇毒蛇，皆长十餘丈，頭大如五斗塊。口中吐火，如欲射人。（冊四，64/1919/2）

按：范崇高言："五斗塊"意未詳。疑此處"塊"乃是"魁"的形近误字。用"魁"比喻與身子相連的蛇頭，殊為合宜。②

887. 身肉骨髓，尚不寶戀，況沉復外財，寧生愛著。（冊四，64/1922/7）

《校注》："'寶'字原作'保'，據《高麗藏》本改。"

按：范崇高言：寶、保兩字相通，不煩改。如清王筠《說文句讀·人部》："古文、鐘鼎文寶字亦作保。"③

888. 兔王母子圍繞仙人，足滿七匝，白言：大師，我今為法供養。尊者仙人告言：汝是畜生，雖有慈心，何緣能辨。（冊四，64/1922/7）

按：范崇高言："尊者"在此是白兔當面稱呼仙人，非作者自敘之語，當連上而語。《法苑珠林》大正藏本、《一切智光明仙人慈心因緣不食肉經》大正藏本，"尊者"均屬上。④

889. 我亦恭敬無量三乘四果聖人。父母師長病苦之者……（冊四，64/1922/7）

按：吳建偉言：此句標點当作："我亦恭敬无量三乘、四果、圣人、父母、師长、病苦之者……"此段文字引自《大方等大集經》卷五十三，原文為："又我亦曾供養恭敬無量無邊菩薩摩訶薩，供養恭敬無量緣覺，供養無量佛聲聞衆，供養無量到果聲聞，供養無量外道仙人，供養無量父母、師長，供養無量病苦之者。"三乘者，聲聞乘、緣覺乘、菩薩乘。

---

① 范崇高：《〈法苑珠林〉文本整理商議》，四川大學出版社2018年版，第198頁；又見於范崇高《〈法苑珠林校注〉校勘瑣記》，《寶雞文理學院學報》2016年第1期。
② 范崇高：《〈法苑珠林〉文本整理商議》，四川大學出版社2018年版，第200頁。
③ 范崇高：《〈法苑珠林〉文本整理商議》，四川大學出版社2018年版，第201頁。
④ 范崇高：《〈法苑珠林〉文本整理商議》，四川大學出版社2018年版，第201頁。

四果，即須陀洹果、斯陀含果、阿那含果、阿羅漢果。三乘、四果、聖人、父母、師長、病苦者皆乃"我"（指佛陀）所恭敬的對象。①

890. 王言：可示我彼人，言我教國人行十惡者。彼即示王。（冊四，64/1924/7）

按：王東言："可示我彼人"後的逗號當刪除，"言我教國人行十惡者"為"彼人"的後置定語。此句作"王言：可示我彼人言我教國人行十惡者。彼即示王。"②

891. 我即思惟，今正是時，應以身施，血肉充足。捨林而去，往詣中國，上彰水山上，立大誓願。（冊四，64/1925/8）

按："彰水山"，当作"障水山"。《法苑珠林》大正藏本作"障水山"，宋、明、宮本作"彰水山"。作"障水山"是。此則故事引自《大乘悲分陀利經》卷七（T03/282a），原經此處作"障水山"。且《大乘悲分陀利經》卷七下文也提及此山，《大乘悲分陀利經》卷七："我時即從障水山上便自投下，以本願故，即成肉山。"（T03/282a）

892. 取肉及血，持送與比丘。比丘得服之，瘡即除愈，身得安隱。王聞得愈，大喜悅澤。（冊四，64/1929/7）

按："悅澤"，光潤悅目義，如《西湖二集·薰蕕不同器》："方朔道：'是蛟龍之髓，以傅面，令人好顏色，又女人在孕，服之產之必易。'後果有難產者，試之立效；以塗面，果然悅澤。"此義於此未安，"澤"當為"懌"，正作"悅懌"，"歡樂，愉快"之義，如王充《論衡·驗符》："皇帝悅懌，賜錢衣食。"唐杜甫《鄭典設自施州歸》詩："聽子話此邦，令我心悅懌。"漢班固《白虎通·禮樂》："鄭國土地民人山居谷汲，男女錯雜，為鄭聲以相悅懌。"唐杜甫《鄭典設自施州歸》詩："聽子話此邦，令我心悅懌。"此則故事引自吳支謙譯《佛說月明菩薩經》卷一，原經此處作"悅懌"。

893. 昔有王子兄弟二人，被驅出國。到曠路中，糧食都盡。弟即殺婦，分肉與其兄嫂。嫂便食之。兄得此肉，藏舉不敢食之。（冊四，64/

---

① 吳建偉：《〈法苑珠林校注〉標點疑誤補舉》，《古籍整理研究學刊》2015年第6期。
② 王東：《〈法苑珠林校注〉拾零》，《鄭州大學學報》2009年第4期。

1929/9）

按：羅明月言："藏舉"費解。此段文字出自《雜寶藏經》。考大正藏本《雜寶藏經》作"棄"。宋本、元本、明本《雜寶藏經》作"舉"。"藏舉"之"舉"當為"弄"。大正藏本《雜寶藏經》作"棄"，當為"弄"之形訛。①

---

① 羅明月：《〈法苑珠林校注〉商校》，《鄭州大學學報》2016 年第 6 期。

《法苑珠林》卷六十五校勘研究

894. 還送本取水來處安之。若來處遠近有池井，七日不消者，以蟲著中。若知水有蟲，不得持器繩借人，若池江水有蟲。得唱云：此水有蟲。（冊四，65/1944/12）

按："得唱云此水有蟲"有脫文，脫"不"，此處正作"不得唱云此水有蟲"。東晉佛陀跋陀羅共法顯譯《摩訶僧祇律》卷十八："若見有蟲者，不得唱言：長老，此水有蟲。"（T22/373b）此則故事亦見于唐道宣撰《四分律刪繁補闕行事鈔》卷二（T40/87a）、唐道世撰《諸經要集》卷八（T54/71b）、唐道宣撰《四分比丘尼鈔》卷二（X40/748a）、明智旭彙釋《重治毗尼事義集要》卷八（X40/412a），此處皆作"不得唱云此水有蟲"。

895. 過去世時，人民多病黃白痿瘁。菩薩爾時身為赤魚，自以為其肉施諸病人，以救其疾。（冊四，65/1946/2）

《校注》："'瘁'字，原作'熟'，據高麗藏本改。"

按："痿瘁"，《法苑珠林》大正藏本作"痿瘁"，宋、元、明、宮本作"痿熟"。"痿瘁"，痿縮枯槁義，《經律異相》卷十一、《諸經要集》卷八、《法華經玄籤備撿》卷三引此則均作"痿熟"，"熟"當是"熱"之訛，兩字形近而誤，正作"痿熱"。此則故事引自《大智度論》卷三十三，原經此處正作"痿熱"。漢張機撰《金匱要畧論注》："師曰：熱在上焦者，因欬為肺痿熱，在中焦者，則為堅熱，在下焦者，則尿血。"唐慧琳撰《一切經音義》卷四十六："痿熱，又作矮同，於偽反，謂黃病也。《禮記》'哲人其痿'，鄭玄曰：痿，病也。"（T54/614c）清唐宗海著《血證論》卷七："若水陰不足，則陽氣亢烈，煩逆痿熱，方用知柏折

— 293 —

其亢，龜版潛其陽，熟地滋其陰。"此處正當作"痿熱"是。

896. 菩薩爾時身為赤魚，自以為其肉施諸病人，以救其疾。（冊四，65/1946/2）

按："自以為其肉"語義費解，有衍文，"為"是衍文，正作"自以其肉"。"自以其肉施諸病人以救其疾"即自己把自己的肉施捨給諸病人救治他們的疾病。此則故事引自《大智度論》卷三十三，原經此處正作"自以其肉"。

897. 時有鴈王，獵者得之。有同伴鴈，欲我捨命，還說偈相報。獵師見愍，二鴈並放。後求實報恩。（冊四，65/1947/5）

按："欲我捨命"語義費解，正作"欲代捨命"。"我""代"二字形似而誤。此則引自《十誦律》，原經此處正作"欲代捨命"。《法苑珠林》各本皆作"欲代捨命"，蔣氏刻本作"欲我捨命"，編者未核對其他版本，故《校注》致誤。《諸經要集》卷八也為"欲代捨命。"

898. 獼猴曾知仙人住處，彼當救我。便抱此鼈，向彼處去。仙人遙見，便作是念：咄哉異事！念是獼猴為作何等，欲戲弄耶？（冊四，65/1948/7）

按："念是獼猴"語義費解，正作"今是獼猴"。此則引自東晉跋陀羅共法顯譯《摩訶僧祇律》卷五，原經此處有異文，《摩訶僧祇律》大正藏本作"今是獼猴"，聖本作"念是獼猴"。"念"與"今"形近而訛。此處作"今"為是。"今是"表示仙人的驚訝之義，與前文"咄哉異事"相呼應，故此處應作"今是獼猴為作何等"。

899. 嘉運問：是何人？答云：東海公使迎馬生耳。嘉運素有學識，知名州里。每臺使及四方貴客，多請見之。及見聞名，弗須怪也。謂使者曰：吾無馬。使者曰：進馬，以此迎馬生。（冊四，65/1949/10）

按：范崇高言："及見聞名，弗須怪也"，語意澀滯，當校改為"及是聞召，弗復怪也"①。

900. 遣使者送嘉運至一小澁道，指命由此路歸。（冊四，65/1950/13）

---

① 范崇高：《〈法苑珠林〉文本整理商議》，四川大學出版社2018年版，第202頁。

按:"指命由此路歸"費解,正作"指令由此路歸"。"指命",《法苑珠林》大正藏本作"指令",宋、元、明、宮本作"指命"。此處作"指令"為是。"指令"指示命令義,如唐韓愈《魏博節度使沂國公先廟碑銘》:"號登元和,大聖載營。風揮日舒,咸順指令。"元柳貫《浦陽十詠·昭靈仙跡》:"真仙帝遣司風雨,喚起淵龍聽指令。"此則引自唐唐臨撰《冥報記》卷三,原經此處正作"指令"。(T51/799b)

901. 時長者子將是二子次第遊行,到一大空澤中。見諸禽獸,多食血肉,一向馳奔。長者念言:是諸禽獸,何因緣故,一向馳走?時長者子遂便隨逐。見有一池,其水枯涸,於其池中多有諸魚。長者見魚,生大悲心。(冊四,65/1954/8)

按:"長者念言""長者見魚"中"長者"後均脫"子",正作"長者子念言""長者子見魚"。上句言"時長者子將是二子""時長者子遂便隨逐"句中的主語當是"長者子",故整個行文當一致起來。此則引自北涼三藏法師曇無讖譯《金光明經》卷四,原經此段各處正言"長者子",《法苑珠林》當據改。

902. 眾賈恐怖,謂潮卒漲。悲哀呼嗟,歸命諸天,誰見救濟。(冊四,65/1958/3)

按:范崇高言:"誰見救濟"當作"唯見救濟"[1]。《珠林》各本此處皆作"唯"。獨《校注》此處獨誤,當是底本蔣氏刻本有誤。

903. 與同學道朗等四人共行,持炬探穴,入且三里,遇一深流,橫木而過。同最先濟,後輩墜木而死。(冊四,65/1962/4)

按:范崇高言:"墜木",當據《太平廣記》卷一一一作"墜水"[2]。

904. 須臾,有火光來岸,如人捉炬者,照見溪中了了。遙得歸家,火常在前導,去船十餘步。(冊四,65/1963/4)

按:"遙",范崇高言:當據《太平廣記》卷一一○作"逕"[3]。

905. 夜中械忽自破,上得離身,因是便走,遂得免脫。崇既腳痛,

---

[1] 范崇高:《〈法苑珠林〉文本整理商議》,四川大學出版社2018年版,第203頁。
[2] 范崇高:《〈法苑珠林〉文本整理商議》,四川大學出版社2018年版,第203頁。
[3] 范崇高:《〈法苑珠林〉文本整理商議》,四川大學出版社2018年版,第204頁。

同尋路經一寺，乃復稱觀世音名，至心禮拜。（冊四，65/1964/4）

按：范崇高言："同尋"在此上下不連貫，《大正藏》本、《清藏》本《珠林》均作"同等"，頗疑"同等"涉上文"崇與同等五人"而竄入此處，因意不相干，又誤寫作形體相近而意義仍無關涉的"同尋"①。

906. 以一石置前，發誓願言：今欲過江東，訴亂晉帝，理此冤魂，救其妻息。若心願獲果，此石當分為二。（冊四，65/1964/5）

按：范崇高言："訴亂"，當據當據《太平廣記》卷一一〇作"訴辭"②。

907. 晉王懿，字仲德，太原人也。守車騎將軍，世信奉法。父苗，符堅時為中山太守，為丁零所害。（冊四，65/1964/8）

《校注》："'苗'字，《太平廣記》引作'黃'。""'丁零'，《太平廣記》引作'丁岑'。"

按：范崇高言："苗"，《太平廣記》引作"黃"誤。"丁零"，《太平廣記》引作"丁岑"③。

908. 時積雨大水，懿前望浩然，不知何處為淺，可得揭躎。（冊四，65/1965/1）

《校注》："'躎'字，《高麗藏》本及《太平廣記》引作'属'。"

按：范崇高言："揭躎"他書未見。《大正藏》《中華藏》《四庫全書》"躎"也作"属"，當從。江藍生先生解"揭躎"為疊韻連綿詞，是"躩躒"等的異形詞，有"踩踏、行走"義。④ 其說可商。⑤

909. 宋元嘉初中，有黃龍沙彌曇無竭者……又如初歸命，有大鷲飛來，牛便驚散，遂得刻免。（冊四，65/1967/3）

《校注》："又《太平廣記》卷一一〇引，作出《珠林》。"

---

① 范崇高：《〈法苑珠林〉文本整理商議》，四川大學出版社2018年版，第204頁；又見於范崇高《〈法苑珠林校注〉校勘商酌》，《成都大學學報》2016年第6期。
② 范崇高：《〈法苑珠林〉文本整理商議》，四川大學出版社2018年版，第206頁。
③ 范崇高：《〈法苑珠林〉文本整理商議》，四川大學出版社2018年版，第204頁。
④ 江藍生：《魏晉南北朝小說詞語匯釋》，語文出版社1988年版，第102頁。
⑤ 范崇高：《〈法苑珠林〉文本整理商議》，四川大學出版社2018年版，第207頁；又見於范崇高《〈法苑珠林校注〉辨補》，《阿壩師範學院學報》2017年第3期。

按：范崇高言：此條當是《太平廣記》卷一一〇引《法苑珠林》。①

910. 後度江住楊州安樂寺。大業既崩，思歸無計。隱江荻中，誦《法華經》，七日不饑，恒有四虎繞之。而已不食，已經數日。聰曰：吾命須臾，卿須可食。虎忽發言曰：造天立地，無有此理。（冊四，65/1970/8）

按：王紹峰認為：此段標點可商。"七日不饑，常有虎繞之。而已不食，已經數日"。應當作"七日不饑，常有虎繞之而已，不食已經數日"。"而已"當屬上，屬下不詞，而已的"已"，並非自己的"己"，諸本沒有異文。②

911. 至貞觀二十三年四月八日小食記，往止觀寺與眾辭別，還本房安坐而卒。異香充溢丹陽一郭。年九十九矣。（冊四，65/1971/1）

按：范崇高言："異香充溢丹陽一郭"言辭誇大，《續高僧傳》卷二十，原文作："還本房安坐而卒，異香充溢。丹陽一郭受戒道俗三千餘人，奔走山服，哀慟林野。"故"異香充溢"承上而言，"丹陽一郭"下有所啟，因脫落數句，語義遂乖，當出校言明。③

---

① 范崇高：《〈法苑珠林〉文本整理商議》，四川大學出版社2018年版，第208頁。
② 王紹峰：《〈法苑珠林校注〉商補》，《寧波大學學報》2012年第5期。
③ 范崇高：《〈法苑珠林〉文本整理商議》，四川大學出版社2018年版，第208頁。

《法苑珠林》卷六十六校勘研究

912. 是時帝釋語言：汝今可自歸佛、法、眾，便不墮三惡趣故。如來亦說此偈言：諸有自歸佛，不墮三惡趣，盡露處天人，便當至涅槃。（冊四，66/1976/7）

按："便不墮三惡趣故"，"故"當屬下，"便不墮三惡趣，故如來亦說此偈言"。"故"是連詞，表示因果關係，"汝今可自歸佛、法、眾，便不墮三惡趣"是因，"如來亦說此偈言"是果。

913. 三者、出胎苦，四者、希食苦，五者、怨憎會苦。（冊四，66/1977/6）

按："希食苦"應為"希求食苦"，此處脫"求"字。"希求"，"企求，謀求"義，元稹《代諭淮西書》："吳侍御棄喪背禮，舍父於君，誘聚師徒，希求爵位。"此則引自元魏般若流支譯《正法念處經》卷五十八，原經此處作"四者希求食苦"，可參。

914. 至春種作，無有牛犂亦悉。如是種種憂悲，無有樂時。（冊四，66/1984/1）

按："無有牛犂亦悉"語義費解，"悉"當為"愁"，兩字形近而訛。上句言"下欲亂時亦愁，天下旱時亦愁，天下大水亦愁，天下霜亦愁，天下不熟亦愁，室家內外多諸病痛亦愁，持家財物治生恐失亦愁，官家百調未輸亦愁，家人遭官閉繫牢獄未知出期亦愁，兄弟遠行未歸亦愁，居家窮寒無有衣食亦愁，比舍村落有事亦愁，社稷不辨亦愁，室家死亡無有財物殯葬亦愁。"此處也應當為"亦愁"。《法苑珠林》諸本皆作"無有牛犂亦愁"，《校注》此處作"無有牛犂亦悉"，當是底本蔣氏刻本誤錄，校注編者未核對其他版本，故而致誤。

915. 日遂欲暝，去道不遠，有流河水，水對有家居。婦怕日暝，懼為賊劫，棄車將二子到水畔。（冊四，66/1985/9）

按："水對"費解，正作"水碓"。何為"水碓"？西漢桓譚在《新論·離車第十一》說："又復設機用驢騾、牛馬及投水而舂，其利百倍。"這裏的"投水而舂"即為"水碓"。《古今圖書集成》載："凡水碓，山國之人，居河濱者之所為也，攻稻之法，省人力十倍。"可見"水碓"是古人發明用來舂米的省力機械。此處的"水碓"作為"家居"的標誌，說明水碓處有家居。此則故事引自秦沙門聖堅譯《佛說婦人遇辜經》卷一，原經此處作"水碓有家居"。

916. 適到水半，狼食其子。子叫呼母，時還顧見子為狼所啗。（冊四，66/1985/10）

按："時還顧見子為狼所啗"前缺失主語"母"，若不加"母"，易讓人誤解為是"子時還顧見子為狼所啗"，令人費解，故正作"母時還顧，見子為狼所啗"。結合後文的"驚惶怖懼，失抱中子"，可推測出前面是母親看到自己的兒子為狼所食，因此她驚惶恐懼，不慎導致懷抱中的孩子墜入河流。如此可使句子意義連貫，不易產生歧義。秦沙門聖堅譯《佛說婦人遇辜經》卷一，原經此處作"母時還顧，見子為狼所啗"。

917. 出苦時復受肢體逼切大苦。餘苦所依者，謂有生老病死等眾苦隨逐。（冊四，66/1986/7）

按："出苦"語義費解，正作"出胎"。"出苦"費解，不能和後面的"肢體逼切大苦"有語義聯繫。《法苑珠林》《諸經要集》還有《正法念處經》在敘述"十六苦"時都提及了"出胎苦"，即"三者，出胎苦"。《宗鏡錄》云："受生，乃至出胎，苦厄備受。""出胎苦"，與下句"肢體逼切大苦"相應。因為出胎，肢體都經歷了非常大的痛苦，同時也能回答前文的"正生何因苦？"故此處當為"出胎時復受肢體逼切大苦。"《法苑珠林》諸本此處皆作"出胎"，蔣氏刻本刊刻有訛誤，《校注》編著此處未核對其他版本，遂而致誤。

《法苑珠林》卷六十七校勘研究

918. 盛青色膿，如野猪精。臭惡頗甚，至藏陰處。（冊四，67/1989/11）

按："頗甚"，《法苑珠林》大正藏本作"叵甚"，明、宮本作"頗甚"。《諸經要集》卷二十引此則故事，作"叵堪"，宋、元、明、宮作"甚"。（T54/186c）唐智周撰《梵網經菩薩戒本疏》卷二，引此則故事，此處作"叵堪"。（X38/452b）此則故事引自宋居士沮渠京聲譯《治禪病祕要法》卷一，《治禪病祕要法》大正藏本此處作"叵堪"，宋、元、明本作"叵甚"。"頗甚"同義連用，非常之義。"叵堪"不能忍受之義。"臭惡叵堪"言難以忍受的臭惡，故此處作"叵堪"為佳。

919. 分為三支。二九在上，如芭蕉葉。有一千二百脈，一一脈中生於風蟲，細若秋毫，似毘蘭多鳥觜。諸蟲中生筋色蟲。（冊四，67/1989/12）

按："分為三支，二九在上如芭蕉葉"費解，"二九"不確，"九""支"形近而訛，正作"二支在上如芭蕉葉"。此則故事引自《治禪病祕要法》卷一，原經正作"分為三支，二支在上。"

920. 一一脈中生於風蟲，細若秋毫，似毘蘭多鳥觜。諸蟲中生筋色蟲。（冊四，67/1989/12）

按："諸蟲中生筋色蟲"費解，有脫文，脫"口"，正作"諸蟲口中生筋色蟲"。此則故事引自《治禪病祕要法》，原經此處正作"諸蟲口中生筋色蟲"。

921. 復以聞慧，或以天眼，見六味蟲所食嗜味者，我亦貪嗜。隨此味蟲所不嗜者，我亦不便。（冊四，67/1992/7）

— 300 —

按："食嗜"語義費解，"食""貪"形近而訛，正作"貪嗜"。"貪嗜"，貪求嗜好之義，如《史記·韓長孺列傳》："安國為人多大略，智足以當世取合，而出於忠厚焉。貪嗜於財。"漢焦贛《易林·小過之豫》："酒酢魚餒，眾莫貪嗜。"此則故事引自元魏婆羅門瞿曇般若流支譯《正法念處經》卷六十四，原經此處正作"六味蟲所貪嗜者"。《正法念處經》文中多次提到六味蟲貪嗜，如"觀於貪嗜六味之蟲""見六味蟲所貪嗜者"，此處"食嗜"即"貪嗜"。

922. 舌端有脈，隨順於味，令舌乾燥。以蟲瞋故，令舌瘤瘤而動，或令咽喉即得嗽病。（冊四，67/1993/1）

《校注》："'動'字，原作'重'，據高麗藏本改。"

按：此則故事引自元魏婆羅門瞿曇般若流支譯《正法念處經》卷六十四，原經此處有異文，大正藏本作"腫"，宋、元、明、宮本作"動"。《法苑珠林》此處也有異文，大正藏本作"動"，宋、元、明、宮本作"重"。《校注》不煩改，此處作"重"是，改為"動"反而語義費解。"瘤瘤而重"之"重"，讀作"腫"，典籍習見，如《詩經·小雅·無將大車》："無思百憂，祇自重兮。"馬瑞辰通釋："重之言腫也。《說文》：'瘤，腫也。'又曰：'痤，小腫也。'成公六年《左傳》：'於是有沉溺重腿之疾。'杜注：'重腿，足腫。'此腫通作'重'之證。腫亦為病，與'祇自疷兮'同義。"《左傳·成公六年》："郇、瑕氏土薄水淺，其惡易覯……於是乎有沉溺重腿之疾。"楊伯峻注："重，即今'腫'字。"下文言"則有腫起，瘤瘤而疼"，此處當作"重"是。唐道世撰《諸經要集》卷二十引此處亦作"重"。

923. 若食汁蟲而起瞋恚，行於血中，令人身體作青癟瘦，或黑或黃癟瘦之病。（冊四，67/1994/1）

按："癟瘦"語義費解，"瘦"當是"瘓"之形誤，兩字形近而誤，正作"癟瘓"。"癟瘓"，病貌，典籍習見，如唐段成式《酉陽雜俎·貝編》："又有癟瘓薔等。"此則故事引自《正法念處經》卷六十四，原經此處作"癟瘓"（T17/384a）。《正字通》："瘓，癱瘓，四體麻痺不仁，皆因風寒暑濕所致。"此則故事引自《正法念處經》，原經正作"令人身體作青癟瘓，或黑或黃癟瘓之病"。《諸經要集》卷二十引此則故事，此處有異文，大正藏本作"瘦"，明、宮本作"瘓"。唐慧琳撰《一切經音義》卷六十三："瘓瘓"，上天典反，下湍卵反。案"瘓瘓"俗語熱毒風髮落之狀也，字書並無此字也，並從疒，典奐皆聲，奐音喚。（T54/727c）《一切經音義》卷五十六《正法念處經》音義："瘓瘓，勑典、勑管二反，髮病也。未詳音字所出。"（T54/678a）

924. 以食過故，蟲則瞋恚，令人面皺，或生多癰，或黑、或黃、或赤，或令身臭，或令雀目。或口中生瘡，或大小便處生瘡。（冊四，67/1996/4）

《校注》："'雀'字，《高麗藏》本作'眚'"。

按：范崇高言：《正法念經》卷六五及《諸經要集》卷二十引皆作"雀目"，無須作"眚目"。①

925. 又曰：秦王使三百人被頭以赤絲，繞樹伐汝，得無敗乎？樹寂然無聲。（冊四，67/2004/3）

按：范崇高言："被頭"指"披著頭髮"。《搜神記》卷十八、《史記·秦本紀》張守節《正義》引《錄異傳》記此事，"被頭"即作"被髮"。故"被頭以赤絲"無解，"以赤絲"當連下為句。②

926. 便聞如有數百人大笑云：汝那能殺我，我當為汝所困者耶？但知惡心，我憎汝狀，故撲船壞耳。（冊四，67/2005/3）

《校注》："'《幽冥錄》'，《高麗藏》本作'《幽明錄》，《太平廣記》卷三二三引，亦作出《幽明錄》'。"

按：范崇高言：《幽冥錄》《幽明錄》實為同一志怪小說。③

927. 龍所引一人，是太樂妓，忘其姓名。劫發之夜，此妓推同伴往就人宿，共作音聲。陶不詳審，為作款列，隨例申上。（冊四，67/2007/2）

按：范崇高言：推，各本同。《太平廣記》卷一一九"太樂伎"引《還冤記》作"與"，當依敦煌本《還冤記》（題《冥報記》）作"攜"。

---

① 范崇高：《〈法苑珠林〉文本整理商議》，四川大學出版社2018年版，第209頁。
② 范崇高：《〈法苑珠林〉文本整理商議》，四川大學出版社2018年版，第210頁；又見於范崇高《〈法苑珠林校註〉標點舉誤》，《成都大學學報》2017年第5期。
③ 范崇高：《〈法苑珠林〉文本整理商議》，四川大學出版社2018年版，第211頁。

"攜"字有上為"推",下為"手""乃"等俗寫,故極易誤省或壞爛為"推"①。

928. 至曉即令收祖仁,祖仁入見徽曰:足得相報矣。(冊四,67/2009/1)

《校注》:"'入'字原作'又',據《高麗藏》本改。"

按:范崇高言:"入",當據敦煌本《還冤記》作"又"②。

929. 六時禮佛加一拜,為園中枉死者。寺成僧住,依勅禮唱。怨哭之聲,一斯頓絕。(冊四,67/2009/12)

按:范崇高言:此段見於唐道宣《集神州三寶感通錄》卷上。書中無出處,《校注》也未標明來源,當補。"一斯"當據《集神州三寶感通錄》卷上作"一期","一期頓絕"指一年後全部消失。③

---

① 范崇高:《〈法苑珠林〉文本整理商議》,四川大學出版社2018年版,第211頁;又見於范崇高《〈法苑珠林校注〉校勘瑣記》,《寶雞文理學院學報》2016年第1期。
② 范崇高:《〈法苑珠林〉文本整理商議》,四川大學出版社2018年版,第212頁。
③ 范崇高:《〈法苑珠林〉文本整理商議》,四川大學出版社2018年版,第212頁。

《法苑珠林》卷六十八校勘研究

930. 云何遠因？譬如因呪，鬼不能害，毒不能中。依憑國王，無有盜賊。如芽依因地水火風等。如水鑽人繩，爲酥遠因。（冊五，68/2013/8）

按：范崇高言："如水鑽人繩"之"繩"，疑涉下文"如陶師輪繩"而衍，應當刪除。《齊民要術》卷六《養羊》記載有"抨酥法"，抨酥的杷子作法是"割卻惋半上，剜四廂各作一圓孔，大小徑寸許，正底施長柄，如酒杷形"。據此，知"鑽"是從乳酪中取酥時要使用的攪拌工具，即《齊民要術》所記的抨酥的杷子，字或寫作"攢"。《法苑珠林》卷二引《立世經》："水輪亦爾，外由有風持不散，如世間攢酪爲酥。"可證取酥時需要用鑽攪酪。"水鑽人"是並列的三項，意思是獲取酥時，以水加入乳酪中，而人用鑽攪拌，三者兼備然後酥可得，若點斷爲"水、鑽、人"，含義當更清楚。[①]

931. 如名色等，爲識遠因。父母精血，爲衆生遠因。如時節等悉名遠因。（冊五，68/2013/9）

按："如名色等"不確，正作"如明色等"。此則引自《大般涅槃經》卷十九和卷二十一，均載此句，原經此處正作"如明色等"。《法苑珠林》大正藏本作"如明色等"，明本作"如名色等"。隋灌頂撰《涅槃經會疏》卷十九亦引此則故事，此處也作"如明色等"（X36/621a），可參。

[①] 范崇高：《〈法苑珠林〉文本整理商議》，四川大學出版社2018年版，第213頁；又見於范崇高《〈法苑珠林校注〉商議》，《古籍整理研究學刊》2014年第1期。

932. 彼方衣食，地有穅米，樹有寶衣，自然而出，無有主掌，故無偷盜。（冊五，68/2017/10）

按：范崇高言："穅米"，《諸經要集》卷十一作"粳米"，當據改。①

---

① 范崇高：《〈法苑珠林校注〉補議》，《成都大學學報》2013 年第 3 期。

《法苑珠林》卷六十九校勘研究

933. 若其集動，其心亦動，聞其悲聲，吹生異處。是故親族臨終悲哭，甚為障礙。若不妨礙，生欝單越，中間次第有善相出。（冊五，69/2042/11）

按："集動"費解，正作"業動"。"業"為佛教用語，梵語 karma 的意譯，佛教上指有意志的行為，包括身體、言語和心識等。"業動"，佛經文獻習見，如：唐玄奘譯《阿毘達磨俱舍論》卷十三："論曰：由思力故，別起如是，如是身形，名身表業，有餘部說，動名身表，以身動時，由業動故。"（T29/67c）元魏天竺三藏毘目智仙譯《業成就論》卷一："彼云何思，彼身數攝，彼身業動，殺盜邪行。彼身動轉，身相續作。"（T31/780c）例多不繁引。此則引自《正法念處經》卷三十四（T17/198a），原經此處正作"業動"。

934. 欲命終時，不復起念。本念皆滅，一切惡業皆悉不近，雖見飲食，唯以目視。如人夢中，見不食不飲。（冊五，69/2045/5）

《校注》："見不食不飲"句校注："上'不'字原脫，據《高麗藏》本補。"

按：范崇高言：文中"見不食不飲"句仍欠通順，今謂原文無誤。《正法念處經》卷三四原文作："雖見飲食，不飲不食，唯以目視。如人夢中見食，不飲不食。"後兩句除了《珠林》引作"如人夢中，見食不飲"外，《諸經要集》卷十二也如此引用。蓋道世為了追求上下文都用四字句，有意如此節引。[①]

[①] 范崇高：《〈法苑珠林〉文本整理商議》，四川大學出版社 2018 年版，第 215 頁；又見於范崇高《〈法苑珠林校注〉點校商補》，《文教資料》2012 年第 15 期。

《法苑珠林》卷七十校勘研究

935. 何故兩舌為人得弊惡眷屬？緣以兩舌使人朋儔皆生惡故。何故兩舌得不和眷屬緣？以兩舌離人親好，使不和合故。當知兩舌五大苦也。（冊五，70/2070/7）

按："何故兩舌得不和眷屬緣？以兩舌離人親好使不和合故"標點有誤，"緣"當屬下，正作"何故兩舌得不和眷屬？緣以兩舌離人親好"。上句言"何故兩舌為人得弊惡眷屬？緣以兩舌使人朋儔皆生惡故"可看出"何故……？緣以……故"，可以看作一個固定搭配。此句也是這個結構，上下句構成對仗結構，故"緣"當屬下，形成："緣以……故。"

936. 故京房《易傳》曰：睞孤，見豕負塗。厥妖人生兩頭。兩頭，不一也。手多，所住邪也。足少、不勝任。（冊五，70/2084/12）

《校注》："'手'字原作'足'，據《搜神記》改。"

按：范崇高言：此處手言"多"，足則言"少"，殊不合行文習慣，實則應是"足多"與"足少"相對。原文無錯，《搜神記》不可取。

又，"所住邪"之"住"，當據《搜神記》卷六改作"任"[①]。

937. 休顯見生於陳東之國，斯蓋四海同心之瑞．不勝喜躍，謹畫圖上。（冊五，70/2085/8）

按：范崇高言：此文見於今本《搜神記》卷七，汪紹楹校注："陳東——按：《宋書·五行志》'陳'作'陝'，當據改。"其說可信，當

[①] 范崇高：《〈法苑珠林〉文本整理商議》，四川大學出版社2018年版，第216頁；又見於范崇高《〈法苑珠林校注〉點校商補》，《文教資料》2012年第15期。

採納。①

938. 母死將葬，未窆。賓客聚集，有大蛇從林草中出，徑來棺下，委地俯仰，以頭擊棺，血淚並流，若哀慟者。（冊五，70/2086/2）

按：范崇高言："委地"是倒伏於地之義，在此用於蛇頗覺欠妥。"委地"當是"委虵"之形誤，"委虵"即"委蛇"，曲折宛轉的樣子，與"詰（蛣）屈"義同。"委虵俯仰"是狀寫蛇上下左右扭曲搖擺的哀慟之態。②

939. 秦孝公二十一年，有馬生人。昭王二十年，牡馬生子而死。劉向以為馬禍也。故京房《易傳》曰：方伯分滅，厥妖牡馬生子。上無天子，諸侯相伐，厥妖馬生人也。（冊五，70/2086/6）

按：范崇高言："分滅"，大正藏本、中華大藏本《法苑珠林》俱作"分威"，《漢書·五行志下之上》、《搜神記》卷六、《開元占經》卷一一八、《新唐書·五行志三》引京房《易傳》此文，也均作"分威"，當據正。"方伯分威"指地方長官侵分君主權力。③

940. 漢綏和二年，定襄有牝馬生駒，三足，隨群飲食。（冊五，70/2087/2）

按：范崇高言：據《漢書·五行志下之上》和《搜神記》卷六，"綏和"承前文而誤，當改作"建平"；"牝馬"當改作"牡馬"，"牡馬生駒"事屬無稽，然更顯神異。④

941. 晉大興元年三月，武昌太守王諒，有牛生子……其三年後，苑中有牛生一足三尾，生而死也。（冊五，70/2087/8）

按："其三年"指大興三年，"後"當連下句。"後苑"指皇宮後花

---

① 范崇高：《〈法苑珠林〉文本整理商議》，四川大學出版社2018年版，第216頁。
② 范崇高：《〈法苑珠林〉文本整理商議》，四川大學出版社2018年版，第216頁；又見於范崇高《〈法苑珠林〉校注拾補》，《內江師範學院學報》2011年第1期。
③ 范崇高：《〈法苑珠林〉文本整理商議》，四川大學出版社2018年版，第216頁；又見於范崇高《〈法苑珠林校注〉點校商補》，《文教資料》2012年第15期。
④ 范崇高：《〈法苑珠林〉文本整理商議》，四川大學出版社2018年版，第216頁；又見於范崇高《〈法苑珠林校注〉點校商補》，《文教資料》2012年第15期。

園，是住僕人、養禽獸、植花木的地方。①

942. 又曰：生非其類，子不嗣也。（冊五，70/2088/2）

按：范崇高言："也"，《漢書·五行志中之下》、《搜神記》卷六作"世"，當據正。"嗣世"言家族、地位等延續下去。②

943. 及竇皇后崩，嬰益疏薄無勢，默不得志。（冊五，70/2088/5）

按："默不得志"中的"默"，語義費解，當是"黜"字之訛，正作"黜不得志"。"默""黜"兩字形近而誤，典籍習見，如《法苑珠林》卷七十："晉山陰縣令石密，先經為御史，枉奏殺典客令萬黜。密白日見黜來殺，密遂死。"《太平廣記》卷第一百一十九引此句"黜"作"默"。《法苑珠林》大正藏本作"黜不得志"，且無異文。此則故事引自《冤魂記》。北齊顏之推《還冤記》此處正作"黜不得志"。《華嚴原人論發微錄》卷一："竇嬰，漢孝文帝竇皇后從兄弟也，封魏其侯為丞相，後乃免相。"（X58/724c）

944. 與太僕灌夫相引薦，交結其歡，恨相知之晚乎。（冊五，70/2088/6）

按：范崇高言："交結其歡"，當據《史記·魏其武安侯列傳》《漢書·灌夫傳》作"交結甚歡"③。

945. 王太后聞，怒而不食曰：我在，人皆凌籍吾弟。我百歲後，當魚肉之中。（冊五，70/2088/12）

按："魚肉之中"，范崇高言：當據《史記·魏其武安侯列傳》《漢書·灌夫傳》作"魚肉之乎"④。

946. 晉山陰縣令石密，先經為御史，枉奏殺典客令萬黜。密白日見黜來殺，密遂死。（冊五，70/2089/9）

《校注》："《太平廣記》引'典客'作'勾容'。又'黜'作'默'，

---

① 范崇高：《〈法苑珠林〉文本整理商議》，四川大學出版社2018年版，第218頁；又見於范崇高《〈法苑珠林校註〉標點舉誤》，《成都大學學報》2017年第5期。
② 范崇高：《〈法苑珠林〉文本整理商議》，四川大學出版社2018年版，第216頁；又見於范崇高《〈法苑珠林校注〉點校商補》，《文教資料》2012年第15期。
③ 范崇高：《〈法苑珠林〉文本整理商議》，四川大學出版社2018年版，第216頁。
④ 范崇高：《〈法苑珠林〉文本整理商議》，四川大學出版社2018年版，第219頁。

下同。"

按：范崇高言："勾容"不可取，"黜"當作"默"①。

947. 又逼新蔡王晃，使列晞綜及前著作郎殷涓、太宰長史庾倩等謀反，頻請殺之。詔特赦晞父子，乃徙新安。殷涓父浩，先為溫所廢。涓頗有氣尚，遂不詣溫，而與晞遊。溫乃疑之。庾乃請坐有才望，且宗族甚強，所以並致極法。（冊五，70/2090/2）

按：王東言："庾乃請坐有才望"一句頗費解，考《說郛》卷七十二作"庾倩坐有才望，且宗族甚強"，可知"乃"為衍文，"請"為"倩"之訛，"請"與"坐"為乙文。故應作："庾倩坐有才望，且宗族甚強，所以並致極法。"意思是說"庾倩因為有才能和聲望，而且宗族勢力很強大，所以一起遭受極刑"②。

948. 永固又見妖怪屢起，遂走五將山。萇即遣驍騎將軍吳中圍永固，中執永固以送萇。（冊五，70/2090/12）

按：吳中，范崇高言：當據《晉書·苻堅下》《晉書·姚萇》及《太平御覽》卷四四作"吳忠"③。

949. 後又扣永固屍，鞭撻無數，裸剝衣裳，薦之以棘，掘坎埋之。（冊五，70/2091/1）

《校注》："'扣'字，《高麗藏》本作'掘'。"

按：范崇高言：《大正藏》校："'掘'，宋、明本作'相'。"《中華藏》校："'又掘'，磧、南、徑、清作'又相'。"各本作"相"，當是"扣"之形近誤字。"扣"，"挖掘、發掘"義④。

950. 壽性素兇狠猜忌，僕射蔡射等以正直忤旨，遂誅之。無幾，壽病，恒見李期、蔡射而為祟，嘔血而死。（冊五，70/2091/5）

按："蔡射"，范崇高言：當據《晉書·李壽》《魏書·李壽》作"蔡

---

① 范崇高：《〈法苑珠林〉文本整理商議》，四川大學出版社2018年版，第220頁。
② 王東：《〈法苑珠林校注〉拾零》，《鄭州大學學報》2009年第4期。
③ 范崇高：《〈法苑珠林〉文本整理商議》，四川大學出版社2018年版，第220頁。
④ 范崇高：《〈法苑珠林〉文本整理商議》，四川大學出版社2018年版，第220頁；又見於范崇高《〈法苑珠林校注〉校勘瑣記》，《寶雞文理學院學報》2016年第1期。

興"①。

951. 宋世永康人吕慶祖……諸同見者事事相符，即焚教子并其二息。右九驗出《冤魂記》。（冊五，70/2092/5）

按：范崇高言：此前共有十驗，而非九驗，當作說明。②

952. 奴今欲叛我，已釘其頭著壁。（冊六，70/2092/9）

按：王東言："我"當屬下讀，應標點為："奴今欲叛，我已釘其頭著壁。"意思是說："此奴現在想要逃跑，我已經把他的頭釘在牆壁上了。""叛"，不表示"背叛""違背"義，而表示"逃，逃跑"義。"叛"此義在古籍中常見，如《世說新語·輕詆》："苻宏叛來歸國，謝太傅每加接引。"③

---

① 范崇高：《〈法苑珠林〉文本整理商議》，四川大學出版社2018年版，第221頁。
② 范崇高：《〈法苑珠林〉文本整理商議》，四川大學出版社2018年版，第221頁。
③ 王東：《〈法苑珠林校注〉商補》，《古籍整理研究學刊》2008年第3期。

《法苑珠林》卷七十一校勘研究

953. 悲心施一人，功德大如地。為己施一切，得報如芥子。救一厄難人，勝餘一切施。眾星雖有光，不如一月明。（冊六，71/2099/8）

按："大如地"語義費解，有倒文，正作"如大地"。上聯"施"是動詞，"一人"是名詞，則下聯與其語法上相對應。"如"是係動詞，應與"施"相對；"大地"是名詞，應與"一人"相對。此則故事引自北涼道泰譯《大丈夫論》卷一，原經此處正作"悲心施一人，功德如大地"。唐道世撰《諸經要集》卷十一、宋延壽述《萬壽同歸集》卷二、清弘贊注《沙彌律儀要略增注》均引此句，此處均作"如大地"，可參。

954. 是以經偈云：貪欲不生滅，不能令心惱。若人有我心，及有得見者，是人為貪欲，將入於地獄。（冊四，71/2100/6）

《校注》：此段出處待考。

按：王侃言：檢《大正藏》，此句實出自鳩摩羅什譯《諸法無行經》卷下，文作"爾時喜根菩薩於眾僧前，說是諸偈：貪欲是涅槃，恚癡亦如是……貪欲不生滅，不能令心惱。若人有我心，及有得見者，是人為貪欲，將入於地獄。貪欲之實性，即是佛法性，佛法之實性，亦是貪欲性，是二法一相，所謂是無相，若能如是知，則為世間導……"[1]。

---

[1] 王侃：《〈法苑珠林〉校注補考》，《古籍整理研究學刊》2018年第1期。

《法苑珠林》卷七十二校勘研究

955. 夫行善感樂，近趣人天，遠成佛果。作惡招苦，近獲三塗，遠乖聖道。愚人不信，智者能知。故有四生軀別，六趣形分。（冊五，72/2123/5）

按："遠成佛果"費解，正當作"遠趣佛果"。"近趣人天，遠趣佛果"作為"行善感樂"的結果，"近趣""遠趣"對仗工整。"遠趣佛果"，佛經文獻中習見，如元魏菩提流支譯《金剛仙論》卷四："玄知下如來以七寶施福雖多，是有漏福德，不能遠趣佛果。"（T25/820c）隋智顗譯《妙法蓮華經文句》卷七："若作緣義，低頭舉手，遠趣佛果。"（T34/91c2）唐大覺撰《四分律行事鈔批》卷四："今日值佛出世，樹立此法制。十僧清淨，授以戒品，能專護持，遠趣佛果。是出界分也。"（X42/691c）

956. 此諸天中有，足下頭上如人以箭仰射虛空，上昇而行，住於天趣。（冊五，72/2132/10）

按："住於天趣"費解，"住"是"往"之形誤，兩字形近而訛，正作"往於天趣"。《法苑珠林》諸本皆作"往"，且無異文，《校注》此處作"住"當是所用底本之訛誤。此則故事引自唐玄奘譯《阿毘達磨大毘婆沙論》卷七十，原經此處正作"往於天趣"。另《諸經要集》卷十二，也引此則故事，此處亦作"往於天趣"。

957. 餘趣中有，皆悉傍行，如鳥飛空，行所至處。（冊五，72/2132/10）

按："行所至處"語義費解，正當作"往所生處"。此則"受生部"是言人之生處，如："從意生""從業生""從異熟生""從婬欲生""從

— 313 —

地獄生"等，結合上下文的語境，此處作"往所生處"較好。此則引自《阿毘達磨大毘婆沙論》卷七十，原經此處正作"往所生處。"（T27/362a）

958. 欲劫善法，要因內有眾生知見，常、樂、我、淨、不空等相。（冊五，72/2142/6）

按：吳建偉言：當作"欲劫善法，要因內有眾生知見、常、樂、我、淨、不空等相。"相，指表現於外而能想像於心的各種事物的相狀。知見、常、樂、我、淨、不空等均屬於相。①

---

① 吳建偉：《〈法苑珠林校注〉標點疑誤補舉》，《古籍整理研究學刊》2015年第6期。

《法苑珠林》卷七十三校勘研究

959. 若牛馬駝驢擔負背瘡中生蟲，若以漿水洗此瘡時，不以草藥斷此蟲命，以鳥毛羽洗拭。取蟲置餘臭爛敗肉之中，令其全命。（册五，73/2160/9）

按：范崇高言："若牛馬駝驢擔負背瘡中生蟲"語義不通，"背"後有脱文，脱"壞"，正當作"若牛馬駝驢，擔負背壞，瘡中生蟲"①。

960. 若得人身，受黄門形，女人二根、無根、淫女。若得出家，犯初重戒。是名餘報。（册五，73/2162/5）

按：吴建偉言："受黄門形，女人二根、無根、淫女"斷句有誤，正作"受黄門形，女人、二根、無根、淫女"。"女人""二根"是並列的形體，當斷開。②

961. 宋高祖平桓玄後，以劉毅為撫軍將軍、荆州刺史。到州便收牛牧寺僧主，云藏桓家兒度為沙彌。"（册五，73/2172/8）

《校注》："'牛牧寺'，《太平廣記》引作'牧牛寺'。下同。"

按：范崇高言：《太平廣記》所引非是。南北朝時期的文中都作"牛牧寺"，如《宋書·王鎮惡傳》："毅得從大城東門出奔牛牧佛寺，自縊死。"梁釋寶唱《比丘尼傳》卷二"江陵牛牧寺慧玉尼傳"："南至荆楚，仍住江陵牛牧精舍。"③

962. 後夜夢見此僧來云：君何以枉見殺貧道？貧道已白於天帝，恐

---

① 范崇高：《〈法苑珠林〉文本整理商議》，四川大學出版社2018年版，第222頁。
② 吴建偉：《〈法苑珠林校注〉標點疑誤補舉》，《古籍整理研究學刊》2015年第6期。
③ 范崇高：《〈法苑珠林校注〉補議》，《成都大學學報》2013年第3期。

君亦不得久。因遂得病不食，日爾羸瘦。（冊五，73/2172/9）

按：范崇高言："日爾羸瘦"之"爾"，當據《太平廣記》卷一二六引、《永樂大典》卷一九一作"彌"①。

963. 毅敗，夜單騎突出，投牛牧寺。僧白撫軍：昔枉殺我師，我道人自無報仇之理。然何宜來此？亡師屢有靈驗，云：天帝當收撫軍，於寺殺之。毅便歎吒，出寺後崗上大樹自縊而死也。（冊五，73/2172/10）

按：范崇高言："僧白撫軍"之"白"當據《太平廣記》卷一二六引、敦煌文獻伯三一二六《冥報記》《永樂大典》卷一九一改作"曰"，正當作"僧曰：撫軍：昔枉殺我師"②。

964. 梁時有人為縣令，經劉敬躬，縣廨被焚，寄寺而住。（冊五，73/2173/7）

按：范崇高言：據《顏氏家訓·歸心》以及《廣弘明集》卷二六、《太平廣記》卷一三一、宋遵式述《金園集》卷下等引《顏氏家訓》，"經劉敬躬"後當補"亂"字③。

965. 齊時有一奉朝請，家甚豪侈。非手殺牛，則啖之不美。年三十許，病篤。大見牛來，舉體如被刀刺，訆呼而終。（冊五，73/2173/12）

《校注》："'訆'字，《高麗藏》本作'噭'。"

按：范崇高言："訆"是"叩"的異體字，於義不合。"訆"當是"叫"的誤字，《說文·言部》："訆，大呼也。"④

966. 至貞觀二年冬，在洛州病甚困，忽自言：有人餉我瓜來。左右報：冬月無瓜也。公曰：一盤好瓜，何故無也？既而驚視曰：非瓜也，並是人頭，從我責命。（冊五，73/2175/2）

《校注》："'責'字，《高麗藏》本作'索'，《太平廣記》引作

---

① 范崇高：《〈法苑珠林校注〉點校商補》，《文教資料》2012年第15期。
② 范崇高：《〈法苑珠林〉文本整理商議》，四川大學出版社2018年版，第223頁；又見於范崇高《〈法苑珠林校注〉補議》，《成都大學學報》2013年第3期。
③ 范崇高：《〈法苑珠林〉文本整理商議》，四川大學出版社2018年版，第223頁；又見於范崇高《〈法苑珠林校注〉補議》，《成都大學學報》2013年第3期。
④ 范崇高：《〈法苑珠林〉文本整理商議》，四川大學出版社2018年版，第223頁；又見於范崇高《〈法苑珠林校注〉辨補》，《阿壩師範學院學報》2017年第3期。

'償'"。

按：范崇高言：《冥報記》卷下也作"償"。《說文》："責，求也。""責命"即討求性命，與"索命""償命"意同。①

967. 唐京師有人姓潘名果。年未弱冠，以武德時，任都水小吏。下歸家，與少年數人出田遊戲。過於塚間，見一羊為牧人所遺，獨立食草果。因與少年捉之，將以歸家。（冊五，73/2175/5）

按：王東言："獨立食草果。因與少年捉之"費解，正作"獨立食草。果因與少年捉之"。"果"為"潘果"的名，應屬下讀。②

968. 其羊中路鳴喚，果懼主聞，乃拔卻羊舌。於是夜殺食之。後經至一年，果舌漸消縮盡。陳牒解吏，富平縣令鄭餘慶疑其虛詐。（冊五，73/2175/6）

按：范崇高言："至"，《法苑珠林》各本無，《太平廣記》卷四三九"潘果"引《法苑珠林》也無。《冥報記》卷下"後經至一年"作"後一年"。此處"至"為衍文，當刪。③

969. 陳牒解吏，富平縣令鄭餘慶疑其虛詐。（冊五，73/2175/7）

按："解吏"費解，正當作"解職"。此處是言陳果由於舌漸消縮盡，就只能向上級陳牒請求辭去官職。《冥報記》卷三此處正作"解職"。

970. 令開口驗之。乃見全無舌根，本纔如豆許不盡。（冊五，73/2175//8）

按：王東言："乃見全無舌根，本纔如豆許不盡"語義矛盾，"根"當屬下，正作"乃見全無舌，根本纔如豆許不盡"。"根本"為同義連文，即指舌根。否則若作"全無舌根"，如何又言舌根"纔如豆許不盡"。此則引自唐唐臨撰《冥報記》卷三，此處作："開口驗之，乃全無舌。看本處，纔如豆許不盡。"（T51/798b）可參。《太平廣記》卷四百三十九"潘果"條不誤。④

971. 至乙夜，義琰據案俛首，不覺死人即至，猶帶被傷之狀。云：

---

① 范崇高：《〈法苑珠林〉文本整理商議》，四川大學出版社2018年版，第224頁。
② 王東：《〈法苑珠林校注〉商補》，《古籍整理研究學刊》2008年第3期。
③ 范崇高：《〈法苑珠林〉文本整理商議》，四川大學出版社2018年版，第225頁。
④ 王東：《〈法苑珠林校注〉商補》，《古籍整理研究學刊》2008年第3期。

某被傷姓名，被打殺置於某所井中，公可早撿。不然恐被移向他處，不可覓得。（冊五，73/2176/7）

按："某被傷姓名"，范崇高言：頗疑原文作"某被打殺"，與《太平廣記》所引"某乙打殺"僅有被動與主動之別，"某"是被傷者自稱，"某乙"指殺人者。而"被傷姓名"四字本應是旁注，用以注釋"某"，後誤入正文。①

972. 唐魏州武強人齊士望，貞觀二十一年死，經七日而蘇……使者依期還到。士望妻亦同見之云。（冊五，73/2177/1）

《校注》："《太平御覽》卷三八二引，作出《法苑珠林》。"

按：范崇高言：《太平御覽》無引用《法苑珠林》之文，此段見於《太平廣記》卷三八二"齊士望"引《法苑珠林》，《校注》筆誤。②

973. 餘人貪料理蔥蒜餅食，令產婦抱兒看煮肉。抱兒火前，釜大極牢，忽然自破。釜湯衝灰，火直射母子，母子俱亡。（冊五，73/2178/3）

按：范崇高言：文中"釜湯衝灰火"當為一句，中華書局汪紹楹校本《太平廣記》斷句不誤。③"灰火"在此指"帶有灰燼的火"，如《齊民要術》卷六"養羊"："若舊瓶已曾臥酪，時輒須灰火中燒瓶令津出，回轉燒之，皆使周匝，熱徹好幹，待冷乃用。"④

974. 親族及鄰人見者，莫不酸切。信之交驗，豈得不慎。店人見聞之者，永斷酒肉，葷辛不食。（冊五，73/2178/5）

"信之交驗"句，《校注》："'之'字，《高麗藏》本作'知'。"

按：范崇高言：作"知"是。"信知"意思是明確地知道。又"交驗"之"交"或是"立"之形近誤字。⑤

---

① 范崇高：《〈法苑珠林〉文本整理商議》，四川大學出版社2018年版，第225頁。
② 范崇高：《〈法苑珠林〉文本整理商議》，四川大學出版社2018年版，第226頁。
③ [宋]李昉等編，汪紹楹點校：《太平廣記》（冊三），中華書局1961年版，第940頁。
④ 范崇高：《〈法苑珠林校注〉標點商兌》，《古籍整理研究學刊》2016年第5期。
⑤ 范崇高：《〈法苑珠林〉文本整理商議》，四川大學出版社2018年版，第227頁。

《法苑珠林》卷七十四校勘研究

975. 如《十誦》："偷佛舍利"。《薩婆多論》："盜佛像，並為淨心供養，自念云：彼亦弟子，我亦弟子。如是之人雖不語取，供養，皆不犯罪。"（冊五，74/2181/1）

按："如《十誦》：'偷佛舍利'。《薩婆多論》：'盜佛像，並為淨心供養，自念云：'彼亦弟子，我亦弟子。'"標點不確，正當作：如《十誦》："偷佛舍利"、《薩婆多論》："盜佛像"，並為淨心供養，自念云：彼亦弟子，我亦弟子。"並為淨心供養，自念云：彼亦弟子，我亦弟子"並非《薩婆多論》中的話，這句話是對《十誦》"偷佛舍利"。《薩婆多論》"盜佛像"對評論，故用"並為淨心供養"。

976. 有一女子從樓下出，自云：妾姓蘇名娥，字始珠。本廣信縣修里人。（冊五，74/2194/4）

《校注》："始珠"，《高麗藏》本作"怡姝"。

按：范崇高言："始珠""怡姝"皆有誤，當據唐宗密《圓覺經大疏釋義鈔》卷九下、宋淨源述《華嚴原人論發微錄》引《冤魂志》；《太平廣記》卷一二七引《還冤記》；《搜神記》卷十六、《水經注》卷三七"浪水"作"始姝"[1]。

977. 豬復以鼻觸婦，婦驚著衣，向堂報姑。姑已起坐，還夢同新婦。兒女亦同夢。見一夜裝束，令兒及將遷兒，並持錢一千二百文。（冊五，74/2196/4）

---

[1] 范崇高：《〈法苑珠林〉文本整理商議》，四川大學出版社2018年版，第228頁；也見於范崇高《〈法苑珠林校注〉補議》，《成都大學學報》2013年第3期。

按：羅明月認為："兒女亦同夢。見一夜裝束"應斷作"兒女亦同夢見。一夜裝束。"① 范崇高也認為："見"當屬上，"夢見"為詞，當時習見。②

978. 母驚悟，旦而自往觀羊，果有青羊，項脖皆白。頭上有兩點白相，當如玉釵形。（冊五，74/2197/6）

按：范崇高言："當"應連上句作"頭上有兩點白相當"，"相當"是指位置相對。③

979. 東市筆生趙大次當設之。有客先到，向後見其碓上有童女，年可十三四，著青裙白衫，以汲索繫頸，屬於碓柱，泣淚謂客曰。（冊五，74/2198/2）

按：范崇高言：古時廁所多在人居處的房屋後面，如《法苑珠林》卷九四引《三千威儀》："又至舍後上廁，有二十五事。"故以"舍後""屋後"隱指廁所。此文中"向後"兩字，《冥報記》卷下原作"如廁"。為避免歧解，當於"向後"之後用逗號標注為名詞。④

---

① 羅明月：《〈法苑珠林校注〉補疑》，《江海學刊》2010年第6期。
② 范崇高：《〈法苑珠林〉文本整理商議》，四川大學出版社2018年版，第228頁；也見於范崇高《〈法苑珠林校注〉點校商補》，《文教資料》2012年第15期。
③ 范崇高：《〈法苑珠林〉引〈冥報記〉校點補正》，《內江師範學院學報》2017年第9期。
④ 范崇高：《〈法苑珠林〉文本整理商議》，四川大學出版社2018年版，第228頁；也見於范崇高《〈法苑珠林〉引〈冥報記〉校點補正》，《內江師範學院學報》2017年第9期。

《法苑珠林》卷七十五校勘研究

980. 臣來有忘，還歸取之，而見婦與奴為姦。意念。（冊五，75/2208/9）

按："臣來有忘"語義費解，有脫文，脫"所"，正作"臣來有所忘"。"所"無定代詞，"有所忘"即"有忘記東西"。試比較：東晉佛陀跋陀羅共法顯譯《摩訶僧祇律》卷九："若比丘持羊毛著道，行至一由延，有所忘，還取，取已，還至本處。"（T22/309c）後秦弗若多羅共羅什翻譯《十誦律》卷五十七："出僧房已，語諸伴黨，莫有所忘"。（T23/420c）此則故事引自《舊雜譬喻經》卷一，此處正作"臣來有所忘"。

981. 如是久後，上有一卵，卒為水漂去。（冊五，75/2209/5）

《校注》："'卵'字，《高麗藏》本作'聚'。"

按："卵"，《法苑珠林》大正藏本作"聚"，宋、元、明、宮作"卵"；中華藏本作"聚"，磧、南、徑、清作"卵"。范崇高言：當據《舊雜譬喻經》卷上、《諸經要集》卷十四作"聚"①。

982. 有一樹枝，逐水下流。有一男子，得抱持樹，墮洄水中，不得去。洄岸有蒲桃樹踊出，住倚山傍。男子尋之，得上鶴樹，與女私通。（冊五，75/2209/5）

《校注》："'洄岸'原作'迴'，據《高麗藏》本改。"

按：大正藏本、中華藏本作"洄岸"，大正藏本校："宋、元、明宮作'迴'。"（T53/849a/28）中華藏本校："'岸'磧、南、徑、清無。"

---

① 范崇高：《〈法苑珠林〉文本整理商議》，四川大學出版社2018年版，第230頁。

舊題康僧會譯《舊雜譬喻經》卷上作"回滿樹踊出"，范崇高言當據原書校正。① 若依范氏，原書作"廻滿樹踊出"，語義依然費解。唐道世撰《諸經要集》卷十四引此則故事，此處作"洄有桃樹踊出"。康僧會譯《舊雜譬喻經》卷上作"廻滿樹踊出"，"滿"有異文，《大正藏》本作"滿"，宋、元、明本作"抱"。我們認為正當作："有一男子，得抱持樹，墮洄水中，不得云洄。抱樹踊出，住倚山傍。"

983. 王曰：前道人善功相人也。師曰：人有宿對，非力所制，逢對則可，畜生亦爾。（冊五，75/2209/7）

按："前道人善功相人也"語義費解，正作"道人工相人也"。"善巧"有"精巧；巧妙"義，《後漢書·黨錮傳·岑晊》：善巧雕鏤玩好之物，頗以賂遺中官，以此並得顯位。《百喻經·治鞭瘡喻》："昔有一人，為王所鞭。既被鞭已，以馬屎傅之，欲令速差。有愚人見之，心生歡喜……語其兒言：'汝鞭我背，我得好法，今欲試之。'兒為鞭背，以馬屎傅之，以為善巧。""善巧"還有"乖巧"義，如唐陳鴻《長恨歌傳》："非徒殊豔尤態致是，蓋才智明慧，善巧便佞，先意希旨，有不可形容者。""善巧"修飾"相人"語義欠妥。佛經文獻中，形容善於相人，常用"工"，如西晉聶道真譯《異出菩薩本起經》卷一："明日，王與夫人議：'吾子生不與人同，國中有大道人，年百餘歲，大工相人，字為阿夷，寧可俱行相太子。'"（T03/618a）唐道宣撰《續高僧傳》卷五："有野姥者，工相人也。為記吉凶，百不失一。"（T50/466a）此則故事引自《舊雜譬喻經》卷上，此處正作"道人工相人也"。

984. 昔有四姓，藏婦，不使人見。婦值青衣人作地突，與琢銀兒私通。（冊五，75/2211/1）

按："值"於此無義，范崇高言：當據《舊雜譬喻經》卷上、《諸經要集》卷十四作"使"②。

985. 我不與人同，夜，君慎勿以火照我也。（冊五，75/2214/2）

按："我不與人同"有倒文，正作"我與人不同"。此則引自《搜神

---

① 范崇高：《〈法苑珠林〉文本整理商議》，四川大學出版社 2018 年版，第 230 頁。
② 范崇高：《〈法苑珠林〉文本整理商議》，四川大學出版社 2018 年版，第 231 頁。

記》卷十六，此處正作"我與人不同"。《太平廣記》卷三百一十六"鬼一"、三国魏曹丕《列異傳》《古小說鉤沉·列異傳》《古今图书集成·掩骼部》均記載有此則故事，均作"我與人不同"。

986. 談生與為夫婦，生一兒，已二歲矣。不能忍，夜伺其寢，便盜照視之。其腰已下，肉如人；腰已上，但是枯骨。（冊五，75/2214/3）

按：此則故事校點值得商榷處有二：其一、范崇高言："腰已下"當作"腰以上"，"腰已上"當作"腰以下"①。其二、"肉如人"費解，有脫文，脫"生"，正作"生肉如人"。此則故事引自《搜神記》卷十六，此處正作"生肉如人"。《太平廣記》卷第三百一十六"鬼一"、三國魏曹丕《列異傳》《古今圖書集成·明倫彙編·人事典·掩骼部》《古小說鉤沈·列異傳》均記載此則故事，均作"生肉如人"。"生肉"，長出肉來，上文言"三年之後，乃可照耳""已二歲矣"正說明她身上之肉還未能長完，若作"肉如人"雖然意義勉強亦可通，然缺乏上下文照應，故當亦《搜神記》卷十六補之。

987. 今將離別。然顧念我兒，恐君貧不能自諧活。暫逐我去，方遺君物。談生逐入，華堂蘭室，物器不凡。乃以珠被與之，曰：可以自給。裂取談生衣裾留之，辭別而去。（冊五，75/2214/5）

按："珠被"費解，"被"當為"袍"之訛，正作"珠袍"。"珠被"，泛指華貴的被子，如《楚辭·招魂》："翡翠珠被，爛齊光些。"把被子送人和我們的常理不太吻合。"珠袍"是指綴珠之袍，如唐李白《結客少年場行》："珠袍曳錦帶，匕首插吳鴻。"南朝梁王僧孺《古意》詩："朔風吹錦帶，落日映珠袍。"此則故事引自晉干寶《搜神記》卷十六，原經此處作："生隨之去，入華堂，屋宇器物不凡，以一珠袍與之。"《太平廣記》卷第三百一十六"鬼一"、三國魏曹丕《列異傳》《古今圖書集成·明倫彙編·人事典·掩骼部》《古小說鉤沈·列異傳》均記載此則故事，均作"珠袍"。下文"持被詣市""是我女被"中當皆作"袍"。

988. 三日畢，謂充曰：君可歸去。若女有相生男，當以相與。生女，

---

① 范崇高：《〈法苑珠林〉文本整理商議》，四川大學出版社2018年版，第231頁；也見於范崇高《〈法苑珠林校注〉點校商補》，《文教資料》2012年第15期。

當自留養。勅外數車送客。充便辭出。（冊五，75/2215/6）

按：范崇高言："數車"，當據《搜神記》卷十六、《世說新語·方正》劉孝標注引《孔氏志怪》以及《太平御覽》卷八八四、《太平廣記》卷三一六引《搜神記》作"嚴車"。"嚴車"即準備車馬。①

989. 尋遣傳教，將一人捉襆衣，與充相問曰：姻緣始爾，別甚悵恨。今致衣一襲，被褥自副。（冊五，75/2215/8）

《校注》："緣"字原作"授"，《高麗藏》本作"媛"，今據《搜神記》改。"

按：范崇高言：原作"授"是"援"的形訛。"姻援"指"姻親關係"，中古時數見，如《宋書·索虜傳》："至此非唯欲為功名，實是貪結姻援。"又寫作"姻媛"，如三國吳竺律炎、支謙譯《摩登伽經》卷上："吾有一子，名師子耳，顏容瑰瑋，智慧微妙，欲為娉妻。仁女賢勝，意甚相貪，欲托姻媛，幸能垂意，而見許可。"②

990. 別後四年三月三日，充臨水戲，忽見傍水有獨車，乍沈乍浮。（冊五，75/2215/9）

按："傍水"誤倒，正作"水傍"。此則故事引自《搜神記》卷十六，此處正作"水旁"，當據改。

991. 忽見傍水有獨車，乍沈乍浮。（冊五，75/2215/9）

按："獨車"費解，"獨"當是"犢"的音訛字，正作"犢車"。"犢車"，為載人之牛車也。唐法琳撰《辯正論》卷七："閣上人勅主者，獨車一乘，兩辟車騎，兩吏送石賢者，須臾東向。"（T52/538b）《大正藏》校勘記："獨，宋、元、明本作'䡲'。""䡲"即是"犢"之換旁俗體。《續高僧傳》卷十八："王使六司官人，䡲車四乘，將從百人，重往迎請。"（T50/576b）《大正藏》校勘記："䡲，宋、元、明、宮本作'犢'"。此則故事引自《搜神記》卷十六，此處正作"犢車"。

992. 語充曰：昔我姨姊少府女出而亡。家親痛之，贈一金鋺著棺中。

---

① 范崇高：《〈法苑珠林〉文本整理商議》，四川大學出版社2018年版，第232頁；又見於范崇高《〈法苑珠林校注〉補議》，《成都大學學報》2013年第3期。

② 范崇高：《〈法苑珠林〉文本整理商議》，四川大學出版社2018年版，第232頁；又見於范崇高《〈法苑珠林校注〉商議》，《古籍整理研究學刊》2014年第1期。

可說得鋕本末。(冊五，75/2216/7)

按："女出而亡"費解，范崇高認為"出而亡"前當據《搜神記》卷十六、《世說新語·方正》劉孝標注引《孔氏志怪》以及《太平御覽》卷八八四、《太平廣記》卷三一六引《搜神記》補一"未"字。"未出而亡"為一句，意思是尚未出嫁而死去。① 然作"昔我姨姊少府女未出而亡"依然費解，我們認為"姊"當為"嫁"之訛，且脫"生"字，正作"昔我姨嫁少府，[生]女，[未]出而亡"，意為"當初，我姨嫁給崔少府，生了個女兒，還沒出嫁就死了"。此則引自《搜神記》卷十六，此處作"昔我姨嫁少府，生女，未出而亡。"《太平廣記》卷第三百一十六"鬼一"作"昔我姨嫁少府，女未出而亡"，亦可參。

993. 發棺視之，女體已生肉，顏姿如故。右脚有履，左脚無也。自爾之後，遂死，肉爛不得生。萬恨之心，當復何言！泣涕而別。(冊五，75/2217/10)

按：范崇高言：此段文意前後不連貫。今本《搜神後記》卷四、《太平廣記》卷三一九引《珠林》在"自爾之後"前尚有"子長夢女曰：我比得生，今為所發……"三句，當增補以足文意。②

994. 夜夢見女子，年十八九。言：我是前太守北海徐玄方女。不幸早亡，亡來出入四年，為鬼所枉殺。案主錄當八十餘，聽我更生。(冊五，75/2217/13)

按：范崇高言："主錄"，今本《搜神後記》卷四，《異苑》卷八，《太平廣記》卷二十六引《幽冥錄》，以及卷三七五引《法苑珠林》並作"生錄"，當據改。③

995. 至期日，琳前地頭髮正與地平。令人掃去，逾分明。始悟是所夢見者，遂屏除左右人，便漸漸額出，次頭面出，又次肩項形體頓出。(冊五，75/2218/2)

---

① 范崇高：《〈法苑珠林〉文本整理商議》，四川大學出版社2018年版，第233頁；又見於范崇高《〈法苑珠林校注〉點校商補》，《文教資料》2012年第15期。
② 范崇高：《〈法苑珠林〉文本整理商議》，四川大學出版社2018年版，第236頁。
③ 范崇高：《法苑珠林校注》拾補，《內江師範學院學報》2011年第1期；又見范崇高《〈法苑珠林校注〉辨補》，《阿壩師範學院學報》2017年第3期。

《校注》:"又'次肩',原作'一次',據《搜神後記》改。"

按:范崇高認為:"又次肩項",《太平御覽》卷八八七引作"一炊頃"。此處原作"一次項"乃"一炊頃"之誤。今本《搜神後記》作"又次肩項",《太平廣記》卷三七五引《法苑珠林》作"次頭",皆脫訛篡改為文。① 我們認為此處當作"又次肩項"為是。上句言"額出""頭又出",此處言"肩項"均是人體部位,從語義連貫上更洽切。另外,要準確理解句義,關鍵是如何解釋"頓出"。"頓出"應當理解為漸漸出來,與上句的人體部位相對應。周掌胜對"頓"的"逐漸"義,已有發明,也引了此句作為例證,可參。②

996. 遂與馬子寢息,每誡云:我尚虛爾。即問何時得出?(冊五,75/2218/4)

《校注》:"'爾'字原作'自',據《搜神後記》改。""'即'字原作'節',據《搜神後記》改。"

按:范崇高言:"我尚虛爾即",當從《珠林》各版本作"我尚虛,自節"。③《校注》此處處理不當,"自節"是,不煩改。作"爾即"語義不暢。

997. 去厩十餘步,祭訖,掘棺出,開視女身,體貌全如故。(冊五,75/2218/7)

按:"貌",范崇高言:當據《太平御覽》卷八八七、《太平廣記》卷三七五作"完",末兩句當校點為"開視,女身體完全如故。"④

998. 正恒疑君憐愛婢使,以此妬忌之心,受報地獄,始獲免脫。(冊五,75/2219/5)

按:"護免脫",范崇高言:《珠林》各本作"獲免脫",《太平廣記》卷三一九引《珠林》同,當據改。⑤

999. 於是大懼,備三牲詣廟謝罪乞哀。又俱夢蔣侯親來,降已曰:

---

① 范崇高:《〈法苑珠林校注〉校勘商酌》,《成都大學學報》2016年第6期。
② 周掌勝:《漢語大詞典論稿》,吉林人民出版社2006年版,第28頁。
③ 范崇高:《〈法苑珠林〉文本整理商議》,四川大學出版社2018年版,第235頁。
④ 范崇高:《〈法苑珠林〉文本整理商議》,四川大學出版社2018年版,第235頁。
⑤ 范崇高:《〈法苑珠林〉文本整理商議》,四川大學出版社2018年版,第235頁。

君等既以顧之，實貪。令對剋期垂及，豈容方更中悔。經少時並亡。(冊五，75/2219/11)

按："降已"，當作"降己"，謂降臨訪問自己，連上為句，正作"又俱夢蔣侯親來降已"。又"令對"，大正藏本校："令，宋、明、宮作'今'。"中華藏本校："'令對剋期'磧、南、徑、清作'今對期'。""今對""令對"在此處皆欠妥貼。《搜神記》卷五、《太平廣記》卷二九三"蔣子文"引《志怪》卷作"會對"，當據改。范崇高已經發明，可參其詳述。①

1000. 宋時弘農華陰潼鄉陽首里人也。服八石，得水道仙，為河伯。(冊五，75/2220/2)

按：范崇高言：華陰為弘農郡屬縣，故此處當在"弘農"前增加"馮夷"兩字，使文句完整，"陽首"也當據正為"堤首"。"宋時"二字，當移至下文"余杭縣南又上湖"前。②

1001. 又與錢十萬，藥方三卷，云：可以施功布德……所得三卷方者：一卷《脈經》，一卷《湯方》，一卷《丸方》。周行救療，皆致神驗。(冊五，75/2221/4)

按：范崇高言：脈經、湯方、丸方在此並舉，非特指具體的某一醫書名，而是用作泛稱，分別指診脈、配製湯藥、配製丸藥這一類的醫術。故三個書名號宜刪去。③

1002. 為御史中丞孔稚珪所奏，世祖遣中書舍人呂文顯，直閤將軍曹道剛領齊仗兵收奐。(冊五，75/2221/11)

《校注》："'齊'字原作'齋'，據《高麗藏》本、《磧砂藏》本改。"

按：范崇高言：此處作"齋仗"是，諸本作"齊仗"或"齊伏"誤。"齋仗"即帝王宮中的禁衛精兵。④

---

① 范崇高：《〈法苑珠林〉文本整理商議》，四川大學出版社2018年版，第236頁；又見范崇高《〈法苑珠林校注〉校勘商酌》，《成都大學學報》2013年第3期。
② 范崇高：《〈法苑珠林〉文本整理商議》，四川大學出版社2018年版，第236頁。
③ 范崇高：《〈法苑珠林〉文本整理商議》，四川大學出版社2018年版，第236頁。
④ 范崇高：《〈法苑珠林〉文本整理商議》，四川大學出版社2018年版，第238頁。

1003. 奐納之，便配千餘人仗，閉門拒守。彪遂取與官軍戰，彪敗而走。（冊五，75/2222/2）

《校注》："'取'字，《高麗藏》本作'輒'。"

按：范崇高言："取"，當據改為"輒"，"遂輒"猶今言"於是就"①。

1004. 令遣左右縛打此人，將為私盜。學生具說逗留口云：非唯得孃子此物，兼留下二衣，共某辭別，留為信物。（冊五，75/2223/7）

按：范崇高言："逗留"後當用逗號斷開，正作"學生具說逗留，口云"。"逗留"有"緣由"義，或寫作"逗遛"，唐五代慣用。②

---

① 范崇高：《〈法苑珠林〉文本整理商議》，四川大學出版社2018年版，第238頁。
② 范崇高：《〈法苑珠林〉文本整理商議》，四川大學出版社2018年版，第238頁；也見於范崇高《〈法苑珠林校注〉補議》，《成都大學學報》2013年第3期；范崇高《中古小說校釋集稿》，巴蜀書社2006年版，第221—222頁，"逗遛"條。

《法苑珠林》卷七十六校勘研究

1005. 佛告諸比丘：往古世時，得剎尸羅國婆羅門有牛，晝夜養飼，刮刷摩抆。時得剎尸羅國復有長者牛，於城市街巷，徧自唱言：誰有力牛與我力牛共駕百車，賭金千兩。（冊五，76/2237/12）

按："時得剎尸羅國復有長者牛"語義費解，有衍文，"牛"為衍，正作"時得剎尸羅國復有長者"。"時得剎尸羅國復有長者牛，於城市街巷，徧自唱言"，句子的主語"長者牛"，謂語"唱言"，此處顯然不是"長者牛"言，而是"長者"所說，故"牛"字當刪。此則引自姚秦罽賓三藏佛陀耶舍共竺佛念等譯《四分律》卷十一，原經此處正作"時得剎尸羅國復有長者"。

1006. 漢明帝時，有檀國蠻夷善閑幻術，能徙易牛馬頭，上與群臣共觀之，以為笑樂。（冊五，76/2253/4）

按：范崇高言："漢明帝"，當據《後漢紀·孝殤皇帝紀》《後漢書·陳禪傳》改作"漢安帝"[1]。

1007. 及三國時，吳有徐光者，不知何許人也，常行幻化之術……向之鬻瓜者，反視所齎，皆耗矣。（冊五，76/2253/4）

按：范崇高言：此段見於《搜神記》卷一，依例當出注。[2]

1008. 晉永嘉年中，有天竺國人來度江南，言語譯道而後通。其人有數術，能截舌續斷，吐火變化。所在士女，聚共觀試。（冊五，76/2253/8）

---

[1] 范崇高：《〈法苑珠林〉文本整理商議》，四川大學出版社2018年版，第240頁。
[2] 范崇高：《〈法苑珠林〉文本整理商議》，四川大學出版社2018年版，第240頁。

按：范崇高言："截舌"後當點斷。據後文的描述，天竺胡人的幻術為截舌、續斷、吐火三種，而且"續斷"的對象是絹布，而非斷舌。"續斷"也是西域幻術之一種。故此處應標點為"能截舌、續斷、吐火變化"。①

1009. 其續斷絹布與人各執一頭，對剪斷已，而取兩段，合持祝之，則復還連，與舊無異。（冊五，76/2253/10）

按：范崇高言：據今本《搜神記》卷二、《珠林》卷六一、《太平御覽》卷七三七、《太平廣記》卷二八四引《珠林》，"絹布"前當補"取"字，"對剪斷"後當補"之"字。又"已"當屬下局，"已而"為詞，在此取"隨後"之義。本段可點校為："其續斷，取絹布，與人各執一頭，對剪斷之。已而取兩段合持祝之，則復還連，與舊無異。"②

1010. 其吐火者，先有藥在器中，取一片與黍糠含之，再三吹吁而張口火出。因就熱處，取以爇之，則便火熾也。（冊五，76/2253/11）

按："黍糠"，范崇高言：當據《珠林》卷六一、今本《搜神記》卷二、《太平御覽》卷七三七作"黍糖"。

1011. 或有女人手弄三伎，刀矟槍等，擲空手接，繩走不落。（冊五，76/2254/5）

《校注》："伎"字，《高麗藏》本作"仗"。

按：作"仗"是，當據《高麗藏》改。"三仗"指"三件武器"，典籍中習見。如《魏書·燕鳳傳》："北人壯悍，上馬持三仗，驅馳若飛。"《酉陽雜俎·卷一》："梁主備三仗，乘輿從南門入，操等東面再拜，梁主北入林光殿。"《魏書·列傳第七》："嵩身備三仗，免冑直前，將士從之，顯達奔潰，斬獲萬計。""伎""仗"當是形近而誤。

1012. 因向僧懺具說此言。（冊五，76/2256/3）

按：范崇高言：校注本在"僧懺"下用人名號，未聞有"僧懺"之名，恐未當。今謂"向僧懺"是向僧人懺悔之意，其後應逗開。③

---

① 范崇高：《〈法苑珠林校注〉標點商兌》，《古籍整理研究學刊》2016年第5期；也見於范崇高《〈法苑珠林〉校注拾補》，《內江師範學院學報》2011年第1期。
② 范崇高：《〈法苑珠林〉文本整理商議》，四川大學出版社2018年版，第240頁。
③ 范崇高：《〈法苑珠林校注〉標點商兌》，《古籍整理研究學刊》2016年第5期。

《法苑珠林》卷七十七校勘研究

1013. 子既盡已，後噉其夫。愛羅剎女亦復如是。隨諸眾生生善根子，隨生隨食，善子既盡，復噉眾生，令墮地獄、畜生、餓鬼。又如有人性愛好華。（冊五，77/2258/7）

按："愛羅剎女亦復如是"缺主語，有脫文，脫"善男子"。"善男子"多指"信奉佛法的男子"，如《天子所問經》："彼佛答言，善男子，有佛世界，名曰娑婆。"《百喻經·婆羅門殺子喻》："殺善男子，詐現慈德。"魯迅《花邊文學·法會和歌劇》："法會不大的時候，和尚們便自己來飛鈸、唱歌，給善男子、善女人們滿足。"綜上所述加上"善男子"使句意更加完整，結構更加嚴謹。

1014. 貪五欲華，不見是愛毒蛇過患，而便受取。即為愛毒之所螫。命終之後，墮三惡道。（冊五，77/2258/9）

按："即為愛毒之所螫"語義費解，有脫文，脫"蛇"，且有倒文，正作"即為愛蛇之所毒螫"。上句言"不見是愛毒蛇過患，而便受取"，此處言"愛毒蛇之所螫"是"受取"的後果，文通義順。此則故事引自《大般涅槃經》卷十二，原經此處正作"即為愛蛇之所毒"。（T12/682b）

1015. 我曾昔聞：舍衛國中佛與阿難曠野中行，於一田畔，見有伏藏。佛告阿難：是大毒蛇。（冊五，77/2259/7）

按："我曾昔聞"費解，有倒文，正當作"我昔曾聞"。"我昔曾聞"即我過去曾經聽說。習語，佛經文獻中習見，如吳支謙譯《菩薩本緣經》卷一："我昔曾聞：過去有王，名地自在，受性暴惡，好行征伐。"（T03/52b）姚秦鳩摩羅什譯《大莊嚴論經》卷一："說曰：我昔曾聞，乾陀羅國有商賈客，到摩突羅國，至彼國已。"（T04/257a）元魏吉迦夜共曇曜譯《雜寶藏經》卷十："我昔曾聞，佛初出家夜，佛子羅睺羅始入于胎。"（T04/496b）例多不繁引。此則引自《大莊嚴論經》卷六（T04/289c），原經此處正作"我昔曾聞"。

1016. 施時至心，自手奉施；與已歡喜，莫生悔心。能如此施，得大果報，無量無邊。（冊五，77/2261/2）

《校注》："至"字原作"志"，據《高麗藏》本改。

按：作"志"可通，《校注》不煩據改。"志心"有"專心；誠心"義。如元宗寶編《六祖大師法寶壇經》卷一："志心諦聽，吾為汝說。"《太平廣記》卷四四引唐薛漁思《河東記·蕭洞玄》："王屋靈都觀道士蕭洞玄，志心學練神丹，積數年，卒無所就。"元魏慧覺等譯《賢愚經》卷六："佛為說法，志心聽受，即破二十億惡，得須陀洹。"宋法天譯《大方廣總持寶光明經》卷三："晝夜三時，恭敬禮拜，尊重讚歎，志心護持。"

1017. 於是即用兩錢買麨，兩錢酤酒，一錢買蔥。從內家中，取鹽一把，衣衿裹之。（冊五，77/2263/8）

按："內家"費解，正作"自家"。"自家"就是自己家。此則引自《盧至長者因緣經》卷一（T14/822a），原經此處正作"從自家"。

1018. 到巷大哭，唱言：怪哉！我今身形為異於本，為不異本？何故家人見棄如是，言我是鬼，都不見認？我於今者如何所導？（冊五，77/2264/8）

《校注》："如"字，《磧砂藏》本作"知"。"導"字，《高麗藏》本作"䓕"。

按："如何所導"，范崇高言：當據失譯人名《盧至長者因緣經》作"知何所道"，當據原書改。江藍生、曹廣順[1]《唐五代語言詞典》"知復何言"下釋為："還有什麼可說，又作'知何道'，為唐人叫苦時的慣用語"。《法苑珠林》引作"知何所告"，意雖可通，但"告"或本是"云"字。[2]

---

[1] 江藍生、曹廣順：《唐五代语言词典》，上海教育出版社1997年版，第444頁。
[2] 范崇高：《〈法苑珠林〉文本整理商議》，四川大學出版社2018年版，第244頁。

《法苑珠林》卷七十七校勘研究

1019. 盧至聞已，意用小安。收淚而言：請諸人等更看我面，我今實是盧至以不？人皆答言：汝於今者實是盧至。（冊五，77/2264/11）

按："收淚"，范崇高言：當據《盧至長者因緣經》作"扙淚"。盧至此時心有委屈，復又期盼眾人的同情，"收淚"意不相當，作"扙淚"較合情理。①

1020. 王見是已，即別二人置於異處，各遣條牒，親屬頭數，種種財物，速書將來。二人持盡隱密之事，及以書跡，悉皆相似。（冊五，77/2266/2）

按：范崇高言："二人持盡"語義費解，"盡"當是"書"之形誤，兩字形近而訛，正作"二人持書"。上句言"速書將來"，此處言"二人持書"，正相應。②

1021. 時老母取小許麵作餅，餅遂長大。老母見已，此餅極大，當更作小者。然餅遂大。（冊五，7/2273/1）

按："老母見已，此餅極大，當更作小者"語義費解，有脫文，脫"復作是念"，正當作"老母見已，復作是念：此餅極大，當更作小者"。"此餅極大，當更作小者"是老母心中所念的內容，與"老母見已"並沒有邏輯關係，故當補"復作是念"，使句子邏輯嚴密，語義順暢。此則故事引自東晉罽賓三藏瞿曇僧伽提婆譯《增壹阿含經》卷二十（T02/648c），原經此處正作"老母見已，復作是念：此餅極大，當更作小者"。

又"小許"，《法苑珠林》諸本皆作"少許"，且無異文，《校注》作"小許"當是所據底本蔣氏刻本同義替換，"小許"義亦可通，但從尊重古籍原貌的層面來看，作"少許"為佳。

---

① 范崇高：《〈法苑珠林〉文本整理商議》，四川大學出版社2018年版，第246頁。
② 范崇高：《〈法苑珠林〉文本整理商議》，四川大學出版社2018年版，第245頁。

《法苑珠林》卷七十八校勘研究

1022. 夫人曰：汝直南行三千里，入山行二日許，即至象所。道邊作坑，除汝鬚髮，著沙門服，於坑中射之。截取其牙，將二寸來。（冊五，78/2284/1）

按："將二寸來"費解，當作"將二牙來"。此處"寸"和"牙"形近而訛，《法苑珠林》此處有異文，大正本藏作"牙"，宋、元、明本作"寸"，此則故事引自《六度集經卷四象王本生》，原經正作"將二牙來"。結合上句言"於坑中射之，截取其牙"，可知大象已被射殺，牙齒也被截斷，而"將"在文中是動詞，相當於"拿，取"，也就是截取大象的牙，帶着兩顆牙來，故此處應爲"將二牙來"，當據正。

1023. 象師如命，行之象處，先射象，卻著法衣服，持鉢於坑中止住。（冊五，78/2284/2）

按："卻著法衣服，持鉢於坑中止住"，"持鉢"當屬上，正作"卻著法衣服持鉢，於坑中止住。結合上文，王行至此處，先射殺大象，著法服持鉢應是系列的動作，不宜斷開。

1024. 象王見沙門，即低頭言：和南道士，將以何事試吾軀命？答曰：欲得汝牙。（冊五，78/2284/3）

按：王東言："試"當爲"賊"字之訛。"賊"，有"殺戮；殺害"義，如《尚書·舜典》："寇賊奸宄。"偽孔傳："殺人曰賊。"檢大正藏《六度集經》正作"賊"。可資改。①

---

① 王東：《〈法苑珠林校注〉補正》，《宗教學研究》2010 年第 2 期；又見王東《〈法苑珠林校注〉校議》，《江海學刊》2010 年第 5 期。

1025. 愚罵而智默，則為住勝彼。彼愚無知見，謂我懷恐怖。（冊五，78/2285/9）

按："則為住勝彼"語義費解，正當作"則為信勝彼"。此則故事引自《長阿含經》卷二十一，大正藏本此處作"即為信勝彼"，宋、元、明本作"則爲勝彼愚"。"即為信勝彼""則爲勝彼愚"語義皆可通，作"即為信勝彼"較好。《法苑珠林》《諸經要集》引此句皆誤作"則為住勝彼"，"住""信"形近而訛。"信"有"果真、確實"之義，如《尚書·金縢》："二公及王，乃問諸史與百執事。對曰：'信，噫！公命我勿敢言。'"孔傳："史百執事言信有此事，周公使我勿道。"唐柳宗元《遊石角過小嶺至長烏村》詩："為農信可樂，居寵真虛榮。""則為信勝彼"即這的確是智者勝於愚者。

1026. 頭曰：我有耳能聽，有目能視，有口能食，行時在前，故可為大。汝無此術。尾曰：我令汝去，故得去耳。若我不去，以身繞木三匝，三日不已，不得求食，飢餓垂死。（冊五，78/2286/10）

按："三日不已""不得求食，飢餓垂死"並非尾所說的話，而是"繞木三匝"持續的時間和所導致的結果，因有脫文，脫"頭"而語義不明，此句正當作"尾曰：'我令汝去，故得去耳，若我不去，以身繞木三匝。'三日不已，[頭]不得求食，飢餓垂死。"故下句言"頭語尾曰：汝可放之，聽汝為大。"此則故事引自道略集《雜譬喻經》卷一："尾曰：'我令汝去，故得去耳。若我以身遶木三匝。'三日而不已，頭遂不得去求食，飢餓垂死。"（T04/528a）

1027. 復有五百放牛之人，遙見佛來，將諸比丘從此道中行。高聲叫喚：唯願世尊莫此道行。此牛群中有大惡牛，極突傷人，難可得過。（冊五，78/2290/7）

按："極突"語義費解，正作"觝突"。"觝突"，抵觸沖撞。北魏賈思勰《齊民要術·栽樹》："凡栽樹訖，皆不用手捉及六畜觝突。"東晉天竺三藏佛陀跋陀羅共法顯譯《摩訶僧祇律》卷三十："犢子來入精舍，踐食華果，觝突形像。知事人語放犢人：好看汝犢，莫令縱暴。"（T22/469a）姚秦諸佛念譯《鼻奈耶》卷九："譬如氂牛截兩角，却將人間行，無復觝突人意，我亦如是。"（T24/888a）"觝突"也作"抵突"，文獻中

— 335 —

常互為異文，如《長阿含經》卷十一："財業既已具，宜當自守護，出財未至奢，當撰擇前人，欺詒觝突者，寧乞未舉與。"（T01/72b）"觝突"，《大正藏》校勘記："元、明本作'抵突'，宋本作'低突'。"西晉竺法護譯《佛說乳光佛經》卷一："我乃前世坐隨惡友，不信經道，憙行觝突，是故使我墮牛馬中。"（T17/756a）《大正藏》校勘記："宋、元、明、宮本作'抵突'。"《諸經要集》卷十五引此則故事，此處作"抵突"（T54/144c）《法苑珠林》作"極突"，"極"當是"抵"之訛，兩字形近而誤。此則故事引自吳支謙譯《撰集百緣經》卷六（T04/232a），原經此處正作"觝突"。

1028. 梁武帝欲為文皇帝陵上起寺……所埋柱木，入地成灰。（冊五，78/2293/9）

《校注》："《太平廣記》卷一二〇引作出《還冤記》。"

按：范崇高言：《法苑珠林》所標引書源頭有誤，此條當出自顏之推《冤魂記》。①

1029. 遂經數年，營得一柣，可長千步，材木壯麗，世所罕有。還至南津，南津校尉孟少卿希朝廷旨，乃周加繩墨。……沒入其官，柣以充寺用。（冊五，78/2293/10）

按："沒入其官，柣以充寺用"不辭，當作"沒入其柣，以充寺用。""官"乃衍文。結合上文"遂經數年，營得一柣，可長千步"說的是弘氏經營數年得到了一個木筏，長度將有千步，可知下文當弘氏被誣陷後，被沒收的是此木筏。在其他文獻中亦有記載，《圓覺經大疏釋義鈔卷第九》和《華嚴原人論發微錄》中都作"遂經數年，營得一柣，可長千步，材木壯麗，世所稀有。還至南津，校尉孟少卿希朝廷旨，乃加繩墨。弘氏所費衣裳繒綵，猶有殘餘，誣以機道劫掠所得。並初造作過制，非商估所宜，結正處死。沒入其柣，以充寺用"。

1030. 比至帝前，頓足香橙上，次第披之，方見此事。勢不可隱，便爾上聞。（冊五，78/2294/9）

按：王東言：四庫本《法苑珠林》亦作"頓足香橙上"。其中"頓

---

① 范崇高：《〈法苑珠林〉文本整理商議》，四川大學出版社2018年版，第246頁。

足"義甚不明。"足"當為"束"之形訛。"束"為文書捆紮成一束狀，故稱捆紮成一束狀的文書為"束"，從上文亦可以看出："答云：'此於理無爽，何為不然，謹聞命矣。'而朱事先入明日奏束。便遇客共飲致醉，遂忘抽出文書。旦日，家人合束內衣箱中。複不記。""頓束香橙上"是說"把捆紮成束狀的文書放到香橙上"，這樣皇帝才可以"次第披之"。《太平廣記》"朱貞"條正引作"頓束香橙上"，可據改。[①]

1031. 道生問：何罪？答云：失意逃叛。道生曰：此罪可忿。即下馬以佩刀刳其眼睛吞之。部曲呼天號地。（冊五，78/2296/7）

後一"罪"《校注》注："'罪'字，《高麗藏》本、《磧砂藏》本、《太平廣記》引均作'最'。"

按：范崇高言：大正藏本、中華藏本、《北藏》本、《清藏》本、《四庫》本以及《永樂大典（殘卷）》卷一六八四二皆作"罪"。此處"最"受上文"何罪"影響，加上音同而誤為"罪"，當改回原字。[②]

1032. 少日出射，而箭帖青傷指，鑱可見血，不以為事。後因劇梨，梨汁漬瘡，乃始膿爛。（冊五，78/2297/3）

《校注》："'劇'字原作'破'，據《高麗藏》本改。"

按：范崇高言："劇"，當據《北藏》本、《四庫》本以及《太平廣記》卷一二〇"釋僧越"引《還冤記》並作"破"。因兩字字義相同，各本異文相當，"破"未可輕易改為"劇"[③]。

1033. 又求索無厭，或不愜意，遂遣兵襲江陵，俘虜朝士至於民庶百四十萬口，而害孝元焉。（冊五，78/2297/7）

《校注》："'俘虜'原作'虜傒'，據《高麗藏》本改。"

按：范崇高言："虜傒"即是"虜獲"義，不煩改作常語"俘虜"。元本、普寧藏本作"盧侯"，應是"盧溪"之形誤。[④]

1034. 其夕，復夢見前人來云：何故負信？此人罪不至死，私家不合

---

① 王東：《〈法苑珠林校注〉商補》，《古籍整理研究學刊》2008年第3期。
② 范崇高：《〈法苑珠林〉文本整理商議》，四川大學出版社2018年版，第247頁。
③ 范崇高：《〈法苑珠林〉文本整理商議》，四川大學出版社2018年版，第246頁；又見於范崇高《〈法苑珠林校註〉辨補》，《阿壩師範學院學報》2017年第3期。
④ 范崇高：《〈法苑珠林〉文本整理商議》，四川大學出版社2018年版，第248頁。

擅刑。今改決無濟理。投明嘔血，數日而終。（78/2299/2）

《校注》："'改'字原作'段'，據《高麗藏》本、《磧砂藏》本改。"

按：范崇高言："段"有"次、回"義，是中古習語，不煩改。"今段"就是"這次、這回"的意思，如《宋書·后妃傳·明恭王皇后》："后在家為傳弱婦人，不知今段遂能剛正如此。"此釋不如釋為"這次"直截了當。"今段決無濟理"，意即這次必定沒有救濟的可能。①

---

① 范崇高：《〈法苑珠林〉文本整理商議》，四川大學出版社2018年版，第248頁。

《法苑珠林》卷七十九校勘研究

1035. 今以火坑毒飯欲毀於佛，譬如蚊蚋欲動大山，蠅蠓之翅欲障日月。徒自毀壞，不如早悔。（冊五，79/2304/9）

《校注》："'動'字原作'墜'，據《高麗藏》本改。"

按：范崇高言："墜"本不誤，當據西晉竺法護譯《月光童子經》《諸經要集》卷十五作"墜"，不煩改"動"①。

1036. 時病比丘多所求索。老母慳貪，瞋嫌佛法及與眾僧。（冊五，79/2305/4）

《校注》："'貪'字，《高麗藏》本作'惜'。"

按：范崇高言："慳貪"，貪而不施之義，在此意順，不必從"惜"②。

1037. 末利夫人聞此語已，而作是言：須達長者如好蓮華，人所樂見。云何復有毒蛇護之？喚須達婦而語之言：汝家老婦惡口誹謗，何不擯出！（冊五，79/2305/6）

《校注》："'婦'字，《高麗藏》本作'婢'。"

按："老婦"，范崇高言：當據《觀佛三昧海經》卷六、《經律異相》卷二三、《諸經要集》卷十五作"老婢"③。

1038. 爾時聖王即便以如意珠照曜女面，令女自見如玉女寶。倍大歡喜，而作是言：諸沙門等高談大語，自言有道，無一効驗。聖王出世，

---

① 范崇高：《〈法苑珠林〉文本整理商議》，四川大學出版社2018年版，第250頁。
② 范崇高：《〈法苑珠林〉文本整理商議》，四川大學出版社2018年版，第251頁。
③ 范崇高：《〈法苑珠林〉文本整理商議》，四川大學出版社2018年版，第251頁。

弘利處多。令我老弊，如玉女寶。（冊五，79/2306/10）

《校注》："'老弊'，《高麗藏》本作'老婢'。"

按："老弊"，范崇高言："老弊"，年老衰弱之義，無須改作"老婢"①。

1039. 或嫌塔寺及諸形象，妨是處所，破壞除滅，送置餘處。（冊五，79/2307/11）

按："妨是"不辭，范崇高言：當據北魏菩提留支譯《大薩遮尼幹子所說經》卷四作"妨礙"②。

1040. 有七種重罪，一一罪能令眾生墮阿鼻地獄，經八萬四千大劫……六、逼掠淨行比丘尼。（冊五，79/2308/11）

《校注》："'掠'字原作'略'，據《高麗藏》本、《磧砂藏》本改。"

按：范崇高言：古書中"掠"和"略"常通用，"逼掠"與"逼略"並存。"逼略"無須改，原經此處正作"略"③。

1041. 蜱肆，猶如大豬爲五百豬王，行崄難道。彼於中道遇見一虎。由見虎已，便作是念。（冊五，79/2311/8）

按："由見虎已"語義費解，正作"豬見虎已"。上文寫道豬行難道，在途中遇見一虎，文章此處已經交代了文中所要講述的兩個主要的描寫對像，因此"由見虎已"應作"豬見虎已"。東晉罽賓三藏瞿曇僧伽提婆譯《中阿含經》卷十六（T01/531a），原經此處正作"豬見虎已"。

1042. 惡業縱橫作，忠信不喜聞。一入無間地，萬苦競纏身。（冊五，79/2312/10）

《校注》："地"字，《高麗藏》本作"獄"。

按：作"獄"是，《校注》當據改。"無間獄"乃"無間地獄"的簡稱。唐玄奘《大唐西域記·秣底補羅國》："惜哉！惜哉！今此論師，任情執見，毀惡大乘，墜無間獄。"《太平廣記》卷三八〇引唐谷神子《博

---

① 范崇高：《〈法苑珠林〉文本整理商議》，四川大學出版社2018年版，第252頁。
② 范崇高：《〈法苑珠林〉文本整理商議》，四川大學出版社2018年版，第252頁。
③ 范崇高：《〈法苑珠林〉文本整理商議》，四川大學出版社2018年版，第253頁；又見於范崇高《〈法苑珠林校注〉校勘商酌》，《成都大學學報》2016年第6期。

異志·鄭潔》："君欲得馬氏托生，即放某回……若今追某，徒置於無間獄，亦何裨于馬氏哉？"

1043. 宋唐文伯，東海戇榆人也。（冊五，79/2315/9）

按："戇榆"，范崇高言：當據《宋書州郡志一》《太平廣記》卷一一六作"贛榆"①。

1044. 元嘉中為丹陽令，十年得病氣絕，少時還復暫甦。時建康令賀道力省疾下牀會。淮之語力曰：始知釋教不虛，人死神存，信有徵矣。（冊五，79/2316/4）

按：范崇高言："時建康令賀道力省疾下床會"不辭，正作"時建康令賀道力省疾，下床會"。王淮之復蘇後能下床與省疾之客會面，說明其精神尚可，而後文言其忽然"語卒而終"，以此證明佛力足可主宰人生死，使邪見者得惡報。《太平廣記》卷九九"王淮之"引《冥祥記》此句作"適會下床"，蓋未得其意而誤改。《校注》注出卷七十九，恐不確，原經此處正作"時建康令賀道力省疾，下床會"②。

1045. 宋沮渠蒙遜時，有沙門曇摩讖者，博達多識，為蒙遜之所信重……既而左右白日見摩讖以劍擊蒙遜，因疾而死。（冊五，79/2316/8）

《校注》："'《冤魂記》'，高麗藏本作'《宣魂志》'。《太平廣記》卷一一九引，作出《還冤記》。"

按：范崇高言：《宣魂志》當是《冤魂志》之誤，《還冤記》為《冤魂志》之別名。《冤魂記》也是《冤魂志》之異稱。③

1046. 文昌見已，善心彌發。一心合掌，閉目信手，抽取一卷，大小似舊誦者。（冊五，79/2319/7）

按："一心合掌，閉目信手，抽取一卷，大小似舊誦者。"句讀有誤，應斷句為："一心合掌閉目，信手抽取一卷，大小似舊誦者。"

1047. 昌問引人：此是何人？引人答云：此是秦將白起，坑趙卒，寄禁此中，罪猶未了。（冊五，79/2320/1）

---

① 范崇高：《〈法苑珠林〉文本整理商議》，四川大學出版社2018年版，第253頁。
② 范崇高：《〈法苑珠林校註〉標點舉誤》，《成都大學學報》2017年第5期。
③ 范崇高：《〈法苑珠林〉文本整理商議》，四川大學出版社2018年版，第254頁。

《校注》："人"不辭，正作"物"，據《高麗藏》本改。

按："物"字不煩改。"物"有人義。《孟子·離婁上》："齊景公曰：'既不能令，又不受命，是絕物也。'涕出而女於吳。"朱熹集注："物，猶人也。"《法苑珠林》卷八五"晉亭湖神廟"條："迅速之間，見有一物，其形偉大，甕聳驚人，奇特可畏，口齒長利，眼光如電，種種神變，不可具述。"《金剛般若經集驗記》卷中《神力篇》引蕭瑀《金剛般若經靈驗記》卻云："須臾見一大人，身形瑰異，奇特可畏，種種形容，眼光似電。""物""人"正為異文關係。

1048. 初奕與同伴傅仁均、薛賾並爲太史令。賾先負仁均錢五千，未償而仁均死。（册五，79/2321/2）

按：范崇高言："薛賾"費解，正作"薛頤"。當據《太平廣記》卷一一六"傅奕"引《地獄苦記》作"薛頤"①。

1049. 貞觀十六年轉選，至十七年，蒙授司農寺府史。十八年改籍，非璹罪也。（册五，79/2322/3）

《校注》："'史'字，《高丽藏》本作'吏'。"

按："吏"，范崇高言：當據《冥報記》卷下、《太平廣記》卷三八〇"王璹"引《冥報記》作"史"。"府吏"為一般官吏的稱謂，《高麗藏》本作"吏"，非是。②

1050. 至第四門，門甚壯大，重樓朱粉，三戶並開，狀如宮城門。守衛嚴切，又驗印聽出門。（册五，79/2322/8）

按：范崇高言："粉"不辭，正作"枌"。"枌"可表示樓棟之義，此處作"枌"意思更相合。③

1051. 至旦忽憶於武德初年在黍地裏打雀，於故村佛堂中取《維摩經》裂破，用繫杖頭嚇雀。有人見者云道：裂經大罪。膝生反更惡罵。遂入堂中，打白石像，右手總落。夢中所見，宛然舊像。（册五，79/2324/10）

---

① 范崇高：《〈法苑珠林〉文本整理商議》，四川大學出版社2018年版，第256頁。
② 范崇高：《〈法苑珠林〉文本整理商議》，四川大學出版社2018年版，第256頁，也見於范崇高《〈法苑珠林〉引〈冥報記〉校點補正》，《內江師範學院學報》2017年第9期。
③ 范崇高：《〈法苑珠林〉文本整理商議》，四川大學出版社2018年版，第256頁；也見於范崇高《〈法苑珠林〉引〈冥報記〉校點補正》，《內江師範學院學報》2017年第9期。

按：范崇高言："打白石像，右手總落"不辭，正作"打白石像右手總落"。董志翹曾舉出唐代小說中"打雙腳脛俱折""擊匠人立死""齧其鼻將落"等例子，說明這種句式是特殊的兼語式。[1] 此處的"打白石像右手總落"，正屬此類特殊兼語式。原經此處正作"打白石像右手總落"[2]。

---

[1] 董志翹：《中世漢語中的三類特殊句式》，《中國語文》1986 年第 6 期。
[2] 范崇高：《〈法苑珠林校註〉標點舉誤》，《成都大學學報》2017 年第 5 期。

《法苑珠林》卷八十校勘研究

1052. 佛告阿難：過去不可計劫，時有大國，名為葉波。其王號曰溫波。（冊五，80/2334/7）

《校注》："'溫'字，《高麗藏》本作'濕'。"

按："溫波"費解，范崇高言：當據東晉聖堅譯《太子須大拏經》作"濕波"①。

1053. 王自禱祠諸神，夫人便覺有身。至滿十月，太子便生，字為須大拏。至年十六，書藝悉備，大小已來，常好布施。（冊五，80/2334/8）

按："大小已來"所指未詳。范崇高言：當據東晉聖堅譯《太子須大拏經》作"少小以來"，"已"通"以"。"少小以來"為中古習語，"從小以來"②。《校注》當是所用底本蔣氏刻本有誤，《法苑珠林》其餘各本皆作"少小以來"，不誤。

1054. 曼坻言：使國豐溢，富樂無極。但當努力共於山中求索道耳。太子言：人在山中，恐怖之處。汝快憍樂，何能忍是。（冊五，80/2336/10）

《校注》："'快'字，《高麗藏》本作'常'。"

按："快"，范崇高言：當據東晉聖堅譯《太子須大拏經》作"慣"。"慣憍樂"指習慣了驕縱享樂，於義為長。③

---

① 范崇高：《〈法苑珠林〉文本整理商議》，四川大學出版社2018年版，第256頁；也見於范崇高《〈法苑珠林〉文本整理商議》，四川大學出版社2018年版，第258頁。
② 范崇高：《〈法苑珠林〉文本整理商議》，四川大學出版社2018年版，第259頁。
③ 范崇高：《〈法苑珠林〉文本整理商議》，四川大學出版社2018年版，第259頁；又見范崇高《〈法苑珠林校註〉辨補》，《阿壩師範學院學報》2017年第3期。

1055. 二萬夫人以真珠各一顆，以奉太子。（冊五，80/2337/4）

《校注》："'顆'字，《高麗藏》本作'貫'。"

按：范崇高言：東晉聖堅譯《太子須大拏經》以及《大正藏》《中華藏》《清藏》本《法苑珠林》"顆"皆作"貫"。"一貫"猶言一串，如東漢安世高譯《地道經》："譬如四衢中墮一貫真珠裏，人當見已見，便喜愛意，喜欲得珠。"①

1056. 四千大臣以七寶珠奉上太子。太子從宮出城，悉施四遠，即時皆盡。（冊五，80/2337/5）

《校注》："'以'字，《高麗藏》本作'作'。"

按：范崇高言："以"字，東晉聖堅譯《太子須大拏經》以及《大正藏》《清藏》本《法苑珠林》皆作"作"；"七寶珠"，《太子須大拏經》作"七寶華"或"七寶珠華"。所謂"七寶華"，在佛教中指用七種珍寶做成的蓮花，雖然"七寶"具體所指說法不一，但"作七寶華"皆可成一語。②

1057. 國中大小數千萬人共送太子。觀者皆悉垂淚而別。（冊五，80/2337/5）

《校注》："'悉'字，《高麗藏》本作'惜'。"

按：范崇高言："觀者皆悉垂淚而別"一句是節縮東晉聖堅譯《太子須大拏經》以下幾句而來："觀者皆共惜之。太子於城外樹下坐，辭謝來送者：'可從此而還。'吏民大小垂淚而歸。"此處作"悉"和"惜"句意皆可通。但根據節縮的常例，"觀者皆共惜之"縮減為"觀者皆惜"一句的可能性更大，當據改。③

1058. 太子言：父王徙我著檀特山中。於此留者，違父王命，非孝子也。隨便出城，顧視不復見城。（冊五，80/2338/4）

按："隨便"，《法苑珠林》各本作"遂便"，范崇高言：當據東晉聖堅譯《太子須大拏經》改作"遂便"。"遂便"為"於是就；隨即"義，

---

① 范崇高：《〈法苑珠林〉文本整理商議》，四川大學出版社2018年版，第260頁。
② 范崇高：《〈法苑珠林〉文本整理商議》，四川大學出版社2018年版，第260頁；又見范崇高《〈法苑珠林校註〉辨補》，《阿壩師範學院學報》2017年第3期。
③ 范崇高：《〈法苑珠林〉文本整理商議》，四川大學出版社2018年版，第261頁。

當時常用。①

1059. 婦行汲水，道逢年少，嗤說其婿。持水既歸，語其婿言：我適取水，年少調我。為我索奴婢，我不自汲水，人亦不笑我。（冊五，80/2339/9）

《校注》："'既'字，《高麗藏》本作'且'。"

按：范崇高言："持水既歸，語其婿言"兩句是東晉聖堅譯《太子須大拏經》"婦便持水啼泣，且歸語其婿言"兩句的節縮，宜以作"且"為是。②范氏所言值得商榷，"婦便持水啼泣，且歸語其婿言"中的"且"是連詞，義為"并且"。"持水其歸"中"且"是副詞"將"義，不能理解為"并且"。而"持水將歸，語其婿言"違反常理，"且歸"是將歸，也就是說尚未歸家，如何"語其婿曰"？故我們認為《校注》作"既"為是。

1060. 婆羅門言：若無物者，與我兩兒以為給使。如是至三。太子言：卿故遠來，無不相與。（冊五，80/2340/1）

《校注》："'無'字，《高麗藏》本作'何'。"

按：范崇高言：東晉聖堅譯《太子須大拏經》，此處"卿故遠來，無不相與"兩句原作"卿故遠來，欲得我男女，奈何不相與？"作"何"則保留了原有的反問句式，而反而語氣在此更能表現須大拏不給會失信，若給很不捨得矛盾心理。③

1061. 兩兒言：莫復撾我，我自去耳。仰天呼言：山神樹神一切哀念。我不見母別，可語我母，拾果疾來，與我相見。（冊五，80/2340/10）

按："拾"，大正藏本、《清藏》本、《磧砂藏》本《法苑珠林》同，東晉聖堅譯《太子須大拏經》作"棄"。范崇高言：疑此"拾"字乃是"捨"之形近誤字。④

---

① 范崇高：《〈法苑珠林〉文本整理商議》，四川大學出版社2018年版，第261頁。
② 范崇高：《〈法苑珠林〉文本整理商議》，四川大學出版社2018年版，第262頁。
③ 范崇高：《〈法苑珠林〉文本整理商議》，四川大學出版社2018年版，第262頁。
④ 范崇高：《〈法苑珠林〉文本整理商議》，四川大學出版社2018年版，第262頁；又見於范崇高《〈法苑珠林校注〉校勘商酌》，《成都大學學報》2016年第6期。

1062. 天王帝釋知太子以兒與人，恐妃障其善心，便化作師子，當道而蹲。（冊五，80/2340/12）

《校注》："'障'字，《高麗藏》本作'敗'。"

按：范崇高言："障"，東晉聖堅譯《太子須大拏經》原作"敗"。三國吳康僧會譯《六度集經》卷二"須大拏經"："帝釋念曰：菩薩志隆，欲成其弘誓之重任。妻到，壞其高志也。化為師子，當道而蹲。"字用"敗"的同義詞"壞"。此處宜以"敗"為是。①

1063. 是時拘留國婆羅門得兒還家，婦逆罵之：何忍持此兒還。此兒國王種，而無慈心，搤打令生瘡，身體皆膿血。捉持銜賣，更求使者。婿隨婦言，即行賣之。（冊五，80/2342/3）

按：范崇高言："捉持"，當依大正藏本、《清藏》本作"促持"。"捉放出去"之"捉"，也當據東晉失譯人名《佛說菩薩本行經》卷中、大正藏本和《清藏》本《法苑珠林》引、《諸經要集》卷六引改為"促"。此則出自東晉聖堅譯《太子須大拏經》，原經此處正作"促持銜賣"。②

1064. 王問婆羅門：賣索幾錢？婆羅門未答。男兒便言：男直銀錢一千，特牛一百頭。女直金錢二千，牸牛二百頭。（冊五，80/2342/9）

按：范崇高言：依此標點，似乎是婆羅門不能或不願回答，男兒才說了下面的賣價。而東晉聖堅譯《太子須大拏經》中，"婆羅門未答"句本作"婆羅門未及得對"。故此，"婆羅門未答"後當用逗號。③

1065. 王抱兩孫，手摩其頂，問兩兒言：汝父在山，何所飲食？被服何等？（冊五，80/2343/3）

按："手摩其頂"，正作"手摩其身"。此則出自東晉聖堅譯《太子須大拏經》，原經此處正作"手摩其身"。

1066. 於時長者即語沙彌：從今已往，常詣我家，當供養食，令汝不

---

① 范崇高：《〈法苑珠林〉文本整理商議》，四川大學出版社2018年版，第263頁。
② 范崇高：《〈法苑珠林〉文本整理商議》，四川大學出版社2018年版，第263頁；也見於范崇高《〈法苑珠林校注〉校勘商酌》，《成都大學學報》2016年第6期。
③ 范崇高：《〈法苑珠林〉文本整理商議》，四川大學出版社2018年版，第264頁；又見於范崇高《〈法苑珠林校注〉標點商兌》，《古籍整理研究學刊》2016年第5期。

憂。食已專心，勤加讀經。（冊五，80/2348/11）

　　按："當供養食"，正作"當供飲食"。指飲品和食品。《詩經·小雅·楚茨》："苾芬孝祀，神嗜飲食。"鄭玄箋："苾苾芬芬有馨香矣，女之以孝敬享祀也，神乃歆嘗女之飲食。"此則出自元魏慧覺等譯《賢愚經》卷十，原經此處正作"當供飲食"。

《法苑珠林》卷八十一校勘研究

1067. 專心恭敬施於諸佛，其福正等，無有差別。言百倍得，如以壽命色力安辯施於彼者。（冊五，81/2353/4）

按："言百倍得"語義費解，正作"言百倍者"。唐道世撰《諸經要集》卷第十、北涼曇無讖譯《優婆塞戒經》卷第五，此處均作"者"。

1068. 故《像法決疑經》云：有諸眾生見他聚集，作諸福業，但求名聞，傾家財物以用布施。及見貧窮孤獨，呵罵驅出，不濟一毫。如此眾生，名為顛倒作善，癡狂禍福。名為不正作福。如此人等，甚可憐愍。用財甚多，獲福甚少。（冊五，81/2353/11）

按："癡狂禍福"語義費解，正作"癡狂修福"。此則引自《佛說像法決疑經》卷一，此處正作"癡狂修福"。《示所犯者瑜伽法鏡經》卷一（T85/1417b），唐道世撰《諸經要集》卷十 T54/92a）均引此則故事，此處均作"癡狂修福"。

1069. 一、心重財輕，如貧女將一錢施大眾，得福弘多。（冊五，81/2355/7）

按：范崇高言：既言"財輕"，則不當言"將一錢施"，錢與財有別，當從《諸經要集》卷十作"將一氎施"①。我們認為錢、財泛言無別，"一錢""一氎"義皆可通，不煩改。

1070. 如《大寶積經》云：財施有五種：一、至心施，二、信心施，三、隨時施，四、自手施，五、如法施。（冊五，81/2356/8）

《校注》：此段出處待考。

---

① 范崇高：《〈法苑珠林〉文本整理商議》，四川大學出版社2018年版，第265頁。

按：范崇高言：此段出自唐窺基《妙法蓮華經玄贊》卷四。①

1071. 如是施者，名無憐愍，不知報恩。是人未來雖得財寶，常求不集，不能出用，身多病苦。（冊五，81/2358/7）

按："常求不集"，范崇高言：北涼曇無讖譯《優婆塞戒經》卷五原作："常失不集"，前文又言："若人施已，生於悔心；若劫他物，持以佈施。是人未來雖得財物，常耗不集。""失"與"耗"同義對應，此處當以作："失"為是。《法苑珠林》卷八十又引有同一段文字，作"常失不集"②。

1072. 謂菩薩見彼有情，於其財位有重業障，故不施與，令知惠施空無有果。（冊五，81/2359/1）

按："令知慧施空無有果"語義費解，這句話意思為：令其知道慧施，沒有結果。這顯然與佛教經義相反，故此處正當作"勿令慧施空無有果"。此則故事引自唐玄奘譯《攝大乘論釋》卷八，原經此處正作"勿令"。（T31/434b）唐澄觀述《大方廣佛華嚴經隨疏演義鈔》卷四十九（T36/380b）、唐道世撰《諸經要集》卷十、唐圓測撰《解深密經疏》卷九（X21/391c）引此則故事，此處均作"勿令慧施空無有果"。

1073. 佛言：若人有財，見有求者，言無言懅，當知是人已說來世貧窮薄德。（冊五，81/2367/1）

按："懅"語義費解，"懅"，《法苑珠林》大正藏本作"遽"，宋、元、明、宮本作"懅"。此則故事引自北涼曇無讖譯《優婆塞戒經》卷四，原經此處有異文，大正藏本作"懅"，明本作"匱"、宮本作"劇"、久本作"遽"。唐道世撰《諸經要集》卷十引此則故事，此處作"拒"、清弘贊輯《歸戒要集》卷二引此則故事此處正作"匱"。從上下文語境和各本異文來看，此處正當作"匱"。"言無言匱"是言"自稱沒有或者匱乏"，為自找借口，不願意施捨。唐道世撰《諸經要集》卷十引此則故事，此處作"拒"，語義亦可通。

1074. 雖富有四天下，受無量樂，猶不知足。是故我應為無上道而行

---

① 范崇高：《〈法苑珠林〉文本整理商議》，四川大學出版社2018年版，第265頁。
② 范崇高：《〈法苑珠林〉文本整理商議》，四川大學出版社2018年版，第266頁。

布施，不為人天，何以故？無常故，有邊故。（冊五，81/2368/3）

　　按："無上道"不確，正作"無上樂"。《法苑珠林》大正藏本作"無上樂"，宋、元、明、宮作"無上道"，此處作"無上樂"為是。此則引自北涼曇無讖譯《優婆塞戒經》卷第四，此處正作"無上樂"。《諸經要集》卷第十、《歸戒要集》卷中均引此處故事，此處均作"無上樂"。上句言"受無量樂"，此處言"無上樂"正與上句相對應，故此處作"無上樂"。

《法苑珠林》卷八十二校勘研究

1075. 或復方之日月，譬若寶珠，義等塗香，事同惜水。（冊五，82/2373/6）

《校注》："'或'字，《高麗藏》本作'戒'。"

按：范崇高言："戒復"於此文意不順，當以"或復"為是，"或復"同義連文。①

1076. 言行忠信，戰戰兢兢。豈可放縱心馬，不加彎勒；馳騁情猴，都無制鎖。（冊五，82/2374/1）

《校注》："'猴'字，《高麗藏》本作'猨'。"

按：范崇高言："情猨"，當從《諸經要集》卷十、《法苑珠林》卷五一作"情猴"②。

1077. 何等為不起惡戒？此菩薩不自高貴，言我持戒。見犯戒人，亦不致呵，令其憂惱。但一其心持清淨戒。（冊五，82/2376/4）

按：范崇高言："高貴"，當據《大方廣佛華嚴經》卷十二作"貢高"。"貢高"是"驕傲自滿"之義。③

1078. 從旦被縛，至於日夕，轉到日沒，晦冥大暗。（冊五，82/2382/3）

按："日夕"語義費解，"夕"，《說文》："夕，莫也。""日夕"也就是"日莫"，下句則言"轉到日沒"，語義重複。此則故事引自姚秦鳩

---

① 范崇高：《〈法苑珠林〉文本整理商議》，四川大學出版社 2018 年版，第 267 頁。
② 范崇高：《〈法苑珠林〉文本整理商議》，四川大學出版社 2018 年版，第 267 頁。
③ 范崇高：《〈法苑珠林〉文本整理商議》，四川大學出版社 2018 年版，第 268 頁。

摩羅什譯《大莊嚴論經》卷三，此處有異文，大正藏本作"日中"，宋、元、明本作"日夕"。此處"日夕"當作"日中"為是。"從旦""日中""日沒""大暗"從時間上來看，正是一天中太陽的變化，故"日中"為是。

1079. 如劍林棘叢，處中多傷毀，愚劣不堪任，護持如此戒。（冊五，82/2382/8）

《校注》："'叢'字原作'聚'，據《高麗藏》改。"

按：范崇高言："叢"，當據後秦鳩摩羅什譯《大莊嚴論經》卷三作"聚"①。范氏所言不確，當以《校注》作"叢"字是。"叢"有異體作"藂"《法苑珠林》大正藏本作"叢"，宋、元、明宮本作"聚"。《大莊嚴論經》卷三和宋、元、明、宮本作"聚"，很可能是抄寫中"藂"字，少"艹"而誤作"聚"。"束束叢"，文獻習見，如秦鳩摩羅什譯《十住毘婆沙論》卷七："家如棘叢，受五欲味惡刺傷人。"（T26/57c）例多不繁引。

1080. 又於漢水漁人牽網所，如前三告，引網不得，方復歸心，空網而返。（冊五，82/2386/4）

《校注》："'所'字原闕，據《唐高僧傳》補。"

按：范崇高言："所"，《珠林》各本及韓國湖林博物館藏開寶藏本《法苑珠林》卷八二皆無"所"，當據改，四字一頓，句式整齊，文意流暢，不加"所"為佳。②

1081. 後卒於江陵天官寺，即是梁太一年也。其寺現有碑記。（冊五，82/2386/6）

《校注》："'天官寺'，《高麗藏》本作'天宮寺'。"

按：《大正藏》本作"天宮寺"，校云："'宮'，宋、元、明、宮作'官'。"（T53/893/c）《中華藏》本作"天宮寺"，校云："磧、南、徑、清作'天官寺'。"（72/457/a）韓國湖林博物館藏開寶藏本《法苑珠林》卷八二也作"天宮寺"。范崇高言：梁湘東王於江陵所造者，皆作"天宮

---

① 范崇高：《〈法苑珠林〉文本整理商議》，四川大學出版社2018年版，第268頁。
② 范崇高：《〈法苑珠林〉文本整理商議》，四川大學出版社2018年版，第268頁。

寺"，當從。①

1082. 後卒於江陵天官寺，即是梁太一年也。其寺現有碑記。（冊五，82/2386/6）

《校注》："'太一年'，《高麗藏》本作'太初年'，梁皆無此年號，《唐高僧傳》作'大定五年'。"

按："太一年"，范崇高言當據《中華藏》本、《大正藏》本《續高僧傳》作"太清年"②。

1083. 隋江州廬山化城寺釋法充，俗姓畢，九江人也。常誦《法華》、《大品》。末住廬山半頂化城寺修定。自非僧事，未嘗安履。（冊五，82/2386/7）

按：王紹峰認為："安"，《法苑珠林》金本作"安"，校訂本從"安"，恐誤。《續高僧傳》卷十六"法充傳"作"自非僧事，未嘗安履"，金本作"妄"，他本無異文，《神僧傳》卷五引本傳也作"自非僧事，未嘗安履"，亦無異文。"自非僧事，未嘗妄履"意為心無旁騖、一心向佛，作"妄"語義明晰，作"安"，未必佳。③

1084. 遂於此山香鑪峰自投而下，誓粉身骨，用生淨土。便於中虛，頭忽倒垂，冉冉而下，處於深谷，不損一毛。（冊五，82/2386/9）

《校注》："'垂'字，《唐高僧傳》作'上'。"

按：范崇高言："垂"，當據《高麗藏》本、韓國湖林博物館開寶藏本《珠林》卷八二、《續高僧傳》卷十六作"上"為是。④

1085. 經于六年，方乃卒也。時屬隆暑，屍不臭爛。（冊五，82/2387/3）

按：范崇高言："卒也"，當據《續高僧傳》卷十六作"卒世"。"卒世"有"去世"義。⑤

1086. 時有惡魔，化作五百健罵丈夫，恒尋逐我，興諸惡罵。（冊五，

---

① 范崇高：《〈法苑珠林校註〉辨補》，《阿壩師範學院學報》2017年第3期。
② 范崇高：《〈法苑珠林〉文本整理商議》，四川大學出版社2018年版，第270頁。
③ 王紹峰：《〈法苑珠林校注〉商補》，《寧波大學學報》2012年第5期。
④ 范崇高：《〈法苑珠林〉文本整理商議》，四川大學出版社2018年版，第270頁。
⑤ 范崇高：《〈法苑珠林〉文本整理商議》，四川大學出版社2018年版，第271頁。

82/2388/4）

《校注》："'與'字，《高麗藏》本作'興'。"

按：范崇高言："與"，當據《大正藏》本、《中華藏》本以及韓國湖林博物館藏開寶藏本《珠林》卷八二作"興"①。

1087. 又書云："天道無親，惟人是與。"（冊五，82/2390/6）

《校注》："此處出處待考。"

按：范崇高言：此段出《孟子·盡心上》："存其心，養其性，所以事天也。"東漢趙岐注："能存其心，養育其正性，可謂仁人，天道好生，仁人亦好生，天道無親，惟人是與。行與天合，故曰'所以事天'。《大正藏》本、《中華藏》本以及韓國湖林博物館開寶藏本《珠林》卷八二"與"作"興"乃形誤字。②

1088. 第三忍辱有十事……若人能成如是十事，當知是人能修於忍。（冊五，82/2391/7）

《校注》："此段出處待考。"

按：范崇高言：此段《大寶積經》未見，經檢核，出後秦鳩摩羅什譯《發菩提心經論》卷上。③

1089. 身死神去，輪轉三塗，自生苦惱。無量諸佛賢聖所不愛惜，亦如汝言，不惜澡盤。（冊五，82/2394/7）

按：范崇高言："自生"後，晉法炬、法立譯《法句譬喻經》卷三"自生"後原有"自死"兩字，當據補，此處校點當作：身死神去，輪轉三塗，自生自死，苦惱無量。④

1090. 死後魂靈即復便生，輒無手足，鈍頑如前。（冊五，82/2395/9）

按："便生"語義費解，正作"更生"。"更生"，新生；重新獲得生命之義。如《莊子·達生》："棄世則無累，無累則正平，正平則與彼更生，更生則幾矣。"郭象注："更生者，日新之謂也。"《史記·平津侯主

---

① 范崇高：《〈法苑珠林〉文本整理商議》，四川大學出版社2018年版，第271頁。
② 范崇高：《〈法苑珠林〉文本整理商議》，四川大學出版社2018年版，第272頁。
③ 范崇高：《〈法苑珠林〉文本整理商議》，四川大學出版社2018年版，第272頁。
④ 范崇高：《〈法苑珠林〉文本整理商議》，四川大學出版社2018年版，第272頁。

父列傳》：："及至秦王，蠶食天下，併吞戰國，稱號曰皇帝。主海內之政，壞諸侯之城，銷其兵，鑄以為鐘虡，示不復用。元元黎民，得免於戰國，逢明天子，人人自以為更生。"唐王梵志《共受虛假身》詩："死去雖更生，回來盡不記。"《法苑珠林》諸本皆作"更生"，且無異文。《校注》當是由於蔣氏刻本作"便生"，故致誤。

1091. 此鬼若以手打者閻崛山者，能令碎如糠糟，況復打人而不苦痛。（冊五，82/2396/4）

《校注》："'糟'字，《高麗藏》本作'檜'。"

按：范崇高言："糠糟"，當據《大正藏》本、《中華藏》本以及韓國湖林博物館開寶藏本《法苑珠林》卷八二作"糠檜"。"糠檜"同義復用，仍是指糠。另："況復打人而不苦痛"，標點當斷為"況復打人，而不苦痛？"①

1092. 故憍陳那見聖諦已，佛以神力除破闇障，令其憶念過去世事，使便自見為羯利王，佛為仙人，自以利劍斷佛七支作七瘡孔，佛不瞋恨，反以誓願欲饒益之。（冊五，82/2397/11）

《校注》："'破'字，《高麗藏》本作'彼'。""'事'字，《高麗藏》本作'時'。"

按：范崇高言："破"，當據《大正藏》本、《中華藏》本以及韓國湖林博物館藏開寶藏本《法苑珠林》卷八二作"彼"，當據改。又"事"，當據《阿毗達摩大毗婆沙論》卷一八二原作"事"，當據改。②

---

① 范崇高：《〈法苑珠林〉文本整理商議》，四川大學出版社2018年版，第272頁。
② 范崇高：《〈法苑珠林〉文本整理商議》，四川大學出版社2018年版，第274頁。

《法苑珠林》卷八十三校勘研究

1093. 故知於逸懈怠之所不尚，精進劬勞無時不可。（冊五，83/2400/1）

按："於逸"費解，"於"當是"放"之形誤，兩字形近而訛，正作"放逸"。《法苑珠林》諸本皆作"放逸"。懈怠是一種念頭或情緒，佛教非常反對懈怠，因為懈怠和精進是對立的，而放逸則是貪嗔癡等一切煩惱的根源，佛尚勤修，不尚放逸懈怠。故此處應為"故知放逸懈怠之所不尚，精進劬勞無時不可"。

1094. 是故今者勸諸行人，聞身餘力，預備前糧。（冊五，83/2400/3）

按："前糧"費解，正作"資糧"，佛教用以比喻善根功德。如南朝齊蕭子良《淨住子淨行法門》："是故發大乘者，多來此土，以救苦為資糧，以拔惱為要行。"又如唐段成式《酉陽雜俎·諾皋記上》："按者亦以死論，僧求假七日，令持念為將來資糧，鄭公哀而許之。"上句也言"奄歸長夜，頓罷資糧"，故此處應作"聞身餘力，預備資糧"。

1095. 幾心行善，幾心行惡，幾心行孝，幾心行逆，幾心知厭離財色心，幾心行貪著財色心。（冊五，83/2400/5）

按："知厭"費解，正作"行厭"。做、實行之意，如《荀子·大略》："口言善，身行惡，國妖也。"《韓非子·外儲說左上》："賞罰不信，則禁令不行。""行"與前後經文相呼應，"行善""行惡""行孝""行逆""行貪"形成排比之勢，故此處應為"幾心行逆，幾心行厭離財色心，幾心行貪著財色心"。《法苑珠林》各本皆作"行厭"，《諸經要集》卷十，引此處也作"行厭"。

1096. 雖復年齒長，不免於愚行。若有見諦法，無害於羣前，捨諸穢愚行，此名為長老。（冊五，83/2402/10）

按："羣前"語義費解，正作"羣萌"。"羣萌"，萌，通"氓"，眾民；百姓，典籍習見，如《增壹阿含經》卷三：爾時，世尊告諸比丘，若有一人出現於世，多饒益人，安隱眾生，愍世群萌，欲使天人，獲其福祐。（T02/561a）《賢愚經》卷六：爾時阿難於林中坐，忽然眠睡，夢見大樹普覆虛空，枝葉蓊欝，花果茂盛，一切群萌，靡不蒙賴。（T04/387b）《出曜經》卷二十七：神寂無為，無所傷損。如彼行人，無瞋怒心。慈愍群萌，與己無異。（T04/758a）此則故事引自東晉罽賓三藏瞿曇僧伽提婆譯《增壹阿含經》卷二十二，原經此處正作"羣萌"。（T02/659c）宋道誠集《釋氏要覽》卷一（T54/260a）、明弘贊輯《四分律名義標釋》卷一（X44/412a）引此則故事，此處均作"無害於羣萌"。

1097. 六態者、聞說經不肯聽，頫頭斜視耳語。如馬傍行斜走時。（冊五，83/2404/1）

《校注》："斜"字，原作"邪"，據高麗藏本改。

按：此處不煩改，作"邪視"是。"邪視"，斜著眼睛看，用淫邪的目光看。如《後漢書·烈女傳·曹世叔妻》："耳不涂聽，目不邪視。"北齊顏之推《顏氏家訓·教子》："目不邪視，耳不妄聽。"《法苑珠林》大正藏本作"斜視"，宋、元、明、宮本作"邪視"。此則故事引自後漢支曜譯《佛說馬有八態譬人經》卷一，此處正作"邪視"。（T02/507a）《諸經要集》卷十，亦引此則故事，此處亦作"邪視"。

1098. 光於山南見一石室，乃止其中，安禪合掌，以為棲禪之處。（冊五，83/2411/7）

按：范崇高言："棲禪"，當據《高僧傳》卷十一作"棲神"。"棲神"，棲息精神、心無旁騖之義。[①]

1099. 颯然風起，衣飢消散，唯白骨在焉。鴻大愧懼，收之于室。以塈墁其外而泥之。畫其形像。于今尚存。（冊五，83/2412/1）

《校注》：" '墁'字原作'累'，據《高麗藏》本改。"

[①] 范崇高：《〈法苑珠林〉文本整理商議》，四川大學出版社2018年版，第275頁。

按：范崇高言："累"，《法苑珠林》大正藏本作"壘"，宋、元、明、宮本作"累"。"壘""累"為異體字的關係，佛經文獻中，"搏累""累搏"多見，《校注》不煩改。①

1100. 五日夜五更中，聞門巷間嘵嘵有聲。須臾見有五人炳炬火，執信幡，逕來入屋，叱咀僧規。規因頓臥怳然，五人便以赤繩縛將去。（冊五，83/2414/5）

《校注》："喝"字原作"咀"，據《高麗藏》本改。

按：范崇高言："叱咀"猶如"叱罵"，意自可通，原文不誤。②

1101. 大同四年四月十二日中，竟有一客僧名法珍，緣家在壽陽，來寺禮拜。（冊五，83/2416/6）

按：范崇高言："竟"當連上為句。"中"指中食。寺中僧人一日兩餐，即朝食和中食，合稱兩餐為"朝中"。"中竟"就是"中食竟"，即中午吃完齋食。③

---

① 范崇高：《〈法苑珠林〉文本整理商議》，四川大學出版社2018年版，第275頁。
② 范崇高：《〈法苑珠林〉文本整理商議》，四川大學出版社2018年版，第276頁。
③ 范崇高：《〈法苑珠林〉文本整理商議》，四川大學出版社2018年版，第276頁；又見於范崇高《〈法苑珠林校注〉標點商正》，《古籍研究》2018年第1期。

《法苑珠林》卷八十四校勘研究

1102. 爾後三年，忽聞車騎隱隱，從者彌峰。俄而有人著幘，稱珠欺王，通既前，從其妻子男女等二十三人，並形貌端正，有逾於世。（冊五，84/2432/4）

按：范崇高言：古時上門探訪有身份的人皆需先以名帖通報來訪者姓名請見，稱為"通刺"或"通名"，簡稱"通"。故"通"當屬上句。①

1103. 既至蘭所，暄涼訖。蘭問：住在何處？荅云：樂安縣章鄉山。久服夙聞，今與家累仰投，乞受歸戒。（冊五，84/2432/6）

按：范崇高言："夙聞"，當據《大正藏》本、《中華藏》本作"風問"。"風問"指聲望名譽。②

1104. 時有長安沙門釋曇弘，秦地高足隱在此山。與高相會，以同業友善。是時乞佛熾槃跨有隴西，西接涼土。（冊五，84/2433/5）

《校注》："足"字，《高僧傳》作"僧"。

按："秦地高足"，正作"秦地高僧"。"高足"常用為稱呼別人的學生的敬詞，"高僧"是指精通佛理、道行高深的和尚。由上文"時有長安沙門釋曇弘"可知此處應為"高僧"而非"高足"。此則引自梁慧皎撰《高僧傳》，此處正作"高僧"。

1105. 齊鄴西龍山雲門寺釋僧稠，姓孫。元出昌黎，末居鉅鹿之癭陶焉。性愛純懿，孝信知名。（冊五，84/2437/1）

---

① 范崇高：《〈法苑珠林〉文本整理商議》，四川大學出版社2018年版，第276頁；又見於范崇高《〈法苑珠林校注〉標點商正》，《古籍研究》2018年第1期。

② 范崇高：《〈法苑珠林〉文本整理商議》，四川大學出版社2018年版，第279頁。

《校注》"愛"字原作"受",據《高麗藏》本改。

按:王東認爲:《校注》值得商榷。"愛"當爲"度"字之訛。"性度",義爲"性情氣度"義。①

1106. 稠呼優婆夷,三呼乃出。便謂神曰:眾僧行道,宜加擁護。婦人以足撥於故泉,水即上湧。時共深異,威儀如此。(冊五,84/2437/7)

按:范崇高言:"威儀",正作"威感"。"威感"指威望的感召,如《珠林》卷四三引《賢愚經》:"王復知之,即立誓願:若我有福,斯諸仙人悉皆當來,承王威感。五百仙人盡到王邊,扶輪御馬,共至天上。"②

1107. 即祝盆水,令帝自視,見其形影如羅刹像焉。(冊五,84/2438/11)

按:王紹峰認爲:"祝盆水"之"祝",實當爲"咒"。《續高僧傳》卷十六"僧稠傳"金本本字清晰地寫作"咒"③。

---

① 王東:《〈法苑珠林校注〉補正》,《宗教學研究》2010 年第 2 期。
② 范崇高:《〈法苑珠林〉文本整理商議》,四川大學出版社 2018 年版,第 279 頁。
③ 王紹峰:《〈法苑珠林校注〉商補》,《寧波大學學報》2012 年第 5 期。

《法苑珠林》卷八十五校勘研究

1108. 菩薩如是方便求法，所有珍寶無貴惜者。於此物中，不生難想。若得一句未曾聞法，勝得三千大千世界滿中珍寶。（冊五，85/2444/10）

按："無貴惜者"語義欠安，正當作"無遺惜者"。"遺惜"謂因吝惜而遺漏未遍及。如《宋書·夷蠻傳·迦毗黎國》："國中眾生，奉順正法，大王仁聖，化之以道，慈施群生，無所遺惜。"西晉竺法護譯《德光太子經》卷一："於是，王太子德光及眷屬，共奉吉義如來莊飾瓔珞、宮殿城郭，心無遺惜。"（T03/417c）姚秦鳩摩羅什譯《維摩詰所說經》卷二："行無厭慈，觀空無我故；行法施慈，無遺惜故；行持戒慈，化毀禁故。"（T14/547b）此則故事引自東晉佛馱跋陀羅譯《大方廣佛華嚴經》卷二十四，原經此處正作"無所遺惜"。

1109. 菩薩作是念言：我受一句法，設令三千大千世界大火滿中，上從梵天而自投下。（冊五，85/2444/11）

按："我受一句法，設令三千大千世界大火滿中"前後兩句話缺少連接詞，脫了連接詞"故"，正作"我受一句法故，設令三千大千世界大火滿中"。此則故事引自東晉佛馱跋陀羅譯《大方廣佛華嚴經》卷二十四，原經此處正作"我受一句法故，設令三千大千世界大火滿中"。姚秦鳩摩羅什譯《十住經》卷二、唐道世撰《諸經要集》卷十皆引此則故事，此處均作"我受一句法故，設令三千大千世界大火滿中"，可參。

1110. 齊武成世，并州東看山側有人掘地，見一處土，其色黃白，與傍有異。尋見一物，狀人兩唇，其內有舌，鮮紅赤色。（冊五，85/2451/6）

按：范崇高言：《校注》文中"并州"和"東看山"下皆標地名號，不妥。地名號當僅限於"並州"和"看山"，"東"指東面，不應誤標。①

1111. 又魏太和初年，北代京閹官自慨形殘，不逮餘人。旋奏乞入山修道，出敕許之。乃齋一部《華嚴》，晝夜讀誦，禮悔匪懈。夏首歸山，至六月末，髭須盡生，陰相復現丈夫相狀，宛然復舊。具狀奏聞，高祖增信，內宮驚訝。於是北代之國，《華嚴》轉盛。（册五，85/2451/11）

按：王紹峰認爲："至六月末，髭須盡生，陰相復現丈夫相狀，宛然復舊"。或應當斷作："至六月末，髭須盡生，陰相復現，丈夫相狀，宛然復舊。"如此，則四字一句，較合於佛典行文風格。②

1112. 非夫慈該幽顯，行極感通，豈能起彼冥祈，神遊異域者矣。（册五，85/2452/8）

按："豈能起彼冥祈"語義費解，"起"當是"赴"之形誤，兩字形近而訛，正作"豈能赴彼冥祈"。此則引自唐道宣撰《續高僧傳》卷十三，原經此處正作"豈能赴彼冥祈"。

---

① 范崇高：《〈法苑珠林〉文本整理商議》，四川大學出版社2018年版，第281頁；也見於范崇高《〈法苑珠林校註〉標點舉誤》，《成都大學學報》2017年第5期。
② 王紹峰：《〈法苑珠林校注〉商補》，《寧波大學學報》2012年第5期。

《法苑珠林》卷八十六校勘研究

1113. 若人學問，雖復毀行，以學問力，能尋得迴。以是義故，應勤學問。（冊五，86/2461/2）

按："能尋"誤倒，正作"尋能"。"尋能"，佛經文獻習見，如西晉竺法護譯《度世品經》卷六："此行合慧義，神通以自娛。億千諸國土，萬百千載劫，手掌擎周行，億載國不勞，尋能還復處，不逼惱眾生。"（T10/658a）姚秦竺佛念譯《最勝問菩薩十住除垢斷結經》卷三："若見鈍根勸使精進，具眾德本道果之報。菩薩將導使心不懈，尋能成就四道之證，或有超越取第四果。"（T10/986c）北涼曇無讖譯《大方等大集經》卷二十七："彼諸菩薩當見佛時，尋能分別諸深妙義，具足成就六波羅蜜。何以故？"（T13/186c18）"尋"作副詞，義為"不久；接著；隨即"義，文獻習見，如《後漢書·邳彤傳》："彤尋與世祖會信都。"陶淵明所著的《桃花源記》："南陽劉子驥，高尚士也；聞之，欣然規往。未果，尋病終。"此則故事引自姚秦鳩摩羅什譯《大莊嚴論經》卷六，此處正作"尋能"。

1114. 以學問力，能尋得迴。以是義故，應勤學問。（冊五，86/2461/2）

按："得迴"費解，正作"得道"。此則引自姚秦鳩摩羅什譯《大莊嚴論經》卷六，《大莊嚴論經》大正藏本作"得道"，宋、元、明本作"迴"。我們認為作"得道"是。此則故事是講述有一比丘貪戀女色，心生染著，摒棄真法，賣肉為業，後經其他比丘勸解，以學問力，即捨惡業，出家精勤得阿羅漢果。

1115. 婦女言：汝今若能罷道還俗，我當相從。彼時比丘即便罷道。

— 364 —

既罷道已，不能堪任世間苦惱，身體羸瘦，不解生業，未知少作而大得財。即自思惟：我於今者作何方計得生活耶？復作是念：唯客殺羊，用功極輕，兼得少利。作是念已，求覓是處。（冊五，86/2461/4）

按："少利"，正作"多利"。此比丘是為了生計，尋找用功少、賺錢多的職業，作"少利"則與文義剛好相反，不確。此則引自《大莊嚴論經》卷六，原經此處正作"多利"（T04/288a）。

1116. 出家比丘、比丘尼、沙彌、沙彌尼、式叉摩那犯四重禁；在家菩薩毀六重禁。（冊五，86/2463/4）

按："六重禁"非是，正作"六重法"。"六重法"為佛經術語，佛教典籍習見，如姚秦竺佛念譯《菩薩瓔珞經》卷三："復教眾生持戒完具，精進一心修六重法，若有眾生遭百千苦，輒能往度不令墜落失賢聖類。"（T16/23c）又《菩薩瓔珞經》卷七："內修六重法，樂靜不處鬧，自識宿命行，知本度無極。"（T16/65b）此則故事引自宋罽賓三藏曇摩蜜多譯《觀虛空藏菩薩經》卷一，原經此處正作"六重法"。

1117. 在家菩薩毀六重禁。如是愚人，世尊先於毘尼中決定驅擯，如大石破。（冊五，86/2463/5）

按："世尊先於毘尼中決定驅擯"中有脫文，脫"說"，致使文意不暢，正作"世尊先於毘尼中說決定驅擯"。"毘尼"，梵語 vinaya 的譯音。又譯作"毗奈耶"，意為律藏，如《楞嚴經》卷一："嚴淨毗尼，弘範三界。"唐顏真卿《撫州戒壇記》："學徒雖增，毗尼未立。""如是愚人"是指代上句所言"犯四重禁""毀六重法""在家菩薩毀六重禁"的愚人，"世尊先於毘尼中說，決定驅擯"是言"（這幾類愚人）世尊在律藏中說一定驅逐擯棄"。此則故事引自宋罽賓三藏曇摩蜜多譯《觀虛空藏菩薩經》卷一，原經此處正作"世尊先於毘尼中說決定驅擯"。

1118. 若於夢中，若坐禪時，以摩尼珠印印彼臂，印文上有除罪字。得此字已，還入僧中。（冊五，86/2464/1）

按："印文上"費解，"上"為衍文，正作"印文"。此則故事引自宋罽賓三藏曇摩蜜多譯《觀虛空藏菩薩經》卷一，原經此處正作"印文有除罪字"。

1119. 若優婆塞得此字者，不障出家。設不得此字，便於空中有聲唱

言：罪滅！罪滅！若無空聲使知毘尼者，夢見虛空藏。（冊五，86/2464/2）

按："便於"費解，正作"便使"。此則引自《觀虛空藏菩薩經》卷一，原經此處正作"便使"。《觀虛空藏菩薩經》大正藏本作"便使"，宮本作"便"。《法苑珠林》大正藏本作"便於"，宋、元、明、宮本作"便有"。我們認為作"便使"為是，下句有"使知毘尼者"與此句中"便使空中有聲"相對應。

1120. 告言：毘尼菩薩，某甲比丘，某甲優婆塞，更令懺悔一日乃至七日，禮三十五佛。（冊五，86/2464/3）

按："七日"後有脫文，當為"七七日"。此則故事引自宋罽賓三藏曇摩蜜多譯《觀虛空藏菩薩經》卷一，原經此處正作"七七日"。

1121. 說是語時，虛空藏結跏趺坐，放金色光，如意珠中現三十五佛已，白佛言：世尊，我此如意珠寶說首楞嚴座。是故眾生見此珠者，得如意自在。（冊五，86/2464/8）

按："我此如意珠寶說首楞嚴座"語義不通，正當作"我此如意珠寶從首楞嚴出"。"首楞嚴"，佛教術語，禪定的一種，梵文音譯。"首楞嚴"意為勇健，喻此禪定堅固，諸魔不能破壞，為佛、菩薩所得的禪定。"我此如意珠寶從首楞嚴出"是言"我這個如意珠是從佛禪定中來"，故下句才言"眾生見此珠者，得如意自在"。此則故事引自宋罽賓三藏曇摩蜜多譯《觀虛空藏菩薩經》卷一，原經此處正作"我此如意珠寶從首楞嚴出"。

1122. 爾時世尊勅優波離：汝持此經，不得多眾廣說，但為一人持毘尼者。為未來世無眼眾生作眼目故，慎莫忘失。（冊五，86/2464/9）

按："不得多眾廣說"語義費解，有脫文，脫"為"，正作"不得為多眾廣說"。此則故事引自宋罽賓三藏曇摩蜜多譯《觀虛空藏菩薩經》卷一，原經此處正作"不得為多眾廣說"。"為"作為介詞，和"多眾"構成介詞結構作狀語，這句話是言：不得為許多受眾廣泛宣講。

1123. 當在靜處，修治室內，以好華旛莊嚴道場，香泥塗地。懸四十九枚旛，莊嚴佛座，安置佛像。燒種種香，散種種華。興大慈悲，願苦眾生未度者令度。於一切眾生下心，如僮僕心。（冊五，86/2465/2）

— 366 —

按："願苦眾生未度者令度"語義費解，有脫文，脫動詞"救"，正作"願救苦眾生未度者令度"。"願"是能愿動詞，常修飾動詞，無"救"字則句意不通，語義澀滯。此句話是言：願意救助苦難眾生未能脫離苦難者，使他們脫離苦海。此則故事引自元魏菩提流支譯《佛說佛名經》卷八，原經此處正作"願救苦眾生未度者令度"。

1124. 若於夢中，十方諸佛與其記別。或見菩薩與其記別，將詣道場共為己伴，或與摩頂，永滅罪相。（冊五，86/2465/6）

按："永滅罪相"語義費解，"永"當為"示"之誤，兩字形近而訛，正作"示滅罪相"。"示滅"為佛教語，意為佛菩薩及高僧坐化身死。如唐李華《東都聖善寺無畏三藏碑》："山王高妙，海月圓深，因於示滅，空悲鶴林。"唐白居易《奉國寺神照師塔銘序》："以開成十三年冬十二月示滅於奉國寺禪院。"唐黃滔《華嚴寺開山始祖碑銘》："師咸通六年七月五日示滅，壽八十有五。""示滅罪"，佛典文獻習見，如元魏菩提流支譯《佛說佛名經》卷八："將詣道場共為己伴；或與摩頂示滅罪相；或自見身入大會中，處在眾次。"（T14/159a）隋南天竺三藏法師達摩岌多譯《金剛般若波羅蜜經論》卷二："此毀辱事，有無量門，為顯示此，故說輕賤。經言'當得阿耨多羅三藐三菩提'者，顯示滅罪故。"（T25/775b）此則故事引自元魏菩提流支譯《佛說佛名經》卷十九，原經此處正作"示滅罪相"。

1125. 善男子，此陀羅尼若有讀誦受持，如法修行，九十七日，誦四十九徧，乃一懺悔，隨師修行。（冊五，86/2467/6）

按："九十七日，誦四十九遍"，有脫文，脫"日"，正作"九十七日，日誦四十九遍"。"九十七日，誦四十九遍"如此修行，不能算精進，"九十七日，日誦四十九遍"則是九十七天，每天都誦讀四十九遍，有"日"無"日"，意義懸殊。此則故事引自北涼法眾《大方等陀羅尼經》卷四，原經此處正作"九十七日，日誦四十九遍"。

1126. 沙門曰：此獄中鬼也。其處甚寒，有冰如席飛散，著人頭頭斷，著腳腳斷。（冊五，86/2484/4）

按："此獄中鬼也"語義費解，正作"地獄中鬼也"。《法苑珠林》各本皆作"地獄中鬼也"。

1127. 其處甚寒，有冰如席飛散，著人頭頭斷，著腳腳斷。（冊五，86/2484/4）

按："有冰如席"語義費解，正當作"有冰如石"。"有冰如石"是言寒冰地獄非常寒冷，冰像石塊一樣。若作"有冰如席"，則像"席子"一樣，語義滯澀難解。此則故事亦見唐懷信述《釋門自鏡錄》卷一，此處正作"有冰如石"。（T51/804a）

1128. 次見刀山地獄。次第經歷，觀見甚多，獄獄異城，不相雜廁。人數如沙，不可稱計。（冊五，86/2484/7）

按："獄獄異城"語義費解，"城"當是"域"之形誤，兩字形近而訛，正作"獄獄異域"。"異域"，指相隔遼遠的兩地。唐宋之問《早發大庾嶺》詩："兄弟遠淪居，妻子成異域。""獄獄異域"是言地獄廣大無邊，地獄之間相隔遼遠。此則故事亦見唐懷信述《釋門自鏡錄》卷一，此處正作"獄獄異域"。（T51/804a）

1129. 有人執筆，北面而立。謂荷曰：在襄陽時，何故殺鹿？跪答曰：他人射鹿，我加創耳。又不噉肉，何緣受報？時即見襄陽殺鹿之地，草樹山澗，忽然滿目。（冊五，86/2485/10）

按："山澗"，正作"山藪"。"山藪"意為山深林密的地方，或山林與湖澤，比"山澗"詞義較佳。當據唐懷信述《釋門自鏡錄》卷一改。

1130. 草樹山澗，忽然滿目。所乘黑馬並皆能言，悉證荷殺鹿年月時日，荷懼然無對。（冊五，86/2485/11）

按："忽然"為"宛然"之訛。""宛然"意為真切、清楚，則文義為：草樹山林，真切清楚地映入眼簾。而"忽然"明顯於文義不符，故此處當校改為"宛然滿目"。《釋門自鏡錄》卷一作"宛然"，可參。

1131. 須臾有人以叉叉之，投鑊湯中。自視四體，潰然爛碎。有風吹身，聚小岸邊。忽然不覺，還復全形。（冊五，86/2485/12）

按："小岸"費解，正當作"水岸"。唐懷信述《釋門自鏡錄》卷一正作"水岸"。

1132. 謂荷曰：汝受輕罪，又得還生，是福力所扶，而今以後，復作罪不？乃遣人送荷。遙見故身，意不欲還。送人推引，久久乃附形而得蘇活。（冊五，86/2486/1）

按："遙見故身"，有脫文，脫主語"荷"，正作"荷遙見故身"。這句話是言：荷遠遠地看見原來的身體，不想復還。唐懷信述《釋門自鏡錄》卷一亦引此則故事，此處正作"薩荷遙見故身"（T51/804b），可參。

1133. 正勝寺法願道人善通樊許之術，謂寵曰：君年滿當死，無可避處。唯祈誠諸佛，懺悔先愆排脫，或可冀耳。（冊五，86/2486/4）

按：范崇高言："排脫"，當作"挑脫"。"不一定，偶然"之義，"排脫或可冀耳"當為一句。①

1134. 應時泉湧，過同舊足。時共歎怪，福加所資。所畜舍利，藏以寶函，隨身所往，必齋供養。（冊五，86/2487/11）

《校注》："加"字，高麗藏本作"力"。

按：王紹峰認為："時共歎怪，福加所資"，可商。本句意為眾人唱嘆其感應之奇。"福加"中的"加"，《法苑珠林》金本作"力"，磧、南、徑、清作"加"，本文以為作"力"更宜，"福力"，福祐之力、修福的功力。《續高僧傳》卷二十九"慧震傳"："釋慧震，姓龐，住梓州通泉寺，身長八尺。聽冒師三論，大領玄旨，福力所被，蜀部遙推。"②

---

① 范崇高：《〈法苑珠林〉文本整理商議》，四川大學出版社 2018 年版，第 281 頁。
② 王紹峰：《〈法苑珠林校注〉商補》，《寧波大學學報》2012 年第 5 期。

《法苑珠林》卷八十七校勘研究

1135. 接濟沈溺，喻之橋樑。運度大海，喻之浮囊。能除昏暗，喻之燈光。防非止惡，喻之戒善。（冊六，87/2489/7）

《校注》："'能'字，《高麗藏》本作'照'。"

按：范崇高言："能除"，當據大正藏本、中華藏本作"照除"。"照除"，照亮之義。①

1136. 王聞斯語，自投於地，稱怨自責：我造罪根，坐不安席。即自嚴辦香油酥薪，取六死屍而闍維之，為起六偷婆。與之供養，日三懺悔。（冊六，87/2495/8）

按：范崇高言："與之供養"，正作"興敬供養"。後秦竺佛念譯《出曜經》卷十及《經律異相》卷十九引皆作"興敬供養"。"興敬供養"指因生發敬意而供奉。②

1137. 至於齋日，數數懺悔，望得罪薄，免於地獄。（冊六，87/2495/10）

《校注》："出《大莊嚴論》卷八。"

按：《大莊嚴論》卷八僅略記其事，文字與此大有差異。范崇高言據《法苑珠林》內容看，與後秦竺佛念譯《出曜經》卷十及《經律異相》卷十九所引高度吻合，似本應出自《出曜經》卷十，道世誤標出處。③

1138. 佛言：不如善男子善女人以淳淨心，作如是言：我今歸依佛、

---

① 范崇高：《〈法苑珠林〉文本整理商議》，四川大學出版社2018年版，第284頁。
② 范崇高：《〈法苑珠林〉文本整理商議》，四川大學出版社2018年版，第285頁；又見於范崇高《〈法苑珠林校注〉校勘商酌》，《成都大學學報》2016年第6期。
③ 范崇高：《〈法苑珠林〉文本整理商議》，四川大學出版社2018年版，第285頁。

法、僧。所得功德於彼福德百分不及，一千分、萬分乃至算數譬喻所不能及。（冊六，87/2499/6）

按：王東言："一千分"之"一"應屬上讀。構成"百分不及一"的用法，為佛典中常語。佛典中還有"千分不及一""百千分不及一""俱胝分不及一""百俱胝分不及一""千俱胝分不及一""百千俱胝分不及一"等表示法。[1]

---

[1] 王東：《〈法苑珠林校注〉拾零》，《鄭州大學學報》2009年第4期。

《法苑珠林》卷八十八校勘研究

1139. 如迦葉佛時有優婆塞，由飲酒故淫他妻，盜他雞殺。他人來問時，答言不作，便犯妄語。（冊六，88/2520/3）

按："盜他雞殺。他人來問時"，吳建偉認為當標點作"盜他雞，殺他人。來問時"①。范崇高則言"盜他雞殺。他人來問時"標點無誤，"盜他雞殺"應理解為"盜他雞而殺之"②。我們認為范崇高所言甚是，宋元照撰《四分律刪補隨機羯磨疏濟緣記》卷二引此句作："優婆塞飲酒故，婬他婦，盜殺雞，人問答云：吾不作也。"（X41/191b）顯然殺的對象不是人，而是雞，若如吳建偉所標點的"殺他人"，則殺的對象為"他人"，恐不確。

1140. 第五、飲酒戒者，佛告諸比丘：若言我是佛弟子者，不得飲酒，乃至小草頭、一滴，亦不得飲。（冊六，88/2528/1）

按："乃至小草頭、一滴"中間的頓號應刪除。"小草頭一滴"就是說"像小草頭那樣的一滴"，用來比喻"非常少的酒"。該書中還有一處用例，標點不誤，如"若言我是佛弟子者，不得飲酒，乃至小草頭一滴亦不得飲"③。

1141. 若十二月至十五日受持此戒，福最多也。（冊六，88/2535/4）

按："十二月至十五日"語焉不詳。考《歸戒要集》中作："《大智度論》云：若十二月，一日至十五日，受持此戒，其福最多。"由此可

---

① 吳建偉：《〈法苑珠林校注〉標點疑誤補舉》，《古籍整理研究學刊》2015 年第 6 期。
② 范崇高：《〈法苑珠林〉文本整理商議》，四川大學出版社 2018 年版，第 286 頁。
③ 王東：《〈法苑珠林校注〉拾零》，《鄭州大學學報》2009 年第 4 期。

見，中華書局本奪"一日"兩字，使得句意不明。①

1142. 諸鬼之中，摩醯首羅最大。第一、一月之中皆有日分。（冊六，88/2536/5）

按："第一"應屬上讀，構成"最大第一"的結構，該句應句讀為："諸鬼之中，摩醯首羅最大第一。一月之中皆有日分。"②

1143. 即勑四鎮、五官、大王司命增壽益算。（冊六，88/2537/8）

按：吳建偉言：此句標點當作："即勑四鎮、五官大王、司命，增壽益算。"③

---

① 王東：《〈法苑珠林校注〉拾零》，《鄭州大學學報》2009 年第 4 期。
② 王東：《〈法苑珠林校注〉拾零》，《鄭州大學學報》2009 年第 4 期。
③ 吳建偉：《〈法苑珠林校注〉標點疑誤補舉》，《古籍整理研究學刊》2015 年第 6 期。

《法苑珠林》卷八十九校勘研究

1144. 晉新陽有釋法安,一名慈欽,未詳何許人,是遠公之弟子。……於晉義熙年中,新陽縣虎災,縣有大社,樹下築神廟。左右居民以百數人,遭虎死者夕有一兩。(冊六,89/2584/10)

按:王東①、羅明月均言:句中的"新陽縣",當是"陽新縣。"《晉書·地理志下》"武昌郡"下:"吳置。統縣七,戶一萬四千八百。武昌、柴桑、陽新、沙羨、沙陽、鄂、官陵。"由此記載亦可知,"陽新"為"武昌郡"的屬縣。更符合上文"釋法安所在的縣應該與武昌郡有一定的聯繫"的推論。②另范崇高言:"大"修飾"社樹",而不是修飾"社","樹"當屬上句。又"以百數人"欠通暢,當據《高僧傳》卷六、《太平御覽》卷六五六等作"以百數","以百數"是古代習語,指幾百人。③

1145. 先有道士欲以寺地為館,住者輒死。及後為寺,猶多恐動。自度居之,群妖皆息。經歲許聞,忽有人馬鼓角之聲。俄見一人持紙名通度曰靳尚。度前之。尚形甚都雅,羽衛亦嚴。(冊六,89/2586/2)

按:范崇高言:"經歲許聞,忽有人馬鼓角之聲",當據《高僧傳》卷八、《太平御覽》卷五八、《太平廣記》卷九一作"經歲許,忽聞有人馬鼓角之聲"④。

1146. 齊竟陵王子良、始安王等並遙恭以師敬,資給四事,六時無

---

① 王東:《〈法苑珠林校注〉補正》,《宗教學研究》2010年第2期。
② 羅明月:《〈法苑珠林校注〉補疑》,《江海學刊》2011年第1期。
③ 范崇高:《〈法苑珠林〉文本整理商議》,四川大學出版社2018年版,第288頁;又見於范崇高《〈法苑珠林〉校注拾補》,《內江師範學院學報》2011年第1期。
④ 范崇高:《〈法苑珠林〉文本整理商議》,四川大學出版社2018年版,第288頁。

闕。（冊六，89/2586/10）

按：范崇高言：前面"竟陵王"後有人名"子良"，同理"始安王"後也該有人名"遙光"，疑《法苑珠林》本作"始安王遙光等"，因"光"錯訛為"並"，加上文字顛倒而成"始安王等並遙"。《高僧傳》原書卷八"等並遙"三字作"遙光"，可資校改。①

1147. 至十九年，法義病死，埋於野外，貧無棺槨，以雜木瘞之而穌，自推木出歸家。（冊六，87/2588/6）

《校注》："'雜'字，《高麗藏》本、《磧砂藏》本作'新'。"

按：范崇高言："新木"同"薪木"，即柴木，和"雜木"一樣是材質不佳的樹木。《冥報記》卷下作"薪柴不（木）"，《太平廣記》卷一一五"張法義"引《珠林》作"薪木"。此處似"新木"為原文。②

1148. 法義至一曹，見官人遙責使者曰：是華州張法義也。本限三日至，何因乃淹七日？使者云：法義家狗惡，兼有祝師祝神見打甚困。袒而示背，背青腫。（冊六，87/2588/8）

按：范崇高言："是華州張法義也"在此非判斷句，其意為"這個華州張法義"，作"本限三日至"的主語；"也"在主謂之間作一延宕，起到提示強調的作用。故此句後的句號當改為逗號。③

1149. 官曰：稽過多笞，與杖二十。言杖亦畢，血流灑地。（冊六，87/2588/10）

按：范崇高言："言杖亦畢"不通。《冥報記》卷下作"言畢亦畢"，《太平廣記》卷一一五"張法義"引《法苑珠林》作"言訖，杖亦畢"。"言"後當據補一"畢"字，以足語意。④

1150. 判官召主典，取法義案。案簿甚多，盈一牀。主典對法義前披

---

① 范崇高：《〈法苑珠林〉文本整理商議》，四川大學出版社2018年版，第288頁；又見於范崇高《〈法苑珠林〉校注拾補》，《內江師範學院學報》2011年第1期。
② 范崇高：《〈法苑珠林〉文本整理商議》，四川大學出版社2018年版，第290頁；又見於范崇高《〈法苑珠林〉引〈冥報記〉校點補正》，《內江師範學院學報》2017年第9期。
③ 范崇高：《〈法苑珠林〉文本整理商議》，四川大學出版社2018年版，第290頁；也見於范崇高《〈法苑珠林〉引〈冥報記〉校點補正》，《內江師範學院學報》2017年第9期。
④ 范崇高：《〈法苑珠林〉文本整理商議》，四川大學出版社2018年版，第290頁；也見於范崇高《〈法苑珠林〉引〈冥報記〉校點補正》，《內江師範學院學報》2017年第9期。

檢云：案簿多先朱勾畢。有未朱勾者，則錄之曰……始錄一條，即見昔巖穴中僧來。判官起迎問：何事？僧曰：張法義是貧道弟子，其罪並懺悔訖滅除，天曹案中已勾畢。今枉追來，不合死。（冊六，89/2589/1）

按：范崇高言："案簿多先朱勾畢"不是主典之言，而是敘述之語，"披檢云"當據《冥報記》卷下作"披檢之"，文中應點校為"主典對法義前披檢之。案簿多先朱勾畢，有未朱勾者，則錄之曰"①。

1151. 隴西王博叉與法義鄰近，委之。王為臨說。（冊六，87/2590/1）

按：范崇高言：博叉，當作"博乂"。隴西王博乂，傳記見《舊唐書》卷六十《宗室列傳》。《冥報記》卷下"張法義"亦作"博乂"②。

---

① 范崇高：《〈法苑珠林〉文本整理商議》，四川大學出版社2018年版，第290頁；也見於范崇高《〈法苑珠林〉校注拾補》，《內江師範學院學報》2011年第1期。

② 范崇高：《〈法苑珠林〉文本整理商議》，四川大學出版社2018年版，第290頁；也見於范崇高《〈法苑珠林〉引〈冥報記〉校點補正》，《內江師範學院學報》2017年第9期。

《法苑珠林》卷九十校勘研究

1152. 身嘗行經青溪廟前過，因入廟中看。暮歸夢一婦人來語云：君當來作我廟中神不？復夕，曇遂夢問婦人是誰？婦人云：我是青溪中姑。（冊六，90/2613/5）

按：范崇高言："復夕"不辭。今本《搜神後記》卷五以及《太平廣記》卷二九四引，"夕"皆作"久"，以"不復久"為句，可從。"不復久"指時間不長。①

1153. 如此一月許，便卒。病臨死，謂同學年少：我無福，亦無大罪。死乃當作青溪廟神。諸君行便，可見看之。（冊六，90/2613/7）

按：范崇高言："病臨死"為一句，則"病"字唐突，在前文中沒有依託。實則此處"病"字當屬上句，"卒"通"猝"，"卒病"猶如說暴病。②

1154. 臨去云：久不聞唄，思一聞之。其伴慧觀便為作唄訖。其猶唱讚語云：岐路之訣，尚有悽慘；況此之乖，形神分散。窈冥之歎，情何可言。既而歔欷，悲不自勝。（冊六，90/2613/7）

按：范崇高言："臨去"的主語是諸年少道人，"云"的主語是竺曇遂，因而"臨去"後當用逗號點斷。文中"唱讚"是對慧觀誦完經的回應，後面當用句號；"語云"後並非對佛主的讚頌之語，而是感歎與眾伴

---

① 范崇高：《〈法苑珠林〉文本整理商議》，四川大學出版社2018年版，第290頁；也見於范崇高《〈法苑珠林〉校注拾補》，《內江師範學院學報》2011年第1期。

② 范崇高：《〈法苑珠林〉文本整理商議》，四川大學出版社2018年版，第292頁；也見於范崇高《〈法苑珠林校注〉標點商兌》，《古籍整理研究學刊》2016年第5期。

生死相隔，當另起一句。故此段中間部分應標點為："其伴慧觀便為作唄，訖，其猶唱贊。語云……"①

1155. 宋沙門智達者，益州索寺僧也。行頗流俗而善經唄。年二十三。宋元徽三年六月病死，身暖不殮。遂經二日穌還，至三日旦而能言視。（冊六，90/2613/10）

《校注》："'穌'字原作'稍'，據《高麗藏》本改。"

按：范崇高言："穌還"，唐懷信《釋門自鏡錄》卷上作"氣息稍還"，唐惠詳《弘贊法華傳》卷九作"入息稍還"，《珠林》所記文字有脫漏，致使文意不清，未可輕易據《高麗藏》本改。②

1156. 堂上有一貴人，朱衣冠幘，據牀傲坐，姿貌嚴肅，甚有威容。（冊六，90/2614/4）

《校注》："'肅'字原作'遠'，據《高麗藏》本、《磧砂藏》本、《南藏》本、《嘉興藏》本改。"

按："據牀傲坐"，范崇高言：當據《大正藏》本、《中華藏》本作"據傲牀坐"。"據傲"即是"倨傲"，傲慢之義。又"姿貌嚴肅"句，范崇高言："嚴肅"，當作"嚴遠"。"嚴肅而使人敬畏"之義。③

1157. 二人引達將去。行數十里，稍聞轟蘯，鬧聲沸火，而前路轉闇。（冊六，90/2614/8）

按：范崇高言："沸火"，當據唐懷信《釋門自鏡錄》卷上、唐惠詳《弘贊法華傳》卷九作"沸天"。"沸天"，聲音喧鬧之義。④

1158. 說初亡時，見兩人驅將去，使輦米，伴輦可有數千人，晝夜無休息。（冊六，90/2615/11）

按：范崇高言："伴輦"，當是"伴輩"之形誤。"伴輩"是同義並

---

① 范崇高：《〈法苑珠林〉文本整理商議》，四川大學出版社2018年版，第290頁；也見於范崇高《〈法苑珠林〉校注拾補》，《內江師範學院學報》2011年第1期。
② 范崇高：《〈法苑珠林〉文本整理商議》，四川大學出版社2018年版，第294頁。
③ 范崇高：《〈法苑珠林〉文本整理商議》，四川大學出版社2018年版，第295頁。
④ 范崇高：《〈法苑珠林〉文本整理商議》，四川大學出版社2018年版，第295頁。

列複合詞，意思是同伴、同類。①

"使輩米"語義費解，"米"當是"來"之形誤。當據《大正藏》本作"使輩來"。

---

① 范崇高：《〈法苑珠林〉文本整理商議》，四川大學出版社2018年版，第296頁。

《法苑珠林》卷九十一校勘研究

1159. 我龍法有五事苦。何等為五？謂生時、眠時、淫時、瞋時、死時。一日之中，三過皮肉落地，熱沙燻身。（冊六，91/2620/13）

《校注》："'燻'字原作'薄'，據《高麗藏》本改。"

按：范崇高言："熱沙薄身"的"薄"義自可通，不煩改。"薄"有附著、緊貼義。①

1160. 鷹求像未獲，泝江西上，暫息林間。遇見婆羅門僧持此像行曰：欲往徐州與吳蒼鷹供養。鷹曰：必如來言，弟子是也。便付像，將還至京，詔令摸取十軀，皆足下施銘，而人莫辨新舊，任鷹採取。（冊六，91/2624/5）

《校注》："'採'字，《高麗藏》本作'探'。"

按：范崇高言："摸取"，當據唐道宣《集神州三寶感通錄》卷中作"模取"，又"採取"，當據《大正藏》本、《中華藏》本作"探取"②。

1161. 會畢，有人稱銓信與凝相聞。言：感君厚惠，事始獲宥。言已失去，於是而絕。（冊六，91/2625/6）

按：范崇高言："信"指信使，其後當用逗號點斷；"相聞"指傳達資訊，後面應改用逗號。③

1162. 寶本事鑒為和上，既聞此語，望得參話，希展上流，整衣將起。咨諸僧曰：鑒是寶和上。諸僧直視，忽隱寺所。（冊六，91/2626/6）

---

① 范崇高：《〈法苑珠林〉文本整理商議》，四川大學出版社2018年版，第297頁。
② 范崇高：《〈法苑珠林〉文本整理商議》，四川大學出版社2018年版，第298頁。
③ 范崇高：《〈法苑珠林〉文本整理商議》，四川大學出版社2018年版，第299頁，又見於范崇高《〈法苑珠林〉校注拾補》，《內江師範學院學報》2011年第1期。

《校注》：" '咨'字，《高麗藏》本作'荅'。"

按：范崇高言："咨"有"告語、禀告"義，《高麗藏》本作"荅"詞義有別，不可採納。①

1163. 既得王已，詐作王書，語得叉人云：駒那羅有大罪過，急挑眼出。詐作書已竟，向王眠睡，偷王齒印。（冊六，91/2639/3）

按：范崇高言："向王眠睡"不通，當據西晉安法欽譯《阿育王傳》卷三作"伺王眠睡"，"伺"等候之義。②

1164. 時駒那羅王荅婦：我等自造，今日受之。恩愛會離，何用啼為。（冊六，91/2640/5）

《校注》："'啼'字下，《高麗藏》本有'哭'字。"

按：范崇高言："何用啼為"是中古漢語中習見的反問句式，所以句末當用問號。③

1165. 晉時庾亮誅陶稱後，咸康五年冬節，會文武數十人，忽然悉起，向階拜揖。庾驚問故，並云：陶公來。陶公是稱父倡也。（冊六，91/2651/5）

按：范崇高言：古時節日筵會稱為"節會"，如漢王粲《英雄記·公孫瓚》："公孫瓚與諸屬郡縣每至節會，屠牛作脯，每酒一觴，致脯一豆。"故前段當標點為"晉時庾亮誅陶稱後，咸康五年冬節會，文武數十人忽然悉起，向階拜揖"④。

1166. 文宣同母弟常山王演本在并州，權勢甚重。因文宣山事，隨梓宮出鄴，以地望見疑，仍留為錄尚書事。（冊六，91/2652/4）

《校注》："'事'字，《太平廣記》引作'陵'。"

按：范崇高言："山事"費解。《太平廣記》卷一二〇引《還冤記》，末四句僅作"因文宣山陵，留為錄尚書事"，文字脫落較多，"山陵"也

---

① 范崇高：《〈法苑珠林〉文本整理商議》，四川大學出版社2018年版，第300頁。
② 范崇高：《〈法苑珠林〉文本整理商議》，四川大學出版社2018年版，第300頁。
③ 范崇高：《〈法苑珠林〉文本整理商議》，四川大學出版社2018年版，第301頁。
④ 范崇高：《〈法苑珠林〉文本整理商議》，四川大學出版社2018年版，第301頁；又見於范崇高《〈法苑珠林校注〉商議》，《古籍整理研究學刊》2014年第1期。

不詳何指，疑"山事"乃"凶事"之誤。①

1167. 陳武帝霸先既害梁大司馬王僧辯，次討諸將。義興太守韋載，黃門郎放第四子也，為王公固守。陳主頻遣攻圍，不克。（冊六，91/2653/5）

《校注》："'韋載'，《太平廣記》引作'韋戴'。"

按：范崇高言："韋載"，《梁書·敬帝本紀》《陳書·高祖本紀》《南史·梁本紀下》《南史·陳本紀上》《資治通鑒》卷一六六均作"韋載"，《太平廣記》作"韋戴"有誤。②

---

① 范崇高：《〈法苑珠林〉文本整理商議》，四川大學出版社2018年版，第302頁。
② 范崇高：《〈法苑珠林〉文本整理商議》，四川大學出版社2018年版，第302頁。

《法苑珠林》卷九十二校勘研究

1168. 為半錢債，而失四錢，兼有道路疲勞之困。所債甚少，所失極多，果被眾人之所怪笑。（冊六，92/2659/1）

按：范崇高言："疲勞之困"，當據《百喻經》卷一作"疲勞乏困"，"之"為"乏"之形誤字。①

1169. 云何似羊？猶如有人受人供養，便自食噉，起染著心，不知惡道而自貢高。（冊六，92/2659/6）

按："惡道"於此欠通順，范崇高言：當據《增一阿含經》卷十一作"要道"，"要""惡"形近而誤。"出要"，或稱作"出離生死之要道"，佛教用以指出離生死以求解脫的重要道理或方法。②

1170. 迦葉，入聚落時，不礙、不縛、不取。欲得利者求利，欲得福者求福，如自己得利，歡喜亦復同之。如手空中轉，無礙無繫縛。（冊六，92/2659/10）

《校注》："'手'字，《高麗藏》本作'毛'。"

按：范崇高言："迦葉"後的逗號應刪去。此處佛並非呼叫"迦葉"，而是以迦葉入聚落為例，《毗尼母經》卷六在"迦葉"前有"諸比丘"，前文還有"諸比丘，汝等攝心入聚落時，如迦葉入聚落行也""諸比丘，迦葉入聚落時，終不生如此等念"等，可證佛呼告的對象是諸比丘。又"手"，不誤，《高麗藏》本作"毛"不可取，無煩列為異文。③

---

① 范崇高：《〈法苑珠林〉文本整理商議》，四川大學出版社2018年版，第307頁。此條范崇高《〈法苑珠林〉文本整理商議》誤將此條收入卷九十四商議。
② 范崇高：《〈法苑珠林〉文本整理商議》，四川大學出版社2018年版，第303頁。
③ 范崇高：《〈法苑珠林〉文本整理商議》，四川大學出版社2018年版，第304頁。

1171. 見已驚怖，復更前進，在路遙見林樹榮茂，可樂往趣。入林見五百仙人遊止林間。（冊六，92/2666/3）

按：王東言："在路遙見林樹榮茂，可樂往趣。入林見五百仙人遊止林間。"句讀有誤，應斷作："在路遙見林樹榮茂可樂，往趣入林，見五百仙人遊止林間。"①

---

① 王東：《〈法苑珠林校注〉補正》，《宗教學研究》2010年第2期。

《法苑珠林》卷九十三校勘研究

1172. 因莎伽陀名聲流布，諸人皆作食，傳爭請之。（冊六，93/2688/1）

按：吳建偉言："食"後逗號應刪，即"因莎伽陀名聲流布，諸人皆作食傳，爭請之。"①范崇高則認為：此處標點不誤。"傳"非指"傳舍"，而是"輪流"之義，"傳"就是"遞"，輪流之意；"傳坐"猶言輪流做東。"諸人皆作食，傳爭請之"意思是大家都備辦飲食，輪流爭著請莎伽陀。②

1173. 過向寺中，爾時酒勢便發，近寺門邊，不覺倒他。僧伽梨衣、漉水囊、缽杖等各在一處，身在一處，醉無所覺。（冊六，93/2688/3）

按：王東言："不覺倒他"當作"不覺倒地。"③

1174. 時斑足王有二夫人：一是王種，二是婆羅門種。斑足出遊，勸二夫人隨我後往。誰先到者，當與一日極相娛樂。其墜後者，吾不見之。（冊六，93/2702/2）

按：范崇高言："勸二夫人"後當用冒號，後面均為斑足王說的話。又"其墜後者"之"墜"，當據北魏慧覺等譯《賢愚經》卷十一原作"隨"④。

1175. 王得食之，覺美倍常。即問廚監：由來食肉，未有斯美。此是

---

① 吳建偉：《〈法苑珠林校注〉標點疑誤補舉》，《古籍整理研究學刊》2015 年第 6 期。
② 范崇高：《〈法苑珠林校注〉標點商正》，《古籍研究》2018 年第 1 期。
③ 王東：《〈法苑珠林校注〉拾零》，《鄭州大學學報》2009 年第 4 期。
④ 范崇高：《〈法苑珠林〉文本整理商議》，四川大學出版社 2018 年版，第 305 頁。

何肉？厨監惶怖，腹拍王前：若王原罪，乃敢實說。（冊六，93/2702/11）

《校注》："'腹拍王前'，《高麗藏》本作'復白王言'。"

按：范崇高言："腹拍王前"是，"腹拍"就是"以腹觸地"[①]。

---

① 范崇高：《〈法苑珠林〉文本整理商議》，四川大學出版社2018年版，第306頁。

《法苑珠林》卷九十四校勘研究

1176. 飲訖告退，老公送元寶出，云：後會難期，以為淒恨，別甚殷勤。老公還入。元寶不復見其門巷，但見高崖對水，淥波東傾。（冊六，94/2706/10）

按：范崇高言："別甚殷勤"意思是分別時情意非常濃厚，不能作為老翁之語。"老翁還入"是下文承接之句，後面不該用句號。故此段可標點為："老翁送元寶出，云：後會難期，以為淒恨。別甚殷勤。老翁還入，元寶不復見其門巷……"①

1177. 弱年好學，篤志墳素。事道安為師，解悟非常。（冊六，94/2707/2）

《校注》："素"字原作"典"，據《高麗藏》本改。

按："墳典"可通，《校注》不煩據改。"墳典"乃三墳、五典的並稱，後轉為古代典籍的通稱，佛經中亦常見其用例。如隋智顗說《妙法蓮華經玄義》卷八："天文地理，八卦五行，世間墳典，孝以治家，忠以治國。"明如卺續集《緇門警訓》卷七："墳典尤宜博學。稍知今古。方解為人。"宋志盤撰《佛祖統紀》卷二十六："尚情高逸酷耆墳典。雖耕鋤猶帶經不釋。"梁慧皎撰《高僧傳》卷一："吾積學多年，浪志墳典，遊刃經籍，義不再思，文無重覽。"

1178. 還京奏事畢，然後聽命可乎？鬼許之。於是晝則同行，夜便同宿。（冊六，94/2713/3）

---

① 范崇高：《〈法苑珠林〉文本整理商議》，四川大學出版社2018年版，第307頁；又見於范崇高《〈法苑珠林校注〉標點商兌》，《古籍整理研究學刊》2016年第5期。

《校注》："便"字原作"則"，據《高麗藏》本改。

按：作"則"，亦可，《校注》不煩據改。《法苑珠林》元本、明本亦作"則"。"則"作副詞時，相當於"就"。此句是說白天就和鬼一起出行，夜晚就和鬼一起就寢。原作"則"于文意可通。

1179. 口云：初有兩人，並著赤衣，門前召出之。有上符遣追，便即隨去。（冊六，94/2713/10）

按：范崇高言："門前召出之"，當據《太平廣記》卷一零九作"門前召出云"①。

1180. 又語其姊曰：兒小時患漆，遂殺一螃蟹取汁，塗瘡得差。（冊六，94/2717/1）

《校注》："'患漆'，《南藏》本、《嘉興藏》本作'患染'，《太平廣記》引作'染患'。"

按：范崇高言：此處當以作"患漆"為是。相傳螃蟹有化漆為水的功效，故古代常用螃蟹汁治漆瘡。②

1181. 肉中現有折刀七枚。願姊慈念，為作功德救助。（冊六，94/2717/1）

《校注》："'念'，字原作'流'，據《高麗藏》本改。"

按：范崇高言："慈念"，當作"慈流"，不必校改。"慈流"有推愛及人、發慈悲之義。③

1182. 知姊煎迫，交不濟辦。但隨身衣服，無益死者，今並未壞，請以用之。（冊六，94/2717/2）

按：范崇高言："交不濟辦"句意難解，當從《金剛般若經集驗記》卷中作"卒不濟辦"。"濟辦"謂把事辦好。④

1183. 若有惡比丘導毘尼教中聽食魚肉，聽著蠶衣者，此是魔說。（冊六，94/2718/1）

按：范崇高言："導"，當從《大正藏》本、《高麗藏》本作"遵"。

---

① 范崇高：《〈法苑珠林〉文本整理商議》，四川大學出版社2018年版，第308頁。
② 范崇高：《〈法苑珠林校注〉商議》，《古籍整理研究學刊》2014年第1期。
③ 范崇高：《〈法苑珠林〉文本整理商議》，四川大學出版社2018年版，第310頁。
④ 范崇高：《〈法苑珠林〉文本整理商議》，四川大學出版社2018年版，第310頁。

"導",說也。①

1184. 武德初年遇患，死經四日而蘇。（冊六，94/2729/10）

按：此句句讀有誤，"死"當屬上，正當作"武德初年遇患死，經四日而蘇。"《法苑珠林》大正藏本、日佐佐木憲德輯《冥報記輯書》卷二、《太平廣記》卷三百八十六、清徐昌治輯《醒世錄》卷八均記此事，且"死"字俱屬上句。整句意為"武德初年患病而死，四天后卻蘇醒過來。"

---

① 范崇高：《〈法苑珠林〉文本整理商議》，四川大學出版社2018年版，第311頁。

《法苑珠林》卷九十五校勘研究

1185. 費少而敬信，誦《法華經》數年，勤至不倦。後忽得病苦，心痛守命。闔門惶懼，屬纊待時。（冊六，95/2749/6）

按：范崇高言："苦"在文中是動詞，指"受……苦"，應連下為句。"苦心痛守命"一句意即困於心痛，僅得保命。①

1186. 其後兒女在靈前哭，忽見其母臥靈牀上，貌如平生。諸兒號感，奄然而滅。（冊六，95/2749/12）

《校注》："'感'字，《太平廣記》引作'戚'。"

按：范崇高言："號感"猶言哀號想念，是哀悼追思尊長之語，"號戚"不可取。②

1187. 僧達云：汝當革心為善，歸命佛法，歸命比丘僧。受此三歸，可得不橫死。（冊六，95/2750/11）

按：王東言："歸命佛法"一句中"佛"與"法"之間應斷開，故該應作"歸命佛、法"。佛教中"三歸"之說，如《長阿含經》卷十七"第三分沙門果經"第八："王聞佛教已，又白佛言，我今再三歸依佛、歸依法、歸依僧。"③

1188. 聞空中告曰：汝願已足，必得往生。無病而卒，八十餘矣。（冊六，95/2752/7）

---

① 范崇高：《〈法苑珠林〉文本整理商議》，四川大學出版社2018年版，第312頁；又見於范崇高《〈法苑珠林校註〉標點舉誤》，《成都大學學報》2017年第5期。

② 范崇高：《〈法苑珠林〉文本整理商議》，四川大學出版社2018年版，第313頁；又見於范崇高《〈法苑珠林校注〉校勘商酌》，《成都大學學報》2016年第6期。

③ 王東：《〈法苑珠林校注〉拾零》，《鄭州大學學報》2009年第4期。

《校注》："出《集神州三寶感通錄》卷下，又《太平廣記》卷二零九引。"

按：范崇高言："此段見《太平廣記》卷一零九，《校注》作'二零九'不確。"[1]

1189. 故經云：病之良藥，斯言驗矣。（右二驗出《冥報拾遺》）（冊六，95/2753/6）

按：范崇高言："'右二驗'，當從《大正藏》本、《中華藏》本、《磧砂藏》本、《清藏》本、《四庫》本作'右一驗'"[2]。

---

[1] 范崇高：《〈法苑珠林〉文本整理商議》，四川大學出版社2018年版，第313頁。
[2] 范崇高：《〈法苑珠林〉文本整理商議》，四川大學出版社2018年版，第313頁。

《法苑珠林》卷九十六校勘研究

1190. 是三王子,於園遊戲,漸到竹林,憩駕止息。第一王子作如是言:我於今日心甚怖懼。於是林中,將無衰損。(冊六,96/2756/8)

《校注》:"'懼'字原作'懅',據《高麗藏》本改。"

按:范崇高言:"怖懅"不誤,不煩改。"懅"本有懼怕義,是"遽"的後起俗字,漢譯佛經中多有,宋代字書中始收錄此字。①

1191. 或作大龜大鱉救人水難,或作大魚肉山施饑拔苦。(冊六,96/2764/4)

《校注》:"拔"字原作"救",據《高麗藏》本、《磧砂藏》本、《南藏》本改。

按:"救"亦可,《校注》不煩改。"救"意為"援助;救護,使脫離災難或危險。"《廣雅·釋詁二》:"救,助也。"《廣韻·宥韻》:"救,護也。"《詩·邶風·谷風》:"凡民有喪,匍匐救之。"孔穎達疏:"救,謂營護凶事,若有賵贈也。"《漢書·蒯通傳》:"一日數戰,無尺寸之功,折北不救。"顏師古注:"不救,謂無援助也。"作"救"于文意可通。

1192. 甯封子,黃帝時人也。世傳為黃帝陶正。有人過之,為其掌火,能出入五色煙,久則以教封子。封子積火自燒,而隨煙上下,視其炭燼,猶有其骨。(冊六,96/2766/1)

按:范崇高言:"能出入五色煙"的"入"為衍字。"能出五色煙"

---

① 范崇高:《〈法苑珠林〉文本整理商議》,四川大學出版社2018年版,第315頁;又見於范崇高《〈法苑珠林校注〉商議》,《古籍整理研究學刊》2014年第1期。

是古代得道神人的異術。①

1193. 其後旬有四日，瑜房中生雙桐樹，根枝豐茂，巨細相如，貫壤直聳，遂成奇樹理。識者以為娑羅寶樹，克炳泥洹。（冊六，96/2767/7）

按：范崇高言："理識者"應連文，指有見識的人。"理識"為"見識、見解"義。②

1194. 其德可樂，其操可責。（冊六，96/2767/11）

按："其操可責"，語義費解，正當從《法苑珠林》大正藏本作"其操可貴"。"責""貴"兩字形近而訛。《法苑珠林》諸版本此處皆作"其操可貴"，且無異文。此則故事引自《高僧傳》，原經此處正作"其操可貴"。唐僧詳《法華傳記》卷十、宋宗曉編《法華經顯應錄》卷一、明梅鼎祚輯《釋文紀》卷十五引此句皆作"其操可貴"，可參。

1195. 其德可樂，其操可責。文之作矣，或颺髣髯。（冊六，96/2767/11）

《校注》："'或'，《高僧傳》作'式'。"

按：王東言："或颺髣髯"中"或"字當為"式"字之訛。"式"為"楷式""永式""儀則""範式"等意，意思是說釋僧瑜的文章可以作為後世之"範式""楷式"③。

1196. 乃答曰：微軀賤命，何足上留天心？聖慈同己者，願度世人出家。（冊六，96/2768/10）

按：王東言："微軀賤命，何足上留天心？聖慈同己者"應該斷句為"微軀賤命，何足上留。天心聖慈同己者"。意思是說："我身體和性命微賤，有什麼值得皇帝您挽留的呢？皇帝您聖慈之心無極，願度世人出家。"《高僧傳》"宋京師竹林寺釋慧益"正作"微軀賤命，何足上留。天心聖慈罔已者"。④

1197. 嘗隨伴捕魚，得己分者，用投諸水。謂伴曰："殺非好業。我

---

① 范崇高：《〈法苑珠林〉文本整理商議》，四川大學出版社2018年版，第315頁。
② 范崇高：《〈法苑珠林〉文本整理商議》，四川大學出版社2018年版，第316頁；又見於范崇高《〈法苑珠林校註〉標點舉誤》，《成都大學學報》2017年第5期。
③ 王東：《〈法苑珠林校注〉拾零》，《鄭州大學學報》2009年第4期。
④ 王東：《〈法苑珠林校注〉補正》，《宗教學研究》2010年第2期。

今舉體皆現生瘡，誓斷獵矣。"遂燒其獵具。時獵首領數百人，共築池塞，資以養魚。崖率眾重往彼觀望，忽有異蛇，長一尺許，頭尾皆赤，須臾長大，乃至丈餘，圍五六尺。獵眾奔散。蛇便趣水，舉尾入雲，赤光遍野，久久乃滅。（冊六，96/2770/5）

《校注》："'獵'字原作'獠'，據《唐高僧傳》改。"

按：王紹峰認為：校訂本兩處"獵"字中，"時獵首領數百人"中的"獵"，當作"獠"，《續高僧傳》諸本皆作"獠"。"獠"是中國古代少數民族之一。①

1198. 時獵首領數百人，共築池塞，資以養魚。崖率眾重往彼觀望，忽有異蛇。（冊六，96/2770/6）

《校注》："眾重"，《唐高僧傳》作"家僮"。

按："崖率眾重往彼觀望"中"眾重"，當據《唐高僧傳》作"家僮"。《古今圖書集成選輯·神異典》卷一三九引有此句，亦作"家僮"。"眾重""家僮"，蓋因形近而誤。

1199. 曾於一家將欲受戒，無何，笑曰：將捨寶物，生疑慮耶？眾相推問，有楊氏婦欲施銀釵，恐夫責及，因決捨之。（冊六，96/2773/1）

按：范崇高言："無何"後不應點斷。"無何"在此不是表示時間短暫，而是表示無緣無故之意。"無何笑"即指僧崖在眾人皆不覺可笑時沒來由地笑，顯示其獨可感知楊氏婦有疑慮的異相。清劉淇《助字辨略》卷二："諸無何並是無故之辭，無故猶云無端，俗云沒來由是也。"②

1200. 獵者驚曰：汝在益州已燒身死，今那在此？崖曰：誰道許詑人耳？汝能燒身不？射獵得罪也，汝當勤力作田矣。便爾別去。（冊六，96/2775/2）

按：范崇高言："誰道許詑人耳"句難明其意，當標點為："誰道

---

① 王紹峰：《〈法苑珠林校注〉商補》，《寧波大學學報》2012年第5期。
② 范崇高：《〈法苑珠林〉文本整理芻議》，四川大學出版社2018年版，第317頁；又見於范崇高《〈法苑珠林校註〉標點舉誤》，《成都大學學報》2017年第5期。

— 394 —

許？誆人耳！"猶如今言："誰說的？騙人罷了！""許"用作語助詞，可以置於名詞、代詞等之後而無實義，相當於現代表示領屬關係的"的"①。

---

① 范崇高：《〈法苑珠林〉文本整理商議》，四川大學出版社2018年版，第317頁；又見於范崇高《〈法苑珠林校注〉標點舉誤》，《成都大學學報》2017年第5期。

《法苑珠林》卷九十七校勘研究

1201. 又《俱舍》：小乘師有四釋不同……（冊六，97/2798/7）

按：吴建偉言："又《俱舍》"後冒號或應删，即"又《俱舍》小乘師有四釋不同……"《俱舍論》為小乘佛學的代表性佛典，依《俱舍論》而立之小乘宗派稱為俱舍宗，其學者被稱為俱舍師。[1]

1202. 年少時，嘗得病臨死，謂其母曰：我死當復生，埋我以竹杖，拄我瘞上。若杖拔，掘出我。及死埋之，拄如其言。七日往視之，杖果拔出。即掘屍出活。（冊六，97/2802/7）

按：范崇高言："埋我以竹杖，拄我瘞上"當斷句為"埋我，以竹杖拄我瘞上"。介賓結構"以竹杖"不是作"埋"的補語，而是作"拄"的狀語。"拄"有"抵住"義，引申而有"插入"義。[2]

1203. 漢杜錫家葬，而婢誤不得出。後十餘年開塚附葬，而婢尚生。其始如瞑，有頃漸問之，自謂當一再宿耳。（冊六，97/2804/3）

按："有頃漸問之"，范崇高言當據《搜神記》卷十五、《晉書五行志》《宋書五行志》《藝文類聚》卷三五等作"有頃漸覺，問之"[3]。

1204. 暢聞涵至門前，起火手持刀，魏氏把桃杖拒之：汝不須來。吾非汝父，汝非我子。（冊六，97/2805/1）

按："暢聞涵至門前，起火手持刀"，王東言：當句讀為"暢聞涵至，

---

[1] 吴建偉：《〈法苑珠林校注〉標點疑誤補舉》，《古籍整理研究學刊》2015 年第 6 期。

[2] 范崇高：《〈法苑珠林〉文本整理商議》，四川大學出版社 2018 年版，第 319 頁；又見於范崇高《〈法苑珠林校注〉補議》，《成都大學學報》2013 年第 3 期。

[3] 范崇高：《〈法苑珠林〉文本整理商議》，四川大學出版社 2018 年版，第 319 頁。

《法苑珠林》卷九十七校勘研究

門前起火，手持刀"①。

1205. 涵謂曰：作柏棺，勿以桑木為楔。人問其故。涵曰：吾在地下見發鬼兵，有一鬼稱是柏棺，應免兵主。吏曰：你雖柏棺，桑木為楔。遂不免兵。（冊六，97/2805/4）

按：范崇高言："應免兵主"不通，當標點為"應免兵。主吏曰……""免兵"指免除兵役。②

1206. 須臾奴子外來，云：郎求鏡。婦以奴詐，乃指牀上以示奴。奴云：適從郎處來。於是馳白其夫。（冊六，97/2809/3）

《校注》："'處'字原作'聞'，據《高麗藏》本改，《搜神後記》作'間'。"

按：范崇高言："處"，《法苑珠林》各本異文或作"聞"，是"間"之形誤字。"間"在六朝時可以表示處所，意思猶"處、那裡"③。

1207. 慮是其魂神，不敢驚動。乃共以手徐徐撫牀，遂冉冉入席，漸漸消滅。夫婦惋怖如此。少時夫得病，性理乖錯，於是終卒。（冊六，97/2809/5）

按：范崇高言：文中"如此少時"當為一句，猶言"此後不久"。文中"如此"後的時間詞語不表示某一事件延續的時長，而是指某一事件結束後經歷的時間。④

1208. 宋時有諸生遠學，其父母然火夜作。兒至前歎息曰：今我但魂歸耳，非復生人。父母問之，兒曰：此月初病，以今日某時亡。今在瑯瑘任子成家，明日當殮，來迎父母。父母曰：去此千里，雖復願到，那得及汝？兒曰：外有車乘，去自得至耳。（冊六，97/2809/7）

《校注》："'願到'原作'顛倒'，據《高麗藏》本改。"

按：范崇高言：原作"顛倒"不誤，改為"願到"實不可取。"願

---

① 王東：《〈法苑珠林校注〉拾零》，《鄭州大學學報》2009年第4期。
② 范崇高：《〈法苑珠林〉文本整理商議》，四川大學出版社2018年版，第320頁；又見於范崇高《〈法苑珠林校注〉標點商兌》，《古籍整理研究學刊》2016年第5期。
③ 范崇高：《〈法苑珠林〉文本整理商議》，四川大學出版社2018年版，第320頁。
④ 范崇高：《〈法苑珠林〉文本整理商議》，四川大學出版社2018年版，第321頁；又見於范崇高《〈法苑珠林校注〉標點商兌》，《古籍整理研究學刊》2016年第5期。

倒"在此指"急速而往"①。

1209. 有一人訴成云：毀破某屋。王遣使檢之。報云：是實。成曰：成犁地，不覺犁破其塚，非故然也。王曰：汝雖非故，心終為不謹耳。遂令人杖其腰七下。（冊六，97/2811/1）

按：范崇高言："心"當屬上句，"故心"在此意思是"本意"②。

---

① 范崇高：《〈法苑珠林〉文本整理商議》，四川大學出版社2018年版，第322頁；又見於范崇高《〈法苑珠林校注〉拾補》，《內江師範學院學報》2011年第1期。
② 范崇高：《〈法苑珠林〉文本整理商議》，四川大學出版社2018年版，第322頁；又見於范崇高《〈法苑珠林校注〉補議》，《成都大學學報》2013年第3期。

《法苑珠林》卷九十八校勘研究

1210. 當供養時，作如是誓：願我未來破壞佛法。（冊六，98/2822/1）

按：王東云："誓願"當連讀，為一詞，中古屢見，還如《高僧傳》："安每與弟子法遇等，於彌勒前立誓願生兜率。"故上句作"當供養時，作如是誓願：我未來破壞佛法。"①

1211. 西方有王名鉢羅婆，北方有王名耶婆那，南方有王名非釋迦，東方有王名兒沙羅，此之四王皆多眷屬，殺害比丘，破壞塔寺，四方盡亂。（冊六，98/2833/8）

按：范崇高言："兒沙羅"，當據南宋求那跋陀羅譯《雜阿含經》卷二五、南朝梁僧祐《釋迦譜》卷五、《經律異相》卷六作"兜沙羅"②。

1212. 時有菩薩精進修德者，眾魔比丘咸共嫉之，誹謗揚惡，擯黜驅遣，不令得住。自共於後，不修道德。寺廟空荒，不復修理，展轉毀壞。（冊六，98/2834/10）

《校注》："'共'字，《高麗藏》本作'此'。"

按：范崇高言：南朝宋失譯人名《法滅盡經》、梁僧祐《釋迦譜》卷五、《經律異相》卷六皆作"共"。"自共""各自一同"之義，作"此"不可取。③

1213. 即御四兵，攻鷄雀寺。寺有二石師子，號吼動地。王大驚怖，

---

① 王東：《〈法苑珠林校注〉拾零》，《鄭州大學學報》2009 年第 4 期。
② 范崇高：《〈法苑珠林〉文本整理商議》，四川大學出版社 2018 年版，第 324 頁。
③ 范崇高：《〈法苑珠林〉文本整理商議》，四川大學出版社 2018 年版，第 324 頁。

退走入城。人民看者,嗟泣盈路。王益忿怒,自不敢入。驅逼兵將,詐行死害。就令勤與呼攝七眾一切集會。(冊六,98/2837/4)

按:"就令",范崇高言當作"趣令",催促之義。[1]

---

[1] 范崇高:《〈法苑珠林〉文本整理商議》,四川大學出版社 2018 年版,第 325 頁。

《法苑珠林》卷九十九校勘研究

1214. 有人語夫：卿婦羅剎，肉血為食。夫不信人。數數語之，夫心遂疑，意欲試之。夜臥揚出，齁聲如眠，婦謂定眠，竊起出城，詣於塚間。（冊六，99/2846/9）

按，王東云："夜臥揚出，齁聲如眠"中的"夜臥揚出"頗費解，當依《修行道地經》作"夜佯臥，出齁聲如眠"[1]。范崇高則認為：此處文字確實當據《修行道地經》校改，但應標點為"夜佯臥出，齁聲如眠"。"臥出"意思是"熟睡"，是佛經中的慣用詞語。[2]

---

[1] 王東：《〈法苑珠林校注〉拾零》，《鄭州大學學報》2009年第4期。
[2] 范崇高：《〈法苑珠林〉文本整理商議》，四川大學出版社2018年版，第327頁；又見於范崇高《〈法苑珠林校注〉補議》，《成都大學學報》2013年第3期。

《法苑珠林》卷一百校勘研究

1215. 或合藏騰於天府，或單瑞於王臣。或七難由之獲銷，或二求因之果遂。斯徒眾矣，不述難聞。（冊六，100/2904/5）

《校注》："'單'字，《高麗藏》本作'呈'。"

按：范崇高言："單"，當據《集神州三寶感通錄》卷上、《大唐內典錄》卷十作"單部"[1]。

1216. 至宋元嘉十二年至廣州，刺史韋朗表聞，宋太祖遣信迎接。（冊六，100/2905/10）

《校注》："'韋'字，《高麗藏》本、《磧砂藏》本作'車'。"

按：范崇高言："韋朗"，當據《出三藏記集》《高僧傳》《開元釋教錄》卷五等作"韋朗"是，作"車朗"非是。[2]

---

[1] 范崇高：《〈法苑珠林〉文本整理商議》，四川大學出版社2018年版，第328頁。
[2] 范崇高：《〈法苑珠林〉文本整理商議》，四川大學出版社2018年版，第328頁。

參考文獻

蔡鏡浩：《魏晉南北朝詞語例釋》，江蘇古籍出版社1990年版。
常璩撰，劉琳校注：《華陽國志校注》，巴蜀書社1984年版。
陳洪：《佛教與中古小說》，學林出版社2007年版。
陳垣：《中國佛教史籍概論》，中華書局1962年版。
程毅中：《古小說簡目》，中華書局1981年版。
大正新修大藏經（53冊）：《法苑珠林》，臺北新文豐出版公司1983年影印。
戴侗撰，黨懷興、劉斌點校：《六書故》，中華書局2012年版。
丁福保：《佛學大辭典》，中國書店出版社2011年版。
丁福林：《宋書校議》，上海古籍出版社2002年版。
董志翹等：《〈經律異相〉校注》，巴蜀書社2018年版。
董志翹：《訓詁類稿》，四川大學出版社1999年版。
董志翹：《中古近代漢語探微》，中華書局2007年版。
董志翹：《中古文獻語言論集》，巴蜀書社2000年版。
段成式撰，方南生點校：《酉陽雜俎》，中華書局1981年版。
范崇高：《中古小說校釋集稿》，巴蜀書社2006年版。
方立天：《中國佛教文化》，中國人民大學出版社2006年版。
方一新：《東漢魏晉南北朝史書詞語箋釋》，黃山書社1997年版。
傅亮等撰，董志翹譯注：《觀世音應驗記三種》譯注，江蘇古籍出版社2002年版。
傅亮等撰，孫昌武點校：《觀世音應驗記》（三種），中華書局1994年版。
干寶撰，黃滌明譯注：《搜神全譯》，貴州人民出版社1991年版。

干寶撰，汪紹楹校注：《搜神記》，中華書局1979年版。

高國藩：《敦煌俗文化學》，上海三聯書店1999年版。

高麗大藏經（69—71冊）《法苑珠林》，線裝書局2004年影印版。

葛洪撰，邱鶴亭注譯：《神仙傳今譯》，中國社會科學出版社1996年版。

葛洪撰，王明校釋：《抱樸子內篇校釋》，中華書局1985年版。

葛洪撰，楊明照校箋：《抱樸子外篇校箋》，中華書局1991年版。

葛洪撰，中華書局編輯部：《西京雜記》，中華書局1985年版。

郭在貽：《訓詁叢稿》，上海古籍出版社1985年版。

韓非撰，陳秉才譯注：《韓非子》，中華書局2007年版。

韓海振：《宋版〈法苑珠林〉隨函音義字形研究》，碩士學位論文，河北大學，2014年。

洪邁撰，何卓點校：《夷堅志》，中華書局1981年版。

華學誠：《潛齋語文叢稿》，南京大學出版社1991年版。

華學誠：《揚雄方言校釋匯證》，中華書局2006年版。

黃征：《敦煌俗字典》，上海教育出版社2005年版。

慧覺等譯，溫澤遠等注譯：《賢愚經》，花城出版社1998年版。

雞冠子撰，黃懷信彙集：《雞冠子彙校集注》，中華書局2004年版。

吉迦夜，曇曜譯撰：《雜寶藏經》，陳引馳注譯，花城出版社1998年版。

江藍生，曹廣順：《唐五代語言詞典》，上海教育出版社1997年版。

江藍生：《魏晉南北朝小說詞語匯釋》，語文出版社1998年版。

蔣禮鴻：《敦煌變文字義通釋》，上海古籍出版社1988年版。

蔣禮鴻：《義府續貂》，中華書局1987年版。

康僧會譯，吳海勇注譯：《六度集經》，花城出版社1998年版。

郎餘令撰，方詩銘輯校：《冥報拾遺》，中華書局1992年版。

樂史撰，王文楚等點校：《太平寰宇記》，中華書局2013年版。

李昉等編，汪紹楹校注：《太平廣記》，中華書局1981年版。

李昉等：《太平御覽》，中華書局1960年版。

李復言撰，程毅中點校：《續玄怪錄》，中華書局2006年版。

李華偉：《法苑珠林研究——晉唐佛教的文化整合》，中國社會科學出版社2015年版。

參考文獻

李劍國：《新輯搜神後記》，中華書局 2007 年版。

李劍國：《新輯搜神記》，中華書局 2007 年版。

李明龍：《〈續高僧傳〉詞彙研究》，中國社會科學出版社 2014 年版。

李維琦：《佛經詞語彙釋》，湖南師範大學出版社 2004 年版。

酈道元撰，譚屬春、陳愛平點校：《水經注》，嶽麓書社 1995 年版。

列子撰：《列子集釋》，楊伯峻集釋，中華書局 1979 年版。

劉敬叔撰，范寧校點：《異苑》，中華書局 1996 年版。

劉肅撰，許德楠、李鼎霞點校：《大唐新語》，中華書局 1984 年版。

劉熙撰，王先謙撰集：《釋名疏證補》，上海古籍出版社 1984 年版。

劉向撰，邱鶴亭注譯：《列仙傳今譯》，中國社會科學出版社 1996 年版。

劉向撰，趙善詒疏證：《說苑疏證》，華東師範大學出版社 1985 年版。

劉義慶撰，徐震堮校箋：《世說新語校箋》，中華書局 1984 年版。

劉知幾著，姚松、朱恆夫譯注：《史通全譯》，貴州人民出版社 1997 年版。

陸宗達、王寧：《訓詁方法論》，中國社會科學出版社 1983 年版。

逯欽立校輯：《先秦漢魏晉南北朝詩》，中華書局 1983 年版。

呂叔湘：《標點古書評議》，商務印書館 1988 年版。

羅國威校注：《〈冤魂志〉校注》，巴蜀書社 2001 年版。

牛僧孺撰，程毅中點校：《玄怪錄》，中華書局 2006 年版。

歐陽修等：《新唐書》，中華書局 1975 年版。

歐陽詢：《藝文類聚》，中華書局 1982 年版。

乾隆大藏經（125—127 冊）《法苑珠林》，清（1733—1738）刻印。

欽定四庫全書本《法苑珠林》，清乾隆年間刻印。

求那毗地譯，周紹良譯注：《百喻經譯注》，北京圖書館出版社 2006 年版。

任繼愈：《佛教大辭典》，鳳凰出版社 2011 年版。

石聲漢：《齊民要術今釋》，中華書局 2009 年版。

釋寶唱撰，王孺童校注：《比丘尼傳校注》，中華書局 2006 年版。

釋慧皎撰，湯用彤校注：《高僧傳》，中華書局 1992 年版。

釋圓仁撰，白化文等校注：《入唐求法巡禮行記》，花山文藝出版社 1992

年版。

司馬光主編：《資治通鑒》，中華書局1957年版。

司馬遷：《史記》，中華書局1982年版。

宋磧砂版大藏經本《法苑珠林》，上海古籍出版社1991年影印版。

宋聞兵：《〈宋書〉詞語研究》，中華書局2009年版。

孫昌武等：《雜譬喻經譯注（四種）》，中華書局2008年版。

孫思邈撰，李景榮等校釋：《千金翼方校釋》，人民衛生出版社1998年版。

湯用彤：《漢魏兩晉南北朝佛教史》（增訂本），北京大學出版社2011年版。

湯用彤：《隋唐佛教史稿》，北京大學出版社2010年版。

陶潛撰，汪紹楹校注：《搜神後記》，中華書局1981年版。

王嘉撰，齊治平校注：《拾遺記》，中華書局1981年版。

王力：《漢語史稿》，中華書局2004年版。

王邁：《古文標點例析》，語文出版社1992年版。

王啟濤：《吐魯番出土文獻詞典》，巴蜀書社2011年版。

王紹峰：《初唐佛典詞彙研究》，安徽教育出版社2004年版。

王文元：《佛典譬喻經全集》，重慶出版社2009年版。

王瑛：《詩詞曲語辭匯釋》，中華書局2001年版。

王瑛：《詩詞曲語辭例釋》，中華書局1986年版。

王雲路：《詞彙訓詁論稿》，北京語言文化大學出版社2002年版。

王雲路，方一新：《中古漢語語詞例釋》，吉林教育出版社1992年版。

魏張揖撰，王念孫疏證：《廣雅疏證》，中華書局1983年版。

吳福秀：《〈法苑珠林〉分類思想研究》，中國社會科學出版社2014年版。

吳金華：《古文獻研究叢稿》，江蘇教育出版社1995年版。

吳金華：《三國志校詁》，江蘇古籍出版社1990年版。

吳金華：《世說新語考釋》，安徽教育出版社1994年版。

項楚：《敦煌文學叢考》，上海古籍出版社1991年版。

蕭統編，李善注：《文選》，中華書局1977年版。

徐堅：《初學記》，中華書局1962年版。

參考文獻

徐仁甫：《廣釋詞》，四川人民出版社 1981 年版。

徐時儀：《一切經音義三種校本合刊》，上海古籍出版社 2008 年版。

許慎：《說文解字》，中華書局 1963 年版。

許慎撰，段玉裁注：《說文解字注》，上海古籍出版社 1981 年版。

玄奘撰：《大唐西域記》，董志翹譯，中華書局 2012 年版。

顏之推撰，王利器集解：《顏氏家訓集解》，上海古籍出版社 1980 年版。

嚴可均校輯：《全上古三代秦漢三國六朝文》，中華書局 1958 年版。

楊琳：《漢語詞彙與華夏文化》，語文出版社 1996 年版。

楊琳注：《小爾雅今注》，漢語大詞典出版社 2002 年版。

楊衒之撰，范祥雍校注：《洛陽伽藍記校注》，上海古籍出版社 1978 年版。

楊衒之撰，周振甫譯注：《洛陽伽藍記校釋今譯》，學苑出版社 2001 年版。

楊衒之撰，周祖謨校釋：《洛陽伽藍記校釋》，上海書店出版社 2000 年版。

應劭撰，王利器校注：《風俗通校注》，中華書局 1981 年版。

永樂北藏（139—142）冊《法苑珠林》，線裝書局 2004 年影印版。

俞理明：《佛經文獻語言》，巴蜀書社 1993 年版。

虞世南：《北堂書鈔》，中國書店 1989 年版。

袁珂：《山海經全譯》，貴州人民出版社 1991 年版。

袁雪梅：《中古漢語的關聯詞語》，人民出版社 2010 年版。

贊寧撰，范祥雍點校：《宋高僧傳》，中華書局 1987 年版。

曾良：《敦煌佛經字詞與校勘研究》，廈門大學出版社 2011 年版。

曾良：《敦煌文獻叢劄》，上海古籍出版社 1991 年版。

曾良：《俗字及古籍文字通例研究》，百花洲文藝出版社 2005 年版。

張春雷：《〈經律異相〉異文研究》，博士學位論文，南京師範大學，2011 年。

張華撰，范寧校證：《博物志校證》，中華書局 1980 年版。

張相：《詩詞曲語辭匯釋》，中華書局 1953 年版。

張永言：《詞彙學簡論》，華中工學院出版社 1982 年版。

張永言，蔣宗許：《世說新語辭典》，四川人民出版社 1992 年版。
張永言：《訓詁學簡論》，華中工學院出版社 1985 年版。
張湧泉：《敦煌俗字研究》，上海教育出版社 1996 年版。
張湧泉：《漢語俗字叢考》，中華書局 2000 年版。
張鷟、趙守儼點校：《朝野僉載》，中華書局 1979 年版。
張自烈：《正字通》，中國工人出版社 1996 年版。
鄭賢章：《漢文佛典疑難俗字匯釋與研究》，巴蜀書社 2016 年版。
中華大藏經（71—72 冊）《法苑珠林》，中華書局 1994 年版。
周叔迦、蘇晉仁：《法苑珠林校注》，中華書局 2003 年版。
朱季海：《南齊書校議》，中華書局 1984 年版。
朱起鳳：《辭通》，上海古籍出版社 1982 年版。
朱慶之：《佛典與中古漢語詞彙研究》，文津出版社 1992 年版。
宗福邦等編纂：《故訓匯纂》，商務印書館 2003 年版。